国际传媒前沿研究报告译丛
黄晓新　刘建华　/主　编

DAS MEDIENSYSTEM DEUTSCHLANDS:
　　STRUKTUREN, MÄRKTE, REGULIERUNG（2. AUFLAGE）

德国传媒体系
结构、市场、管理（第二版·上）

〔德〕克劳斯·贝克 / 著
任　蕾　汪剑影　潘睿明　傅　烨 / 译

中国书籍出版社
China Book Press

图书在版编目（CIP）数据

德国传媒体系：结构、市场、管理：上下册 /（德）克劳斯·贝克著；任蕾，汪剑影，潘睿明译. -- 北京：中国书籍出版社，2023.8
ISBN 978-7-5068-9378-7

Ⅰ.①德… Ⅱ.①克… ②任… ③汪… ④潘… Ⅲ.①传播媒介—研究—德国 Ⅳ.①G219.516

中国国家版本馆CIP数据核字(2023)第062089号

著作权版权登记号/图字01-2023-1450

First published in German under the title.
Das Mediensystem Deutschlands: Strukturen, Märkte, Regulierung (2. Aufl.)
by Klaus Beck
Copyright © Springer Fachmedien Wiesbaden GmbH, ein Teil von Springer Nature, 2012, 2018
This edition has been translated and published under licence from Springer Fachmedien Wiesbaden GmbH, part of Springer Nature.

德国传媒体系：结构、市场、管理（上、下册）

[德]克劳斯·贝克 著　　任 蕾 汪剑影 潘睿明 译

责任编辑	邹　浩
责任印制	孙马飞　马　芝
封面设计	春天·书装工作室
出版发行	中国书籍出版社
地　　址	北京市丰台区三路居路 97 号（邮编：100073）
电　　话	（010）52257143（总编室）　　（010）52257140（发行部）
电子邮箱	eo@chinabp.com.cn
经　　销	全国新华书店
印　　刷	三河市富华印刷包装有限公司
开　　本	710毫米×1000毫米　1/16
字　　数	500千字
印　　张	37
版　　次	2023 年 8 月第 1 版
印　　次	2023 年 8 月第 1 次印刷
书　　号	ISBN 978-7-5068-9378-7
定　　价	112.00元

版权所有　翻印必究

国际传媒前沿研究报告译丛（8卷本）
编辑委员会

学术顾问： 胡百精　喻国明　周蔚华　魏玉山　张晓明　孙月沐
　　　　　　梁鸿鹰　林如鹏　方立新　喻　阳　于殿利　杨　谷
　　　　　　王　青　贺梦依　隋　岩　熊澄宇　邓逸群　谢宗贵
　　　　　　武宝瑞　高自龙　施春生　林丽颖　张　坤　韦　路
　　　　　　（排名不分先后）

主　　编： 黄晓新　刘建华

编　　委： 刘向鸿　李　淼　师力斌　孙佩怡　康　宏　杨驰原
　　　　　　张文飞　董　时　刘一煊　赵丽芳　卢剑锋　王卉莲
　　　　　　黄逸秋　李　游　王　珺　遆　薇　王　莹　杭丽芳
　　　　　　刘　盼　李文竹　洪化清　黄　菲　罗亚星　任　蕾
　　　　　　穆　平　曾　锋　吴超霞　邹　波　苏唯玮　汪剑影
　　　　　　潘睿明　傅　烨　肖　蕊　杨青山　杨雨晴　黄欣钰
　　　　　　邱江宁　周华北　林梦昕　王梓航　韩国梁　史长城
　　　　　　牛　超　薛　创　庞　元　王　淼　朱　琳
　　　　　　（排名不分先后）

出品单位： 中国新闻出版研究院传媒研究所

作者简介

克劳斯·贝克博士是德国格赖夫斯瓦尔德大学传播系教授。

译者简介

任蕾毕业于德国慕尼黑大学,传播学、市场心理学及国民经济硕士,现任德国丁香出版社社长。

汪剑影毕业于上海师范大学,长期从事教育工作。

潘睿明毕业于上海同济大学及德国鲁尔大学,获得德语语言文学及汉学硕士,现在德国从事图书翻译工作。

傅烨毕业于广东外语外贸大学德语系,拥有德国富尔达应用技术大学跨文化交流与欧盟研究硕士学位,现在德国从事图书翻译工作。

译丛前言

传播是人类与生俱来的行为，人类社会的不断发展带动传媒技术的不断变革与传媒形态的不断创新。传媒的进化发展反作用于人类社会，发挥社会监督、协调沟通、经济推动与娱乐润滑的作用，促进人类社会的不断进步。

加拿大著名传播学者麦克卢汉的"媒介即信息"认为，媒介所刊载的内容并不重要，重要的是媒介本身，一种媒介其实是一个时代一个社会文明发展水平的标志，它所承载的"时代标志性信息"是辽阔的、永恒的。一部文明史，其实质就是人类使用传播媒介的历史，也是传媒从简单到复杂的发展历史。

媒介发展史其实就是媒介技术变革史，正是因为造纸技术、印刷技术、电子技术、数字技术、网络技术、移动技术、人工智能等新技术的出现，人类传播从口耳相传走向窄众传播、大众传播，又从大众传播走到分众传播、精准传播，一切皆媒介、人人皆传播成为现实，世界也就成为名副其实的"地球村"。

进入 21 世纪以来，由于互联网特别是移动网络和数字技术的发展和普及，带来新的传媒革命，重构社会生态。党中央审时度势、高度重视、周密部署，2013 年我国开启传统媒体与新兴媒体融合发展的步伐。经过 10 年来各方面的共同努力，我国传媒融合发展取得显著成效，相当多的主流融媒体机构已经成型，融媒体传播能力已经具备，融媒体内容生产提质增效，主流舆论阵地得到稳固，媒体融合加快向纵深发展，并正在构建"全媒体传播体系"。在这个过程中，我们需要了解掌握国外媒体的融合现状、发展道路和趋势，学习借鉴国外媒体融合发展、建设的经验教训，为我所用，进一步攻坚克难。

中国传媒业作为文化产业的核心组成部分，在我国政治经济文化社会生活中发挥着信息传播、人际沟通、休闲娱乐和舆论引导、社会治理的功能，具有举足轻重的地位。国际传播能力也在不断提高，在国际传媒舞台上获得了一定的地位。但是，与纽约时报（The New York Time）、新闻集团（News Corporation）等国际传媒大鳄相比，我们的传播实力与国际地位还远远不足不够，在掌握国际话语权上还有较大的努力空间。

2022年10月16日，习近平总书记在党的二十大报告中指出，要"加强全媒体传播体系建设，塑造主流舆论新格局"，"增强中华文明传播力影响力。坚守中华文化立场……讲好中国故事、传播好中国声音，展现可信、可爱、可敬的中国形象。……推动中华文化更好走向世界"。要落实这一指示，夯实国际传播基础，增强中国软实力，提升国际话语权，我们既要利用国内政策与资源优势，也要了解国际先进传媒业的运作规律、基本格局和受众状况，知己知彼，才能把中华文化推向世界。

有鉴于此，我们组织编译出版了"国际传媒前沿研究报告"丛书。理论是灰色的，而实践之树常青。与以往的新闻传播理论著作译介相比，本套译丛更强调传媒发展实践，着重译介西方发达国家最新传媒发展态势的前沿研究报告，以鲜活的案例和有可操作性的做法，以及

译丛前言

比较科学的理论总结，为中国传媒业提供切实可行的参照与抓手，加快走向世界的步伐，加快国内媒体与国际媒体的创新合作和"无缝对接"，加快建设国际一流媒体，为推动建设人类命运共同体作出贡献。

本译丛共 8 本，分别为《新媒体与社会》（美国）、《加拿大传媒研究：网络、文化与技术》（加拿大）、《传媒产业研究》（英国）、《德国传媒体系：结构、市场、管理》（德国）、《新视听经济学》（法国）、《俄罗斯传媒体系》（俄罗斯）、《澳大利亚的传媒与传播学》（澳大利亚）、《韩国传媒治理》（韩国）。

感谢中国新闻出版研究院，感谢业界、学界与政界的所有领导和师友，感谢本译丛版权方和相关机构的大力支持，感谢在外文转译为中文过程中立下汗马功劳的所有朋友们的努力、帮助和奉献，感谢中国书籍出版社的真诚付出。

由于水平和时间所限，译丛一定存在这样或那样的缺失和不足，望读者、专家不吝赐教。

黄晓新　刘建华
二〇二三年八月八日

以时空观民族观形质观深化文明交流互鉴①

（代序）

2022年10月16日，习近平总书记在党的二十大报告中指出，"增强中华文明传播力影响力。坚守中华文化立场……讲好中国故事、传播好中国声音，展现可信、可爱、可敬的中国形象。……深化文明交流互鉴，推动中华文化更好走向世界"②。中华文化影响力的提升和更好走向世界的一个重要基础就是世界文明的交流互鉴。他山之石可以攻玉，我们对其他优秀文明成果有了全面和深入的了解，可以借鉴其好的经验与做法，促进文化事业和文化产业繁荣发展，为国内外提供更多优秀文化产品，实现健康持续的文明交流互鉴。文化贸易是世界文明交流互鉴的一个非常有效的手段。对外文化贸易既包括文化产品的输出，也包括文化产品的输入，是输出与输入双向一体的过程。对于中华民族文化而言，兼容并蓄是其五千年惯以形成的品格，她对世界文化一直秉持开放借鉴的态度。要彰显中华文化在世界民族之林的应有位置，不仅需要输出我们的文化产品，而且也要输入世界优秀文化，以更好地发展中华民族文化，建设社会主义文化强国，增强中

---

① 本文作者刘建华，原载于《南海学刊》2022年11月第6期。
② 习近平. 高举中国特色社会主义伟大旗帜为全面建设社会主义现代化国家而团结奋斗[EB/OL]. 新华社官方账号 https://baijiahao.baidu.com/s?id=1747667408886218643&wfr=spider&for=pc./2022-10/26/.

国国家文化软实力，提升中华文化国际影响力。输入世界文化的指导方针与基本原则就是文化扬弃，要对世界各民族文化进行抛弃、保留、发扬和提高。抛弃消极因素，利用积极成分，为中华民族文化发展到新的阶段做出贡献。本文以此为切入点，从时空观、民族观、形质观三个层面来研究分析文化产品输入的文化扬弃问题，力图为政府与贸易主体提供理论性的框架路线与实践性的方法指导，使世界优秀文化为我所用，"发展面向现代化、面向世界、面向未来的，民族的科学的大众的社会主义文化"。[①]

一、时空观与文化扬弃

对外文化贸易中，作为产品输入国，中国引进文化产品的指导思想与方法论就是文化扬弃。毛泽东指出，继承、批判与创新是文化扬弃的本质。毛泽东的文化扬弃理论的基本内涵是："以马克思主义文化观为指导，尊重文化发展的否定之否定规律，从中国革命和建设的需要出发，批判地继承中外历史文化的成果，从而创造性地建设有中国特色的无产阶级新文化。"[②] 在具体文化实践中，毛泽东提出了文化扬弃的两条总原则，"一是坚持马克思主义文化观的指导，二是坚持从中国的具体情况出发，坚持为人民服务的方向"[③]。在这两条总原则下，要灵活机动地对中外文化进行继承、批判与创新。"历史上

---

① 习近平.高举中国特色社会主义伟大旗帜为全面建设社会主义现代化国家而团结奋斗[EB/OL].新华社官方账号 https://baijiahao.baidu.com/s?id=1747667408886218643&wfr=spider&for=pc./2022-10/26/.
② 常乐.论毛泽东的"文化扬弃论"[J].哲学研究，1994（2）：4.
③ 常乐.论毛泽东的"文化扬弃论"[J].哲学研究，1994（2）：6.

的许多文化遗产却并没有这种可以截然分割的具体形态，而是好坏相参、利害糅杂的有机统一体。"①对于国外文化的扬弃，毛泽东作了一个形象的比喻，"一切外国的东西，如同我们对于食品一样，必须经过自己的口腔咀嚼和胃肠运动，送进唾液胃液肠液，把它分解为精华和糟粕两部分，然后排泄其糟粕，吸收其精华，才能对我们的身体有益"②。

在对外文化贸易的实践中，文化输入是一个非常复杂而又需要大智慧与大战略的把关过程，它涉及本国消费者文化需求满足与本国文化价值观主体地位问题。在马克思主义的时空观理论中，时空的本质就是社会时空观，或者说是实践时空观。"实践是人的实践，社会也是人的社会，正是人通过长期的物质生产活动和人类之间的相互交往活动，才形成了人类社会和人类社会历史，世界历史无非是人通过人的劳动而诞生的历史"③。所谓实践时间，是指人类实践活动的持续性。所谓实践空间，是指实践运动的广延性。它包括地理空间与关系空间。前者是指以实体形式存在的地理环境，表现为人们进行生产、生活、科学研究和从事各种活动须臾不可缺少的场所。后者是交往空间，是人们实践活动中结成的经济、政治、文化生活等日常的和非日常的交往关系。实践空间是衡量人类对自然的占有规模以及人类社会联系和发展程度的特殊尺度。

每个时代有一定的文化产品，每个地理空间与关系空间也有一定的文化产品，它们有着各自的本质与特征。随着交通技术与信息技术

---

① 常乐. 论毛泽东的"文化扬弃论"[J]. 哲学研究，1994（2）：3.
② 常乐. 论毛泽东的"文化扬弃论"[J]. 哲学研究，1994（2）：5.
③ 黄小云等. 论马克思时空观的实践维度[J]. 文史博览，2006（12）：33.

的发展，全球化成为现实，各国之间经济、文化、社会的联系与交往日益密切。中国在大力输出自己文化产品的同时，也在努力引进有益于本国经济、政治、文化、社会与生态文明建设的国外文化产品。而世界各国由于地理上的区隔及基于此的改造自然与社会的过程不同，其文化产品也是千姿百态，不同历史时期与不同区位的文化产品必然有其不同于中国文化实践的特征，也不一定都适合中国的文化消费需求。因此，只有对国外文化产品的时间结构与空间结构有准确的了解与把握，才能真正实现文化扬弃的产品输入。

1. 时间结构

关于文化产品的时间结构，我们可以从三个层面来进行分析。一是人类历史层面，二是产品时效层面，三是消费时长层面。

人类历史层面是指不同历史发展阶段的文化产品结构问题。对于不同的输入国来说，对不同时间段的文化产品的需求种类与数量是不同的。关于人类历史的划分，没有一个固定的标准。对于人类发展史上文化产品的时间划分，我们借用美国历史学家斯塔夫里阿诺斯在其著作《全球通史》中的划分标准，分为古典文明时期（公元500年之前）、中世纪文明期（公元500—1500年）、西方崛起文明期（公元1500—1763年）、西方优势文明期（公元1763—1914年）、现代文明期（1914年后）、当代文明期。

我们所说的文化贸易具体是指精神文化的贸易。精神文化又包括几个层面，一是指公益性的承载人类永恒价值的文化，一是指供大众消费娱乐的文化。从以上六个时间段来说，古典文明、中世纪文明、西方崛起与优势文明时期的文化，大多是指那种具有人类永恒价值的文化，主要指精英高雅文化，当然也包括一些民间通俗文化。现代科学技术飞速发展，传播技术不断改进以后，印刷、复制、传播、阅读等变得日益简单与普及，大众文化随之诞生。大众文化产品实质是当前国际文化贸易的主要内容。因为大众文化既能承载精英高雅文化内容，也能承载民间通俗文化内容，并在此基础上，创造出为当代大众所欢迎的文化产品。即使是芭蕾、歌剧等高雅文化内容，也能通过大众生产与传播手段，成为受众喜闻乐见的产品形式。从这个意义上来说，现代文明与当代文明期的文化，实质上主要是指以传媒产品为核心的大众文化产品。

因此，对于中国来说，在输入国外文化产品时，应当注意其历史时间结构。既要输入当代时尚的、先进的文化产品，又要考虑输入其古典文明期、中世纪文明期、西方崛起与优势文明期的精英高雅文化。这些文化具有永恒的人类价值，对于开启中国人的智慧、转换中国人的思维方式，具有巨大的借鉴作用。

产品时效层面是指文化产品的时效性结构问题。时效性是指信息的新旧程度、行情最新动态和进展。对于文化产品来说，我们根据其时间耐久的程度，可以分为即时性文化产品、一般性文化产品与恒久性文化产品。

即时性文化产品对时效性的要求最高，需要即时生产、即时传播、即时接受，一旦时过境迁，该文化产品就没有多大意义了。随着现代传播科技手段的发展，人们对信息时效性的需求将有增无减，永无止境。信息化时代，市场竞争日益激烈的时代，谁最早获得信息，谁将拥有决定胜负的主导权。如同商业竞争者们所说，当下不是大鱼吃小鱼的时代，而是快鱼吃慢鱼的时代。商业竞争如此，日常生活也是如此。人们不再满足于最近、昨天、上午等时间上的信息获得，他们需要了解今时今刻、即时即刻乃至将时将刻的信息，需要了解正在发生与将要发生的信息。但凡是提供这方面服务的传媒产品，必然受到欢迎。从另一个角度来说，如果某个媒体提供的新闻信息不能及时传播给受众，那将毫无意义。

即时性的文化产品主要是指提供新闻信息的大众传媒，诸如报纸、电视、互联网等，当下主要是指微博、微信、移动客户端等新媒体产品。对于中国来说，输入即时性的文化产品主要应该是指电视与互联网媒体。尤其是在网络社会与数字化时代，中国受众对世界各地发生的新闻需要有即时的了解，才能了解自己所处的环境，从而做出各种正确判断与决策。而广播、电视、互联网、微博、微信、移动客户端等，是人们即时掌握国外信息的主要手段。所以，中国必须选择与输入适宜的互联网新媒体及广播电视产品，以满足国内受众的文化需求。

一般性的文化产品是指在短期内或者近期内传播并有效消费的产品，也就是说，这类文化产品的时间跨度稍长，处在恒久性文化产品与即时性文化产品之间。这类文化产品具有当代时尚前卫的形式，是针对当代人的文化消费心理与需求而设计生产的，内容具有当下性，可以在一段时间（如一周、一个月、一年）之内有效传播并消费。当然，这个一段时间不具永恒性，过了一定的时间段，就有可能失去市场，难以为受众所接受。

通常而言，畅销书、音乐、广告、影视剧、演艺、动漫游戏、部分可视艺术（设计、工艺、书画）等，都属于一般性文化产品，它们的传播与消费可以持续一段时间，一两年之内不会过时。比如畅销书，一般拥有一年时间的市场。当然，时间不会太长，试想，十年前的畅销书，现在可能没有多少人愿意去看。流行音乐也是如此，今天的人们恐怕不会有太多人去听几年前甚至几十年前的流行音乐，有些流行音乐也许过几个月就没人去听了。广告、影视、动漫游戏等也是如此，我们不能总是把国外很多年前的电影引进来，因为影视剧还是具有一定的时代性，广告也是根据市场主体某个时段的营销计划而设计的，公司隔一段时间就更换广告深刻说明了这一点。部分工艺与书画作品也不一定具有恒久传播与消费价值，随着时代的变化，人们的消费偏好也会有所变化。譬如，书画领域的范曾热、启功热等，就说明了这一点。

恒久性的文化产品是指此类产品具有永恒价值，没有时效性，不论在什么时代都具有传播与消费价值。这类文化产品主要是指经典文学作品、音乐、工艺与书画艺术等。对于这些文化产品来说，输入者有充裕的时间去甄别去选择，根据本国消费者实际情况与思想意识形态指向，引进适销对路的文化产品。

文化产品的消费时长层面是指受众消费文化产品耗时多少的问题。文化产品是体验性的消费产品，是一种时间性产品。这就要求消费者必须对一个文化产品完整消费后，才能获得其价值，也才能知道是否满足其消费需求，也决定了消费者对此类产品的再购买。因此，把握消费者的消费时间观念就极为重要。消费者对文化产品耗时的接受程度是多元复杂的，不同职业、不同性别、不同年龄、不同民族的消费者，对同一类型文化产品的耗时长短定然不一。譬如电影，有些消费者可能喜欢1个小时之内时长的，有些消费者可能喜欢1—2个小时时长的，有些消费者可能喜欢2—3个小时时长的，当然，电影作为按小时计量消费的文化产品，绝不会达到四五个小时，这已超过了所有消费者的极限。因此，必须根据不同消费者的消费时间偏好，输入不同时长的电影。对于中国观众来说，目前比较喜欢的是长达近3小时的好莱坞大片，1小时左右的电影并不受其欢迎。在浅阅读时代，人们的眼球资源的确不够分配，也应运出现了读图书籍、短视频与微电影等，这就需要文化产品输入者进行及时把握与调整了。

所以，对于中国而言，文化产品输入者应该对不同人口统计特征的消费者进行深入研究分析，针对不同的消费时间偏好及其发展变化趋势，准确引进不同时长的国际文化产品。影视剧、歌舞演艺、图书等文化产品，尤其受消费时长的影响，而这些产品又是国际文化贸易的主要对象，因此，有必要对这些文化产品做出详细分析与区隔，进行分门别类的引进。

2. 空间结构

文化产品的空间结构包括地理空间与关系空间两个层面。

从地理空间来看，2019年，根据商务部服贸司负责人的介绍，"从国别和地区看，中国文化产品对东盟、欧盟出口增长较快，分别增长47.4%、18.9%；对'一带一路'沿线国家出口增长24.9%；对美出口下降6.3%"[①]。根据商务部一位新闻发言人的介绍，"2017年，美国、中国香港、荷兰、英国和日本为中国文化产品进出口前五大市场，合计占比为55.9%，我国与'一带一路'沿线国家进出口额达176.2亿

---

① 数据来源于中国新闻网，https://baijiahao.baidu.com/s?id=1661399484447253162&wfr=spider&for=pc，2021-8-20.

美元，同比增长18.5%，占比提高1.3个百分点至18.1%，与金砖国家进出口额43亿美元，同比增长48%。文化产品出口881.9亿美元，同比增长12.4%；进口89.3亿美元，同比下降7.6%。顺差792.6亿美元，规模较去年同期扩大15.2%"[1]。从更早的时间2012年来看，中国引进的文化产品分布情况如下[2]：我国文化产品进口国家的地理分布都是美洲、欧洲、亚洲、大洋洲的分布格局，几乎没有非洲国家的文化产品。从国家个数来看，排名前15的进口国中，欧洲国家最多，核心文化产品国家中有6个，占40%；亚洲国家与地区居次，有5个，占33.3%；美洲国家排第三，有3个，占20%；大洋洲只有澳大利亚，非洲国家缺位。从进口金额来看，欧美国家份额最大，2012年1月份核心文化产品进口额为1902.9万美元，占排名前15的国家总额3821.7万美元的一半；亚洲国家与地区1896.9万美元，几乎占据另外一半份额。也就是说，从空间结构来说，中国文化产品进口国主要是欧美国家与亚洲国家，各占据半壁江山。欧美国家主要集中在经济发达资本主义国家，亚洲国家与地区主要集中在日本、韩国与中国台湾及香港地区。值得一提的是，近几年中国与"一带一路"沿线国家和地区的对外文化贸易规模逐步扩大。

这个地理空间结构存在较大的非均衡，欧美国家主要是英美等老牌资本主义国家，应该要兼及对东欧及南美洲一些国家文化产品的进口。亚洲方面，主要是日本、韩国、中国香港、中国台湾等东亚国家

---

[1] 数据来源于中国产业信息研究网，http://www.china1baogao.com/data/20180209/1578390.html，2021-8-20.
[2] 数据来源于商务部服务贸易司，《2012年1月我国核心文化产品进出口情况简析》，中国商务部 http://www.mofcom.gov.cn/aarticle/difang/yunnan/201204/20120408067456.html，2012-4-19.

与地区，而东南亚、西亚与中亚（如印度、泰国、埃及）等国家，虽然在"一带一路"建设倡议下各个指标有所提高，但尚需加大文化产品进口力度。至于非洲国家，也应该有一定的文化产品进口计划，以加强中国与非洲国家的文化交流与互动，从而更好地促进中华文化在非洲国家的影响力。

从关系空间来看，凡是与中国建立外交关系，或者有政治、经济、文化与社会其中之一交往关系的国家与地区，在理论上都应该与中国有文化贸易关系，既包括中国文化产品的输出，也包括中国对这些国家与地区文化产品的输入。只有坚持这种开放与公平的文化交流立场，才能真正使中华文化在世界上有着独立而不可替代的地位，成为公平与正义的代言人，拥有不可小视的话语权，为人类文明的发展与进步做出应有的贡献。

3. 时空文化产品的扬弃

文化产品因其时间性与空间性，结构繁杂多元，中国输入国际文化产品时，应该坚持均衡与适时的文化扬弃策略。

所谓均衡策略，是指文化产品空间结构的合理安排。既要按照先进性原则，大力引进发达国家，特别是西方发达资本主义国家的先进文化。这些文化产品蕴含着人类发展的最前沿思潮与科技创新，对中国文化的发展，对中国人民思维方式的转变，对中国人民知识结构的改善，对中国经济、政治、文化、社会与生态文明的进步，具有巨大的促进作用，应该大力引进。同时，我们又要按照均衡与公平原则，对凡是与中国有经济、政治、文化、社会交往关系的国家，进行一定的文化输入。要在文化没有优劣的理念指导下,对五大洲各个国家的文化产品进行适量而科学的引进。这不仅仅是为了让中国人民了解这些东道国的文化,更重要的是树立中国坚持文化平等交流的大国形象,消解世界各国对中国崛起称霸全球的误会,使中国文化获得更多国际受众的了解与认可,为中华民族文化在世界民族之林中争得应有地位。

  所谓适时策略,主要是指对时间文化产品的合理安排与引进。要科学地对国际文化产品按照人类历史层面、产品时效层面、消费时长层面进行分类引进,要在对本国消费者进行深入科学的调研基础上,适时引进不同时间特性的文化产品。从人类历史层面来看,我们不仅要引进现当代的大众文化产品,而且也要引进古典文明时期、中世纪文明时期、西方崛起文明时期与西方优势文明时期各个国家的经典作品,如欧洲文艺复兴时期的哲学与文艺作品、古埃及与古印度的经典文艺与宗教作品。从产品时效层面来看,我们应对国际文化产品的即时性、一般性与恒久性进行区隔,针对本国消费者时间偏好进行适销对路的产品引进。从消费时长来看,要具体把握国内消费者的时间弹性,认清不同国家消费者在文化产品耗时容忍度上的差异,在此基础上,对不同时长的文化产品进行有效引进。

二、民族观与文化扬弃

  本文所说的民族文化产品,是指从价值观与思维方式视角来审视的文化产品,也就是说,这些文化产品代表着一个民族的核心价值观与思想意识形态,是一个民族国家合法性存在的前提。从这个意义上来看,作为文化产品引进者,我们必须对某个民族文化产品持辩证的态度，既要认识到该民族文化是该民族国家合法性存在所必不可少的东西，是维系该民族团结、发挥凝聚力与创新力作用的精神性东西；又要清醒地知道，对于自己国家来说，该民族文化产品不一定有其合理之处与存在价值，有些甚至对自己国家文化价值观与思想意识形态的维系起着消解作用。因此，我们需要对某个民族文化产品进行审慎对待与科学分析，需要输入者具有高远的智慧与精准的把关能力，一是尽量输入民族精粹成分占优势的文化产品；二是在两者难以分开的情况下，引进时要对国内消费者进行一定的国际文化鉴赏素养教育，使消费者自己能主动区分并吸收该民族文化精粹，抛弃文化糟粕。

1. 民族精粹与糟粕

首先，我们需要界定何为民族精粹与民族糟粕。所谓民族精粹，是指在某个民族文化中，维系该民族凝聚力、激发其创新力的反映特定价值观与思想意识形态的文化成分。所谓民族糟粕，是指存在于民族文化中，宣传封建迷信霸权，压制个性创造，忽视人本、民主与科学精神的文化成分。在世界各国民族文化中，既存在那种崇尚个性、尊重人本、主张科学民主的文化，也必然存在不同样式的文化糟粕。

其次，我们需要界定民族精粹与民族糟粕的表现形态。对于民族精粹的表现形态，就中国而言，可以从优秀传统文化、主流意识形态文化与先进文化三个层面进行剖析。优秀传统文化主要是指在中华五千年文明历史中，中国劳动人民在改造自然与社会的实践中所形成的民族文化精粹，包括：普适性的科学文化，如四大发明、地动仪等；精英文化，如诸子百家的学说，尤其是儒家的仁爱谦和文化，历代文人墨客对生活与社会感悟的优秀文学作品（李白、白居易诗歌，四大名著等）；民间文化，如各种民间文学，流传于老百姓生活中的风俗与习惯等。就国际文化而言，主要包括优秀传统文化、科学技术文化等。譬如西方文化，其民族精粹就是其科学、民主、人本精神与丰富的科学技术发明，当然，也包括西方历史上哲人大师的作品，如柏拉图、亚里士多德、康德、莎士比亚、贝多芬、凡·高、韦伯等人的著作。科学家们的理论著述与实践发明等，也是其民族文化精粹，需要吸收利用。当下来看，西方民族文化精粹与糟粕交错在一起，其糟粕具有很大的隐蔽性，往往以娱乐的形式，打着人本、民主、科学的旗号，大肆进入世界各国，特别是对发展中国家来说，往往被这些"普世性"文化所迷惑，在享受其文化精华的同时，不知不觉也为其糟粕所俘虏，对本民族文化价值观与思想意识形态构成巨大威胁。例如，我们在享受好莱坞电影、迪士尼文化、麦当劳文化的同时，也被美国文化中的个人主义、拜金主义所影响。具体而言，当下世界各国文化精粹与文化糟粕交错在一起的表现形态就是以娱乐为主的大众文化产品，包括报纸期刊、影视剧、动漫游戏、广告、流行音乐、畅销书、文化旅游、互联网、新媒体等。相对而言，高雅艺术如歌舞剧、经典作家图书、可视艺术（绘画）、经典音乐等，则侧重于表现一个民族文化中的精华内容。

最后，我们需要厘清民族精粹与民族糟粕的作用与影响。对于文化产品输入国来说，引进的文化产品优劣，直接影响到该民族的文化价值观与思想意识形态，影响一个国家的凝聚力与创造力，甚至影响一个社会的动荡与政权的更迭。东欧剧变与苏联解体，使西方国家认识到，比军队大炮更有力更隐蔽的武器应该是文化，于是，硬实力之争转变为软实力之争。经济全球化与文化全球化背景下,各民族国家不能独立于国际文化交流之外。实际上,国际文化交流也的确能够促进一个民族国家经济社会的发展,能够给本国人民带来更多福利。但是,文化毕竟是一个民族国家合法性存在的前提,倘若一个国家的民族文化全然被他国文化所代替,则这个民族国家也就丧失了存在的合法性了。更严重的是,西方经济发达国家,对于和自己政治制度不同的国家抱有敌意,一些政客总是希望通过对别国的控制来攫取更多的利益,形成民族国家之间的不公与非正义。因此,他们有意无意把所谓的普世文化掺杂在各种形式的文化产品中,以达到和平演变、不战而屈人之兵的成效。鉴于此,文化产品输入国应该深切认识各国文化精粹的促进作用与文化糟粕的破坏性,以审慎的态度、科学的方法、高瞻的智慧、宽大的胸怀、自信的立场,引进国际文化产品,有效利用并提升其文化精粹的促进作用,排除并解构文化糟粕的破坏作用。

2. 民族文化产品的扬弃

要有效利用民族文化精粹并解构民族文化糟粕,就要采取毛泽东所说的"吸取精华、去其糟粕"的文化扬弃原则。要做到此,需要从以下三方面入手。

第一,从市场主体来说,需要其兼顾社会效益与经济效益,做一个具有民族发展责任的企业。在对民族文化产品的扬弃过程中,涉及价值观与思想意识形态的一致与冲突问题,关乎整个国家的民族价值观与主流意识形态的形成与传承问题。对外文化贸易中,作为以利润最大化追求为目标的市场主体,偏重对经济效益的考虑定然会多些,这也是无可厚非的。对于具有巨大市场价值的国际文化产品，市场主体必然积极引进，以规避投资风险，寻求利益最大化。然而，民族价值观与主流思想意识形态的维系是所有中国人都应尽的责任与义务。作为中华大家庭中的一员，市场主体在具体的文化贸易执行过程中，也应该有这种责任意识与义务担当，社会效益的维系也必然成为其引进国际文化产品的一个首要度量因素。

第二，从消费者来说，需要具有古为今用、洋为中用的思想境界，做一个有民族荣辱感的主人翁。国际文化产品到达消费者手中时，已经是一个精神产品的接受过程。消费者在体验性消费后，获得的是精神上的收益。精神文化产品的消费过程，不仅能给消费者带来精神性的快感，也会加深、改变或破坏消费者已有的价值观与思想意识形态。如果某种文化产品所承载的文化价值观与思想意识形态与消费者既有的价值观和思想意识形态存在相同或呼应之处，则会强化与加深这些价值观与思想意识形态。如果是相反或者有所偏差，则有可能对消费者既有的价值观与意识形态产生冲击，或者偏离，或者破坏，或者改变。因此，作为消费者，必须有一定的国际文化产品鉴赏能力，要具有"古为今用、洋为中用"的思想境界，以一种中华民族文化主人翁的姿态，对国际民族文化产品进行抛弃、保留、发扬和提高，吸收其有利文化成分。

第三，从政府监管者来说，需要其制定科学有效的民族精粹与糟粕的鉴别框架体系，做一个有民族振兴使命感的主导者。国际民族文化产品，有着不同于普适性的科学技术文化产品或纯粹性娱乐文化产品的本质特征，它所蕴含的价值观与思想意识形态对消费者个体和民族国家的作用并不相一致。同样的文化产品，对消费者个体来说，提供的可能是正向精神福利，但对民族国家来说，也许是负向精神福利。譬如，消费者在消费好莱坞电影时，美国式的叙事方式与高科技技术手段，的确让消费者享受到了正向精神福利，但隐含在影片中的美国价值观与思想意识形态会潜移默化地影响消费者的价值观与思想意识形态，这对一个民族国家而言，具有巨大的威胁，是一种负向精神福利。因此，作为监管者的政府管理部门，必须成为国际文化产品输入过程中的主导者，才能确保文化产品给消费者个体与民族国家提供最大化的正向福利。基本做法是：首先，政府监管者要明确本国涉及价值观与思想意识形态的文化构成。其次，在文化产品的输入实践中，政府部门要制定一个详细的文化产品引进指导方案，对普适性的科学技术文化、纯粹娱乐性文化与价值观和思想意识形态文化进行区分，分门别类。最后，政府部门要构建民族文化产品社会效益评估指标体系，综合评估给输入国带来的正向社会效益与负向作用，做出是否引进的决策。

三、形质观与文化扬弃

形质是普遍地当作一个词语来进行理解的，字典上的解释有肉体、躯壳，外形、外表，才具，气质，形制，形式等。在中国书画艺术中，形质与意象相对应。在建筑、文学等艺术创作中，有形质与意的呼应及渗透问题。中国太极中，也有形质与神意的说法，即以形取意，以意象形。在西方，有一个形质学派，该学派起源于1890—1900年间，由布伦塔诺的弟子厄棱费尔和麦农创立，他们接受了布伦塔诺的思想，将布伦塔诺的意动心理学具体运用到形(form)、形质(form-quality)的形成，认为形、形质的形成既不是感觉的复合，也不是马赫所说形式是一种独立的存在，而是由于意动，才使形、形质呈现出来。形质学派的初衷是对元素主义进行批驳。他们自称发现了一种新元素，并由注重形质而研究复型，后又由复型的分析发现倾向于意动的探讨。形质学派一方面发展了马赫的感觉理论，另一方面又为格式塔心理学派提供了一套完整的形质的概念与理论根据。在知觉理论上，形质学派是由元素主义向格式塔心理学过渡的桥梁。

通过以上关于形质的解释与分析，我们不是想把某种理论简单拿过来分析文化产品，而是力图汲取其中的养料，结合文化贸易实践，分析在引进国际文化产品时，如何在形质上进行评判，以输入适宜的国际文化产品。不论是书画艺术、太极拳，还是西方的形质学派，他们都注重一种事物形式与内涵的完美结合。在中国艺术理论领域，形质偏重于指外形、形态，指人们能观看得到的外在形象。西方的形质学派认为，外形的形成，有赖于意动，这实际上是指事物内涵对人们知觉上的刺激，在内涵意动的驱动下，事物的形质才得以呈现。英文单词 form-quality，就是形式与才质的复合体，这说明了形式与才质交错结合的必要性及它们对于消费者知觉刺激上的必要性。对于文化产品来说，只有美的形态与优的才质的完整结合体，才能值得我们去引进，才能值得本国受众去消费，才能对本国文化创新发展发挥积极有效的作用。

其实，形质一词既包含了外形之义，也兼具才质之指。我们更应该把它作为一个短语来理解，即通常所说的文质彬彬，指的是文采与质量都非常好。对于文化贸易实践来说，我们也应该引进"形质彬彬"的国际文化产品。出于研究上的方便，我们从产品类型与产品才质两个方面分别分析国际文化产品的特征。

1. 产品类型

如果按照两分法，我们可以把文化产品分成有形的与无形的两种。前者是指文化产品实体，后者指的就是版权。文化产品实体包括由产品输出国生产的新闻、报刊、图书、音像、广播影视、广告、动漫游戏、演艺歌舞、可视艺术（工艺品、书画等）、互联网、新媒体等。版权即著作权，是指文学、艺术、科学作品的作者对其作品享有的权利（包括财产权、人身权）。版权是知识产权的一种类型，它是由自然科学、社会科学以及文学、音乐、戏剧、绘画、雕塑、摄影和电影摄影等方面的作品组成。

在国际文化贸易中，既有图书、影视剧、音像制品、绘画、工艺品等实物的贸易，如各种图书博览会、电影节、文化旅游等，也包括关于此类文化产品的版权贸易。在智能技术、移动技术、数字技术与网络技术时代，全媒体的产生，可以使不同媒体形态的内容同时在不同类型媒体上进行传播与消费，媒介介质的边界得以消失，这为版权贸易创造了更加有利的条件，版权贸易是将来文化贸易的主体形式。

从具体的形态来看，国际文化产品的类型主要包括核心文化产品、外围文化产品与相关文化产品三大层次。在当下的对外文化贸易实践中，中国主要侧重输入世界各国优秀的核心文化产品与外围文化产品，这类产品对于文化价值观与思想意识形态的维系起着重大作用，影响一国凝聚力的形成，决定一国文化软实力的强弱，对于一国文化创造力与影响力具有巨大的促进或破坏作用。

国家统计局和中宣部共同编辑的《中国文化及相关产业统计年鉴.2020》数据显示，2019年我国文化及相关产业进出口总额为1114.5亿美元，出口额为998.9亿美元，进口额为115.7亿美元，顺差为883.2亿美元。贸易顺差的扩大，一方面说明了我国文化实力在不断增强，文化产品获得了国际市场的认可；另一方面，也显示了我国在对国外文化产品的引进力度上还有不足。作为一个经济实力全球排名第二的大国，要建成文化强国，除了让自己的文化产品走出去，还应该把世界优秀文化产品引进来，只有在与全人类优秀文化产品的交流互动中，借鉴吸取其精华和优点，才能不断生产出更优秀的文化产品，真正成为有全球影响力的文化强国。反观当下文化进口现状，还是有较大的提升空间。有关数据显示，"2019年我国文化进口方面，图书、报纸期刊、音像制品及电子出版物为16.5亿美元，其他出版物为4.5亿美元，工艺美术品及收藏品为36.8亿美元，文化用品为23.9亿美元，游艺器材及娱乐用品为11.1亿美元，文化专用设备为38.4亿美元"[①]。纵观中国核心文化产品的引进情况，总体来说，类型日益多样，新闻出版、图书、期刊、电子出版物、广电影视等都包括其中，引进数量、金额与版权数也在不断增加。但是，问题也很明显，一是引进总量偏小，二是仅限于图书、期刊、电影的引进，并且主要是图书的引进，包括实体图书与版权的引进。近年来在文化产品引进工作上有了提升，如电影方面，2012年，中国在原本每年引进20部美国电影的基础上增加了14部IMAX或3D电影，中国观众看到了更多的美国电影。近年来，随着国产片的壮大，进口片票房所占份额在不

---

① 国家统计局社会科技和文化产业统计司，中宣部文化体制改革和发展办公室编.中国文化及相关产业统计年鉴.2020[M].北京：中国统计出版社，2020：245.

断压缩，2018年为35%左右，进口片包括美国片、印度片、日本片、法国片等，但贡献份额最大的还是美国片。

在文化产品引进上，我们还需要在产品类型上多下功夫，既要引进那些优秀的为我国受众所喜闻乐见的产品，又要考虑不同民族国家不同类型文化的独特性，引进丰富多元的文化产品。

2. 产品才质

产品才质主要是指引进的文化产品的质量。ISO8402对质量的定义是：反映实体满足明确或隐含需要能力的特性总和。ISO9000对质量的定义是：一组固有特性满足要求的程度。美国著名的质量管理专家朱兰（J.M.Juran）博士从顾客的角度出发，提出了产品质量就是产品的适用性。即产品在使用时能成功地满足用户需要的程度。适用性恰如其分地表达了质量的内涵。这一定义突出使用要求和满足程度两个重点。对于文化产品来说，其质量的内涵极为复杂。一般来说，文化产品分为社会客体与精神客体两个方面。作为社会客体，主要体现为物质形态、设计、包装等方面。消费者对其的使用要求主要落在美观、舒适、简便等方面，并因人、因时、因地、因民族而不同。虽然复杂多元，但基本的使用要求与一般工商产品并没有太大差异，只要紧扣产品性能、经济特性、服务特性、环境特性与心理特性等同几个方面的满足即可，其追求的是性能、成本、数量、交货期、服务等因素的最佳组合。

对于文化产品的精神客体来说，其质量要求与满足非常难以把握。由于文化产品的精神属性与符号特征，生产者总是以一定的规则与方式把意义编码进去，因此消费者必须具备与生产者共通的文化空间，才能进行准确的解码，不然，就会发生霍尔所说的偏向解读与反向解读。即使是优秀的文化产品，在输入国消费者看来，也就一文不值，遭到唾弃。对引进文化产品精神客体的才质判断是：在使用要求方面，主要包括信息获得、娱乐休闲、思想情操陶冶、良好价值观塑造、思想意识形态强化等。在满足程度方面，对于消费者个体而言，主要是信息获得的及时性、身心放松、精神世界的净化、良好道德的培养、良好的售后服务等；对于民族国家而言，主要偏重于文化价值观与统治阶级意识形态的维系与强化。如果引进的文化产品对一国价值观与思想意识形态构成威胁甚至破坏，在输出国或其他国家看来非常优秀的文化产品，也有可能被输入国视作文化糟粕与文化垃圾。

要之，对于文化产品的才质要求问题，会因个人、因民族、因国家、因环境的不同而不同，没有"普世性"的大一统文化产品，是否为优秀产品，需要以动态的视角去评判，尽可能获得一个综合性的最佳组合。当然，文化产品质量的判断还是有一个基本标准的，首先是形态适宜，其次是产品特性、功能、价格、成本、服务等有一个最佳组合，最后是其给民族国家与消费者个体可能带来的精神福利的最优综合得分。

3. 形质文化产品的扬弃

对于此类文化产品的引进，首先，我们坚持"形质彬彬"的扬弃方略。要综合判断文化产品的类型及其对民族国家与消费者个体可能带来的满足，再进行抛弃、保留、发扬和提高。既不能投消费者所好，仅限于单一类型文化产品的引进，譬如，我们不能因为浅阅读时代、消费碎片化时代的特征，一味引进视听媒介产品，而应该着眼于不同类型文化产品的合理结构加以引进。同时，我们也不能投某个管理组织所好，只引进有利于其价值观与思想意识形态维系并强化的文化产品，而应该考虑综合引进反映全人类先进文化与时尚文化的各种类型文化产品，哪怕是承载美国霸权思想的好莱坞电影与麦当劳文化，我们也要进行一定比例的引进。

其次，引进者需要熟悉本国消费者个体与民族国家对不同类型或者同一类型甚至同一种文化产品的使用要求，进行分门别类的合理引进。这就要求引进者做大量细致的调研工作，要不厌其烦地监测市场消费要求的动态变化，随时调整引进计划，尤其重要的是，对引进产品的类型与才质要具有高远的前瞻性，最大化避免不当文化产品对市场主体、国家与消费者个体造成的破坏与损失。

最后，引进者要对文化产品持有整合满足需求的理念，不要固守于单个因素的极致化追求，要整合文化产品各个因素给消费者个体与民族国家带来的最佳效应，以决定是否引进。

前言

毫无疑问，传媒在我们的日常生活中扮演着重要角色。它们几乎渗透到我们公共和私人生活的所有领域。目前在"媒体化"和"媒体社会"标题下讨论的并非全新现象，而是再次证明，我们的沟通方式并不独立于媒体的结构规范。

因此，传媒结构问题长期以来一直是新闻和传播研究的经典问题之一。保罗·拉扎斯菲尔德和罗伯特·默顿在1948年撰文，指出它是传媒影响研究的三个最重要的方面之一：

其次，我们必须研究该国媒体所有权和运营的特殊结构的影响，这种结构与其他地方的结构明显不同。显然，传媒的社会影响会随着所有权和控制权的系统的变化而变化（Lazarsfeld und Merton 1964, S. 98, 106）。

在他们看来，资本主义的组织模式似乎与之特别相关，特别是因为它也影响到传媒内容——随后被使用和"发挥作用"（参见 Lazarsfeld und Merton 1964, S. 107）。拉扎斯菲尔德和默顿认为，如果对媒体结构缺乏足够的了解，经验传播研究作为一个整体就无法得出决定性的结果。

但是，我们对这些本身正处于变革的过程中的传媒结构究竟了解什么？现在不乏关于传媒问题的研究和专业文献。然而，在大多数情况下，它们都是针对个别媒体的分析或关于媒体使用、效果以及内容的特定问题。对传媒结构的分析是根据具体的例子进行的，通常依据某种特定的、常常由邻近学科决定的观点：从历史、法律、政治或经济上对传媒结构进行研究。

长期以来，学界缺乏一种从理论上建基于新闻学传媒概念，并系统地将传媒结构的维度和层次放置在整体背景下展现出来的综合分析。

本书的目的，正在于从媒体概念出发，兼顾传播、组织和制度等维度及各种底层媒介技术，分析德国传媒的组织结构和制度秩序。

自本书第一版出版以来，传媒及传媒体系得到了进一步发展，甚至多次被定下"颠覆性"、革命性变化的论断。其中，一些论断似乎只是以利益为导向，旨在证明完全放弃媒体政策监管的合理性。但是，即使以公正、冷静的目光来看待，传媒体系的变化也不容忽视。本书第二版的目的之一，正在于对单一因果关系解释的警告，我们不能将技术因素，尤其是数字化，视为独立的、几近自然的和社会无法控制的变量来看待。毫无疑问，除了经济、社会和政治力量之外，技术创新也发挥着重要的作用，但这并非决定性的。为了理解媒体创新，本书提出的、复杂的媒体概念则显得必要。新的参与者，特别是跨媒体的数字平台，在第一版出版后的几年里明显变得越发举足轻重，并且似乎正在从根本上改变传媒体系。信息通信服务与媒体之间，以及新闻媒体（公共传播）和所谓的社交媒体（私人、群体公共和公共传播之间的流动过渡）之间的既定界线，已在近二十年受到质疑。

正因为当前传媒体系的界限更加难以确定，因此更证明本书的这种尝试是有益的和有启发性的：除了本身作为一个跨越界限和收束目标的过程，同时还可以观察到新的内部差异。这里提出的，并在第一版中已经阐明的，要以一种开放、动态的目光来观察传媒体系，在我看来仍然是合适的。

这里要明确四个重要的，尤其是出于本书作为教科书的可读性考虑而作出的限制：

所有关于范围限定的问题：本书只关乎公共沟通的媒体（新闻），而在日常生活中非常重要的音乐媒体和网络游戏，以及个人沟通的媒体（信件、电话、电子邮件、即时通信等）必须完全排除在外。用于群体交流的在线媒体（"社交媒体"平台，如 Facebook、Google+、WhatsApp、YouTube、Twitter），尽管它们越来越多地被用作新闻内容的传播媒介，且对于传统传媒组织的重要性与日俱增，但在这里只能作有限的考虑。

对于三个社会层面的关注并不相同：为了理解传媒结构和机构，传媒组织的中层（媒体公司以及企业参与者及其战略）和其上级宏观层面（传媒市场和传媒构成）显得尤为重要。另一方面，尽管所有三个层面最终都将相互作用，但个体沟通行为的微观层面将退于次要地位。

对传媒体系的演变进行长期观察是值得的（参见 Wilke 2000），但这里无法完成。只有在理解当前结构特别有帮助时，本书才会触及传媒的历史展现。

国际横向比较和国际传媒结构介绍也是值得研究的领域（参见 Thomaß 2013; Blum 2014），但本书只在分析德国传媒的相关国际影响因素时才会偶尔提到这些内容。当然，比较性研究，即传媒体系的国别比较，有助于对本书介绍内容的系统性理解，增加启发性。

有别于纯粹描述性的传媒研究、教学或数据和事实的集成，这里主张建基于理论的、系统性的分析。尽管本书以此标题命名，但组织形式并非"教条"系统理论。

本教材面向大众传播学、传媒、传播学、新闻学等专业的学生，以及相关邻近学科的师生。此处发展出的分析系统，旨在介绍目前可用的、经由各个传媒行业最新数据支持的长期基本结构。事实证明，数据情况因介质而异；无论如何，由于媒体的动态变化，数据很快就会过时。为此，阅读说明中还包含了各行业协会的网站链接，以方便进行后续研究。为了方便阅读，本书一般使用阳性语法形式，但所指也包含了女性参与者。

如果没有众多同事的建议，本书的质量肯定会下降。如果没有柏林自由大学媒体经济学／传播政策系同事的用心搜索、批判性阅读和耗时的图表制作，这本书就无法诞生。

对于第二版，我试图将同事们的建议和订正纳入考虑，以及结构变化和传媒法规的变化。特别是在 Tabitha Kühn 的帮助下，最重要的市场数据得以更新。

感谢所有为本书出版作出贡献的人。

柏林
2017 年冬
克劳斯·贝克教授

目 录

第一章 传媒与传媒体系 / 1
1.1 传媒作为体系？ / 2
1.2 传媒体系的维度？ / 12
1.3 总结 / 36

第二章 德国传媒体系的规范性框架 / 45
2.1 民主的传媒政策、传媒秩序与媒体治理 / 45
2.2 传播与媒体自由 / 50
2.3 其他传媒相关的基本权利 / 55
2.4 基本权利限制、青少年保护及一般法律 / 57
2.5 联邦州新闻法 / 60
2.6 著作权和成果保护权，以及其他相关法律标准 / 62
2.7 总结 / 65

第三章 德国传媒体系的基础设施 / 71
3.1 新闻通讯社 / 71
3.2 新闻办公室和公关代理 / 81
3.3 广告与媒体代理 / 85

3.4 电信网络和服务 / 95

3.5 总结 / 106

第四章　大众媒体 / 115

4.1 书籍 / 116

4.2 期刊：报纸与杂志 / 148

4.3 电影：影院和视频 / 239

4.4 电台：广播和电视 / 272

4.5 在线媒体 / 398

第五章　德国传媒体系的发展动态 / 475

5.1 传媒体系发展动态概述 / 475

5.2 数字化与网络化：差异化与融合化 / 477

5.3 商业化和集中化 / 486

5.4 国际化：全球化与欧洲化 / 495

5.5 再监管和媒体管理 / 510

5.6 总结 / 514

第六章　德国传媒体系概况 / 523

6.1 媒体的制度性规则 / 523

6.2 德国传媒体系的结构 / 529

6.3 媒体设备和媒体使用 / 545

6.4 传媒体系的发展趋势 / 549

第一章 传媒与传媒体系

本章将解释用作德国传媒体系性分析的基础概念和标准。本书的标题意味着，德国不仅有不同的媒体，而且它们形成了一个系统性互相关联的整体：一个由更小的单元（元素或组件）所组成的"整体"（希腊语：Sýstema），该整体在全球化和欧洲一体化的背景下仍能在地理上和政治上被区分出来。本章将探讨传媒体系在这里的含义，以及在此形成"体系"的传媒的实际含义。为达成此目标，须提出一个除技术基础以外，也顾及其他方面的、差异化的传播学媒体概念：将媒介作为数个符号系统来理解，考察其组织和制度化情况。其中，本书将从媒体符号学（符号类型）、传播社会学（参与者、角色和规则）、传媒经济（媒体企业和市场）、传播政治学、传媒法律和伦理（媒体的监管和自我监管）等角度协同进行。

针对这些不同的传媒维度，本书将在理论的基础上发展出分析标准,以便对德国传媒体系进行描述和理解。借此,本书力图不拘泥于（快速过时的）数据的收集工作，而是从传播和新闻的角度对基本传媒结构和流程进行系统分析[①]。

1.1 传媒作为体系？

1.1.1 传媒景观，抑或传媒体系？

"传媒体系"这个词既非新创亦非原创，而是二战后作为民族国家所组织的新闻、广播以及电影（如有）和其他媒介等"大众传媒"的统称而引入的（参见 Hardy 2008，第 5 页）。在日常生活及研究和教学的语境里，我们已习惯如经济系统、政治系统般使用传媒体系进行讨论，又或者将"媒体"用作一个统称，而没有详细介绍其交互和结构化关系；特别是在实际的传播政策中，经常提到特定地区或民族国家的"传媒景观"（参见 Schrag 2007）。

系统或景观——这两个隐喻都有其优缺点：景观寓意的诱人的可观性似乎最终指向了错误的方向。一方面，它对自然、原始、既成事实的浪漫回溯总能引起共鸣，哪怕我们实际上正生活在中欧古老的文化景观中。尤其当我们将目光投向曲折多变的德国传媒历史时，人们一方面可看到地理和政治边界的变化有多么剧烈，而景观的被"切断"、甚至（如字面意义般地）被"摧毁"又是多么随意。政治和经济因素的主导地位超越地理、自然或物理边界，这是显而易见的。区区二十

[①] 这种国际比较对于欧洲和全球观点来说是有趣的，但对于"各自的"传媒体系只是偶有启发性，并不是本书关注的问题，但或许可以通过对各项标准的证明和披露来产生一种可比性。 Springer Fachmedien Wiesbaden GmbH, ein Teil von Springer Nature 2018 K. Beck, *Das Mediensystem Deutschlands*, Studienbücher zur Kommunikations- und Medienwissenschaft, https://doi.org/10.1007/978-3-658-11779-5_1.

第一章　传媒与传媒体系

多年前，"德国传媒景观"这一表述可立即引发质疑，所谈论的究竟是哪个德国[①]。

毫无疑问，传媒有助于非同质传播空间的发展。在媒体方面，德国存在东西差异和南北差异。在分析中必须考虑这些由经济、政治和社会文化所决定的地区差异，但并不需要因此而采用景观隐喻。

对于景观隐喻的更根本的质疑在于其范围：与媒体相关的山脉、河流和山谷、森林、沙漠和湖泊是什么？所发现的传媒的"原始景观"应如何理解？各种开垦技术和速度的可比性有多少？影响景观和传媒的力量之间的可比性有多少？传媒和景观功能的可比性有多少？有没有什么可以作为景观巨大自然塑造力的类比，如侵蚀、火山作用，甚至板块构造？

或许，这也是"传媒体系"之所以在专业文献中更常用的原因。那么，它在传播学里究竟指什么？至少，在德国传媒体系的相关文献中，这种观察角度是令人失望的，因为基本找不到什么理论上合理的思考（参见 Beck 2015）。阿尔滕多夫(Altendorfer，2001) 和 罗佩尔(Röper，1994) 完全放弃了定义和理论基础，直接开始展现魏玛共和国广播的法律历史，或（当然是完全值得的）描述经济媒体结构及其传播政策的起源。在这样的参考书中，人们对于这个被看作显然是理所当然的、有系统的（或系统性的）整体以及各个媒体的功能一无所知。尽管对市场结构、媒体设备和媒体使用进行了概述，但阿尔滕多夫使用的概念框架是法律上的，而罗佩尔的则是经济上的媒体秩序。在一些比较性的文章和手册中（例如参见 Kleinsteuber 2003；Hans-

---

[①] 指联邦德国和民主德国。——译者

Bredow-Institut 2009），尽管人们可以了解关于个别传媒体系的或关于传媒体系国际比较研究的重要内容，但并不了解传媒体系究竟是什么。克兰斯托伯(Kleinsteuerber，2005，第275页)将传媒体系定义为"对特定的空间中（至少在一个国家里）的媒介赋予特征的秩序或结构的整体。"其中，他关注永久性（结构）、秩序和局限性（特定空间）的特征，以及传媒体系的集合，并以此提供了重要的概念元素。但在这种抽象形式中，这些元素也适用于政治和经济系统，因此需要作进一步的媒体特定的或媒体理论的区分。

1.1.2 媒体作为系统，独立的还是非独立的？

因应作者的学科背景，传媒体系被理解为对环境或诸如政治、法律或经济等其他系统或多或少有依赖性的及被操纵（不独立）的系统。这也适用于国际研究文献："传媒体系"（"Media System"）这个概念很常见，但大多不外乎将媒体视作一个整体或者其彼此之间的"相互依赖"（"Interdependence"），并强调它们在政治和商业中的嵌入（参见Bogart 1995，p.33-62）。卡多索（Cardoso）将"传媒体系"定义为"指引各种传播形式的技术与组织之间的一套互相联结"（Cardoso 2006，第24页），并根据媒体功能区分"娱乐元系统"和"信息元系统"（Cardoso 2006，第148，222页）。其中，他援引了卡斯特的网络理论和布迪厄的场域理论（参见Cardoso 2006，第207-210页）。

两位政治学家哈林（Daniel C. Hallin）和曼奇尼（Paolo Mancini）在其比较性经典著作中也使用了"传媒体系"一词，并发展出与西伯特（Siebert）等人所谓的"传媒理论"(Theories of the

Press，1956）具有争辩性区别的三个理想的典型模型。从其学科角度来看，他们以一个规范性问题为导向，即"作为对民主的支持"的各种系统，它们的可用经验描述的优势和劣势分别是什么（Hallin 和 Mancini 2004，第 Xiii 页）。传媒体系不应被视为（如"传媒理论"中的）主要取决于政治意识形态的变量，而应被视为一个动态的、路径依赖的社会系统，具有自己的结构，绝不是同质的。哈林和曼奇尼没有进一步处理媒介概念，并明确地将电影、音乐、娱乐媒体以及电信和公关排除在外，其重点仍然是政治学。[①] 他们非常关注新闻业的民主理论核心功能（参见 Hallin 和 Mancini 2004，第 7-12 页）。从政治科学角度来看，他们的实证比较在某种程度上考虑了经济（历史新闻市场发展）和新闻（新闻专业化）的标准，但其重点显然是在政治类别。[②] 他们相当实际地将传媒体系作为一个术语使用，政治系统因而处于一种共同进化的关系中（参见 Hallin 和 Mancini 2004，第 47 页）。就新闻与媒体和政党的密切程度而言，国家和政治平行的作用是决定性的。两位作者认为，传媒体系的封闭（自治或自由）程度，或对政治控制（工具化或监管）的依赖程度，是一个对规范性意义重大，但在历史和经验上都悬而未决的问题。

此后，罗杰·布鲁姆 (Roger Blum) 发展了传媒体系国际比较分析的"实用差异法"：基于九个维度，每个维度具有三个可能的特征，将全球总结为六种传媒体系模型，并可根据经验进行描述。他也强调

[①] 这不仅可以从具体指标中看出，还可以从本质上由政治和地理（而不是新闻或经济）所定义的三个系统模型中看出：地中海或极化多元主义、北欧/中欧或民主社团主义、北大西洋或自由主义模型。

[②] 雅库博维奇（Jakubowicz，2010）展示了，很多传媒体系研究中的比较方法如何强烈受到政治因素和民主理论规范标准的主导。

了政府体制、政治文化、媒体自由、政治平行性、国家对媒体的控制（实际上是媒体自由的一个方面）等政治因素，并关注媒体的政治功能是作为"传声筒"还是"反对者"（参见 Blum 2014）。在这里，媒体所有权、媒体资金和媒体导向等传媒经济标准主要被理解为监管的维度；传媒文化是独立还是体制的，这也是一个需要解释的因素。所列出的维度对于分析传媒体系当然是有用的（且在本书中也发挥重要作用），但政治是否"决定了"传媒体系，"政治体系……是否比经济体系更更重要的决定因素"，正如布鲁姆(2005, 第 10 页)所说（也参见 Blum 2014, 第 51 页），需要进一步研究。

1.1.3 传媒作为系统，开放的还是封闭的？

将传媒视为或多或少的非独立（有依赖性）的"系统"，这个实用观点与各种系统理论方法相左。分歧主要在于，后者更关注传媒体系的封闭性（自主性、自创生）或开放性（相互依赖性、异创生）的程度有多高。

自创生系统独立生产和繁殖；它们完全遵循自己的功能逻辑，充其量只可能会受到环境的非特定的"干扰"，但不可被通知或甚至被控制。该理论由自然科学（神经生物学、认知科学）发展起来，并被卢曼（Niklas Luhmann）引入到社会系统中。

从自创生系统理论的角度来看，克劳斯·默滕(Klaus Merten, 1999, 第 394 页)将传媒体系理解为社会传播系统的一部分，并将"持续提供社会中所有信息的基本功能"划拨给它。他认为(Merten, 1999, 第396页)，传媒体系的结构可以用"信息选择和加工的过程结构，也可以根据其组织结构来描述。"这两个方面也将在本书中扮演重要的角色。对默滕来说,"传媒体系正是特定社会子系统,它通过持续提供现实的蓝图而对接收者的知识、态度和行为产生不可预见的影响"(Merten 1999,第 402 页)。就其本身而言,它受经济、法律和政治影响。然而,这些影响的不确定性使人们对默滕的陈述和自创生系统理论的适用性提出质疑。此外,只要传媒一词不延伸至文学、戏剧、视觉艺术等方面,现实蓝图的提供就并非系统特定的,或者至少不是传媒的专有功能。另一方面,默滕提到的所有特征都是针对动态和开放系统的论据——无论是在影响和控制的可能性方面,还是在效果方面。此外,传媒体系的意义边界(符码)似乎也很难明确定义,因为默滕对卢曼的引用并没有说服力:系统自身的信息/非信息符码,以及传媒体系持续将(当前)信息传输为(已知,即冗余的)非信息的流程逻辑,两者在所有的社交传播过程均可见,而不仅限于传媒体系("内部")。时效性标准方面似乎也须谨慎对待,因为其不一定适用于媒体娱乐和反复出现的媒介仪式。莫克尔(Meckel)和索尔(Scholl)(Meckel und Scholl 2002,第 155 页)也提出了异议。卢曼虽然将大众传媒描述为一种社会系统,但"这个系统是纯粹以技术方式来定义的",即清楚地表明,自创生系统的理论不能用于传媒体系分析[①]。系统论中的媒介概念要么是指象征性的广义媒介(如权利、金钱等),要么是指技术性的传播媒介;他仍然对与传播和媒体社会学相关的方面视而不见。卢曼确实将"社会上"用于推广复印技术传播的"所有机构"

---

① 一些传媒体系研究者甚至认为所有系统理论方法基本上不适用于该主题,因为它们要么过度扩展了分析的重点(功能主义),要么因为它们无法解释传媒体系的复杂性、偶然性和规范性;参见 Hardy (2008, pp. 6–7) 或 Jarren (1996, p. 80)。

（Luhmann 1996，第10页）视为"现代社会的功能系统"之一的大众传媒（Luhmann 1996，第22页），但没有对这些"机构"的组织方式作进一步研究，对其作用方式的描述忽略了经济条件和政治因素。卢曼观察到传媒体系的差异化，但不是以子系统的形式，而是以不同方式处理信息/非信息符码的三个纲要领域（参见 Luhmann 1996，第51页）。他对 a) 新闻和报道、b) 广告及 c) 娱乐之间的实用主义的区分既不符合研究现状，也不符合实际表现形式：他未能将宣传或公共关系、资讯娱乐和其他混合形式进行合理归类。托普夫尔（Florian Töpfl, 2011, 第53页）批评卢曼的传媒体系概念以多元民主的为导向，但没有考虑到其对于政治（和经济）封闭和开放的动态关系。

由于这些缺陷，莫克尔和索尔（Meckel und Scholl, 2002, 第156页）提出了帕森斯（Talcott Parson）的开放系统概念作为替代方案，因为这样可以观察到其与政治、经济、社会文化系统等其他功能系统，以及与社会共同体的"相关的交换关系和耦合"。

早在1971年，龙内贝格尔（Ronneberger）就参考莫顿（Robert K. Merton）的功能术语，将"所有媒体的相互作用和互动"理解为对社会及其子系统具有各种功能的"大众传播系统"。① 这些社会和政治功能来源于响应社会需求和期望的"众多个人服务"（Ronneberger 1990，第158-159页）。哈斯（Haas, 1990, 第1页）也主张开放的、相互依存的系统或有限可控的异创生系统的观点：

整个传媒体系的秩序和概念，取决于传媒法律规定的传播政策的指导价值，以及通过（直接或间接影响媒体景观经济发展的监管决策

---

① 除了全面的信息功能之外，还可以区分经济(例如市场透明度)、社会(例如整合、社会化)和政治(例如公共、批评和控制)等功能（参见 Beck 2010, p. 92–102）。

的）基础设施环境……政治制度决定了传媒发展在社会上和政治上的合法活动空间，并与经济、社会和文化制度一起，为大众传播手段创造了脉络和框架条件。

萨克瑟（Saxer）将传媒恰如其分地理解为解决问题和制造问题的，或降低复杂性和产生复杂性的系统（Saxer 1997，第74页和Saxer 2007，第88、97-98页），即，它们的演变不仅仅遵循其自身的逻辑，而且始终发生在一个社会的脉络下："传媒体系在一定程度上作为一般的问题解决者而被纳入制度，但其本身在一些方面是有问题的，且会引起问题。"萨克瑟认为，传媒体系(Saxer 1997，第75)虽然是"超复杂，即，以大量子系统为特征的系统"，但恰恰不是一个自创生的封闭系统，即，只按照自身逻辑运行的系统：

"因此，新闻传媒与这些重要的社会子系统之间的关系可以被解释为一种相互制造和解决问题的关系。鉴于系统的普遍纠缠所导致的限制条件，在最理想的情况下，也最多只能预期大众传媒在民主中有一个相对的自主权"（Saxer 1990a，第10-11页）。"就生产力而言，传媒与政治体系在很大程度上在功能和结构上相互关联"（Saxer 1990b，第49页）。

萨克瑟(1981)对输入、吞吐量和输出阶段作出区分，并将各系统置于互惠供应关系中。"传媒与经济系统之间的边界问题"（Saxer 2007，第95页）也应该成为传媒体系分析的主题，而不是由自创生概念先验地决定。对于传媒体系的分析，除了系统演化的历史视角之外，超复杂性和社会整合代表了进一步的挑战，这在本书中只能有限地处理。嵌入基本的社会分析是理解社会传播问题所必需的，但在这里涉及不多，也不分析问题诸多的媒体影响。本书仅限于更接近传媒体系自身的问题，例如关于制度化、组织结构（例如市场或公共企业）与功能或功能失调（例如关于媒体多样性或媒体自由等规范性功能）之间的关系的问题。

继萨克森之后，昆茨勒（Künzler 2005年，第9-11页）强调了媒体"相互之间以及与各种社会子系统（政治、经济、文化）的参与者之间"的"相互关系"，他将传媒体系视为对政治、经济和社会执行特定功能的"社会基础设施"。从这个角度来看，传媒体系是一个开放的系统，它与环境中的其他社会系统以及其他国家传媒体系处于交换关系（Künzler 等，2005, pp.181-183）。托马斯 (Thomaß 2007, pp.13-15) 和董格斯 (Donges 2008, 第331-334, 341页)，以及基弗和斯坦宁格 (Kiefer & Steininger 2014, 第363页) 将传媒理解为行动系统，而不是卢曼所指的自创生式的传播系统。这种分析具有很大的优势，能够因应不同的开放和封闭程度，以及自身行动逻辑突变的不同阶段进行经验观察。威俄 (Wiio 1983, pp.86-89) 也将传媒体系的开放性或封闭性理解为一个变量，因为来自环境的影响（输入）在不同的国家传媒体系和历史进程中是不同的。因此，我们可以断定：新闻业不仅指明一种行为逻辑，而且是一个开放的系统。

据我所知，至今仍没有人尝试持续地用系统理论来描述（德国）传媒体系；此处仅指出其中一些困难，在我看来，似乎也希望不大，甚至可能适得其反：如果秉持严格的自创生系统标准，则可能失去对传媒体系与其他社会领域（经济、政治、技术）的有趣的相互依存关系的关注；对于传媒体系的差异化（界定）和去差异化（去边界化）的动态，以及传媒体系的商业化或政治化等过程也是如此。用近乎自然法则的决定论、线性、甚至目的论的思想来替代辩证、紧张和矛盾

第一章 传媒与传媒体系

的过程是非常危险的。如果没有可预见的知识附加值，则权力问题——例如媒体的政治经济的权力问题——将被先验地淡化为不可观察。如果放弃自创生的正统定义标准，那么科学观察者的视野也开阔了[①]。传媒（或其中的一部分）是否及在多大程度上依赖或独立于其他社会领域或系统，是否及在多大程度上发生了内部分化，是否实际提供了某些服务或社会功能——所有这些首先都是开放性的研究问题，而不是将生物学理论不经论证地引用到社会科学中而产生的教条式的预设问题。从分析角度来看，封闭和开放、自我控制和外部控制的潜在可逆过程特别有趣。举个例子：在后苏联时代，由于形成市场激进的、再次被政治化的寡头垄断，部分的传媒政治自治又再得而复失——这很难用自创生传媒体系的观点来解释。再者，经济和新闻业的相互依存（请注意，并非：平衡）不仅体现在新闻业的经济框架条件中（例如融资问题）。在某些情况下，经济的过程或约束（即便并非完全事出突然）对新闻的表现有具体影响，甚至直接影响媒体内容。这不再只是结构性的耦合，而是功能性（或失能），或操作性的耦合。

尽管本书不采用"正统"，即卢曼的自创生系统理论方法，但不仅锚定传媒体系的定义，而且坚持使用系统理论的概念：结构和功能之间的联系、差异化的动态、内部分化和去分化、复合性（即元素和组件的统一性和整体性）以及反馈和涌现效应长期以来一直是控制理论和系统理论的主题，它们在本书扮演了重要角色。

[①] 原则上，Marcinkowski (1993)采用该方法对新闻业的广播政策进行分析，Blöbaum (1994)也以此将新闻业作为自创生或社会系统进行分析。两者都将自创生闭合理解为一个允许中间阶段存在的过程。Görke (2002)对两个服务系统，新闻和娱乐，在公共功能系统里进行了区分；他认为，主要差异在于时效性/非时效性。所有提案的共同点，是它们没有包含整个传媒体系，因此没有对其结构性关系，尤其是媒体组织及媒体经济相关的关系进行观察。

作为小结，可以说传媒在这里应该被理解为一个开放的、动态的、相互依存和差异化的系统，具有历史发展的结构。通过服务和功能，媒体与其他社会领域（或系统）以及整个社会处于一种动态的相互关系中，需要作进一步分析。受政治（国家、政党、军事）、经济（企业、市场、证券交易所、广告）或社会（教会、工会、协会）等因素影响，传媒体系在外部控制（异创生）和自组织（自创生）的两极之间移动。

传媒体系的分析不仅要考虑媒体的特性和媒体的功能分化（或去分化），还要考虑结构和过程的相互作用。因为传媒体系是行动系统，所以可观察到的参与者发挥着重要作用。这些媒体参与者在传媒体系的微观、中观和宏观层面行动（见下文）。

那么，媒体的特性是什么？传媒体系的三个层面指的又是什么？

1.2 传媒体系的维度？

1.2.1 传媒的定义

德国传媒体系的边界问题，如上所述，不仅要从地理和社会（全球化世界中的德国社会）的角度，以及政治（欧盟中的德国等）[1] 和时间（传媒历史）[2] 的观点。传媒体系的限定也必须在事实层面进行，任何人从新闻和传播科学的角度对传媒体系进行处理，都应对传媒定义清楚。

普罗斯（Harry Pross）认为，传媒是以人际交流为目的的一种手

---

[1] 参见 zur internationalen Mediensystemforschung Thomaß (2007).
[2] 参见 Wilke (2000)

段；其中，借助第二和第三媒介，可通过社会技术方式弥合时空距离（参见 Beth 和 Pross 1976，第 109-123 页；Beck 2010，第 82-89 页）。语言和人际交流的初级媒介可在没有技术基础的情况下进行，其组织方式与第二或第三媒介完全不同，因此在这里不视作传媒体系的要素。第二媒介的传播，需要以生产者一方的媒介技术（例如印刷媒体）为前提；而第三媒介的传播，则需要生产者和接收者双方的媒介技术（例如广播）。

在下文中，重点将放在新闻学上，公共传播媒介[①]（印刷、广播和网络媒体）将成为分析主题。尤其是"经典"的新闻媒介在很多地方可追溯到共同的公共基础设施，这里将后者理解为系统的一部分（参见第三章）。这首先涉及采购和分销渠道，即消息和内容的来源（新闻和公关机构）以及广告收入（广告和媒体机构）。运营网络，尤其是电信服务供应商的电子网络，非常重要。后者是广播和网络媒体供应商（因此最终也是许多印刷媒体出版商）所必需的。特别是对于采购渠道，"德国传媒体系"的国家限定并不代表对实际结构的事实上的限制——想想电影、小说和电视剧或通讯社——而是一种观察的限定。

传媒体系的新闻学分析应考虑传播媒介的特殊性，尤其是公共传播的媒介。从这个角度来看，我们必须以多维度的传媒概念[②]作为基础，

[①] 这是一个务实的划分，但并非没有问题，特别是考虑到媒介的动态，因为网络传播尤其模糊了传统媒体之间以及公共和私人领域之间的界限。另一方面，除了传统媒体研究中涉及的媒介外，还包括与新闻学相关的书籍、电影和网络媒介；然而，必须放弃对音频存储媒介（声音载体）的考虑——部分原因是迄今为止，传播学研究在这方面可提供的内容不多。

[②] 详见 Beck (2010, pp. 82-89)，援引 Saxer (1980) 和 Pross。

从中可以得出分析传媒体系的标准和主题角度：

第二和第三媒介是：

1. 基于技术的
2. 以人际交流为目的的符号系统
3. 建立社会机构，以及
4. 以特定方式组织。

这种多维度的媒介概念降低了传媒（众多系统）的实际复杂性，而没有对分析过度简化：媒体也是，但不仅仅是经济组织、技术基础设施等，而这些独特的同时性正是新闻学和传播学的认知兴趣所在。因此，传媒体系的阐述要追溯到不同的子学科：借助经典传媒经济学，通过媒体的制度经济学及媒体社会学和媒体伦理学，尤其是制度化的各种观点，可以用来阐明传媒体系组织的各个方面。作为其他子学科，传播学和传媒政治学及传媒法对媒体机构和组织进行分析，而传媒技术和传媒符号学则用于研究"技术符号系统"，以及在本书中，主要是传媒体系（印刷、广播、电影、网络）的系统性划分。

多维度传媒概念的第二个优势在于，经济、政治、法律等不仅可以理解为框架条件（或甚至可以理解为边界条件和系统划分）：传媒不仅在国民经济中运作，它们本身也构成了企业，并发展为市场。

传媒及其传媒体系随着时间而在所有四个相应的维度上发生变化，各自的速度均不尽相同。[1]

---

[1] 关于技术创新，常用的说法是媒体"革命"。但是，如果——如本书所示——使用"整体"的传媒概念，且不将媒介简化为技术的人造物，则以演变作为比喻似乎更恰当。传媒及所有维度的传媒体系都是历史进程的（中间）结果，四个维度的相对重要性也会随着时间变化：传媒发展的"驱动力"有时可能是技术创新，有时是新的组织形式，例如商业模式，或"发明"一种新的广告金融。

为了在阐述德国传媒体系时利用这些分析优势，则必须对它们进行更详细的解释，以获得更具体的描述标准。

1.2.2 分析的维度

1.2.2.1 媒介技术

普罗斯（Harry Pross）认为，传媒的演变可被描述为从人际交流的首要语言媒介发展成为传媒体系。其中，第二和第三媒介与语言一起——而不是取而代之——成为人类交流的手段。人类的交流，尤其是社会中的公共交流，因而在一定程度上受到文化史、跨文化方面等可变因素影响，并因应交流和媒介技术而形成。各个媒介在技术化的类型和程度方面存在差异，因此媒介技术的分析维度通常被看作差异化传媒体系的第一大分类：我们区分印刷媒介、广播、电影和网络媒介——这个分类也体现在本书的结构中。

然而，除了这个基本的系统分类学外，在传媒体系分析的框架内对媒介技术进行深入研究所获得的知识似乎相当有限，尤其是，本书并非针对媒介技术发展的社会过程的历史或预测研究。[①] 从传播学的角度来看，重要的是第二媒介（例如广播或万维网），而非第一媒介（例如印刷术或互联网等基本技术）；核心是媒介技术的制度化应用形式作为传播媒介（参见 Kubicek 等，1997，第 32 页；Burkart 2002，第 67-68 页）。

---

① 类似的其他作者对传媒技术的系统性讨论（参见 Wersig 2000）不仅会迅速扩大范围，而且还会引发一个问题，即与许多其他传媒体系相比，这些分析对德语传媒体系的针对性有多强。

其中，媒介技术不仅意味着设备或"硬件"，而是"人类通过合理、有目的地运用自然法则、自然过程及适当的物质，为了延伸有限的人类能力而生产和使用的对象、措施和过程的总和。"（Wersig 2000，第17页）。

媒介技术或信息和通信技术[1]扩展了"智力"，即人类的认知和交流的界限。它们作为"人的延伸"（麦克卢汉）发挥作用：在时空上传输、聚合、分解和重新聚合、转换和存储数据，令人类可以将其感知为交流信号，并用作构建信息的基础（见 Wersig 2000，第19-20页）。因此，它们构成了在差异化、复杂的社会中进行交流调解过程和现实社会建构的必要先决条件。[2]对于媒介或传媒体系的另外三个维度来说，媒介技术具有巨大意义：例如，印刷术的发明或数据存储和传输的数字化均表明，传媒企业和市场、甚至整个传媒及知识经济，都以此为基础发生了巨大的变化。

1.2.2.2 媒体作为符号系统

媒体技术作为数据的物质载体（内存）或非物质传输器发挥基础作用，这些数据可归类到符号系统里：

简单来说，符号是替代物或表现物（符号载体），它代表其他大

---

[1] Wersig (2000, p. 20) 区分了信息技术和通信技术，但用一个恰当的例子来描述它们的相互作用："例如，纯印刷实际上更多的是一种信息技术（尤其是在排版的过程链中），它实际上只有在大规模生产和分发（不再是印刷技术）中才成为一种通信技术"，其分发过程使用了其他技术（交通和运输网络）。对于主要用于公共传播（新闻）的信息和通信技术，在下文将使用媒体技术这个通称。

[2] 与麦克卢汉（McLuhan, 1964）或基特勒（Kittler, 1986)的技术决定论的假设相反，几乎没有经验证据表明，媒介技术对整个社会或文化的感知和传播具有单一因果关系和线性影响。然而，技术性能和数据传输方式会对社交媒介过程（即社会传播）产生重大影响；这里联想到萨克瑟（Saxer）将传媒视为解决问题和创造问题的系统的观点。

多没有所指（符号客体）的东西，从而简化交流。

印刷媒介组织文字和印刷字词，但也有各种图片元素。广播传播口语的（或歌唱的）字词、音乐和声响——数字沟通网络甚至包括（几乎）所有类型的符号类型，覆盖了人类各种感官模式。符号系统，首先是语言，是由文化塑造，并塑造文化的。随着第二和第三媒介的加入，我们的文化已经发展成为一种传媒文化：对于德国的传媒体系来说，使用德语口语和书面语自然是典型的，但不是排他性的。奥地利、瑞士和许多其他传媒体系也有德语媒体。德国传媒体系的一部分是少数民族媒体（例如索布语、丹麦语或弗里斯兰语）、移民的侨民媒体以及——由制度保障的信息自由以及国际广播、万维网和卫星电视而得到加强的——外国和国际媒体。

除了传媒语言之外，在摄影、电视和电影以及万维网中还有其他符号类型和系统发挥着重要作用。与任何其他传媒体系一样，德国传媒体系可以在传媒符号学上按媒体类别进行划分（见第四章）。为了进行更深入的分析，这些在这里出现的维度与跨文化比较研究非常不同，但其区别不如我们传媒概念的另外两个维度显著[1]：组织和制度化。

1.2.2.3 传媒的组织

传媒的组织是理解传媒体系的核心（另见 Studer 等人，2013，第 32 页）。然而，组织和制度的这两个概念常被混淆，不限于日常语言

---

[1] 从传媒经济或传媒社会学的角度来看，也可考虑不同的划分逻辑，例如按（多媒体操作的）传媒康采恩，或从功能上划分资讯和娱乐媒介。本书的分析并不完全排除传媒符号学和传媒文化的影响力，但在解释特定国家结构的问题上，它们的相关性比政治、法律和经济因素相对较低。

中的使用；而对于传媒体系的分析，我们需要对这两个方面都有特定的了解。那么，什么是传媒组织，什么是传媒制度（参见第1.2.2.4节）？

传媒的组织，意味着同时组织公共传播的过程或活动，即创建时空秩序，该活动的结果，即具体的社会形态（或称为"Organisat"）及与社区或家庭等其他形式不同的，以分工为形式的，为组织目标提供服务的（参见 Esser 2000，第 237–243 页；和 Kiefer 2010，第 125 页）。

传媒参与者在媒体组织中扮演明确的成员角色；他们可以离开或被媒体组织开除。

传媒组织本身是长期设置的，可以在差异化的社会中提供某些服务，从而履行社会的传媒功能，进而减轻社会其他部分的负担。

组织目标可以有不同的形式，也可以有不同重点：对企业来说，组织目标由经济因素来决定，并应该出于对效率[1]的考量来实现。其中，组织既描述了行动的协作，也描述了采购、生产、分销流程的结构化，以及架构的结构化———一般来说，就是角色、职位和部门等结构。

除了经济目标（利润、回报率）之外，企业也可以实现其他目标，例如为公众提供公共的、公益性质的（"有益品性质的"）广播节目。在新闻业的许多这类有益品方面，传媒组织面临着一项特别困难的融资任务：这些"公共商品"（例如广播节目）无论如何都可以获得，人们为之付费的意愿很低。[2]

因此很明显，各种传媒企业也可以很好地用组织概念进行描述，

---

[1] 根据最小化原则，制定目标应该以尽可能少的材料、人员、时间或其他资源的投入来实现。或者，根据最大化原则，应该从给定的有限资源中产生尽可能高的目标数字，例如销售额或利润。

[2] 另请参见第 1.2.2.4 节，以及 Kiefer (2001, pp. 128–157) 关于传媒商品系统分类的详情。

第一章　传媒与传媒体系

传媒组织作为复合组成的整体，位于分析的中间层次，即中观层面。[①]其下的微观层面，则发生个体参与者的沟通行为，更准确地说，即传播者（传媒生产者）和接收者（或传媒消费者）的行为，与之相关的是传媒生产、使用、接收及媒体评价。参与者的行为以有组织（例如在编辑部或出版社）、同时以制度化的方式[②]发生，即带有认知程式及脚本、价值取向和规范的特征。在中观层面之上，是基础的、跨越个体传媒企业的多个方面。它们作为组织环境，对市场参与者的行动和策略产生影响，并为他们设定限制。在这个宏观层面上，相关的是国家传媒体系的组织，传媒制度（参见第1.2.2.4节）在这里也发挥着重要作用。

宏观和中观层面是从组织和制度角度分析传媒体系的决定性因素，而微观层面主要是媒体使用和传播者研究的研究对象。重要的是，要理解不同层面是结构化的，且处于一种相互结构化的关系：个体参与者的行为催生了组织，而这些集体和企业参与者的行为形成了传媒秩序，后者反过来又促进或限制了个人和集体的行动。我们首先考察传媒组织的中观层面。

1.2.2.3.1 传媒组织的中观层面

我们已看到，媒体可以很好地被理解为传媒企业，无论是商业的还是非商业的，或者是以公共利益为导向的传媒企业，也不拘印刷、广播、电影还是其他媒介。

传媒企业"被定义为有计划、有组织的经济单位，它捆绑内部和

[①] 在这里，我们关注的是 Donges (2008, p. 330) 而不是 McQuail (1992, p. 97)，后者将传媒企业定位在微观层面，而将媒介类型或传媒子市场（日报、地方广播等）划归至中观层面。
[②] 见制度分析，第1.2.2.4节。

19

外部创建的编辑内容，将这些内容转换到存储介质上并进行直接或间接分发"（Wirtz 2006，第 11 页）。在大多数情况下，传媒企业生产的复合产品或副产品同时在接收方或买方市场和广告市场上交易，因为编辑内容及广告是相互耦合的。从经济角度来看，媒体产品是"高端服务"，因为它们的很大一部分使用是非物质的，但部分与物质载体（书籍、报纸、DVD 等）相关（参见 Wirtz 2006，第 29 页）。

从组织的角度，我们可以分析所有媒体部门的企业，传媒经济学也向我们提供了分析标准，因为它把传媒企业理解为具有以下内容的"绩效系统"：

- 价值链
- 核心竞争力
- 商业模式
- 所谓的核心资产

经济价值链指为媒体用户增加传媒产品（或服务）价值的所有企业活动。每个传媒企业的价值链可能（并且随着时间的推移）有所不同。我们对德国传媒体系的分析框架，只能展示行业典型的价值链以及印刷、广播和在线供应商等媒介之间的差异。[1]基本上，韦尔茨（Wirtz 2006，第 54 页）制定了一般传媒企业的价值链。

传媒产业的附加值很大程度上遵循传播流程，传媒企业主要作用是作为公共传播的中介合作伙伴。因此，我们可以在价值链的两端添加沟通伙伴，即源信息发出者，亦即表述的作者，以及目标沟通伙伴，

---

[1] 这不仅仅是将个别的报纸编辑和新闻工作过程视为一个"有组织的社会系统"（Rühl 1969），而是关乎传媒企业整体。

尤其是接收者。[①] 当然，媒体表述的作者通常从组织上与传媒企业紧密绑定，并在经济上对其有依赖。不同媒介行业及个别企业之间的差异可以在这里看到区别。

传媒企业的核心竞争力，是能够创造出比其他传媒企业更具竞争优势的特别技能，例如，有一支特别高效的编辑团队，或者在营销书籍方面拥有丰富的经验，又或者可以接触到许多包括跨媒体在内的销售渠道等。韦尔茨认为 (Wirtz 2006, 第 63–65 页)，传媒企业的核心竞争力指以下能力：获得优质传媒内容、制作人及人才（内容采购）、自行制作优质内容（内容创作）、因应特定市场和目标群体开发特定媒体格式、高效并有效地销售媒体内容（分发）、使用新的生产和销售技术来降低成本或最大化覆盖面，以及开拓市场（技术竞争力）等。

另一方面，核心资产是指传媒企业的有形或无形资产，它们与行为能力没有直接关系。例如，"强大的"，即大众知名的品牌（参见韦尔茨 Wirtz 2006, 第 54 页），令《明镜周刊》销售除周刊外的书籍、电视节目等业务明显变得更容易。

传媒企业遵循不同的商业模式和商业类型，即其确定活跃在哪些（媒介）细分市场，是在本企业还是通过对外合作来组织价值创造链的所有阶段（媒体制作、媒体内容聚合、媒体分发），当然还有如何组织公司活动的资金，即收益是否通过销售、广告、出租、放映、版权交易、许可费用、用户数据销售，甚至税费等办法获得。（参见 Wirtz 2006，第 67、71 页）

传媒企业是法人参与者，也就是说，它们由众多带有目的性的、

[①] 有时，目标沟通伙伴，即针对的收件人与实际的接收者并不相同；沟通是借助人际沟通或其他媒介间接进行的。

以目标为导向的个体参与者组成；管理层决定公司结构，并根据接收方和广告市场的商业模式及市场行为来制定企业战略①；这是借助产品策略、受众研究和创新、广告、定价政策的标准——即带有行业典型的创新及媒体研究重点的营销组合标准——来进行描述的（参见麦奎尔 McQuail 1992，第 87-95 页）：一家传媒企业可以专注于特定范围的产品（例如儿童读物）或特定活动（电影制作），在价值创造过程中与其他公司通过分工而互相连结（网络战略）。连结也可以通过各种整合策略进行，因而可能对市场结构（即宏观层面）产生影响。水平整合策略是在一个增值阶段中提高市场份额，例如通过扩大同一出版商的杂志供应——可以通过推出新的刊物（内部增长）或购买竞争刊物（外部增长）来实现——结果是形成水平市场集中。垂直整合战略针对价值链的上游或下游阶段：如果图书出版商成立或收购印刷公司，则为后向整合，如果收购连锁书店，则为前向整合。如果他要进入电影院业务，即进入不同的价值链，则通常称为对角整合或横向整合（参见韦尔茨 Wirtz 2006，第 86-88 页）。

媒体组织的内部结构也可能不同：在大型出版社和传媒集团中，部门的构成主要根据对象（出版物、电视节目等）或客户划分；在跨国集团中，则根据区域（按国别）划分。较小的传媒企业倾向于将类似的活动捆绑在中心位置，以节省时间和金钱（参见韦尔茨 Wirtz 2006，第 116-122 页）。

1.2.2.3.2 传媒组织的宏观层面

将传媒企业作为组织进行考察，我们主要是在中间的，即所谓的

---

① 其目的要么是在市场上定位自己的公司，使其退出竞争（市场导向战略），要么从自己的资源（核心资产、能力）中获取竞争优势（基于资源的战略）；详细参见 Sjurts (2005)。

中观层面进行：观察的主体并非个体参与者或个人，如传媒的购买者或用户（微观层面）；也不是宏观层面的框架条件和规范，如经济法规和政治经济的传媒框架法律的层面。

对媒体组织的分析不应只关注个别传媒企业，还应关注媒体组织的活动所处的整个组织域——即发行商、发行基础设施、协会、国家或其他监管行为者及场域中的组织（参见 Jarren 2001，第 147-149 页）。组织域以不同方式影响传媒企业的行动："在一个组织域中，各个组织之间会出现趋同过程。"（Hasse 和 Krücken 2005，第 25 页）这被称为"制度同构（institutionelle Isomorphie）"：强制（权利与法律）、模仿（竞争战略的模仿）或规范压力（专业规则与标准）是不仅影响组织，而且几乎系统地影响整个组织域的基本机制（参见 Hasse 和 Krücken 2005，第 25-27 页）。传媒组织受政治影响的问题，尤其是国家（出于良好的规范原因）对媒体的监管，在历史传播政策研究和国际比较研究中扮演更重要的角色（见 Hallin 和 Mancini 2004 总结，第 26-33 页）。政党制度与传媒体系的新闻导向之间的政治平行首先反映在组织层面：这里应提及的是国家、政党或工会拥有的媒体，介于政治与新闻参与者之间的"一个机构，两块牌子"，传媒经济政策（包括补贴和集中控制），刑事、民事及国家保护法对媒体内容的监管，国家对新闻活动和广播许可的监管，外部或内部的多元化广播组织等（参见 Hallin 和 Mancini 2004，第 41-44 页）。

除了国家和其他政治参与者之外，传媒企业的组织域还包括其他传媒企业——因此，在宏观层面上，我们可以分析传媒市场或个别子传媒市场。传媒企业和所有企业一样，总是活跃在人力资源、金融和

德国传媒体系：结构、市场及管理

许多其他市场，但对于本传媒体系分析而言，它们并非同等重要。[①]从根本上说，对于大多数传媒产品而言，它们同时在受众市场和广告市场上交易，而这些市场是一致的：传媒产品在受众市场上取得成功是广告商投放广告的先决条件；反过来，广告收入又成为受公众欢迎的产品获得资金支持的先决条件。这种螺旋式的关系对于不同的传媒行业（及个别企业）来说不尽相同，但对于传媒体系的分析却非常重要。除了这两个市场之外，重要的还有特定的采购市场——新闻、娱乐节目、图像、体育、电影等。在分析上，这些传媒市场还从宏观层面上为传媒经济学提供了有用的工具和标准：市场结构和集中度、市场准入壁垒（参见 McQuail 1992，第 87—91 页）、以及整体市场发展。

市场结构和集中度描述了供给者和需求者之间的关系。市场上活跃的供给者越少，或者其中一些供给者的销售或使用份额越多，集中度就越高。德国的大部分传媒市场是寡头垄断、甚至垄断市场：由于固定成本在传媒制作中的比例很高，由此产生了高资本要求及规模经济优势（Economies of Scale），因此在大多数市场中只有少数大型提供商站稳脚跟。这些通常是全球性的、多媒体运营的传媒集团（例如贝塔斯曼）、主要在全国范围内运营的大型出版商，例如斯普林格（Springer）和杜蒙·绍伯格（Dumont Schauberg），或通常拥有当地日报垄断地位的中型出版商。

市场准入壁垒决定了一家传媒企业新进入媒体市场的前景。除了大部分有法律依据的制度性障碍外，主要还有结构性和战略性障碍（参见 Sjurts 2005，第 17 页）：这里的决定性因素是有竞争力的报价的（传

[①] 当然，金融市场通过金融投资者（所谓的"蝗虫"）进入传统出版业，以及人力资源市场的变化，都可以对传媒企业和整个传媒体系产生高度相关的影响。

媒产业的高）成本，以及现有的客户忠诚度（以及客户在替换时产生的成本），监管障碍（许可证、频率分配），分销渠道中的战略性障碍，以及类似卡特尔的结构或所谓的网络效应。后者指的是，一个传媒产品（例如手机）的使用会随着可以到达的网络用户数量（直接网络效应）而增加，或者由于广泛使用的基础技术（例如电脑操作系统）而倾向于在技术应用（办公或娱乐软件）上拥有更多更便宜的选择。

对市场发展的描述也在宏观层面上为理解传媒体系提供了的重要信息：广告市场的转移——例如由总体经济形势或监管干预（烟草广告禁令）所引起的——改变了传媒整体的和印刷、广播和在线媒体等各媒介特定的融资条件。整体传媒市场内部的、通过跨媒介竞争而转移到买方或广告市场的变化，也可能导致整个传媒体系产生结构性变化。

简要总结一下，从组织维度来看，关于媒体、传媒经济学和传播政治学考察的描述性标准有哪些（参见表1.1）。

表1.1 媒介的组织

分析层面	视角	标准
微观层面	传媒参与者	传媒的接收 传媒的消费
中观层面	传媒企业（流程及结构组织）	价值创造链 核心竞争力 核心资产 商业模式及类型 企业战略（如产品、创新、广告、定价政策）

续表

分析层面	视角	标准
宏观层面	传媒框架法律和作为组织域的传媒市场	市场结构 市场准入壁垒 市场发展 媒体管治（监管与自我监管）

除了市场结构和市场行为外，麦奎尔（McQuail）将"绩效"（"Performance"）——即市场结果和所提供的成就——列为第三个分析对象。这里，他指的不仅是在媒体创新表现意义上的典型经济标准——例如效率（在资源使用上，例如资本变现；也在公共产品的提供方面，例如信息）、在媒体创新方面的产品质量与进步（"Progress"），以及媒体对社会的规范需求和功能的实现。后者确立了媒体的特殊地位：

媒体的绩效评估通常与普通的商业标准无关，甚至可能与之不一致或产生冲突（例如政治标准），也不符合成功运营的普遍内部标准。这一事实植根于社会与媒体之间某些基本冲突的核心："公共利益"不一定与组织自身作为商业公司的利益相一致（麦奎尔McQuail 1992, S. 90）。

市场结构、市场行为和市场结果是相互依存的：例如，媒体垄断会影响诸如定价等市场行为和市场结果：可能导致效率低、产品质量低（因为用户无论如何都别无选择）、创新程度相当有限。麦奎尔(McQuail 1992, 第87, 90页)认为，组织结构直接影响市场行为，进而直接影响市场结果。但他也看到了反馈效应，即市场结果会影响市场行为和市场结构——例如，新竞争者可能进入市场或旧竞争者可能被赶出市场；然而，政治监管措施也可能影响媒体结构，以纠正不良的市场结果（市场失灵）。

不同的媒体结构和组织模式极有可能导致不同的结果。这不仅适用于整体传媒体系的国际比较，也适用于传媒子市场的不同组织方式比较（参见第四章）。

1.2.2.4 媒体的制度化

上述的媒体组织特征以及丹尼斯·麦奎尔的考虑表明，从新闻学的角度来看，仅从传媒企业和市场便足以证明，将传媒描述为经济变量并不充分。对于组织的经济分析，在很大程度上侧重于组织成员或在一个组织域中作为企业参与者的组织所发起的、有目的性的、理性的和策略性的行动。因此，传媒组织主要是企业形式的、以有效性（Effektivität）和效率（Effizienz）为导向的工作组织；与其他形式的行动协调或"治理"相比，它们最小化了交易成本（参见 Kiefer 2010，第 137–139 页）。经济分析是有帮助的和必要的，但并不充分。这与传媒产品的某些特性有关。

传媒产品是精细化的服务，且就其非物质性而言，它们是难以被排除在外的公共消费品（非排他性），这对支付意愿和融资能力产生负面影响。一个人对公共品的消费（例如广播）并不妨碍其他人的消费（非竞争性），甚至可能反过来起促进作用。只有对非物质服务进行物质绑定或者技术加工（加密），才能建立人们对它的支付意愿，实现市场化。大多数媒体商品也是有益品，即实际需求（及支付意愿）低于社会（及国民经济）所期望的需求。

因此，不受监管的传媒市场不会为福利国家带来最优效用。因此，基弗 (Kiefer 2010, 第 145 页) 对经济削减作出警告。她写道：

"即使从经济角度来看，也存在……社会效率和有效性的问题。

组织——尤其是企业形式的——如果可以代表经济效率的话，充其量也仅能代表个体的经济效率。但是，可以肯定地排除一点：媒体组织的微观经济效率可以系统地增加社会、新闻、甚至仅是经济方面的效率或有效性。"

在市场条件下，资本主义传媒企业理性追求的组织目标必然是利润最大化；因此，"记者的劳动被用作'记者工作以外的目标'，即产生利润……实现资本生息和资本增值"（Kiefer 2010，第146页），亦即以企业目标，而非以新闻质量的体制目标为导向。新闻质量、观点的多样性等并不是真正的组织目标，但组织域，特别是监管参与者和组织，可以在这里施加政治影响。这些参与者最终将成为各种社会利益的代理人，且就算在不符合组织、微观经济学理性而受到质疑时，仍然尝试按照对媒体的体制期望来执行。组织和体制可以是互相矛盾的，"组织的安排叠加在其各自的嵌入体制之上"。基弗 (Kiefer 2010，第149页) 以新闻自由和倾向保护（Tendenzschutz）为例作出解释：工作组织的等级秩序与《企业组织法》（Betriebsverfassungsgesetz）规定，负有商业责任的出版商有权决定该媒体的新闻倾向。这意味着出版商（传媒企业）因产权和财产关系而成为基本权利主体，而作为新闻从业者的记者则有义务服从该倾向并进行实施。从微观经济学的经典组织视角来考察，背后隐藏的媒体自由制度的问题很难得以充分描述——因此，制度的视角是必要的。[1]

从制度的角度来看，传媒是日常行动中关于解决问题的社会规则合集（参见 Berger 和 Luckmann 1969），即用于个人和群体相关的交流，

---

[1] 在日常用语中，以及传媒相关领域（参见例如 Meckel 和 Scholl 2002），制度和组织这两个术语经常混淆。

以及社会和公众的相互理解。（宏观层面上的）制度的规定，例如"传播自由"，确立了组织的体制核心，不规定明确的组织形式（公共、合作、私人），但排除了某些组织形式（国家的、教会的、政党的）。

独特的良好品质、社会赋予的外部功能、以及被赋予的模范作用的期望[①]，导致传媒承受政治的特殊控制企图。媒体不仅代表组织，而且同时代表体制，且正如之前已指出的，两者密切相关。[②] 基弗（Kiefer 2010，第152页）将媒体组织与制度化之间的关系解释为，制度是"一个社会的游戏规则"，而组织是"最重要的参与者"，可以作出遵守或与违反制度的行为。新组织形式的建立，例如商业广播等，反过来又可以改变广播制度。如果还有模仿（mimetisch），即对公共服务广播机构的效仿行为（同构 Isomorphie，例如以节目趋同化的形式），制度的变化将继续加剧。继萨克瑟的媒体概念之后，董格斯（Donges）也将传媒描述为一方面限制媒体行动，另一方面却从这些行动中产生的制度，即规则系统："媒体产生自己的规则和规则系统"，例如新闻要素，且"媒体创造并加强了他人对传播参与者的期望"，例如对政治家和选民等（Donges 2008，第336页）。

那么，"制度"在这里是什么意思？从中可以得出哪些标准用于传媒体系分析？

在社会学中，制度是日常行为中的社会规则合集或规则体系。相互的期望是由角色分配塑造的：婚姻或家庭是社会制度的典型例子，由于文化、宗教、环境等因素及历史原因以非常不同的方式组织起来。

---

① 特别是：民主舆论和决策、社会化、社会融合、通识教育、国家权力的批评与控制等。
② 除了传媒社会学方法之外，主要还有新闻传媒经济学的制度经济学方法研究这种控制的企图；参见 Kiefer (2001)、Schröder (2008) 和 Kiefer (2010)。

组织有一个体制核心，即价值观及从中衍生出来的行为规范。后者会产生缓慢变化。例如，家庭里有彼此相互照顾的期望。

案例

同样，大学不仅是组织，也是制度：人们对学生和讲师有着合理的期望，以及期望的期望，即学生不仅依照角色对老师有所期望（反之亦然），而且他们也期望老师依照角色对他们有所期望，等等。

制度具有规范性，因此它们以价值理性的方式证明我们的行为和动机是价值理性的，而组织以目的理性的方式激励个人行为，即令其与组织目标保持一致。这些是集体价值观或理想，个人在没有受到制裁的情况下无法摆脱。制度之所以是规则或规范，不仅因为制度描述了正常情况，而且还对其作出了规定。正如基弗(Kiefer 2010, 第24)所写，"所有的制度结构都是权力结构"，因此必须在传媒体系分析中对其加以考虑。

媒体的制度化[1]提供了许多具有社会意义的功能[2]，并证明了在道德和伦理上被视为合理（合法）的相互期望是正当的。作为长期的社会规则系统，制度也塑造了我们交流的方式：规范、角色和脚本不必每次重新协商。对于社会学家雷内·科尼格（René König）来说，制

---

[1] 基弗 (2010, pp. 58–62) 提出的将新闻视为一种机构、将媒体主要视作一个组织、并将两者之间的关系视作共同进化中的一个网络，本分析不遵循这种观点。尽管新闻在对传媒体系的组织和制度化分析中发挥着重要作用，但"作为体制的新闻媒体"的限定（Kiefer 2010，第68–77页）不符合综合分析的目的。

[2] 值得一提的是：秩序和减负（通过降低选择的复杂性）、动机（通过塑造形象）、协调和凝聚力（通过共享相同的信息或数据）、评估（也从道德角度）和确保权力（参见基弗 2010，第27–28页）。就发展历史而言，制度取代了本能；它们作为模板，塑造了行为者的相互期望，不仅提高了某些反应的可能性，从而使其在经验上更可预见或"更可预计"，而且还将其变成规范。

度是"……完成某些事情的必然方式",即合法的行动模式。它们赋予个体参与者导向,创立社会秩序和集体意义。

制度可以被有意地设定和形式化为法律或服务指令,但也可以是纯粹出于习惯而"惯常化"、"制度化"的非有意为之的惯例、习俗、风俗、共同的期望和假设、认知模式等。它们在个体参与者的社会化过程中被内化,进而被复制到社会行为中(参见 Hasse 和 Krücken 2005,第 65 页)。重要的是,哈斯和克鲁肯 (Hasse 和 Krücken 2005,p.15) 指出"制度不仅限制了,而且也使某些行为方式成为可能。"制度在一定时间内是相对稳定的,但肯定会发生变化。从流程视角来看就是,制度首先必须产生,也可能再次消失。[①] 因此,在新制度主义研究中,讨论的往往不仅是制度,还包括行动和行为的制度化。后者被理解为一个过程(参见 Hass 和 Krücken 2005,第 31 页)。

媒体为解决沟通问题提供了社会规则合集:沟通和调解者的相互期望是由角色分配决定的。媒体组织的制度核心包含价值观(特别是传播自由和媒体的公共任务),进而衍生出个人媒体参与者(记者、公共关系工作者、接受者)和企业媒体参与者(传媒企业,媒体的自律组织)的行为规范。媒体机构不仅提供合法的行动模式和个人导向,而且在媒体秩序的宏观层面产生集体意义(民主公共领域)。

1.2.2.4.1 媒体制度化的三个层面

与组织维度一样,媒体的制度化也可以从三个层面进行观察:

在微观层面,媒体指导不同媒体参与者的个体行为规则:记者、

[①] 雅任 (Jarren 1996, 1998) 强调制度化的动力。对他来说,媒体只有在"媒体社会"中才能获得与传统体制(政治公众、政党、教会、工会)脱钩的"完整体制"的地位。另见 Jarren (2003) 关于媒体制度和组织的观点。

电视导演、新闻主播、主编或出版总监等的职业角色被制度化,并以规范要求(持平、公正)或美学理想为导向,它们不能被组织维度完全覆盖。政客和记者之间的专业沟通不仅遵循法律规范,而且还遵循可被理解为制度的非正式规则:

有的须严格保密,参与人员要遵守,用新闻行话来说就是"三类(Unter drei)"。邀请是通过电话发出的;信息不准报道,只能知道。尽管如此,记者还是争取将一些声明或信息按"二类"来发布给公众使用,即说明信息源范围,通常是"政府圈子"或"党的领导层"等。只有"一类"才能标明信息确切来源("默克尔说……")。[1]

读者、观众、报纸订阅者或博客作者的媒体行为也是以经验和期望为导向的,它们并非完全由媒体组织决定。各种参与者的期望是相互交织的:使用新闻网站的人,期望以文字和图像的形式获得最新信息;新闻网站的提供者,至少大致了解用户的期望。从制度经济学的角度来看,制度有助于减少不确定性和交易成本,因为它们建立了预期的确定性和对先前经验连续性的信任感[2]:

接收者必须信任新闻制作人,就像病人信任医生或客户信任律师一样。这种信息不对称的情况在制度经济学中被设定为委托代理关系模型,委托人(接收者或病人)将决策权委托给更专业的代理人(Kiefer 2010,第94页)。

---

[1] 参见 „Unter drei " – die Sache mit den Hintergrundgesprächen. Der Tagesspiegel; www.tagesspie- gel.de/polozik/politik-und-presse-unter-drei-die-sache-mit-den-hintergrundgespraechen/19413420html [21.02.2017].

[2] 我们无需一次次地从头开始定义情况,"历遍"自己和他人所有的行动选择,而是依靠(刻板印象的)典型角色和参与者类型。这极大地降低了"认知成本",也极大地降低了复杂性。

因此，将媒体视为制度，则可以将那些不属于媒体组织组成部分的媒体用户和接受者更好地包含进来。在一定程度上，社会传播的制度化形式架起一座桥梁，连接了在宏观层面上可能被宪法所规定的规范，以及微观层面上的个体参与者的行为。从一开始，制度就并非仅仅关乎个人，而是社会现象。

在中观层面上，集体和公司的行动规则也带有传媒体系的特征，因为传媒企业中的专业媒体参与者与其说是作为个人，还不如说是作为功能和角色的承担者的行为——至少，这正是我们对专业的编辑部、出版社和其他传媒制作人的期望。前面提到的新闻选择规则和新闻要素在这里就是一个很好的例子。此外，还存在着大量的行规和行业惯常做法，它们不需要建基在法律基础之上，例如关于最先进的（"state of the art"）视听媒体、广告的分发和放置、将世界"划分"为不同部门等特定看法。作为一种非法律性的惯例，德国新闻委员会（Deutscher Presserat）的伦理原则具有制度特征（集体的中观层面），如同媒体使用的"习俗"（操作的微观层面）或有正式保障的传播自由（宪法的宏观层面）（参见 Kiefer 2010，第 24 页）一样。

传媒体系的宏观层面可被视为其制度构成的特征（参见 Kiefer 2010，第 21 页），因为"不同社团使用大众传媒服务的方式各不相同"（Saxer 1990a，第 11 页，2007，第 101 页）。[1] 例如，在民主社会中，我们期望主题、意见、呈现形式的多样性（多元主义）不（仅）是来自单一媒介，而是来自"新闻自由"的制度，来自"独立媒体"或整

---

[1] 在其他地方，萨克瑟 (Saxer 2002, pp. 418–419) 恰如其分地指出，理论上说服力不足的"新闻理论"实际上表现了"不同的制度化原则"，但没有"遵循……媒介传播制度化的延伸社会学概念。"Siebert/Peterson/Schramm (1956)

个"媒体市场"。秩序政策[①]决定了一种主要的、但不完全以市场为基础的媒体组织形式，这对我们传媒体系的结构（和组织）产生了深远的影响：

伴随市场制度的，是特定的协调机制，即行为指导规范：决定资源分配和传媒产品生产的不是协调或指示，而是至少在理想情况下和有效竞争中——需求。尤其是对媒体来说，这就导致了公共商品的市场失灵问题：例如，只要不付费的消费者不能被有效地，或者只能通过高投入（即高交易成本）才能排除在消费之外的话，那么人们对于广播节目的付费意愿就很低。再举一个例子：从传媒经济学的角度看，政治信息可被理解为一种有益品，即供给和需求低于社会期望的水平。而且，市场失灵的风险也可由于集中过程而增加。即使放松管制导致提供商数量的增加，并不自动代表新闻服务提供的多样性增加，例如电视市场节目（欧文等人，1974）。

经济的竞争制度应增加消费者和接受者按需选择传媒产品的自由。同时，应该由此产生技术和新闻的创新：作为经济外部性，应由此产生新闻舆论竞争。

媒体的制度化也在宏观层面产生了形式化的制度，作为政治过程的结果，有时也是权力斗争的结果，它们以成文法的形式出现。除了《基本法》之外，各州的新闻法律和大量其他媒体法规也应该被提及并进行（媒体特定的）分析。总之，可以称之为公共传播的制度秩序的规范基础（参见第2.1节）。

传媒体系的组织和制度维度不仅处于一种作为条件和使之促成的

[①] 秩序政策是经济政策的一种形式，与进程政策相对，广义上指经济政策中的国家所施行的，用以维持和规范内外经济秩序的、法律保障的、服务于经济生活的措施。——译者

关系中。由于演变过程的时间不同步,它们也可能发生冲突:安德鲁·米尔顿(Milton 1997)在一份多国比较研究中写道,在许多转型社会中,尽管组织形式改变了,但主要是制度的连续性导致了长时间没有民主媒体出现:记者几乎只采用官方政府消息来源,仅提供极少解释和背景信息,几乎不进行独立资料搜集,更不用说进行调查。列宁式的新闻体制继续塑造传播者的自我形象,甚至可能塑造公众的期望,哪怕是在组织模式已经从国家社会主义转变为私营经济之后。①

为了往后的德国传媒体系分析,特将制度化维度的标准列出在表1.2中。

表1.2 媒介的制度化

分析层面	视角	标准
微观层面	传媒参与者	服务经验与期望 惯常的传媒处理模式 个人的"传媒道德" 职业角色诠释
中观层面	传媒企业 传媒社团 传媒政策参与者	职业规范和职业道德 质量标准和行业规则(最先进的,最佳实践) 传媒伦理规范和守则

---

① 在乌克兰、白俄罗斯或塞尔维亚等国家,可以观察到部分类似的情况:尽管发生了组织变革,即传媒企业的私有化和宏观层面的媒体构成发生了根本性变化,但马克思列宁主义新闻理论的规范得以保留。记者继续自视为宣传者、鼓动者和组织者,他们不再属于列宁主义的政党,而是属于现在的执政党,或新成立但仍然脆弱的民族国家。在对中东欧国家转型和媒体转型的比较研究中,欧文·约翰逊(Owen Johnson, 1998)也得出结论:并非组织的变革,而是制度的变化决定了不同的发展。

续表

分析层面	视角	标准
宏观层面	传媒框架法律和作为制度秩序的传媒市场	传播自由 传媒治理（国家、社区、市场的角色） 传媒法

1.3 总结

媒体是以人际交流为目的的手段，在现代社会中形成了具有历史发展结构的开放、动态、相互依存和差异化的行动体系。政治、商业和社会的参与者和进程可以影响传媒体系，并共同决定媒体的自主或依赖程度，例如政治（媒体控制和审查）和经济利益（商业化）。

媒体同时是组织和机构：媒体传播的过程是由具有特定核心能力、核心资产和战略的各种企业参与者（媒体公司）组织起来的。作为机构，媒体借助沟通和调节双方的角色分配的相互期望的价值观和规范为导向，规范社会传播过程。

从组织以及制度化的角度来看，可以将分析分为微观、中观和宏观三个层次，其中上两个层次对分析德国传媒体系特别有帮助（参见表1.1和1.2）。

重要文献

Beck (2010); McQuail (1992); Kiefer (2010)

sowie für den internationalen Vergleich: Hallin und Mancini (2004); Hardy (2008); Thomaß (Hrsg.) (2007)

文献

Altendorfer, Otto. 2001. Das Mediensystem der Bundesrepublik Deutschland, Bd. 1. Wiesbaden: Westdeutscher Verlag.

Beck, Klaus. 2010. Kommunikationswissenschaft, 2. Aufl. Konstanz: UVK & UTB.

Beck, Klaus. 2015. Systemtheorie/ Mediensystem. In Handbuch Medienökonomie, Hrsg. Jan Krone, Tassilo Pellegrini. https://doi.org/10.1007/978-3-658-09632-8_1-1. Wiesbaden: Springer VS.

Berger, Peter L., und Thomas Luckmann. 1969. Die gesellschaftliche Konstruktion der Wirklichkeit.

Eine Theorie der Wissenssoziologie. Frankfurt a. M.: Fischer.

Beth, Hanno, und Harry Pross. 1976. Einführung in die Kommunikationswissenschaft. Stuttgart: Kohlhammer.

Blöbaum, Bernd. 1994. Journalismus als soziales System. Geschichte, Ausdifferenzierung und Verselbständigung. Opladen: Westdeutscher Verlag.

Blum, Roger. 2005. Bausteine zu einer Theorie der Mediensysteme. Medienwissenschaft Schweiz 2 (2): 5–11.

Blum, Roger. 2014. Lautsprecher und Widersprecher: Ein Ansatz zum Vergleich der Mediensysteme. Köln: Halem.

Blumler, Jay G. 2002. Wandel des Mediensystems und sozialer Wandel: Auf dem Weg zu einem Forschungsprogramm. In Mediensysteme im Wandel. Struktur, Organisation und Funktion der Massenmedien, Hrsg. Hannes Haas und Otfried Jarren, 3. Aufl., 170–188. Wien: Braumüller.

Bogart, Leo. 1995. Commercial culture. The media system and the public interest. New York: Oxford University Press.

Burkart, Roland. 2002. Was ist eigentlich ein „Medium ". Überlegungen zu einem kommunikati- onswissenschaftlichen Medienbegriff angesichts der Konvergenzdebatte. In Die Zukunft der Kommunikation. Phänomene und Trends der Informationsgesellschaft, Hrsg. Michael Latzer et al., 61–72. Innsbruck: StudienVerlag.

Cardoso, Gustavo. 2006. The media in the network society: Browsing news, filters and citizenship. Lisbon: CIES.

Donges, Patrick. 2008. Medien als Strukturen und Akteure: Kommunikationswissenschaftliche Theoriediskussion zwischen System- und Handlungstheorie. In Theorien der Kommunikations- wissenschaft. Grundlegende Diskussionen, Forschungsfelder und Theorieentwicklungen, Hrsg. Carsten Winter, Andreas Hepp, und Friedrich Krotz, 329–344. Wiesbaden: VS Verlag.

Esser, Hartmut. 2000. Institutionen. Soziologie. Spezielle Grundlagen, Bd. 5. Frankfurt a. M.: Campus.

Görke, Alexander. 2002. Journalismus und Öffentlichkeit als Funktionssystem. In Systemtheorie und Konstruktivismus in der Kommunikationswissenschaft, Hrsg. Armin Scholl, 69–90. Kons- tanz: UVK.

Haas, Hannes. 1990. Einleitung. In Mediensysteme. Struktur und Organisation der Massenmedien in den deutschsprachigen Demokratien, Hrsg. Hannes Haas, S. 1–3. Wien: Braumüller.

Hallin, Daniel C., und Paolo Mancini. 2004. Comparing media

systems. Three models of media and politics. Cambridge: Cambridge University Press.

Hans-Bredow-Institut, Hrsg. 2009. Internationales Handbuch Medien, 28. Aufl. Baden-Baden: Nomos.

Hardy, Jonathan. 2008. Western media systems. London: Routledge.

Hasse, Raimund, und Georg Krücken. 2005. Neo-Institutionalismus, 2., vollst. überarb. Aufl. mit einem Vorwort von John Meyer. Bielefeld: Transcript.

Jakubowicz, Karol. 2010. Introduction. Media systems research: An overview. In Comparative media systems: European and global perspectives, Hrsg. Boguslawa Dobek-Ostrowska, 1–22. Budapest: Central European University Press.

Jarren, Otfried. 1996. Auf dem Weg in die „Mediengesellschaft "? Medien als Akteure und insti- tutionalisierter Handlungskontext. Theoretische Anmerkungen zum Wandel des intermediären Systems. In Politisches Raisonnement in der Informationsgesellschaft, Hrsg. Kurt Imhof und Peter Schulz, 79–96. Zürich: Seismo.

Jarren, Otfried. 1998. Medien, Mediensystem und politische Öffentlichkeit im Wandel. In Politik- vermittlung in der Demokratie. Beiträge zur politischen Kommunikationskultur, Hrsg. Ulrich Sarcinelli, 74–94. Opladen: Westdeutscher Verlag.

Jarren, Otfried. 2001. Medien als Organisationen – Medien als soziale Systeme. In Einführung in die Publizistikwissenschaft, Hrsg. Otfried Jarren und Heinz Bonfadelli, 137–160. Bern: Haupt, UTB. Jarren,

Otfried. 2003. Institutionelle Rahmenbedingungen und Organisation der öffentlichen Kommunikation. In Öffentliche Kommunikation. Handbuch Kommunikations- und Medienwis- senschaft, Hrsg. Günter Bentele, Hans-Bernd Brosius, und Otfried Jarren, 13–27. Wiesbaden: Westdeutscher Verlag.

Johnson, Owen W. 1998. The media and democracy in Eastern Europe. In Communicating democracy: The media and political transitions, Hrsg. Patrick O'Neil, 103–124. Boulder: Rienner. Kiefer, Marie Luise. 2001. Medienökonomik. Einführung in die ökonomische Theorie der Medien. München: Oldenbourg.

Kiefer, Marie Luise. 2010. Journalismus und Medien als Institutionen. Konstanz: UVK.

Kiefer, Marie Luise, und Christian Steininger. 2014. Medienökonomik, 3. Aufl. München: Oldenbourg. Kittler, Friedrich. 1986. Grammophon – Film – Typewriter. Berlin: Brinkmann & Bose.

Kleinsteuber, Hans J. 2005. Mediensysteme. In Handbuch Journalismus und Medien, Hrsg. Siegfried Weischenberg, Hans J. Kleinsteuber, und Bernhard Pörksen, 275–280. Konstanz: UVK.

Kleinsteuber, Hans J. 2003. Mediensysteme im internationalen Vergleich. In Öffentliche Kommuni- kation. Handbuch Kommunikations- und Medienwissenschaft, Hrsg. Günter Bentele, Hans-Bernd Brosius, und Otfried Jarren, 382–396. Wiesbaden: Westdeutscher Verlag.

Kubicek, Herbert, Ulrich Schmid, und Heiderose Wagner. 1997. Bürgerinformation durch neue Medien. Opladen: Westdeutscher Verlag.

Künzler, Matthias. 2005. Das schweizerische Mediensystem im Wandel: Eine Einleitung. In Das schweizerische Mediensystem im Wandel. Herausforderungen, Chancen, Zukunftsperspektiven, Hrsg. Matthias Künzler, 9–32. Bern: Haupt.

Künzler, Matthias, Lucie Hribal, und Otfried Jarren. 2005. Mediensysteme – Medienorganisatio- nen. In Einführung in die Publizistikwissenschaft, Hrsg. Heinz Bonfadelli, Otfried Jarren, und Gabriele Siegert, 2. Aufl., 179–202. Bern: Haupt.

Luhmann, Niklas. 1996. Die Realität der Massenmedien, 2. erw. Aufl. Opladen: Westdeutscher Verlag.

Marcinkowski, Frank. 1993. Publizistik als autopoietisches System. Politik und Massenmedien.

Eine systemtheoretische Analyse. Opladen: Westdeutscher Verlag.

McLuhan, Marshall. 1964. Understanding media. New York: McGraw Hill.

McQuail, Dennis. 1992. Media Performance. Mass communication and the public interest. London: Sage.

Meckel, Miriam, und Armin Scholl. 2002. Mediensysteme. In Einführung in die Medienwissen- schaft. Konzeptionen, Theorien, Methoden, Anwendungen, Hrsg. Gebhard Rusch, 155–170. Wiesbaden: Westdeutscher Verlag.

Merten, Klaus. 1999. Grundlagen der Kommunikationswissenschaft. Einführung in die Kommuni- kationswissenschaft, Bd. 1. Münster: Lit.

Milton, Andrew K. 1997. News media reform in Eastern Europe: A cross-national comparison. In Post-communism and the media in Eastern Europe, Hrsg. Patrick H. O'Neil, 7–23. London: Cass. Owen, Bruce M., Jack H. Beebe, und Willard G. Manning. 1974. Television economics. Lexington: Heath.

Ronneberger, Franz. 1990. Funktionen des Systems Massenkommunikation. In Mediensysteme. Struktur und Organisation der Massenmedien in den deutschsprachigen Demokratien, Hrsg. Hannes Haas, 2. Aufl., 158–164. Wien: Braumüller (Erstveröffentlichung Zuerst in: Franz Ronneberger. 1971. Sozialisation durch Massenkommunikation. Der Mensch als soziales und personales Wesen, Bd. IV, 48–53. Stuttgart: Enke).

Röper, Horst. 1994. Das Mediensystem der Bundesrepublik Deutschland. In Die Wirklichkeit der Medien. Eine Einführung in die Kommunikationswissenschaft, Hrsg. Klaus Merten, Siegfried J. Schmidt, und Siegfried Weischenberg, 506–543. Opladen: Westdeutscher Verlag.

Rühl, Manfred. 1969. Die Zeitungsredaktion als organisiertes soziales System. Bielefeld: Bertels- mann Universitätsverlag.

Rühl, Manfred. 1980. Journalismus und Gesellschaft. Bestandsaufnahme und Theorieentwurf. Mainz: v. Hase & Koehler.

Saxer, Ulrich. 1980. Grenzen der Publizistikwissenschaft. Publizistik 35 (4): 525–543.

Saxer, Ulrich. 1981. Publizistik und Politik als interdependente Systeme. Media Perspektiven 1981 (7): 501–514.

Saxer, Ulrich. 1990a. Der gesellschaftliche Ort der Massenkommunikation. In Mediensysteme. Struktur und Organisation der

Massenmedien in den deutschsprachigen Demokratien, Hrsg. Hannes Haas, 2., geänd. Aufl., 8–20. Wien: Braumüller.

Saxer, Ulrich. 1990b. Funktionen, Strukturen und Probleme des Schweizerischen Mediensystems. In Mediensysteme. Struktur und Organisation der Massenmedien in den deutschsprachigen Demokratien, Hrsg. Hannes Haas, 2., geänd. Aufl., 48–63. Wien: Braumüller.

Saxer, Ulrich. 1997. Medien als problemschaffende und problemlösende Systeme: Zur Notwendig- keit der Annäherung der Medienforschung an ihren Gegenstand. Publizistik 42 (1): 73–82.

Saxer, Ulrich. 2002. In Four Theories of the Press, Hrsg. Fred S. Siebert, Theodore Peterson, Wilbur Schramm. In Schlüsselwerke für die Kommunikationswissenschaft, Hrsg. Christina Holtz-Bacha, Arnulf Kutsch, 418–419. Wiesbaden: Westdeutscher Verlag.

Saxer, Ulrich. 2007. Systemtheorie und Kommunikationswissenschaft. In Kommunikationstheorien. Ein Textbuch zur Einführung, Hrsg. Roland Burkart und Walter Hömberg, 85–110. Wien: Brau- müller.

Schrag, Wolfram. 2007. Medienlandschaft Deutschland. Konstanz: UVK.

Schröder, Guido. 2008. Positive Medienökonomik. Institutionenö konomischer Ansatz für eine rati- onale Medienpolitik. Baden-Baden: Nomos.

Siebert, Fred S., Theodore Peterson, und Wilbur Schramm. 1956. Four theories of the press. Urbana: University of Illinois Press.

Sjurts, Insa. 2005. Strategien der Medienbranche. Grundlagen und

Fallbeispiele, 3., überarb. u. erw. Aufl. Wiesbaden: Gabler.

Studer, Samuel, Matthias Künzler, und Otfried Jarren. 2013. Mediensystemwandel als Medien- organisationswandel – Implikationen der Population-Ecology. In Langfristiger Wandel von Medienstrukturen. Theorie, Methoden, Befunde. Hrsg. Wolfgang Seufert und Felix Sattelberger. 31–50. Baden-Baden: Nomos.

Thomaß, Barbara. 2007. Mediensysteme vergleichen. In Mediensysteme im internationalen Vergleich, Hrsg. Barbara Thomaß, 12–41. Konstanz: UVK & UTB.

Toepfl, Florian. 2011. Mediensysteme in Transformationsprozessen. Wie entstehen pluralistische Mediensysteme – und warum nicht? Baden-Baden: Nomos.

Wersig, Gernot. 2000. Informations- und Kommunikationstechnologie. Eine Einführung in Geschichte, Grundlagen und Zusammenhänge. Konstanz: UVK.

Wiio, Osmo A. 1983. The mass media role in the western world. In Comparative mass media systems, Hrsg. L. John Martin und Anju Grover Chaudhary, 85–94. New York: Longman.

Wilke, Jürgen. 2000. Grundzüge der Medien- und Kommunikationsgeschichte. Von den Anfängen bis ins 20. Jahrhundert. Köln: Böhlau.

Wirtz, Bernd W. 2006. Medien- und Internetmanagement, 5., überarb. Aufl. Wiesbaden: Gabler.

第二章　德国传媒体系的规范性框架

在对各个媒介或传媒子系统作出更详细的分析之前，我们应该在这里先对德国传媒体系的规范框架作简要介绍。相关的是跨媒体的法律和道德基础，整体的新闻媒体都建筑于这个基础之上。此外，针对图书、电影、广播或在线媒体等各个媒介领域的法律法规和自律机构将在后面的章节中进行讨论（参见第四章）。

2.1 民主的传媒政策、传媒秩序与媒体治理

社会交往规范是日常交往中政治决策和社会实践的结果。通过或多或少的规定给出一个规则与结构的框架，政治决策形塑了整个传媒体系和社会传播，且在不同的政治系统中采取非常不同的方式：传播和传媒政策在民主宪政的多元化社会中的形态有别于其在威权甚至极权国家或历史阶段的时候。日常交流实践中进行规则的协商，但交流实践也受到历史变化的影响，并因文化背景、环境和生活方式而异。传媒体系再次被证明是一个开放的、相互依存的系统，所以其规范基础的呈现必须始终考虑政治秩序框架和政治文化。

本研究的对象是德国传媒体系，即针对德意志联邦共和国，其

自我定位是一个"民主的和社会福利的联邦制国家"(《基本法》第20.1条)。这三个特征对于媒体和传播政策也至关重要:

基本法对民主方面的要求不仅涉及立法的方式要通过人民选举产生的议会立法机构制定,而且——正如我们将会看到的——还涉及大众传媒的架构和规范性功能归属。

福利国家方面的要求赋予了国家积极保障资源和机会公平分配的义务,这也涉及社会传播的参与。

尤其在传媒政策方面,联邦制原则要求划分联邦和州政府之间的权限。各联邦州发挥着重要作用(《基本法》第30条),因为它们被赋予了文化主权,因而也被赋予了媒体的权力。

最重要的是,对福利国家要求的解释以及联邦和州政府之间的职责划分一再引致政治冲突——尤其是在媒体方面。取决于媒体是更多地被视为一种经济产品(商品、服务)还是一种文化产品(教育、知识、信息、理解和意见形成),也取决于人们对于市场作为监管机制的信任程度,德国的媒体政策评估与立场大相径庭。因此,国家在传播和传媒政策中的角色将被作出不同诠释。民主国家的一个核心挑战是,传媒并不代表国家权力,而是一个与之独立的社会制度。这导致国家(联邦和州政府)一方面要监管传媒,但另一方面要尽可能不去限制其独立性和自由,这似乎是一项看似自相矛盾的任务。尤其是,由于传媒在纳粹德国时期成为纳粹控制的宣传机构的经验,令国家对媒体和传播政策保持了必要的克制,这导致了联邦德国(以下称"西德")的特殊情况:

与许多其他国家不同,德国没有中央统一的"传媒法",而是民主地进行制定。《基本法》也没有具体说明德国媒体须如何组织,既

第二章　德国传媒体系的规范性框架

没有对公共服务广播，也没有对其他媒体的市场经济架构作出规定。

因为德意志联邦共和国奉行立法、行政和司法三权分立的原则（《基本法》第20.2条），所以除了州议会、联邦议院（立法机构）和行政机构（政府和行政机关）外，司法机构，即法院，也在传媒政策中扮演重要角色。尤其是，德国联邦宪法法院通过对《基本法》的解释——无论是在内容方面，还是在联邦和州政府之间的权限划分方面——都对媒体制度发挥重要作用。

由于联邦结构，公共传播的规范基础来自不同来源：法律规范被编入大量的联邦和州的法律以及州际的国家条约（Staatsverträge）中，因此，传媒法必须被描述为异质的法律领域。联邦政府在法律上享有对新闻界的立法权限，但在多次尝试制定新闻法框架法律失败后，实际上并未使用这一权限。因此，对新闻媒介来说，具有决定性意义的是更广泛意义上（所有物质载体媒介，及（如有）部分适用于广播）的16部联邦州新闻法。它们在所有的基本点上都是一致的，因此可以说大致统一的媒体秩序。

这也适用于同在联邦州管辖范围内的广播媒体，对其适用的有联邦州广播法（公法广播）和联邦州媒体法（私法广播）。统一的规范基础通过双边和多边的国家条约及所有联邦州的国家条约产生：广播和电信国家条约（Rundfunkstaatsvertrag RStV）、广播融资国家条约、广播费国家条约和关于保护人类尊严和青少年的广播和电信国家条约（Jugendmedienschutz-Staatsvertrag JMStV），以及关于ARD、ZDF和DeutschlandRadio的国家条约（参见第4.4节和第4.5节）。

作为欧盟(EU)的成员国，德国有义务保证国家立法与欧盟指令保持一致。欧盟的法律——在传媒方面也是如此——高于民族国家的法律，包括德国。此外，德国签署了许多国际协议和声明，它们产生具有约束力的义务，尽管其制裁机制较欧盟明显弱得多。

出于民主理论的原因，尤其是因为德国有过纳粹独裁经历，所以有必要要求国家保持克制；除了法律规范外，传媒道德规范具有特别高的优先级。指导行动的沟通规则由行为者自己在实践中协商制定，并有时体现为制度化的形式，例如"新闻原则"（《新闻守则》Pressekodex）或公司内部准则。德国已经形成了一系列专门针对传媒工作的自我监管机构，这点将在其他章节进行处理（参见第四章）。

与许多其他民主国家一样，也越来越多受到欧盟新自由主义的去管制化政策（Deregulierungspolitik）的影响，德国确立了媒体治理（Media Governance）的概念[①]：因此，国家不再是中央监管的参与者，也就是说，应该更少地干预主要由资本主义形式组织的媒体，因为这会威胁到（企业家或社会的）自由（自由主义论点）。退出（福利性）国家的另一个理由是，国家监管不太成功，或甚至适得其反（政府失灵理论的论点）。基于意识形态的秩序政策理论观点（相信市场是最优分配机制）或出于实用主义的考虑，市场主体本身被赋予了监督和控制职能，即先前的国家监管任务。对传媒部门来说，免于受国家干预的自由（Staatsfreiheit）有着根本性的意义，这种以合作治理取代政府管理的做法似乎特别合适。然而，关于现实的市场行为（通过成本竞争而非质量竞争实现利润最大化）和市场发展（集中度）（参见KEK 2015）的实证研究结果，证明了市场失灵的论点：审视新闻媒体的所有权结构、获得公共传播的机会以及媒体内容的质量，都会引

[①] 参见媒体治理概念 Donges (2007)、Puppis (2010, pp. 49-62) 以及 Seufert 和 Gundlach (2017, pp. 129-137)。

发对进一步放松管制("自由化")的严重怀疑。因此,一个可以被理解为政府参与的媒体治理(Media Governance with Government),或"受监管的自我监管"("regulierte Selbstregulierung")的混合式的系统,至今在德国能够被普遍接受。其中,市场参与者,即传媒企业及其协会,虽然通过统一标准和自律机构发挥重要作用,但国家参与者并没有完全被动地被排除在外,而是制定和控制自我控制方式的最低标准和规范。如果自我控制的办法失败了,政府可以用监督机关(行政)的名义在法律基础上进行干预,在发生冲突时进行诉讼(司法),或者在中期内修改自我监管(监管)的法律基础(立法)。

以传媒治理为形式的参与者网络扩大化,不仅改变了国家传媒监管者的角色,也改变了政治控制的方式。传统上,国家政策以禁令和指令的手段和相应的刑罚威慑进行等级和纵向控制;而现在,横向谈判过程(即沟通)、说服、融资和其他激励措施(例如形象和声誉)发挥着更大的作用。其中,从民主理论和福利国家的角度来看,决定性的是传媒用户(作为消费者和公民)有哪些机会将其利益和价值观带入传媒治理过程,或者谁能有效地阐明"公共利益",并在资源充足的参与者(公司、协会、机关)网络中贯彻实施。

此外,对德国来说,传媒治理还意味着,在对于传媒体系的重要性上,国家参与者——联邦和州政府——相对于跨国和国际行为者,受到损失。后者指的首先是欧盟,另外还有欧洲委员会、联合国(UN)等。[1]

---

[1] 有关欧洲传媒政策,请参见第 5.4 节和 Berghofer (2017)(全球层面)和 Holtz-Bacha (2006, 2011) 的详细信息。

2.2 传播与媒体自由

社会传播的核心规范基础是传播自由，后者在德国是一个特别漫长且充满挫折的制度化过程的结果（参见 Pürer 和 Raabe2007，第 57–63 页）：

作为经典的自由主义要求，传播自由早在 1848 年的革命中就已发挥了核心作用，但由于俾斯麦的新闻政策（特别是《社会主义者镇压法》和反对天主教的文化斗争）和第一次世界大战中的军事审查制度，所以直到 1918 年革命之前都无法在德意志帝国持续确立。

《魏玛宪法》（第 118 条）仅以有限的形式（言论自由和禁止审查）保护传播自由，且由于第 48 条规定的紧急法令而无法提供充分保障。

借助紧急法令，纳粹独裁政权实际上完全废除了传播自由及所有其他基本权利和人权。

直到 1949 年德意志联邦共和国[①]成立和《基本法》生效后，传播自由才得到全面保障。随着 1990 年五个东德联邦州的加入，这一保障适用于整个德国。

案例

1949 年，德意志民主共和国[②]宪法保障了言论自由和媒体自由，但后来被明确地削弱了：在 1968 年第二部宪法中，明确的审查要求被删除，言论自由被与"宪法原则"绑定，信息自由得不到保证（第 27 条）。事实上，民主德国的传播自由始终服从于国家认知（Staatsverständnis）和政权的政治目标，例如中央集权的媒体组织，

[①] 即联邦德国，或称"西德"。——编者
[②] 即民立德国，或称"东德"。——译者

独裁政党德国统一社会党对媒体内容的控制，及大量政治犯等事实都是证明。

要理解传媒体系，就必须了解基本传播权利。对后者的保障写在《基本法》中非常突出的地方，即第五条：

人人享有以语言、文字和图画自由发表、传播其言论的权利，以及从一般公开来源不受阻碍地了解信息的权利。保障新闻出版自由和广播、电视、电影的报道自由。不得进行内容审查。

此等权利，须依一般法律规定、青少年保护法规及个人名誉权利而受到限制。

艺术、科学、研究和教学自由进行。教学自由不得违反宪法。

与一些其他国家宪法相比，这些自由权利在德国不仅代表公民权利，而且代表人权，即它们无条件适用，无论公民身份或其他社会从属关系如何。这主要是历史经验的结果，因为在纳粹统治下，公民权利出于种族主义、反犹主义和政治原因而被任意撤销，导致受影响的人连最基本的自由权利也被从法律上剥夺了。传播自由是序列很高的基本权利。根据自由主义传统，这首先意味着对国家的防御权，此外也发展出间接的"第三人效力"。也就是说，它们不仅要求国家行为者自己不做任何限制，而且当其受到非国家行为者的威胁时，要保护和促进这些基本权利（参见 Fechner2006，第 19-26 页）。

《基本法》第五条第 1 款保护三项基本传播自由：

言论自由是人类尊严和自由的表达；对于一个民主社会来说，它是建构性的。作为形成个人意见、表达意见和传播意见的个人权利，它不仅包括直接言论，还包括对所有传媒形式的使用，因此可以使用所有"基于技术的符号系统"。言论自由还包括"消极的言论自由"，即（包括面对国家时）保持沉默的自由权利。虽然对媒体而言并非微不足道的商业广告，及甚至显然没有充分根据或毫无意义的观点也受到基本权利的保护，但第五条不适用于事实陈述。尽管将后者与意见进行区分并非没有问题，但因为其可被证实（wahrheitsfähig），所以在存疑的情况下（即只要它们没有被证伪）是可以容忍的。对意见表达的进一步的界限是所谓的"诽谤性批评"（Schmähkritik），即在不牵涉事实的情况下贬低一个人，因为这里涉及关乎人类尊严的合法权益（参见 Fechner2006, pp.33-41）。

信息自由被看作是个人的知情权，主要是因为信息是自由和民主的意见和决策的先决条件。这里假设存在个人对信息的需求和公众对信息的兴趣，而媒体为满足这些需求作出建设性的贡献。再次，这也是历史经验。在纳粹政权时期，国际媒体为这种传播自由提供了明确的保障，但使用国际媒体却受到惩罚。"一般公开来源"是指"技术上合适的、特定的、面向公众（即无法识别出个体的一群人）传递信息"的所有供应（BVerfGE 27, p.71, 82f.）（参见 Fechner2006,p.42-44）。来自当局的文件，特别是来自安全机构的文件、国家机密等信息仍然受保护。公民对当局的个人问询权由联邦[1]和各州"信息自由法"规定，但记者的专业问询权由各联邦州新闻法规定（见下文）。

新闻自由或媒体自由是一项制度性权利[2]，具有不同的"基本权

---

[1] 关于联邦政府，参见：2005年9月5日的信息自由法（BGBl. I S. 2722），在线网址：http://www.gesetze-im-internet.de/bundesrecht/ifg/gesamt.pdf（2011年11月18日）。
[2] 基本权利适用于自然人；按《基本法》第19条第3款，适用于法人，例如媒体企业，如果其性质适用于法人，即公司参与者。就传媒企业和媒体自由而言，这点很容易理解。但对于媒体组织内部，记者和出版商或所有者谁才是基本权利的持有者，存在着相互矛盾的观点。

利持有者"。《基本法》明确列明的有新闻、广播和电影；其中，宪法的广播概念始终包含广播和电视。在判例法中，媒体自由延伸到传媒整体，即不仅限于广播和电影的"新闻"报道；如有疑问，其中的非新闻部分也将受到艺术自由的保护（第3款）。除了非周期性的媒体外，基本权利保护也包括所有较新的具有新闻功能的"其他媒体"，它们中的一部分也在州宪法的基本权利目录中被特别列出（参见Fechner2006,p.32, 46）。受保护的是的活动、产出和新闻自由的持有者及其必要的生产资料。

在传播政策方面，在媒体所有者（出版商）与记者的内部关系中，究竟谁是新闻自由的承担者，有时存在争议。传媒企业作为倾向企业[①]（Tendenzbetriebe），可免除企业内部共同决定的规定（根据《企业组织法》第118条）。因此，新闻的原则权限（Grundsatzkompetenz）最终归属于媒体所有者作为媒体自由持有者，而记者的新闻自由则局限于方针权限（Richtlinienkompetenz）和细节权限（Detailkompetenz）。

再次由于德国政治历史的教训，第一款特别列出审查禁令。它禁止在出版和发行前进行国家审查（国家事先审查，staatliche Vorzensur），但不保护媒体免受基于一般法律（事后审查，Nachzensur）的刑事起诉和其他行为者（出版商、总编辑、教会等）的禁止。此外，审查禁令也受制于基本权利的限制（Grundrechtsschranken）。因此，出于保护青少年的原因，编制索引或发布分发禁令是可能的（参见Fechner2006，第47-48页）。

《基本法》第五条第二款定义了对所有三种传播自由的可能的限

[①] 也译作"意识取向企业"。——译者

制，这些限制必须基于法治，且不能不作限定地实施（所谓的"限制之限制"，"Schranken-Schranken"）。媒体自由本身并不是目的，而须得到保障，因为它们是民主的组成部分，即只要它们还具有服务功能。当其他排序高的基本权利与传播自由发生冲突时，则《基本法》第五条第一款的限制特别值得考虑，因为基本自由最终会相互影响。作为公共交流的限制，最相关的基本权利是第一条第一款所保障的"不可侵犯的"人的尊严，这点在个人名誉权中有具体规定。此外，第二款还规定一般法律作为限制（例如，刑法典中包含一些与媒体相关的段落），以对特殊的个案法(Einzelfallgesetz)——例如阻止某些意见表达或排挤某些人（群体）——进行阻止。最后，明确提到对青少年的保护可能限制传播自由，但这需要有"法律规定"（参见下文），即不得受到任意改变的道德特别判决的影响。

联邦德国是国际组织的成员，后者也保障传播自由：

1948年的《联合国人权宣言》保障超越国界的主张、发表意见的自由和信息自由（第19条）。

自1950年起，《欧洲人权公约》[①]第10条也宣布了超越国界的传播自由和媒体自由，并赋予46个欧洲委员会成员国的公民在斯特拉斯堡人权法院提起诉讼的个人权利。1993年的一份关于跨境电视的公约[②]规定，除了传播自由外，还再次明确了接收自由和进一步传输的自由。

[①] 《保护人权和基本自由公约》第11号议定书，Rom/Rome, 4.XI.1950版；更新版本与会议记录网页：http://con-ventions.coe.int/Treaty/ger/Treaties/Html/005.htm[2011年11月11日].
[②] 更新版本与会议记录网页：http://conventions.coe.int/treaty/ger/Treaties/Html/132.htm[2011年11月11日].

自2009年《里斯本条约》缔结以来,《基本权利宪章》在欧盟生效,其中第11条确认个人的言论自由和信息自由(根据《欧洲人权公约》),并保障媒体自由和多元化。

2.3 其他传媒相关的基本权利

但《基本法》第五条第三款与社会传播和媒体有关,尽管乍看上去并非如此。但在很多情况下,尤其是文学和电影艺术作品,媒体是艺术的媒介,最终也可以理解为一种传播过程。这种关系在宪法里,说的就是关于艺术的作为艺术活动的"创作领域"(Werkbereich),和作为公众接触艺术的"效果领域"(Wirkbereich);在这个效果领域中,除了博物馆、画廊等场所外,新闻媒体也非常重要。对比传播与媒体自由,艺术和科学自由不受任何进一步的法律限制(所谓的"封闭的基本权利"),即,它们仅受到与其他基本权利相互作用的限制。在实践中,必须对每个个案进行利益权衡,结果是,尤其是艺术自由的存在比媒体自由更宽泛(参见Fechner2006,pp.30,48–52)。

德国基本法保障对于传媒体系重要的其他自由,特别是职业自由(《基本法》第12条)和所有权自由(Eigentumsfreiheit)(《基本法》第14条):职业自由尤其涉及德国每个人都可以从事新闻职业的选择,不需要国家批准或成为协会成员。这并不妨碍媒体机构要求员工具备一定的专业资格(新闻培训),但也不妨碍任何人自称为记者。职业自由还包括媒体企业家的营业自由(Gewerbefreiheit),他们不需要任何授权或许可即可设立和运营。①

《基本法》第 14 条规定的所有权（Recht auf Eigentum）是一项受法律限制的权利，且有义务服务于公众利益。对新闻媒体而言，它有两方面的重要性：一方面，它支持和保护私法传媒企业，另一方面，它是知识产权的著作权基础。

对于社会传播，包括越来越多的通过在线媒介进行的传播，《基本法》第 10 条显得尤为重要。它保护信件、邮件和电信的秘密，仅允许国家侦查机关和国内情报机关在特殊情况下暂时违反。这同样适用于住所的不可侵犯性（《基本法》第 13 条）——例如在国家当局或犯罪分子所谓的"数字化房屋搜查"的情况下。对于传媒体系和公共传播而言，这些与个人相关的基本权利也具有相关性，因为任何人都可以使用电信（在线媒体）比以前更容易地进行公开或团体交流。然而，另一方面，数字媒体网络为私人通信的国家和商业监控开辟了新的技术和组织的可能性。自动化的、且当事人大多无法识别和理解的个人资料和媒体使用数据的收集，以及自愿和故意的个人数据泄露，都可能会导致通信自由的重大限制。在"大数据"这个关键词下被讨论的分析工具，以及在很大程度上难以被用户理解的算法，都形塑了个性化的媒体供应，且在趋势上形塑了实际的媒体使用。这些危险威胁到社会传播的自由度，不仅限于威权国家或极权国家，而且还引发了一场政治上颇具争议的辩论。

一个核心问题是，在已改变的传媒条件下，如何定义私人和公共的关系。在一宗关于国家人口普查合宪性的争议中，联邦宪法法院

---

① 因此，举办私法广播节目的许可义务经过复杂举证，国家干预相对较少，由公法的州媒体管理局监管；见第 4.4.3.2 和 4.4.3.3 节）。

确立了信息自决权（1983年12月15日的所谓联邦宪法法院人口普查判决，参见 BVerfG 1983），令该权利在当前的数字网络通信条件下的相关性大大提高。这项基本权利源于《基本法》第一条和第二条所保障的自由权和人格尊严权，法院将其与对自己数据的处分权（Verfügungsrechte）相关联起来。为了维护基本权利和保障社会运作，必须确保公民"可以知道，谁在什么时候、什么情况下知道了他们的什么情况……由此得出：在现代数据处理条件下，人格的自由发展需要以针对不加约束的收集、存储、使用和转移个人数据的个体保护为前提。"（BVerfGE 65, 1）

2.4 基本权利限制、青少年保护及一般法律

《基本法》第五条明确提到保护青少年是一项基本权利的限制，目的是确保人格发展不受干扰（不受社会伦理迷失的风险），而这又源于基本法的前两条（人的尊严，普遍的自由权）。（竞争的）立法权限在于联邦。后者在2016年最后一次修改通过《青少年保护法》（JuSchG），为所有"载体媒介"（除了印刷作品外，还包括电影、视频和数字存储媒介）创建了统一的法律基础。另一方面，各联邦州的权限涉及"无载体"的广播和传媒服务；关于电视和在线媒介的青少年保护的核心规范基础是《青少年媒体保护州际协议》（参见 Fechner2006，第137-141页）。

危害青少年的载体媒介，如果包含淡化或美化暴力、残酷、种族仇恨、犯罪等煽动内容，可以根据《青少年保护法》进行索引，即由

联邦家庭事务部、联邦州青少年保护机关或青少年福利局提出，由青少年有害媒体联邦审查处（BPjM）列入"严重危害青少年媒体"列表（"索引"，Index）。索引是政府事后审查的一种形式，因为这会导致销售和广告上的限制；但这并不意味着这些媒体被禁止，而是可以在某些条件下（且当它们不违反刑法时）继续在成年媒体用户群体中传播（参见第 4.1.3.1 和 4.5.3.1 节）。青少年的法律保护应与年龄相匹配，即媒体内容——本着远离国家干预（staatsfern）的媒体治理精神——应由自愿自律控制处（Freiwilligen Selbstkontrolle）的机构进行专业审核和分级（"无年龄限制"，6 岁以上、12 岁以上、16 岁以上或"青少年不宜"）。《青少年保护法》还对儿童和青少年在电影院的观影（取决于时间及是否有成人陪同）、危害青少年的媒体的广告和分发等诸如此类的许多内容作出限制。如果管辖的联邦州当局提出申请，定期出版物及"无载体"电信媒体（尤其是在线服务）也可以被收录入 BPjM 的列表。这确保了相同的媒体内容会得到相同对待，无论其被通过何种途径分发和使用。

《青少年媒体保护州际协议》(JMStV) 涉及的是广播和电信传媒供应（也称为在线提供）。除了包含不允许的内容目录和对青少年有害内容的规定之外，它还包括了关于远离国家干预的媒体自我监管的论述，以实施公法、私法广播和在线媒体中的青少年保护。对口单位是各联邦州媒体管理局，它们共同成立一个青少年媒体保护委员会（KJM）。反过来，KJM 对自愿自律处的机构进行认证，前提是后者满足特定的质量和法律要求（参见第 4.4.3.3 和 4.5.3.1 节）。这样可有效地应对关于审查制度的指责，因为涉及的是（基于具体投诉的）事后审查，且并非由国家当局执行（而是受监管的自我监管，或核心

第二章 德国传媒体系的规范性框架

监管）。在这里，与年龄匹配的媒体内容评估（6、12、16、18岁以上等分级）同样应由专业的自律机构在指定时间发布（广播），或进行访问限制（非线性在线媒体供应）。

类似于对青少年的保护，个人名誉权也被明确称为一项基本权利的限制，即新闻自由的界限。关于这方面的一般法律规定可以在刑法中找到（§185 ff.StGB）；此外，在实践中，民法对损害赔偿和抚慰金的请求权也很重要。与媒体相关的还有不作为（Unterlassung）（可以在短时间内通过临时禁令和不作为诉讼强制执行）、撤销、更正、补充和回应报道等请求权，这些也在新闻法中有所规定。与媒体相关的诽谤罪行包括诋毁（作为关于一个人的可证明为不正确的陈述）、诽谤、以及针对一个人的贬损的侮辱。

《艺术品著作权法》（Kunsturhebergesetz，§22ff. KUG）规定的个人肖像权（Recht am eigenen Bild）在媒体法实践中发挥着重要作用。原则上，"肖像"只能在被描绘者明确或暗示同意（在采访或类似情况下）的情况下发布。KUG和判例法一方面进一步区分了不同的社会领域，另一方面又区分了不同的人群：所有人的私密和私人领域原则上都受保护。对于绝对当代历史人物（absolute Personen der Zeitgeschichte[①]）（"名人"），以及暂时与特定事件相关联的相对当代历史人物，也适用于其他标准，即照片也可以未经许可发布，但不能不加限制。根据联邦宪法法院的判例法，发布许可不适用于名人的子女，或者如果名人明显试图不进行公开露面，即属私人情况。根据欧洲判例法，决定性标准是每个图片是否有助于形成公众舆论或"普

[①] 作者在原文中写的是"Personen der absoluten Zeitgeschichte"，翻译中订正为"absolute Personen der Zeitgeschichte"。——译者

59

遍利益的辩论"，还是仅为满足（可能是广泛传播的）个人好奇心。未经同意，哪怕是名人的私人日常生活照片也不得发布，尽管对于政治公职人员来说，估计公共利益更大（参见 Fechner 2006，第70–78页）。

除了《青少年保护法》和个人名誉权被明确作为基本权利的限制外，其他刑法和民法的一般法律也对媒体自由的相关问题进行了规范。刑法禁止色情（StGB第184条）、反宪法组织的宣传（StGB第86条）、诋毁国家及其象征（StGB第90a条）、泄露国家机密（StGB第95条）和违反投票保密（StGB第107c条）。此外，传播教唆犯罪和暴力、宣传恐怖组织或煽动仇恨的媒体内容可能受到处罚（§130ff. StGB）。《刑法》第166条保护宗教和世界观信仰不受诋毁和贬低，《刑法》第201a条处罚未经授权发布非公开声明（参见Fechner2006，第159–160页）。但对于从一开始就以出版为目的而进行的新闻采访，这并不构成向采访对象要求授权的义务。出版的界限还包括《证券交易法》（WpHG第20a条），因为它旨在防止商业记者通过其新闻报道有针对性地引发价格波动，并通过事先购买或出售相应证券以获得私利。

2.5 联邦州新闻法

在联邦州一级，除了州宪法和特别针对媒体的广播立法外，联邦州新闻法具有基础性和跨媒体的重要意义。其中的新闻界（Presse）一词的定义（如同在《基本法》中）很宽泛，不仅指期刊，还有"所有以印刷机或其他任一适用于大规模生产的复制过程制作的，用于传播的文字、录音载体、包含或不含文字的图像、以及带有文本和注释的乐谱",包括所有"无论何种技术形式的……新闻编辑辅助公司"的代理和传媒服务(《柏林新闻法》第六条)。法律随后进一步对周期性和非周期性的媒体作出区分,一些联邦州新闻法也部分适用于广播(例如,《柏林新闻法》第23条)。联邦州新闻法赋予新闻界一个民主职能和公共任务:如实报道、提供公共信息及促成舆论形成的批评和贡献。与这一突出的社会功能相关的是特殊权利(特权)和义务,尤其是谨慎义务(Sorgfaltspflicht)和新闻秩序法的正式要求。联邦州新闻法规定,新闻不需要国家批准,它有权从当局获得信息,并了解如何实现这一点。对编辑部的搜查和对新闻产品的没收只能在有司法判决,且在符合比例原则的情况下进行。刑事诉讼的拒绝证言权(Zeugnisverweigerungsrecht)(见下文)也被作为保护线人的重要制度纳入国家新闻法。

谨慎义务(Sorgfaltspflicht)意味着,所有新闻必须在发布前检查其内容、真实性和来源。广告必须标明并与编辑的部分分开。新闻秩序法规定媒体组织有信息公开义务(Impressumspflicht),以明确刑法和民法责任人;对于期刊,还规定须确定一名责任编辑。此外,所有权关系通常必须公开。规定明确了内容的法律责任(Haftung),以及受到事实报道影响的人有权进行(立即发表的)回应报道(Gegendarstellung)(回应报道权不适用于意见表达)。

要保护新闻自由,本质上就是保护新闻线人。因此,刑事诉讼法典(§§53f.StPO)授予新闻界一项扩展的拒绝证言权,令他们即使在刑事诉讼的框架下也不必透露线人的身份。由于刑事检控机关近年来多次采取搜查、没收、侦查等可被列为不适度的手段,因此在2012年6月25日的《刑法和刑事诉讼法中的新闻自由加强法》(PrStG)

补充作出了相应的澄清，且有些可能调整了联邦州新闻法。[①] 防止搜查和没收编辑部和工作室的扩展保护（§97和105 StPO）也是出于相同目的。《联邦数据保护法》（BDSG）的效力对新闻界受到限制；同样地，为了保护线人，编辑部门可以例外地将数据保护保存在组织内部（编辑部数据保护）。

2.6 著作权和成果保护权，以及其他相关法律标准

对传媒来说，著作权（Urheberrecht）非常重要，因为传媒组织一方面利用第三方的智力作品，另一方面又是知识产权的作者或提供知识产权的中介服务。著作权随着语言和印刷作品、照片、电影、音乐、视觉艺术等作品的创作而强制产生，无需在任何地方申请、注册或标记。文学、科学和艺术作品（事实上也包括所有传媒产品）如果拥有一个个人精神创作者、可以被感官感知（即不仅只是想法）、并证明具有一定（当然也很难确定）的"创作水平"，则可以受到著作权保护：因此，传媒企业不能获得著作权，因为这些著作权归于著作权人个人（或可能是其雇员）所有；但它们可以获得使用权，或只要著作权服务在工作框架范围内的话，则可以通过雇佣精神创作者而自动获得这些权利。

德国自1965年起就有《著作权法》（UrhG）。在过去的十五年中，由于传媒技术和欧洲法律的变化，该法已多次更新，并且很可能

[①] 参见 BGBl2012,TeilI,Nr.28;S.1324；网址：www1.recht.makrolog.de/irfd/show?normid=bd_bgbl_2012S1374B1374a_H28&region=bund[2017年8月17日].

会持续修订。著作权法长期以来一直都是国际法的主题，这也适用于德国：《伯尔尼保护文学和艺术作品公约》于1886年通过，至今已被多次修订，并通过自1950年代以来的一系列其他协议进行了补充。自1990年代以来，世界贸易组织通过TRIPS（《与贸易(包括假冒商品贸易在内)有关的知识产权协议》）和GATS（《服务贸易总协定》）一直发挥着重要作用。因此，外国著作权人与德国著作权人应平等对待。世界知识产权组织(WIPO)于1967年接替伯尔尼会议局(BIRPI)，自1974年起成为负责著作权的联合国机构。WIPO制定了两套关于软件和声音载体的协议（参见Fechner2006，第185-189页；WIPO 2016）。

著作权法的目的是从两个方面保护知识著作权人，从而促进创造力。作为生产者（"创作人"），著作权人应获得商业利用（即收益）的适当份额，从而令创意的价值得到体现（利用权和适当的报酬）；另一方面，这关乎个人创作的处分权（Urheberpersönlichkeitsrecht，著作人格权），即防止异化、伪造、歪曲或其他滥用（参见Fechner2006, pp.107-113）。在德国，著作权是不可剥夺和不可转让的，但可以继承，因为它们在著作权人去世后的70年内有效。如此长的保护期屡遭诟病；立法者希望通过允许著作权人遗传其权利给他人作为激励，以增加创造性创作。权利期届满后，作品将进入"公有领域"，可在未经任何人允许的情况下用于商业用途和更改内容，例如缩短，例如书籍出版商用作经典版本，或影视制片人使用文学模板进行影视改编。

著作权人可以将其作品的使用权和利用权作为针对特定媒介利用形式的普通权利（许可）出售，或者出售独占的，即完整的利用权（包括尚未知晓的利用形式的权利），这种情况在许多出版合同中都会出现。利用权包括有形的（复制、发行、展览）和无形的（讲座、表演、演示、播放、复制、重播和提供）形式，即所有可以想象的媒介类型。大多数著作权人将利用权的管理转移给专门的著作权集体管理协会（Verwertungsgesellschaften），对这些协会的分析将放在针对各个媒介的分章节描述中进行处理。著作权集体管理协会还收取针对空白磁带、DVD 和复印机征收的，或由图书馆和媒体中心支付的费率统一的设备和媒体费。

某些著作权限制也与传媒有关，因为媒体的新闻报道可以不受限制地使用、引用和复制，而这不适用于消息以外的评论和新闻投稿，即报道、散文、专题等。特别是在科学和专业新闻中，可以使用其他作品的摘录（小引文）以及完整的作品，前提是对其进行解释、分析或批评（大引文）。特别是在数字化的背景下，"私人复制"的权利（形式上并不存在），即复制受著作权保护的媒体内容提供非商业、私人使用，是有争议的（参见 Fechner2006,p.128–130）。

媒体及在其中工作的人并不（总是）作品的精神著作权人，而是在许多情况下主要是调解人。这些服务也受到成果保护权（Leistungsschutzrechte）的保护，尽管比著作权法中的著作权要弱得多。为应对来自新闻出版商的巨大而成功的政治压力，联邦政府在 2013 年著作权法修正案（参见 UrhG §§87fh）中授予出版商（而不是他们雇佣的记者作为著作权人）公开新闻文章的专属权利（只要它不是若干单词或最小的文本摘录）。这些成果保护权的行使，尤其是针对搜索引擎和其他跨媒体在线供应商，由出版商自己或媒体著作权集体保护协会（VG Media）执行。后者跨媒体代表新闻出版社、广播和电视供应商的利益（参见 VG Media 2016）。

德国的大多数媒体都是根据私法组织的，因此与所有其他企业一样受制于相同的民法条款，即德国民法典的合同法和《反不正当竞争法》(UWG)，这也对媒体广告设定了特定规则。特别是，广告不得有针对性地误导、不厌其烦地骚扰或利用（尤其是儿童和青少年的）无知。广告必须标识，并与编辑部分明确分开（分隔要求），以防止"潜入广告（Schleichwerbung）"。某些产品组别（烟草、酒精、药品）的广告受到限制（参见 Fechner 2006，第 146-158 页），以保护消费者免受可能的媒体影响，对个人和整个社会产生负面后果。

作为一家企业，媒体须遵守反限制竞争法（Gesetz gegen Wettbewerbsbeschränkungen GWB）。该法的任务是限制市场集中度，以保证有效的竞争。对传媒而言，关乎的不仅仅是经济方面的对定价权有负面影响的市场力量，更多的是反限制竞争法考虑到了新闻界的特殊新闻职能，并设定了一个明显低于所有其他产业的、出版社合并(Fusionen)须申请批准的门槛（参见第 4.1.3.1 和 4.2.4.1 节）。德国竞争法还通过欧盟的实践得到补充：欧盟委员会可以根据主管总局的建议禁止合并（参见 Fechner2006，第 159 页）。

2.7 总结

德国传媒体系的规范基础由成文法、国家条约以及道德规范和标准构成。最重要的法律来源是《基本法》第五条，后者全面保障了言论自由、信息自由和媒体自由，并禁止国家进行事先审查。重要的是，联邦州新闻法、青少年保护法、青少年媒体保护州际协议、刑法和著作法都作出了跨媒体规范。对广播负责的是各联邦州，后者签署了联邦州广播法、联邦州媒体法律和州际国家条约。《广播电视与电信媒体州际协议》由所有16个联邦州共同签订，确保全国范围内"二元广播系统（Duales Rundfunksystem）"和电信媒体（公共在线通信）的统一监管。

德国受欧盟指令和许多国际协议约束，这些协议主要规范广播法规（欧盟）、传播自由和国际著作权保护。在各个传媒部门中，作为非国家干预行为者，媒体自律机构在媒体治理中发挥越来越重要的作用（参见第四章）。

规范性基础的重要来源

Fechner (2016); Seufert und Gundlach (2017); Schulz (2015)

法律与（州际）国家条约

Berliner Pressegesetz: Berliner Pressegesetz vom 15. Juni 1965 (GVBl. S. 744); zuletzt geändert durch Aufhebungen sowie Neufassung durch Artikel 1 des Gesetzes vom 04.04.2016 (GVBl. S. 150).

Betriebsverfassungsgesetz: Betriebsverfassungsgesetz in der Fassung der Bekanntma-chung vom 25. September 2001 (BGBl. I S. 2518), das zuletzt durch Artikel 3 Abs. 4 des Gesetzes vom 20. April 2013 (BGBl. I S. 868) geändert worden ist.

Gesetz gegen Wettbewerbsbeschränkungen: Gesetz gegen Wettbewerbsbeschränkun-gen (GWB) in der Fassung der Bekanntmachung vom 15. Juli 2005 (BGBl. I 2005, S. 2114), zuletzt geändert durch Gesetz vom 26. Juli 2013 (BGBl. I 2013, S. 1750, 3245), zuletzt geändert durch Artikel 1 des Gesetzes vom 17. Februar 2016 (BGBl. 2010, I S. 203).

Grundgesetz: Grundgesetz für die Bundesrepublik Deutschland in der im Bundesge-setzblatt Teil III, Gliederungsnummer 100–1, veröffentlichten bereinigten Fassung, das zuletzt durch Artikel 1 des Gesetzes vom 23. Dezember 2014 (BGBl. I S. 2438) geän- dert worden ist; online unter: www.gesetze-im-internet.de/bundesrecht/gg/gesamt.pdf [09.08.2016].

Informationsfreiheitsgesetz: Informationsfreiheitsgesetz vom 5. September 2005 (BGBl. I S. 2722), zuletzt geändert durch Artikel 2 Absatz 6 des Gesetzes vom 07. August 2013 (BGBl. I S. 3154); online unter: www. gesetze-im-internet.de/bun- desrecht/ifg/gesamt.pdf [09.08.2016].

Jugendmedienschutzstaatsvertrag: Staatsvertrag über den Schutz der Menschenwürde und den Jugendschutz in Rundfunk und Telemedien (Jugendmedienschutz-Staats- vertrag – JMStV) in der Fassung des Neunzehnten Staatsvertrages zur Änderung rundfunkrechtlicher Staatsverträge (Neunzehnter Rundfunkänderungsstaatsvertrag). Online unter: http://www.kjm-online.de/fileadmin/Download_KJM/Recht/JMStV_ge%C3%A4ne._durch_19._R%C3%84Stv.pdf[19.12.2016].

· *Jugendschutzgesetz*: Telekommunikationsgesetz vom 22. Juni 2004 (BCBl. I S. 2730, 2003 I S. 476), das zuletzt durch Artikel 14 des Gesetzes vom 24. Mai 2016 (BGBl I S. 1666) geändert worden ist; online unter: www.gesetze–im–internet.de/jus–chg/index.html[19.12.2016].

· *Telekommunikationsgesetz*: Telekommunikationsgesetz wvom 22. Juni 2004 (BGBl I S. 1190), das zuletzt durch Artikel 14 des Gesetzes vom 24. Mai 2016 (BGBl. I S. 1217) geändert worden ist; online unter: www.gesetze-im-internet.de/bundesrecht/tkg_2004/gesamt.pdf[09.08.2016].

· *Unlauterer Wettbewerb-Gesetz (UWG)*: Gesetz gegen den unlauteren Wettbewerb in der Fassung der Bekanntmachung vom 3. März 2010 (BGBl I S. 254), zuletzt geän-dert durch Artikel 4 des Gesetzes vom 17. Februar 2016 (BGBl I S. 233); online unter: www.gesetze-im-internet.de/bundesrecht/uwg_2004/gesamt.pdf[09.08.2016].

· *Urheberrechtsgesetz*: Urheberrechtsgesetz vom 9. September 1965 (BGBl I S. 1273), das derch Artikel 7 des Gesetzes vom 04. April 2016 (BGBl I S. 558) geändert wor-den ist; online unter: http://www.gesetze-im-internet.de/bundesrecht/urhg/gesamt.pdf[09.08.2016].

· *Urheberrechtswahrnehmungsgesetz*: Urheberrechtswahrnehmungsgesetz vom 9. Sep-tember 1968 (BGBl I S. 1294), das zuletzt durch Artikel 218 der Verordnung vom 31. August 2015 (BGBl I S. 1474) geändert worden ist; online unter: www.gema.de/fileadmin/user_upload/Gema/Urheberrechtswahrnehmungsgesetz.pdf[09.08.2016].

文献

Berghofer, Simon. 2017. Globale Medien- und Kommunikationspolitik. Nomos: Konzeption und Analyse eines Politikbereichs im Wandel. Baden-Baden.

Bundesverfassungsgericht (BVerfG). 1983. Urteil des Ersten Senats vom 15. Dezember 1983, 1 BvR 209/83 u. a. – Volkszählung, BVerfGE 65, 1. https://web.archive.org/web/20101116085553/ http://zensus2011.de/fileadmin/material/pdf/gesetze/volkszaehlungsurteil_1983.pdf. Zugegriffen: 19. Dez. 2016.

Donges, Patrick, Hrsg. 2007. Von der Medienpolitik zur Media

Governance. Köln: Halem.

Fechner, Frank. 2006. Medienrecht, 7. Aufl. Tübingen: Mohr Siebeck & UTB.

Fechner, Frank. 2016. Medienrecht, 17. überarb. Aufl. Tübingen: Mohr Siebeck & UTB.

Holtz-Bacha, Christina. 2006. Medienpolitik für Europa. Wiesbaden: VS Verlag.

Holtz-Bacha, Christina. 2011. Medienpolitik für Europa 2. Der Europarat. Wiesbaden: VS Verlag.

KEK. 2015. Von der Fernsehzentrierung zur Medienfokussierung – Anforderungen an eine zeit-gemäße Sicherheit medialer Meinungsvielfalt. Bericht der Kommission zur Ermittlung der Konzentration im Medienbereich (KEK) über die Entwicklung der Konzentration und über Maßnahmen zur Sicherung der Meinungsvielfalt im privaten Rundfunk. Leipzig 2015. http:// www.kek-online.de/fileadmin/Download_KEK/Informationen_Publikationen/KEK_Bericht_ ALM_Band_49.pdf. Zugegriffen: 6. Aug. 2016.

Puppis, Manuel. 2010. Einführung in die Medienpolitik, 2. Aufl. Konstanz: UVK.

Pürer, Heinz, und Johannes Raabe. 2007. Presse in Deutschland, 3., völlig überarb. u. erw. Aufl. Konstanz: UVK.

Schulz, Wolfgang. 2015. Gesetzessammlung Information, Kommunikation, Medien. 16. Aufl. Hamburg: Hans-Bredow-Institut. www.hans-bredow-institut.de/webfm_send/1113. Zugegriffen: 19. Dez. 2016.

Seufert, Wolfgang, und Hardy Gundlach. 2017. Medienregulierung in Deutschland. Ziele, Konzepte, Maßnahmen, 2. akt. Aufl. Baden-Baden: Nomos.

VG Media. 2016. Daten & Fakten. www.vg-media.de/de/daten-fakten.html. Zugegriffen: 19. Dez. 2016. WIPO. 2016.

WIPO – A brief history. http://www.wipo.int/about-wipo/en/history.html. Zugegriffen: 19. Dez. 2016.

第三章　德国传媒体系的基础设施

所有新闻媒体都须借助基础设施以获得主题、消息和其他传媒内容，以进行公共传播：新闻、广播及在线媒体的编辑起中介的作用，即它们本身也需要消息来源，主要依靠的是新闻通讯社。公关代理机构也向媒体提供代表公司、协会、组织或政府的利益而分发的内容。最后，广告不仅是广泛传播的传媒内容，还是德国传媒体系的重要资金来源。为实现这三个目的，德国的大多数媒体都与专业代理处合作，但因为追求不同的目标，各代理处的运作逻辑和规范截然不同。站在采购方角度的跨媒体基础设施放在本章介绍，以及传媒传播和分发的最重要的基础设施也放在最后处理。

3.1 新闻通讯社

新闻通讯社是新闻媒体进行跨地区和国际报道的主要来源之一。通讯社在全球范围内以新闻标准和规范积极收集和搜索消息，同时，他们也是政治、经济和民间社会参与者（政府、政党、当局、企业、组织、协会等）的新闻稿的接收者。因此，通讯社具有非常重要的选择功能，因为在传播过程中通常由它们首先选择要撰写和传播新闻的事件。不通过通讯社传播的消息只能由媒体自身或其通讯员进行采集。

然而，即使单一传媒企业能够承受得起高质量标准和良好的人员配置，但通讯社仍然拥有比其更密集的通讯员和地区办事处网络。媒体自身的资源越少，通讯社作为消息主要"供应商"的服务就越重要，那些有时出于成本原因而不作改动地直接采用到报纸或广播节目中的完整文章的服务也越多。随着成本压力的增加，接受比例增加，来源的多样性减少。从新闻的角度来看，由于多样性的丧失，这是有问题的。此外，消息流也由通讯社的消息文本的分支或部门标识符[1]预结构化了（参见 Meier 2002，第 412–413 页）。

德国被认为是代理机构竞争最激烈的市场（参见 Wilke2007，第 330 页；Segbers2007，第 39-57 页；Goldhammer 和 Lipovski 2011）。即便是过去五年中，由于德国国际通讯社（dapd）破产，以及美联社（AP）与德新社（dpa）之间的合作运营而导致市场集中，但仍有两家"世界级通讯社"的德语服务与市场领导者德国新闻社(dpa)进行竞争，即法新社(AFP)和路透社。[2]德新社提供的消息最多——超过三个竞争对手的总和——且在国内新闻方面特别强（参见 Wilke2007，p.336）。其他通讯社在竞争中发展出某些的特点：

美联社是外国新闻，尤其是的"多彩"的综合报道。路透社发展成比以往更专注于商业的新闻通讯社。法新社的特色是外国新闻，且实用性报道的比例最高（Wilke 2007, p.353）。

在大多数情况下，媒体将德新社用作主要机构，并有时采用其他

---

[1] pl"代表政治，"wi"代表经济，"ku"代表文化，"sp"代表体育，"vm"代表综合；见 Meier (2002, pp.416–417)。

[2] Schulten-Jaspers 2013, pp. 63–76 追述了德国通讯社产业的激烈竞争；关于 dapd 的破产，请参阅 Der Tagesspiegel，2013 年 3 月 2 日，第 35 页；关于美联社与德新社之间的合作，参见 www.dpa.com/de/produkte-services/newsrooms-redaktionen/ap/ [20.12.2016]。

第三章 德国传媒体系的基础设施

新闻社的附加服务作为补充。期间，有一些编辑部（或出版商）①出于成本原因试图完全放弃使用通讯社或德新社，但（有些甚至短时间内）都失败了（参见 HBI 2017，第 117 页）。

新闻通讯社的价格是根据媒体客户的发行量和影响力来定价的，令较小的传媒企业也可以负担得起通讯社的使用费；本着合作的精神，大媒体最终以此"补贴"小媒体。购买获得德新社服务的价格高，平均占编辑预算的 5%（参见 Pürer 和 Raabe 2007，第 331 页）。高昂的成本一再引发讨论和投诉，并导致出版商（通常是暂时的）退出。随后，德新社提供折扣，并引入额外服务（参见 Meier 2002，第 421 页；Segbers 2007，第 157–164 页）。根据其自身说法，所有德国的日报都从德新社接收新闻；2016 年，德新社的销售额为 1.362 亿欧元，而（根据多变的结果）2015 年的净利润为 180 万欧元。②

除了德国和德语的一般通讯社服务外，许多编辑部还采用专题新闻通信社作为补充：值得一提的是基督教通讯社（Evangelischer Pressedienst，简称 epd，约有 80 名员工），除了教会、宗教及社会、发展政策外，还有自己的媒体重点（及 epd medien 专业服务处）；天主教通讯社（Katholische Nachrichtenagentur，简称 KNA，75 名员工，其中估计 30 名记者），并设有专门的"媒体通讯"和"电影服务处"③；体育通讯社（Sportinformationsdienst，简称 sid，53 名固定记者）④；

---

① 主要是 Funke 集团的主要客户，Rheinische Post 和路德维希港的 Rheinpfalz。与美联社相比，德新社的股东不必订阅服务（参见 Segbers 2007，第 142 页）。
② 见 epd medien 116a v. 20.06.2017 和以下德新社的信息 www.dpa.com/de/unterneh- men/zahlen-fakten/ [20.12.2016]。
③ 参见 www.kna.de/agentur/zahlen-fakten/ [20.12.2016]。
④ 参见 https://sid.de/ueber-uns/ [20.12.2016]。

提供企业和商业新闻的道琼斯新闻 (Dow Jones Newswires)，以及 dpa-AFX，一家由德新社（76%）和奥地利新闻社（24%）组成的合资企业[①]。对于商业通讯社来说，包括路透社在内，其收入模式不仅基于媒体，而更多的是通过银行、证券交易所和其他商业企业的利益相关者产生主要销售。体育通讯社也向非编辑部客户发布在线和移动新闻。专业服务处，例如科学信息服务处（informationsdienst wissenschaft，简称 idw），有时也被称为通讯社（例如 HBI2017，第 118 页），但这类服务处主要发布公关消息，在上述例子中即大学和研究机构的公关消息。

市场总额合计为 1.7 亿欧元（2010 年），德新社市场份额达 52%，德国国际通讯社占 18%，体育通讯社（sid）占 8%，两个教会机构各占 7% 的市场份额（参见 epd 05.09.2011，第 2 页）。在 11 个地区办事处和柏林总部拥有 53 名记者的法新社德国服务处，以及汤森路透（四个办事处，140 名记者），各自拥有 4% 的市场份额（参见 Goldhammer 和 Lipovski 2011，第 7 页；见表 3.1）。[②]

[①] http://www.dpa-afx.de/index.php?option com_content&view article&id 35&Itemid 74 [28.09.2011].

[②] 目前没有德国新闻通信社的最新市场数据。尽管其具有根本的重要性，但对此的总体研究状况却非常零散。另见 Schulte-Jaspers (2013, pp. 54–55)。

表 3.1 德国的新闻通讯社（仅德语服务处）。（来源：Goldhammer 和 Lipovski 2011，第 13 页）

通讯社	固定记者	每日发布消息	每日发布照片	每月发布视频	国内办事处	联邦州办事处数量对应每……条消息	2010 营业收入，单位：百万欧元
法新社	约 50	220	500–800	20	6	–	约 7.5
德国国际通讯社[a]	305	550	800	500	32	12 对 120	29.9
德新社	451[b]	650–750	600–800	80	50	12 对 80–200	87.8
汤森路透	约 135	250–300	800	420	7	–	约 7.5
体育通讯社	约 60	14	无数据	–	5	–	约 14

a dapd 已退出市场

b 统计包含驻外国记者

3.1.1 德新社

德国新闻社由 182 名股东所有，成员均为报纸出版商和广播公司。每家出版商最多可持有 1.5% 的股份，所有广播公司加起来不应超过四分之一，确保所有权结构的多样性，且最重要的是防止新闻垄断（参见 HBI 2017，第 117 页）。德新社共有员工 730 人，其中记者 420 人，当中有 270 人在柏林中央编辑部工作，其余的人为 12 个联邦州服务处及位于汉堡、汉诺威、柏林、杜塞尔多夫、法兰克福、慕尼黑和斯图加特的所谓地区服务台工作（参见 epd 29.06.2011，第 1 页）。德新社在德国设有 58 个办事处，于全球 200 个国家/地区共有约 100 个办事处及 1300 名记者进行报道。[1]

- 德新社的编辑部设置
- 基本服务，基本符合优质传媒的标准，
- 德国的十二个联邦州服务处，
- 德新社驻外国服务处，使用德语、英语、西班牙语和阿拉伯语，
- 专题页面的主题包，
- 针对目标群体的"德新社儿童新闻"，
- 每日、每周和每月计划预览和主题部署，宣告特定内容的准确交付时间，
- 联邦州服务处（受媒体编辑部委托的）"按需报道"。

基本服务包括每天多达 800 条消息，总数约高达 500 页（约 22 万词）。[2]

- 德新社的文本服务有以下补充
- 全球信息图（图表和可视化的统计数据）；
- 德新社子公司 Rufa 的广播代理服务，为私营广播节目提供可朗读或已朗读的新闻文本、原声和通讯员报道；
- 用于在线媒体的 dpa Infocom；
- 提供消费者信息和实用性新闻的全球媒体服务 (Global Media Services，简称 gms)

以及用于分发公关材料的"原始文本服务"（ots）（参见

---

[1] 参见 www.dpa.com/de/unternehmen/zahlen-fakten/ [20.12.2016].
[2] 参见 www.dpa.com/de/unternehmen/zahlen-fakten/ [20.12.2016].

第三章 德国传媒体系的基础设施

Segbers2007，第149-152页）。

很多德国通讯社会用德国消息来交换外国消息，但竞争性的法新社和汤森路透除外。新闻照片和越来越多的视频剪辑也在国际上用作交换（德新社图片联盟，欧洲新闻图片社）（参见Pürer和Raabe2007，第328-329页；Schulz2009，第384-385页；Meier2002，第421页-422；Segbers2007，第45、152、182页）。

美国通讯社美联社的德语"世界新闻"通过德新社在德国发布，包括每天60至80条国际消息和五至六篇通讯报道，重点是国际政治和危机报道，主要来自北美和南美、中东、亚洲和太平洋地区。美联社在全球280个地点拥有3200名通讯员。[1]

法国法新社提供德语文本和图片、视频服务，可调配位于150个国家、200个办事处的1575名记者。法新社还提供英语、西班牙语、葡萄牙语和阿拉伯语服务。[2]通过其于1997年收购的体育通讯社(sid)，法新社也活跃于德国市场。

传统的英国通讯社路透社是加拿大上市公司汤森路透传媒集团的一部分，总部位于纽约，全球共有60000名集团员工，其中包含超过2500名记者和600名摄影师，在200个地区以16种语言提供服务。[3]除了专业的商业信息外，路透社的德语产品还包括政治及其他新闻。[4]

图片服务对印刷和在线新闻的重要性日益增加；全球市场由两家拥有庞大图片库的供应商主导：与法新社合作的盖帝图库（Getty

---

[1] 参见www.dpa.com/fileadmin/user_upload/Produkte_Services/AP/140509_PI_AP-Weltnachrich-ten.pdf [20.12.2016].
[2] 参见 www.afp.com/de/die-agentur/afp-zahlen [20.12.2016].
[3] 参见 agency.reuters.com/en/about-us.html [20.12.2016].
[4] 参见 Vgl. de.reuters.com/ [20.12.2016].

Images），和由比尔·盖茨持有、拥有7000万张图像的使用权的科比斯图片社（Corbis）（参见Segbers2007，第179页）。德新社每天发布2100张图片，并拥有包含2100万个图像的图库。[1]

新闻通讯社向广播媒体提供专门服务，特别是最新的图片材料（APTV和路透社电视）。这些材料也通过电视机构的节目交换服务处进行分发。在这方面，值得一提的是欧洲电视网（Eurovision）和欧洲新闻交换联盟（ENEX）：自1961年起，欧洲广播联盟（EBU）的73家成员机构互相交换消息；这些成员机构分布在地中海周边的56个国家，且主要由公共（公法的或国有的）电视广播公司组成。欧洲新闻交换联盟(European News Exchange-Verbund，简称ENEX)拥有33家欧洲、日本及美国的私营电视广播机构（参见Schulz 2009，第378页）。在德国广播市场上，除了德新社的子公司Rufa外，还有FM广播网络（FM Radio Network）和广播服务（RadioDienst）提供节目素材（参见Schulz2009，第385页）。

3.1.2 通讯社系统的发展

新闻通讯社的中心地位，尤其是国际政治和商业新闻，是国家参与者对这些机构产生强烈政治兴趣的原因。[2]除了英国路透社和法国哈瓦斯通讯社（现为法新社）外，早在1849年，沃尔夫通讯社（WTB，"电报通信局"）就在柏林成立。该社最初为私营组织，但后来很快

---

[1] 参见 www.dpa.com/de/unternehmen/zahlen-fakten/ [20.12.2016]。
[2] 再加上经验上可确定的新闻流不平衡，以及新闻流集中在纽约、伦敦和巴黎，这也引发了国际上，主要是在联合国教科文组织框架内进行的，关于"世界信息秩序"的争论。

第三章　德国传媒体系的基础设施

就与普鲁士政府当局紧密合作，其垄断地位得到了国家的支持。作为回报，WTB 服从于俾斯麦的政治理念。在国际上，世界新闻流在路透社、哈瓦斯通讯社、沃尔夫通讯社和美联社之间"分流"；这个卡特尔一直运作到 1933 年。自 1914 年起，右翼民族主义的胡根伯格集团旗下的电报联盟（TU）与由外交部和商界创立的德国海外服务局（DÜD）在德国展开了经济上的竞争，但在新闻业方面没有竞争。纳粹党人将沃尔夫通讯社和电报联盟合并为德意志新闻局（DNB），并对其进行完全控制（参见 Pürer 和 Raabe2007，第 76-79 页）。"二战"后，同盟国同样有目的地设立新闻通讯社，以实现传播政策的目标：所有四个占区最初都成立了自己的通讯社，后来又都转交给德国：在美占区是德国新闻服务处（German News Service），后很快更名为 DANA，最后更名为 DENA（德国通讯社）；英占区成立德国新闻服务处（DPD）；法占区是 RHEINA（1947 年起更名为 SÜDENA）；苏占区是苏联新闻局 (Sowjetische Nachrichtenbüro，缩写 SNB)，后者于 1946 年成为德国新闻总局 (Allgemeiner Deutscher Nachrichtendienst，缩写 ADN)（参见 Wilke1999，第 470-471 页）。

新闻出版商同样也从新闻通讯社的政治审查和自我审查历史中吸取教训，并于 1949 年合并了三个西部占区通讯社，以合作社的形式成立了德国新闻社 DPA。合作模式沿用了美联社的模式，规定只允许出版商和广播公司购买股份，但每位股东不得超过总股本的 1.5%。广播公司的份额被限制在总额的 25%（参见 Pürer 和 Raabe2007，第 327 页）。这种全球 18 个通讯社所选择的结构（参见 Segbers2007，第 143 页），目的在于阻止国家干预和来自媒体部门或非媒体市场的大集团及企业的影响。事实上，民选政治家也试图影响这些通讯社，如阿登纳政府的例子所示（参见 Wilke1999，第 478 页）。德新社目前由 180 多家股东的持有，主要是报纸和杂志出版商和广播电台。[①] 在法律上，除了一般法律外，新闻通讯社还受联邦州新闻法[②]（例如柏林联邦州新闻法第 6，2 条）的约束。

在技术方面，电报机和电传打字机（"Ticker"）早已从通讯社退役。编辑部使用联网的在线系统，通过互联网和卫星获取和分发新闻。

3.1.3 其他来源

与此同时，媒体也弃用新闻机构和其他媒体（例如，通过区域报纸工作组 RZP 等交换组），改为使用不符合专业标准，但在某些情况下唯一可用的资源：用户生成内容（User Generated Content）——从推特信息到手机照片和视频——以得到难以获取的来自战争和危机地区的，或来自没有专业（即自由）新闻的威权国家的材料。国际政治和危机的报道更注重新闻方面而不是经济的考虑，因此有时会导致使用片面的、伪造的或其他宣传材料。其他基于网络的消息和文件来源通过维基解密（Wikileaks）和公开解密（Openleaks）出现，这使得来自当局、组织或企业的举报人更容易匿名地向记者提供文件和信息。这样，线人应该可以更好地保护自己的地位甚至生命（线人保护）。不出意外地，政府通过部分在法律上遭到质疑的方法在对这种在线泄

[①] 参见 epd medien aktuell 116a v. 20.06.2017.
[②] 例如，在《柏林国家新闻法》第 6 条 "(2) 印刷作品还包括由新闻通讯社、新闻通讯机构、广告新闻服务和类似公司以文字、图片或类似方式向新闻界提供的复制的消息。" 印刷作品也指由新闻编辑辅助公司提供的信息，无论其以何种技术形式提供。

密行为采取行动。当然，此类平台的运营商也面临着问题，他们是否及如何实际上保护其线人，以及他们是否及如何（可以）检验所提供的材料。

3.2 新闻办公室和公关代理

与新闻相关的，除了新闻通讯社外，还有政治、经济和民间社会组织的新闻办公室和公关代理，因为它们都试图以媒体和新闻工作（媒体关系）的形式来用自己的主题和消息影响传媒编辑。反过来，它们也依赖于这些来源。尽管公关部门和代理为了在媒体上取得成功而遵守新闻行业的规则，但与新闻通讯社相比，它们不以新闻道德的价值观和规范为指导。它们也不执行任何新闻职能，但代表了新闻媒体必要基础设施的一部分。

公关工作或公共关系 (PR) 直接针对政治和社会决策者（游说）以及公民、客户和专业公众，其中一些可以直接通过活动（营销活动、赞助）和自有媒体（企业出版：宣传册、客户杂志、传单、网站等）接触到。在媒体社会中（因此对于本传媒体系分析而言），特别相关的是媒体关系，即针对新闻媒体及其报道和评论的新闻和媒体工作。[1]

公共关系参与者以组织内部工作小组或委托代理的形式，使用新闻媒体为其各自组织的利益进行免费公开交流。目的是传达信息，尤其是要建立公众信任；也正因为如此，人们试图使用对新闻的信任，而不是付费的、因此不是非常可信的广告。与广告相比，公关参与者

---

[1] 这里不能处理公关工作与公共关系的界定和系统化问题；参见 Röttger (2004)。

并不直接决定实际的媒体内容，而是免费向媒体提供投入。是否及如何进行编辑处理由媒体决定，即通过遵循媒体规则的专业记者，而不是声明的作者（如广告）。因此，公关不是媒体的收入来源，但提供了降低编辑成本的可能性——当然，这是以新闻自由和质量为代价的。作为新闻的提供者和搜索的来源，公共关系和媒体公关的参与者对于编辑来说无论如何都不可缺少。新闻通讯社（参见第 3.1 节）在其中扮演着调解者的双重角色：它们参加跨地区及国际的政府、组织和企业的新闻发布会，然后对其进行报道；他们又通过专门的服务处（例如德新社的 OTS）以原文形式分发新闻稿。

　　媒体编辑与组织的媒体工作之间可以描述为一种互助互利（Intereffikation）的关系：公关通过新闻发布、新闻发布会、记者出访等引发媒体报道，以话题、新闻、评论的形式产生新闻上的共鸣。当然，公关必须以媒体规则（新闻要素、编辑时间和惯例、正式的文体规则）为导向，并相应地调整其措施（Adaption）（参见 Bentele 等，1997, pp.240-246）。然而，在某些情况下，权力和影响力的关系会发生变化，例如，当新闻搜索实际上不可行，而一个组织的新闻办公室或公关机构是唯一的来源；或者相反，当调查报道或内部消息"泄露"（Leaking），迫使该组织进行反应式的危机公关。总体而言，公关方面拥有更多资源，也就是说，有兴趣影响公众舆论的组织所雇佣的新闻发言人和公关人员比德国的记者多[1]，他们拥有时而甚至是高得多的佣金预算，而且往往具有战略信息优势。由于市场发展和成本竞争，新闻媒体的编辑资源和新闻质量继续减少。这样发展下去，重心可能

---

[1] Szyszka 等（2009, 第 200 页）假设德国有 40000 到 50000 名公关专家，其中五分之一在代理机构工作或担任外部顾问。

会以牺牲独立新闻业为代价进行进一步转移。

新闻发言人和公关顾问或公关机构在公共传播过程中发挥间接调解作用：他们使用和评估媒体，将某组织在社会环境以及公众舆论中的外部看法告知组织，并尝试从战略上为组织利益而对这些公众舆论作出积极影响。

3.2.1 公关与媒体关系的组织

新闻工作和媒体关系可以有不同的组织方式：作为组织内部工作小组和专业部门，或者作为公关代理，根据合同接受托管授权和预算。代理可以参与公共关系工作的整体战略与运营、特定项目（在线公关、资产负债新闻发布会、党代会等）和阶段（危机公关、竞选公关）或战略咨询，然后与组织的内部参与者一起工作。代理的优势在于外部专业知识，以及使用现有记者联系网络处理其他委托的可能性（参见 Szyszka 等，2009, pp.197-199,304）。与广告公司相比，公关公司一方面必须执行分析和概念任务，另一方面必须执行创意服务。与广告公司类似，公关公司的客户顾问（联系人）和创意人员（文案撰稿人、摄影师、平面设计师、活动经理）共同工作（参见 Leipziger 和 Lempart1993。第 145-147 页）。有许多自由职业者在公关产业工作，其中包括许多长期或暂时"换边"的记者。就规范而言，这肯定是有问题的，因为如果由于相对阔绰的公关薪酬而造成个人在经济上产生依赖的话，那么很难保证专业报道的独立性。记者和公共关系工作者的专业角色可能会系统地互补，但就个人而言，它们是不相容的。①

德国的代理和咨询行业主要由中小型企业构建：典型的是个人顾问和少于十名员工的小型代理，单个客户预算在 25000 至 50000 欧元之间，客户少于十个的小型机构；拥有大客户的大型代理为数不多。作为委托人，商业企业明显多于政治参与者；代理的日常工作主要是与项目相关的和操作性的工作，但媒体工作显然处于重要地位（参见 Szyszka 等，2009，pp.205-216,314-315）。

发挥公共工作者职业协会的作用的是德国公共关系协会（DPRG），总部设在柏林（见 www.dprg.de）。除了自身的利益代表及公共关系工作外，该协会还关注行业的专业化和规范标准的建立。后者由德国公共关系委员会（DRPR）作为自律监管机构执行。从属于该投诉机构的还有新闻发言人专业协会（BDP）、拥有 36 家成员企业的公共关系代理社团协会（GPRA，www.gpra.de）及德国社会政治咨询协会（degepol）。任何人都可以提出投诉，德国公共关系委员会对其进行检验，并可以发出谴责或警告。但是，公关的自律监督远不如新闻委员会和其他媒体自律机构。在德国，除了德国公共关系委员会的指导方针之外，还有一些国际性的且大多非常抽象的公关道德规范，例如雅典法典、里斯本法典和威尼斯法典等。许多法典的陈述在很大程度上互相重叠，表明专业化和制度化尚未完成。德国公共关系委员会守则为公关和媒体工作的各个领域（例如在线公关、媒体合作或金融产

---

① 与此相应的德国公共关系委员会（DRPR）守则承认"新闻和公关工作……是且必须保持为不同的、独立的传播任务"。DRPR还坚持机构分离，并要求"无论融资还是其他捐赠……都不得模糊公关和新闻职能之间的分界线"。然而，对于记者和公共关系工作者的"一套人马，两块牌子"，则只需要向编辑部披露；对于长期活动，则需要向"受影响的公众"披露；DRPR-Richtlinie für den Umgang mit Journalisten; DPRG-Satzung S.38–40。

业信息披露义务等)提供了相对具体的提示。

3.3 广告与媒体代理

从广告行业和广告代理商的角度来看,新闻媒体主要是广告媒介,与其他广告媒介和广告形式(户外广告、直邮广告等)[①]进行竞争。

广告是一种说服式的沟通形式,旨在游说或说服接受者改变(或加强)他们的态度和行为。广告是由第三方委托的有偿传播。

大部分的商业广告主要宣传产品和服务;与媒体经济相关的还有意识形态和政治广告(由政党、协会、公民倡议)以及公共资助的教育宣传(例如健康、成瘾预防等)。

广告要么以设计和标记的形式放置在媒体中,要么被整合到程序或编辑文本部分(产品放置)中,并通过收费分发。在这种(从规范上说可疑的)情况下,付费的第三者委托人决定陈述的内容,并因此决定部分传媒内容。[②]

大众媒体的优势在于其控制范围和凭借其编辑内容而得到的(至少被认为如此的)高接触质量或关注度。分类广告、商业广告、横幅或产品植入的潜在感知程度可以进行比较评估或高估。[③] 媒体公司会

[①] 念分类不一致;流行的"线上"与"线下"的命名法也无法澄清,尤其是因为广告牌、交通工具和目录媒体广告(即地址和电话簿广告)的分类方式不同;见 Siegert 和 Brecheis (2005, pp. 29-40)。

[②] 关于广告的新闻和传播学分类问题以及广告系统可疑的正当性;见 Siegert 和 Brecheis (2005, pp.108-118)。

[③] 从传播研究的角度来看,效果的假设并不能令人满意,因为接收和效果是从呈现中推断出来的。然而,决定性的是,出于务实的原因,商业决策者(必须)使用不太复杂的模型,并且缺乏有效性同样适用于所有替代广告媒体。

资助一些精心制作的全行业传媒研究，以便为广告商提供可比较的数据。除了个人读者和媒体用户分析外，IVW(广告媒体传播信息认证协会)、AG.MA(媒体分析)、AWA(阿伦斯巴赫广告媒体分析)和GfK(消费者研究协会)均值得一提。

案例

广告媒体传播信息认证协会（IVW）成立于1949年，旗下拥有大约1100家出版商、770家在线供应商、28家广播公司、26家广告代理商、5家付费内容供应商、8家广告公司和20家其他成员公司；它总共由近2000名成员资助。该协会（按季度）检查新闻媒体（报纸，含电子报纸，杂志）和在线媒体（包括付费内容）以及电影院（访问人数和正确的广告播放次数）的发行量和访问量，并将这些数据提供给其来自广告行业和媒体广告营销的成员公司。[①]

AWA（阿伦斯巴赫广告媒体分析）每年两次对约24000人关于他们使用约240种杂志和5份周报进行口头调查[②]；印刷媒体分析（Media Analyse Print）使用大约39000个计算机辅助的标准化采访来调查大约180种杂志和周报以及1500多种日报版本的使用情况。MA广播的调研基础是超过65000次电话采访和日常生活重构。

电视的使用情况由GfK(消费者研究协会)在5000多个被选出的家庭进行测评；这些家庭代表德国人和在居住在德国的欧盟公民——即不代表人口。[③]

作为广告媒体，大众媒体的缺点在于对潜在客户的定位不准确。

---

① 参见 ivw.de [31.03.2016].
② 另见 www.ifd-allensbach.de/awa/medien/uebersicht.htm [06.01.2017].
③ 参见 https://www.agf.de/forschung/methode/fernsehpanel/ [06.01.2017].

其客户虽然可以被明确为社会人口定义的目标群体，但不够个性化和人性化。结果，新闻媒体显示出更大的"分散损失"，因为它总是接触大量的接受者，但他们并非说服性传播的具体目标。因此近年来，其他广告形式对比传统媒体显得越来越重要。尤其是在线广告，因为它可凭借个人资料和之前的网络应用行为数据（行为广告）——或可与消费数据相结合——非常精确地将用户定位到特定的人群（"定位"）。

从新闻媒体的角度来看，广告收入代表了一种收入机会，在大多数情况下，它是商业模式的基本组成部分。广告收入的优势在于其经济和新闻上的独立性，不受国家资金和政治影响；在这方面，广告融资有助于确保媒体自由。部分或全部靠广告融资的缺点是，对这部分收入的依赖和广告经济的结构性权力可能会限制新闻自由：尤其是地方性的、对某些（尤其是本地）广告客户的依赖，以及为了营造一个消费友好的、经济上非批判性的编辑环境而作出的总体努力，都对内部新闻自由构成风险。结果可能意味着，传媒产品对于那些被认为不具购买力的消费者是不"值得的"，因此在市场经济中就不（或不能）提供。如果考虑到"与广告相关的目标群体"仍然是14到49岁的人群，这在人口发展的背景下令人深思。社会和经济上处于不利地位的人口群体和少数民族很可能会落入广告商的粗糙、且在社会科学上不完全有效的相关性网格中。总体而言，新闻媒体在很大程度上依赖于广告；这尤其适用于广播、期刊及在线媒体，而书籍和电影对广告收入的依赖程度要低得多。广告市场的变化，无论是广告总投资、媒体广告相对于其他广告的分配，还是媒体组合中广告预算的分配，都是德国传媒体系结构性的关键因素。这些极其重要的发行决策掌握在作为制度的广告市场的"看不见的手"中,但也越来越多地掌握在媒体代理——作为具有巨大购买力和控制功能的特别有影响力的组织——的手中。

3.3.1 广告传播的组织

广告传播是一个复杂的工作共享过程,根据经济效益和效率观点进行规划和执行。广告语的制作以及传播者(源信息发出者)的角色很难与中介参与者的角色分开,后者在协调和组织过程中共同构建了针对特定营销和媒介的"广告信息"。因此,一方面是规划和管理职能,另一方面是创意职能,两者必须以有效的方式相互协调。这项任务通常并非由广告的实际客户,即广告公司自身来执行,而是由承包商或承包商网络处理。

广告代理、媒体广告和媒体机构发挥着核心作用,因为在广告传播过程实际开始之前,它们已经通过特定媒体组合中的新闻媒体(及所有其他广告媒介)所提供的广告空间和时间传递了广告经济的利益和需求。广告管理的起点是情境分析,提供了或多或少有理论基础(基于市场和趋势研究)的市场(竞争对手)、潜在客户利益(独特的销售主张)、买方群体(目标群体)以及委托客户指定的传播目标(产品发布、产品知名度、品牌形象、销售或市场份额提高等)的信息,且最好可以量化。代理通过情况分析生成一份工作简报,之后又通过简报复核与委托客户进行沟通,并为广告营销活动制定概念(参见Siegert和Brecheis2005,第119-125页)。

广告代理的一个中心任务是开发和构建广告,并利用新闻媒体作为广告媒介(用于广告、插页、短片、横幅等)或通过如海报、直邮、

第三章 德国传媒体系的基础设施

信箱直投、商品目录等其他广告媒介进行传播。一个营销活动的整体概念不仅包括广告创意和文字信息（口号、标题、告示和广告文本）、其他创意广告手段（例如广告和海报主题、广播和电视广告），还包括时间、预算和媒体策划。要确定如何、何时、何种广告手段和媒介、投入（"投放"）哪些资源（委托客户的预算）和分发（"分散"），以提高接触和产生效果的机会。因此，时下基于特殊软件创建的媒体计划包含了广告的时间数量框架（参见 Schweiger 和 Schrattenecker 2005，第 279–317 页）。对于大型营销活动，广告材料都事先在实验室进行测试或事后进行评估。

受托代理提供的服务范围差异很大：一些全方位服务代理除了生成分析、概念和创意组件外，还负责整体媒体策划，并代客户预订广告、横幅或广告时段。有时，他们自己也委托专门的服务提供商（例如活动、直销、在线组件、广告短片制作）[①]和小型代理以及自由撰稿人和自由平面设计师（自由职业者）。

在代理内部（或在代理网络内），不同的专业角色和参与者相互合作。区别于纯粹的图画设计室或广告顾问的，是全方位服务代理的两个主要部门：创作部和客户咨询（联系人）。联系人负责外部的咨询和客户沟通，以及将客户的意愿传达给创意同事（工作简报）。广告工作由始至终保持开放，其职业化和专业化令代理机构变成具有专门语言和专门等级名称的复杂组织，例如初级文案、文案、概念文案以及在主要设计职位上的艺术总监（作为首席平面设计师）和创意总监（作为从文字和图形创意团队的负责人）。大型代理的员工有时

---

① 广告商和代理机构反过来成为媒体公司的客户。

超过一百人，因此有一个单独的"交通"部门负责同事之间的内部协调；大型代理有自己的 FFF 部门[①]负责广播、电影和电视广告（参见 Schierl 2002，第 429-438 页）。在大多数情况下（约 75%；参见 ZAW2011，第 26 页），广告代理按合同约定的单次、项目或全包费用收费，或者保留（受托）广告投放所在媒体支付的佣金（通常为净价的 15%）。同样可商定的还有服务费，即，代理将媒体的所有佣金和折扣返还给委托客户，但从他处获得净广告投资的 17.65%（参见 Schweiger 和 Schrattenecker2005，第 153 页）。固定费用或以项目和成功为导向的付款方式正变得越来越重要，一般占营销活动预算的 12% 至 22% 之间（参见 Zurstiege2007，第 78-82 页）。

德国的主要广告客户（因而也是主要的媒体金主）来自汽车行业，其次是电子商务和报纸广告。各种媒介的广告载体分布不同：在报纸上，报纸广告（包括出版商自己的广告）和食品零售商广告占主导地位，而在电视上则是电子商务、在线服务和移动网络（参见 ZAW 2016，第 16、143、255 页）。跨国服务集团和品牌公司更愿意与全球代理联盟和网络合作。一方面，后者通过区域代理确保了客户接触的便利性，另一方面，也方便企业进行统一"表现"，并降低了交易成本，因为只需集中与一个承包商协商即可。这样的代理联盟可以是相对松散的合作，但也可以组织成控股公司，具有相当大的成本优势。其中，世界市场由五家公司主导，即所谓的代理网络：WPP、宏盟（Omnicom）、阳狮（Publicis）、IPG（Interpublic）、电通（Dentsu）和哈瓦斯（Havas）。这些总部设在伦敦、纽约或巴黎的网络通常遍布 100 多个国家/地区

[①] FFF 在德文中是广播、电影和电视广告（Funk-, Film- und Fernsehspots）三个单词的首字母。——译者

（包括德国），销售额达数百亿，拥有多达 80000 名员工。德国大约 22000 家广告代理中的大型广告公司，例如拥有约 500 名员工和 4500 万欧元营业额的 希尔森集团（Hirschen Group），通常属于国际网络（WPP）（参见 van Rinsum2017，第 26–32 页）。

媒体代理在经济方面扮演着关键角色，因为它们管理着德国大约 90% 的广告预算，而几乎没有任何公司直接从媒体购买广告位。尤其是对于新闻业和广播电台，大型媒体代理形成寡头垄断，还作为所谓的"Trader"介入；也就是说，它们以自己的名义大量购买广告空间和时间，从媒体处获得相应的折扣，然后将广告空间出售给广告行业的客户以获取利润。因此，它们不仅只是基于委托客户的媒体计划而行事，而是以自己的名义，并尽可能地追求自身利益。然而最重要的是，作为广告媒介，他们对媒体的购买力越来越强。这些代理还拥有新闻权力，因为媒体依赖这些代理（参见 Ukrow 和 Cole2017，第 15–17 和 23–24 页）。

对于整合到节目中的广告，即产品、地点或主题的植入式广告，以及所谓的戏剧作品甚至社论中的原生广告，广告代理或专门的产品植入代理从一开始就与影视制片人或新闻编辑合作。有时，开放这种资金来源的主动权来自制片人或出版商本身。虽然这种做法目前在欧盟基本上是合法的，但就规范而言，两个原因令其显得可疑：一方面，接收者是否能将植入广告辨析为广告，即是否充分遵守了分离要求和标记义务，这点并不能保证。另一方面，广告公司通过代理机构获得超越了财务的影响，而得以施加对媒体内容的影响。也就是说，它们共同确定主题、情节、演员和情节走向（通常以一种不太透明的方式），从而令编辑和艺术失去自主权（参见 Siegert and Brecheis 2005, pp.155，256）。

3.3.2 媒体策划与媒体代理

媒体策划的任务可以由媒体代理完成，即独立于广告代理机构的创意活动。这些媒体代理可以是独立的公司或者广告代理的子公司，资金来源为佣金，金额通常是他们代表客户管理的广告预算的15%。媒体代理与媒体的广告营销进行打交道，对象要么是出版商和广播公司的各个广告部门，要么是营销代理。由于媒体代理代表了大量的客户，因而相对于媒体拥有巨大的议价能力，并且可以在广告总价上实现大幅折扣。这就是规模优势的作用，也促进了媒体代理市场的集中（参见 Siegert 和 Brecheis 2005，第 140 页；Holznagel 等人，2008，第 80-81 页；KEK 2010，第 373 页）。

3.3.3 广告市场

2016 年德国在广告方面的总投资（总额）近 260 亿欧元（净额 153.6 亿欧元），其中媒体总收入为 153.6 亿欧元（参见 ZAW 2017，第 9 页）；[①] 其余为代理和策划师的费用以及广告材料和其他广告媒介的制作费用。媒体在广告总收入中的份额和媒体的绝对广告收入多年来一直停滞不前甚至萎缩（参见 ZAW 2017，第 9 页），原因不仅是由于经济发展状况，还有结构性原因：与直接广告相比，新闻媒体

[①] 媒体也可以从不断增长的整体赞助市场中受益，该市场在 2016 年占到约 50 亿欧元（ZAW 2017，第 15 页）。

的重要性趋于下降，而覆盖面的损失，尤其是印刷媒体，通过快速增长的在线广告收入却只能得到部分补偿。此外，特别是在网络产业，广告投资绕过新闻网络媒体，流入搜索引擎广告和社交网络服务（Facebook等）。已经走下坡路的媒体广告市场目前正在重组：2016年，电视广播公司再次以近46亿欧元的广告收入创下最高纪录，而领先数十年的日报则经历了相当大而持续的损失，收入跌至仅25亿欧元（2009年仍为36亿欧元，从2015年到2016年损失了4.5%），但仍然排在第二位。广告报纸增加了近6%，收入超过19亿欧元，排在网络媒体之前的第三位。广播在2016年也有所增长（达到7.7亿欧元左右），而除了专业杂志作为例外，所有印刷媒体的广告收入都大幅下降（大众杂志–5.6%，周报和周日报纸–6.8%）。电影业下降超过7%，总收入近9000万欧元，也是广告市场的结构性输家之一（参见ZAW 2017，第13页）。在过去十五年里，实现最大增长的是在线广告。当然，其起点水平很低，且目前增长放缓。[①] 近年来，广告收入的主要增长在于移动网络媒体，2016年总收入超过15亿欧元。在线广告无疑是一个增长的市场，但它只占三分之一的体量，重要性远比不上电视市场和所有印刷媒体的总量；总体而言，它仅占广告投资总市场的10%（参见ZAW 2017，第14页）。

在德国，少数广告和媒体机构占据主导地位，其中较大型和知名的包括：Serviceplan（2015年营业额约为2.5亿欧元；员工超过2000人）、戎马广告（Jung von Matt，7700万，员工超过700人）、

[①] 增长率分别为49%（2006年）、39%（2007年）、9%（2008年）、1.3%（2009年）和12.7%（2010年）；参见ZAW（2011，第340页）；之后，每年在6.0至6.6%之间（参见ZAW 2017，第13页）。

Media Consulta（55万，340名员工）和 Vertikom（5200万，500名员工）。根据参与行业排名的50家代理商的总销售额报告，最大的五家代理商的市场份额合计约为55%。[①] 据其他消息来源称，仅汉堡控股群邑（GroupM）就占据了45%的市场份额，三大控股集团合计占广告总预算的76%以上（126亿欧元）。大型机构在地理上集中在汉堡、慕尼黑和柏林。德国联邦及联邦州媒体融合委员会（Die Bund-Länder-Kommission zur Medienkonvergenz，2016年，第19–22页）在2016年着手解决过大市场力量的问题，并主张进一步澄清政治行动的必要性。

3.3.4 规范与制度

广告传播在德国受到《基本法》（第五条）保障的传播自由的保护。这些基本权利受到广播和电信国家条约（参见第4.4.3.2节）中媒体特定的广告、产品植入和赞助限制，以及青少年保护和消费者保护的限制：不得对青少年有害的传媒内容或酒精、烟草制品、处方药和医疗行业进行广告宣传。反不正当竞争法（UWG）旨在确保公平的广告实践，尤其是防止误导性广告和剥削消费者（特别是儿童和青少年）的诚信。在关于广告的批评性讨论和欧洲委员会一项倡议的背景下，德国广告经济总协会（ZAW）于1972年与德国广告理事会（Deutscher Werberat）共同成立了一个自律机构。德国广告理事会是投诉的联络

[①] www.wuv.de/content/download/382.539/7348.062/version/1/file/Agentur-Umsatzranking_2016.pdf[22.12.2016] 或自行计算。然而，行业杂志 W&V 的排名中仅包含业主管理机构，并非所有销售总额都经过认证。

点，并为广告业颁布了一系列行为守则；当然，它的实际作用是应对国家监管（参见 Zurstiege 2007，第 51-69 页；Siegert 和 Brecheis 2005，第 89-92 页）。2016 年，广告理事会收到 2265 份针对 441 项营销活动的投诉，大多数是性别歧视广告（273 例）；共发出公开谴责 22 次，驳回投诉 341 次。[①] 在最初的四十年里，广告理事会共收到 17750 件针对 7700 项活动的投诉，其中三分之一的情况后期有变化或终止。公开谴责总共只发出过 114 次（参见 epd medien aktuell Nr. 215a, 06.11.2012）。

德国广告经济总协会（ZAW）是 42 个协会的伞状组织。除了代理机构（德国通信代理总协会 GWA）外，也代表广告公司（德国联邦工业联合会 BDI）、杂志出版商（德国杂志出版商协会 VDZ）和市场研究人员。约有 1000 名广告从业者属于传播协会（Kommunikationsverband e.V.），德国艺术指导俱乐部约有 650 人（参见 ZAW 2016，第 275 页）。

3.4 电信网络和服务

为了制作和分发给收件人，第二媒介需要物质的分销和运输网络，例如公路和铁路系统，以及邮政和新闻投递服务等组织。长期以来，电信网络（远程网络）一直被紧密用于新闻、电影和书籍的制作，特别是通讯社（参见第 3.1 节）和通讯员发布的即时新闻采集以及采编搜索。用于媒体内容和初步产品的交换以及印刷数据的传输等许多其

---

① 来源：https://de.statista.com/statistik/daten/studie/168620/umfrage/beschwerden-ueber-werbe-kampagnen-beim-werberat/[28.08.2017]。

他工作需要使用电信服务，尤其是电话和电子邮件或文件传输服务。

3.4.1 网络与服务

电信网络可理解为在（或多或少的）遥远空间距离上进行长距离通信的有组织的路径结构。信使和邮政服务正在使用电信网络进行存储介质（信件等）的物质运输，但该网络与用于旅行和运输的道路和路线系统在很大程度上是相同的。随着电报、电话和无线电等服务的发明，发展出与物质分离的电气和电子服务与无线电网络，以进行快速或是同步的远程交流。

电信网络对于第三媒介来说绝对是至关重要的：没有电信，广播和在线媒体根本无法想象，因为如果模拟或（越来越多的）数字形式的电磁信号无法沿着物理线路、地面无线电频率或通过卫星传输的话，那么生产和分发的功能也无法实现。

尽管电信网络的服务范围（传输的数据或编码字符类型）和性能（带宽）并非起因，但却是媒体进一步发展的重要基础。因此，电信网络的技术和组织及电信服务的制度化对于理解传媒体系具有一定的相关性，即使这里的重点是大众媒介，且我们也不系统性地处理个人和组织传播的结构。

电信网络基本上区别于两种结构：

交换网络通过线路网络将许多发送者和接收者相互连接起来，从而接收者可以随时成为发送者，这使得交流双方可以像电话一样角色互换。因此，信号必须在网络内进行交换，即交换中心是必要的，以确保信号（数据）到达正确的接收者（而不是所有网络参与者）。基于电话交换网络或遵循这一原则,所有电信或在线媒介都使用这种交换网络:个人用户可以使用他们的终端设备(客户端计算机)选择性地从网络中的其他计算机(服务器、主机)调用数据并与所有其他客户端取得联系;数据在没有介质中断的情况下双向传输。

另一方面,具有树状结构的分配网络用于将信号(数据)从发射器按级别分发到许多接收器或接收终端,典型的例子是有线电视网络。双向数据传输(反向通道)就算会发生,也只能在非常有限的范围内进行,并且只能发送给发送者,而不能发送给其他网络参与者。

电信网络可以有非常不同的物理结构:地面无线电网络(定向无线电、无线电、移动电话)和卫星网络一样,不需要任何物理线路;有线网络需要不同材料和带宽的电缆(即每单位时间可传输的数据量;千比特或兆比特/秒)。最后,在无线电和有线电信网络中,数据可以通过模拟或压缩(因而更有效的数字形式的)编码形式进行传输。

3.4.2 交换网络:从电话到互联网

经典电话网络(PLOTS = Plain Old Telephone Service)由双铜线("双绞线")组成,使用模拟信号操作。引入 ISDN(Integrated Services Digital Network,综合服务数字网络),尤其是通过各种 DSL 变体(Digital Subscriber Line,数字用户线),窄带电话网络才成为一个可以舒适使用在线媒体和加载运动图像的数据网络:取代了 56 kbit(带调制解调器的模拟网络)或 2×64 kbit(ISDN),1 到 50Mbit(VSDL)的带宽成为可能,也可以通过传统铜线连接数字本地交换机和用户之间的"最后一英里"(TAL=Teilnehmeranschlussleitung,

用户连接线路）。大部分长距离连接，特别是国内和国际主干线（骨干），不再使用铜导线，而是使用功能更强大的光缆（光纤）。将所有家庭和企业连接到光纤网络，以及更新所谓的"最后一英里"线路，需要大量投资。

对于通信政策方面重要，且出于平等和供给公正（福利国家的要求规范）的角度，联邦政府早在2008年就认为要通过"将所有公共通信网络（固定网络、地面网络、移动网络、卫星网络）扩展为用于广播、电信和互联网三网融合的数字宽带网络"，以"尽快实现宽带互联网的接近全区域覆盖"（BKM 2008，第29-30页）。由于这项"宽带倡议"需要300至5000亿欧元投资，德国反垄断委员会在2009年认为这些计划不切实际（参见Monopolkommission 2009, S.89-90）。事实上，德国的宽带连接数量可以增加约500万至3010万（2015年），但由于近80%使用基于铜线的DSL，所以只能建立400000个新的光纤接入（参见Monopolkommission 2015, S.14），到2016年只有791000户家庭实际使用光缆（参见Bernau和Ludwig 2016）。

互联网于1960年代在美国首次开发，现在展示出一个网络的全球网络：物理上完全不同的本地电信网络（局域网，LAN）、区域网络（城域网，MAN）和国家或大陆级别的广域网（WAN）在固定的数据编码和传输协议基础上进行互相联网。为此，全球的陆上和海底铜缆和光纤线路与无线电和卫星网络相结合。数据被捆绑成具有地址的数据包，路由服务器负责将所有数据包送到目的地。通过这种方式，线路可以同时用于许多并行传输（参见Beck2006，第7-11页）。

基于IP的互联网服务可以固定和移动使用，要么通过"通用设备"移动电话（智能手机），要么使用便携式计算机（笔记本电脑、上网

第三章　德国传媒体系的基础设施

本、平板电脑）。除了人际电信交流外，移动互联网也支持大众在线媒介，只要这些媒介适合移动设备的传输和显示标准，或者当无线局域网(W-LAN)和 WiFi 以及 WiMax（长距离微波频谱）与笔记本电脑和上网本显示器结合使用时，要有足够大的传输和显示容量。

基于互联网的数据流量的传输路径及其基础上的媒介和通信服务的主要供应商都有自己的高性能有线网络，这些网络构成互联网的"骨干"，即所谓的"骨干网络，Backbone"。他们运营、租用（"不对称互联，Transit"）或出租连接到全球数据网络的高性能光纤网络，并与类似的强大竞争对手协议互相免费转发（"对等互联，Peering"）。

大型国际骨干网络供应商包括跨国电信集团，如西班牙电信（O2、BASE）、沃达丰和德国电信。在第二个层面上，1&1（联合互联网）、亚马逊或欧洲主机（Host Europe）等公司为企业和私人客户提供他们服务器上的网站托管或其他产品、电子邮件服务、以及域管理和云计算等服务。下一个层面上，对互联网经济重要的是那些支持营销和交易的公司，即在电子商务中尽可能高效和安全地组织购买、预订和支付流程。在第四层级，对应的是许多向媒体用户或客户销售音乐、视频、游戏或其他产品的提供商，如奈飞（Netflix）、Maxdome 或 Spotify 等。德国互联网行业的总营业额估计约为 750 亿欧元（2015 年），其中中占比最大的是第三级的电子商务供应商和第一级的骨干网和网络运营商（430 亿欧元及 230 亿欧元）；而托管及传媒内容供应商为 30 至 40 亿欧元，占据份额明显较低（参见 eco 2015, S.2, 11）。

3.4.3 分配网络：地面、卫星和有线广播

广播的分发使用分发网络进行，一个发射器对接多个接收器。地面（即与地面绑定，相对于卫星）广播使用特定的频率范围（波长），具有不同的传播特性（参见第 4.4.2.5 节）：

长波和短波覆盖非常大的地理范围，而中波则是中等至大范围。然而，它们非常容易受到干扰，提供的音质在今天对于广播来说是难以接受的，且不适合电视。

在质量方面，超短波（超短波：30-300 MHz）最适合广播和电视。由于其范围有限，超短波通过高耸的信号塔或电视塔进行传送。

有线电视的树形网络需要线路支持，后者由模拟铜同轴电缆组成，可保证高带宽，但通常不具备反向信道能力。虽然德国地面和卫星电视广播已完成数字化，但无线电网络和有线广播还没有。有线电视网络的数字化已经开始，这些现代化的网络还可以提供更快的互联网接入和电话服务。广播和电信部门正在融合。

卫星广播也以电磁波为基础，这些电磁波由驻扎在空间轨道上的卫星发射器（转发器）辐射回地球，并借助相对较小的抛物面天线（"卫星碟形天线"）和接收器，令每个辐射区（波束，由于其椭圆形的轮廓也称为"传输瓣"）内的家庭都可以接收。

广播演播室产生的广播信号必须提供给所有地面发射机以及有线电视网络和地球静止轨道广播卫星的馈送站。定向无线电，即高频千兆赫范围内的点对点连接，用于引入这些节目信号（参见 Geretschläger 1983，第 63-66 页）。

3.4.4 电信和广播网络的组织：放松国家垄断

德国电信和广播网络的组织是特定发展路径的结果，国家以前对所有电信的垄断经过长时间才逐渐取消。与大多数欧洲国家一样，从德国引入电报和电话到 1990 年代自由化，电信一直处于国家垄断手中。

案例

在德国，首先是帝国邮政和电报管理局，其次是德国邮政（东德）和德国联邦邮局，最后是德国电信，依次成为公共电信结构的拥有者和运营者。它们都受到国家电信垄断企业的保护，被排除在竞争之外。一方面，这避免了重复平行建设和投资昂贵的基础设施，在国民经济方面显得有意义，被称为"自然垄断"。此外，全国范围内的全覆盖供应保证了一个可承受的价格。另一方面，缺乏竞争导致高价格和缺乏创新能力。在此背景下，自 1990 年代以来，在新自由主义的信号下，欧盟一直在推动欧洲内部市场的国家电信市场放松管制或自由化。德国电信转变为一家股份有限公司，并部分私有化（联邦政府仍持有总计 31.7% 的股份）。1996 年联邦电信法（TKG）[①]逐渐允许竞争。

西方盟国还赋予公共广播电台运营广播网络的权力，这样国家中央邮政管理局就不会再一次对广播产生太大影响。直到 1961 年联邦宪法法院的第一个广播判决之前，网络权限都在于自己经营电视广播的 ARD 机构手中。然而，德国联邦宪法法院（BVerfG）现在将这些技术运营能力授予给联邦政府作为电信主权的一部分，针对

[①] 电信法（TKG）共 85 页，还规范了客户和数据保护、电信保密、频率分配问题等等许多其他内容。

未来所有广播节目。自 1961 年以来,广播网络由国家邮政运营,从 1992 年起以电信的名义运营,但 ARD 网络除外;后者至今仍由广播机构运营。所有其他公法和私法广播节目均由媒体广播公司(Media Broadcast GmbH)进行地面广播,该公司事实上延续了德国联邦邮政的垄断:德国电信股份公司(DTAG)于 1994 年私有化,其广播业务最初交给其子公司 T 系统商业服务公司(T-Systems Business Services GmbH),后者又于 2007 年成立了子公司 T 系统传媒与广播公司(T-Systems Media&Broadcast)。这家公司于 2008 年作为媒体广播公司(Media Broadcast GmbH)被德国电信出售给了法国电视集团(Télédiffuson de France,简称 TDF)。

尽管德国联邦网络管理局(Bundesnetzagentur)可以将频率分配给相互竞争的发射机网络运营商,但它们都取决于信号塔的合适位置。技术和地形合适的地点和信号塔由德国电信的另一家子公司德国无线电塔有限公司(Deutsche Funkturm GmbH)所有。该公司运营着 23000 个用于微波、无线电和移动通信的天线站点,其中包括 500 个信号塔。Derutec GmbH & Co. KG 公司由私人广播公司于 2005 年创立,参与成员包括 RTL 德国电台,自 2014 年以来成为 UPLINK Network GmbH 的子公司,主营业务专注于发射机馈送(即从演播室到发射机的路径)以及通过互联网协议和超短波进行无线电广播。

德国联邦邮政已将电话网络和有线电视的垄断权移交给其(部分)私有化的合法继承人德国电信股份公司。直到今天,德国电信仍主导着固定网络市场,这不仅对电话,而且对互联网接入以及广播网络都是最重要的:

根据垄断委员会的数据,德国电信 2015 年的固网连接市场份额接近55%，五分之一的终端客户居住地区没有其他替代供应商。在宽带 DSL 连接方面，德国电信的份额近乎 42%（Monopolkommission 2015，第 3、8、14 页）。

事实证明，地面广播替代传输网络运营商的市场准入门槛非常高；电视数字化及未来的广播数字化几乎无法改变这点：约在十年前地区性成立的 数字电台有限公司（Digital Radio GmbH）隶属于媒体广播公司、ARD 广播公司和联邦州媒体管理局（参见 Roßnagel et al. 2010,p.13–34;Boeckelmann 2006, pp.162–176; www.derutec.de [09/21/2011]）。

目前适用的是 2004 年订立、2016 年修订的联邦电信法 (TKG)：一方面，为了确保公平竞争，鉴于前垄断者德国电信的强大起步地位；另一方面，继续保障在全面覆盖和非歧视性的服务供应（普遍服务）；根据联邦电信法 (第 116 条起及以下数条)，隶属于经济事务部长的联邦电力、天然气、电信网络局，邮政和铁路网络管理局（BNetzA）成为批准和监管机构。此外，该机构还负责控制价格，尤其是针对德国电信及不得不向它租用线路的竞争对手之间的关系。德国联邦网络管理局以此确保竞争者的非歧视性市场准入、不同网络之间的无故障交互（互操作性）以及为公民提供的普遍服务、事实上的简单窄带电话服务（TKG 第 78-87 等条目）。

有线和卫星广播网络的市场在结构上（也）是垄断的：

德意志联邦邮政总局——主要是由于电话业务的盈余和政治指示——自 1980 年代起，除了电话交换网络之外，还为有线电视建立了宽带电缆分配网络，其垄断也扩展到了该网络。只有所谓的网络第四层，即房屋或住宅小区内的分配，掌握在其他运营商手中，通常是住房协会。在放松管制和市场开放的过程中，德国电信作为合法继承者，将这些网络第三层的宽带有线网络划分为 9 个地区公司，并在 2000 年至 2003 年期间将其出售给卡贝尔德国（Kabel Deutschland）、Kabel BW 和统一媒体（Unitymedia）。一些较小的本地有线网络运营商（网络第四层）已在级别较高的网络第三层上保障了子网络，并通过保存卫星节目提供自己的服务。然而，在经济上具有优势的是尽可能扩大和关联电缆区域，因此，总存在合并的尝试，后者须获得联邦卡特尔办公室批准。这些网络中的数字电视和在线服务在德国主要由四家公司分发（2014 年市场份额为 93%）：卡贝尔德国（Kabel Deutschland，840 万户家庭）、Unity Kabel BW（巴登－符腾堡州、黑森州和北莱茵－威斯特法伦州约 710 万户家庭）、Tele Columbus（柏林和勃兰登堡州）和 Primacom（德国东部 130 万户家庭）。有线网络公司是国际电信集团的一部分：卡贝尔德国主要由沃达丰拥有，统一由美国所有者自由传媒（Liberty）和约翰·马龙（John Malone）拥有，Tele Columbus 和 Primacom 总部位于卢森堡（参见 KEK 2015，第 405 页）——当然也出于"优化税收"的原因。有线网络运营商在该分发渠道方面具有区域垄断地位，这对德国的广播具有战略意义，并且可能被 IP-TV（即互联网电视）所取代。

卫星广播市场由 SES 阿斯特拉有限公司（SES ASTRA S.A.）主导，其母公司是卢森堡世界市场领导者环球卫星公司（SES S.A.）。后者拥有 56 颗卫星，技术上可以覆盖全球 99% 的人口。三分之二的股份由私人投资者拥有，三分之一直接或间接属于卢森堡政府。在德国，阿斯特拉（ASTRA）公司通过位于东经 19.2° 的卫星直接或以有线馈电的方式向近 98% 的卫星家庭提供服务。除了 2500 个模拟和数字广播节目外，15 颗欧洲卫星还提供电信和互联网服务。在全球范围内，阿斯特拉卫星为全球 2.91 亿户家庭提供服务。位列第二的是欧洲通信卫星公司（Eutelsat S.A.），拥有 34 颗广播卫星 (直播卫星 DBS)，提供 5000 多个电视节目和 1000 个广播节目，技术覆盖范围达 150 多个国家的 2.04 亿户家庭。这种双头垄断中的市场份额分布无法被准确判断，因为使用"双馈"天线接收来自两个卫星系统的节目很常见；尽管如此，阿斯特拉显然是市场领导者。卫星广播的市场进入壁垒也非常高（参见 KEK 2015，第 398–400 页）。

3.4.5 网络融合与业务融合

网络的技术融合为媒体组织开辟了新的可能性。电信产业的组织结构也导致了广播和在线媒体的市场准入壁垒：谁掌握了技术网络，谁就对在其上传输的数据具有影响力，进而影响传媒产品，除非监管确保网络中立和公平竞争。

早前的电话和有线电视网络的数字化、带宽的拓展以及基于互联网协议的分组交换正在从事实上导致以前各自独立的电信和广播网络进行融合。这从组织上，尤其是经济方面，开辟了新的可能性：广播提供商可以提供电信和在线服务，反之亦然，因为所有这些服务都可以通过"三网融合"（广播、电信、在线媒体）而在同一个网络中完成，或者甚至接入移动网络成为"四网融合"也是可以实现的。

因此，价值链、行业和市场也在逐渐融合或"聚拢"。这可能会导致更多的竞争，但更可能被最大的供应商利用协同效应导致进一步整合或集中。在此背景下，电信监管和广播监管在不断融合，两者的协作和监管需求也日益增加。

当网络运营商成为服务提供商时，网络中立的制度将面临风险：对于中立的网络运营商来说，分发的服务没有区别；然而，在"自己的"网络中，要么只分发"自己的"媒体产品和服务，要么至少在竞争中优先突出它们，这就具有战略和经济意义。

因此，德国媒体集中化调查委员会（KEK）正在仔细观察，有线网络公司本身正在发展成为节目提供商和平台运营商，特别是在数字付费电视领域。这种垂直整合战略具有商业意义，但如果优先考虑自己的项目，它会使网络中立性面临风险。此外，有线网络运营商还可以影响节目设计，当他们——以更容易向终端客户推销作为理由——令馈入对他们的内容要求产生依赖（参见 KEK 2010，第 314–315、346–352 页）。

3.5 总结

新闻通讯社为德国传媒体系提供了重要的基础，特别是对国内和国际主题的新闻报道。新闻通讯社获取并选择消息，并且越来越多地也提供自己的现成文章。德语文本服务及图像、广播和电视服务的选择相对较多，大多数公共媒体的市场领导者和首选通讯社是德国新闻社（dpa）。与许多其他新闻通讯社一样，德新社有国际网络，由传媒企业合作拥有，因此它在组织上远离国家干预。

广告收入是大多数大众媒体商业模式的重要组成部分：编辑内容有接收者的积极需求，由接收而产生的关注和公众接触被媒体出售给广告业。作为中介参与者，广告和媒体代理机构在此过程中扮演了决定性的角色，因为他们在广告活动的框架下策划广告材料（平面广告、短片广告等），并根据策略考虑（覆盖范围、接触机会、广告费）选择媒体广告媒介。为此，媒体向广告代理提供媒体使用研究（媒体研究）的数据。媒体在整个广告市场的份额正在下降，媒体受到的影响尤其严重。代理市场高度集中，最大的三家加起来占行业销售额的一半左右。

尽管有不同的规范目标，但新闻业和公共关系是相互依赖的关系：组织和外部委托公关机构的新闻发言人、新闻稿和新闻发布会是新闻搜索的重要来源和联络点。德国媒体须应对资源非常丰富的公共关系，即使后者是在相当小范围内组织的。

电信网络对于媒体的技术传播（分发）和生产（制作）至关重要。这点尤其适用于通过地面发射机、有线网络和卫星以及新闻在线媒体（互联网）传播广播。基于传统的国家电信垄断，垄断和寡头垄断的结构在德国一直存在至今：电信和在线通信的交换网络掌握在少数国际公司手中，德国电信公司的市场份额略低于42%（DSL和固定电话连接）（垄断委员会2015年，第3页）。德国电信也主导着地面广播，有线电视则由区域垄断企业构成，而卫星广播则由两家国际提供商（阿斯特拉、欧洲通信卫星公司）主导。媒体服务的融合和电信网络的数字化引发了网络中立性问题，因为基础设施运营商（"电信公司"）越来越多地成为服务和媒体提供商。

基础的重要来源

Segbers (2007); Siegert und Brecheis (2010); Schweiger und Schrattenecker (2016); Szyska et al. (2009)

Jahrbücher des ZAW "Werbung in Deutschland 2016" ff.

法律

Berliner Pressegesetz: Berliner Pressegesetz vom 15. Juni 1965 (GVBl. S. 744); zuletzt geändert durch Aufhebungen sowie Neufassung durch Artikel 1 des Gesetzes vom 04.04.2016 (GVBl. S. 150).

Betriebsverfassungsgesetz: Betriebsverfassungsgesetz in der Fassung der Bekanntma-chung vom 25. September 2001 (BGBl. I S. 2518), das zuletzt durch Artikel 3 Abs. 4 des Gesetzes vom 20. April 2013 (BGBl. I S. 868) geändert worden ist.

Gesetz gegen Wettbewerbsbeschränkungen:Gesetz gegen Wettbewerbsbeschränkungen (GWB) in der Fassung der Bekanntmachung vom 15. Juli 2005 (BGBl. I 2005, S. 2114), zuletzt geändert durch Gesetz vom 26. Juli 2013 (BGBl. I 2013, S. 17503245), zuletzt geändert durch Artikel 1 des Gesetzes vom 17. Februar 2016 (BGBl. 2010, I S. 203).

Grundgesetz: Grundgesetz für die Bundesrepublik Deutschland in der im Bundesgesetz- blatt Teil III, Gliederungsnummer 100–1, veröffentlichten bereinigten Fassung, das zuletzt durch Artikel 1 des Gesetzes vom 23. Dezember 2014 (BGBl. I S. 2438) geändert worden ist; online unter: www.gesetze-im-internet.de/bundesrecht/gg/gesamt.pdf [09.08.2016].

Informationsfreiheitsgesetz: Informationsfreiheitsgesetz vom 5. September 2005 (BGBl. I S. 2722), zuletzt geändert durch Artikel 2 Absatz 6 des Gesetzes vom 07. August 2013 (BGBl. I S. 3154); online unter: www.gesetze-im-internet.de/bundesrecht/ ifg/gesamt.pdf [09.08.2016].

Jugendschutzgesetz: Jugendschutzgesetz (JuSchG) vom 23. Juli 2002 (BGBl. I S. 2730, 2003 I S. 476), zuletzt geändert durch Artikel 1 des

Gesetzes vom 03. März 2016 (BGBl. I S. 369); online unter: www.gesetze-im-internet.de/bundesrecht/juschg/ gesamt.pdf [09.08.2016].

Telekommunikationsgesetz: Telekommunikationsgesetz vom 22. Juni 2004 (BGBl. I S. 1190), das zuletzt durch Artikel 14 des Gesetzes vom 24. Mai 2016 (BGBl. I S. 1217) geändert worden ist; online unter: www.gesetze-im-internet.de/bundesrecht/ tkg_2004/gesamt.pdf [09.08.2016].

Unlauterer Wettbewerb-Gesetz (UWG): Gesetz gegen den unlauteren Wettbewerb in der Fassung der Bekanntmachung vom 3. März 2010 (BGBl. I S. 254), zuletzt geän- dert durch Artikel 4 des Gesetzes vom 17. Februar 2016 (BGBl. I S. 233); online unter: www.gesetze-im-internet.de/bundesrecht/uwg_2004/gesamt.pdf [09.08.2016].

Urheberrechtsgesetz: Urheberrechtsgesetz vom 9. September 1965 (BGBl. I S. 1273), das durch Artikel 7 des Gesetzes vom 04. April 2016 (BGBl. I S. 558) geändert wor- den ist; online unter: http://www.gesetze-im-internet.de/bundesrecht/urhg/gesamt.pdf [09.08.2016].

Urheberrechtswahrnehmungsgesetz: Urheberrechtswahrnehmungs-gesetz vom 9. Sep- tember 1965 (BGBl. I S. 1294), das zuletzt durch Artikel 218 der Verordnung vom 31. August 2015 (BGBl. I S. 1474) geändert worden ist; online unter: www.gema.de/ fileadmin/user_upload/Gema/Urheberrechtswahrnehmungsgesetz.pdf [09.08.2016].

文献

Beck, Klaus. 2006. Computervermittelte Kommunikation im Internet. München: Oldenbourg.

Bentele, Günter, Tobias Liebert, und Stefan Seeling. 1997. Von der

Determination zur Intereffikation.

Ein integriertes Modell zum Verhältnis von Public Relations und Journalismus. In Aktuelle Ent- stehung von Öffentlichkeit, Hrsg. Günter Bentele und Michael Haller, 225–250, Konstanz: UVK.

Bernau, V., und K. Ludwig. 2016. Breitband-Ausbau. Im Internet-Entwicklungsland. Süddeutsche Zeitung. http://sz.de/1.3212304. Zugegriffen: 20. Okt. 2016.

BKM Der Beauftragte der Bundesregierung für Kultur und Medien, Hrsg. 2008. Medien- und Kommunikationsbericht der Bundesregierung 2008. Berlin: BKM.

Böckelmann, Frank. 2006. Hörfunk in Deutschland. Rahmenbedingungen und Wettbewerbssituation. Berlin: Vistas.

Bund-Länder-Kommission. 2016. Bericht Bund-Länder-Kommission zur Medienkonvergenz. https://www.bundesregierung.de/Content/DE/_Anlagen/BKM/2016/2016-06-14-medienkonver- genz-bericht-blk.pdf? blob publicationFile&v 3. Zugegriffen: 14. Aug. 2017.

eco Verband der Internetwirtschaft e. V. 2015. Die deutsche Internetwirtschaft 2015–2019. o. O: Arthur D. Little.

epd. 2011a. dpa schließt 2010 mit „planmäßigem" Fehlbetrag ab. evangelischer pressedienstme- dien aktuell 2011 (122a): 1–2. (29.06.2011).

epd. 2011b. Deutsche Nachrichtenagenturen setzten 2010 rund 170 Mio. € um. evangelischer pres- sedienstmedien aktuell 2011 (171a): 2–3. (05.09.2011).

Geretschläger, Erich. 1983. Medientechnik I. Nonprint-Medien.

München: Ölschläger.

Goldhammer, Klaus, und Jana Lipovski. 2011. Markt der Nachrichtenagenturen in Deutschland und Europa. Kurzanalyse. Berlin: Goldmedia.

HBI. Hans-Bredow-Institut, Hrsg. 2017. Zur Entwicklung der Medien in Deutschland zwischen 2013 und 2016. Wissenschaftliches Gutachten zum Kommunikations- und Medienbericht der Bundesregierung. Hamburg: Hans-Bredow-Institut.

Holznagel, Bernd, Dieter Dörr, und Doris Hildebrand. 2008. Elektronische Medien. Entwicklung und Regulierungsbedarf. München: Vahlen.

KEK. 2010. Auf dem Weg zu einer medienübergreifenden Vielfaltssicherung. Bericht der Kom- mission zur Ermittlung der Konzentration imMedienbereich (KEK) über die Entwicklung der Konzentration und über Maßnahmen zur Sicherung der Meinungsvielfalt im privaten Rund- funk. Potsdam 2010. http://www.kek-online.de/Inhalte/mkbericht_4_gesamt.html. Zugegriffen: 18. Aug. 2011.

KEK. 2015. Von der Fernsehzentrierung zur Medienfokussierung – Anforderungen an eine zeit- gemäße Sicherheit medialer Meinungsvielfalt. Bericht der Kommission zur Ermittlung der Konzentration im Medienbereich (KEK) über die Entwicklung der Konzentration und über Maßnahmen zur Sicherung der Meinungsvielfalt im privaten Rundfunk. Leipzig 2015. http:// www.kek-online.de/fileadmin/Download_KEK/Informationen_Publikationen/KEK_Bericht_ ALM_Band_49.pdf

Zugegriffen: 06. Aug. 2016.

Leipziger, J.W., und R. Lempart. 1993. Die PR-Agentur als Mittler. In Öffentlichkeitsarbeit und Werbung. Instrumente, Strategien, Perspektiven, 4. Aufl, Hrsg. Gero Kalt, 145–148. Frankfurt a. M.: IMK.

Meier, Klaus. 2002. Ressort, Sparte, Team. Wahrnehmungsstrukturen und Redaktionsorganisation im Zeitungsjournalismus. Konstanz: UVK.

Monopolkommission. 2009. Telekommunikation 2009: Klaren Wettbewerbskurs halten. Sondergut- achten 56. o.O.:Bonn. www.monopolkommission.de/sg_56/s56.pdf. Zugegriffen: 21. Sept. 2011.

Monopolkommission 2015. Telekommunikation 2015: Märkte im Wandel. Sondergutachten 73.O.: Bonn. http://www.monopolkommission.de/images/PDF/SG/s73_volltext.pdf: Zugegriffen: 29. Aug. 2016.

Pürer, Heinz, und Johannes Raabe. 2007. Presse in Deutschland, 3., völlig überarb. u. erw. Aufl. Konstanz: UVK.

Rinsum, Helmut van. 2017. Übernahmestrategien internationaler Agentur-Netzwerke, Media Pers- pektiven 2017 (1), 26–35.

Röttger, Ulrike Hrsg. 2004. Theorien der Public Relations. Grundlagen und Perspektiven der PR- Forschung. Wiesbaden: Springer VS.

Roßnagel, Alexander, Thomas Kleist, und Alexander Scheuer. 2010. Wettbewerb beim Netzbetrieb Voraussetzung für eine lebendige Rundfunkentwicklung. Berlin: Vistas.

Schierl, Thomas. 2002. Der Werbeprozess aus organisationsorientierter Perspektive. In Die Gesell- schaft der Werbung, Hrsg. Herbert Willems, 429–443. Wiesbaden: Springer VS.

Schulte-Jaspers, Yasmin. 2013. Zukunft der Nachrichtenagenturen. Situation, Entwicklungen, Pro- gnose. Baden-Baden: Nomos.

Schulz, Winfried. 2009. Nachricht. In Fischer Lexikon Publizistik Massenkommunikation, Hrsg. Eli- sabeth Noelle-Neumann, Winfried Schulz, und Jürgen Wilke, 359–396. Frankfurt a. M.: Fischer.

Schweiger, Günter und Gertrud Schrattenecker. 2005a. Werbung. Eine Einführung, 6., neu überarb. Aufl. Stuttgart: Lucius & Lucius.

Schweiger, Günter und Gertrud Schrattenecker. 2005b. Werbung. Eine Einführung, 9. überarb. u. erw. Aufl. Stuttgart: Lucius & Lucius.

Segbers, Michael. 2007. Die Ware Nachricht. Wie Nachrichtenagenturen ticken. Konstanz: UVK.

Siegert, Gabriele, und Dieter Brecheis. 2005. Werbung in der Medien- und Informationsgesell- schaft. Eine kommunikationswissenschaftliche Einführung. Wiesbaden: VS.

Siegert, Gabriele, und Dieter Brecheis. 2010. Werbung in der Medien- und Informationsgesell- schaft. Eine kommunikationswissenschaftliche Einführung, 2. Aufl. Wiesbaden: Springer VS.

Szyska, Peter, Dagmar Schütte, und Katharina Urbahn. 2009. Public Relations in Deutschland. Eine empirische Studie zum Berufsfeld Öffentlichkeitsarbeit. Konstanz: UVK.

Ukrow, Jörg, und Mark D. Cole. 2017. Zur Transparenz von Mediaagenturen. Eine rechtswissen- schaftliche Untersuchung. Bonn: Friedrich-Ebert-Stiftung.

Wilke, Jürgen. 1999. Nachrichtenagenturen. In Mediengeschichte der

Bundesrepublik Deutsch- land, Hrsg. Jürgen Wilke, 469–488. Köln u. a.: Böhlau.

Wilke, Jürgen. 2007. Das Nachrichtenangebot der Nachrichtenagenturen im Vergleich. Publizistik 52 (3): 329–354.

ZAW (Zentralverband der deutschen Werbewirtschaft), Hrsg. 2011. Werbung in Deutschland 2011. Berlin: edition zaw.

ZAW (Zentralverband der deutschen Werbewirtschaft) Hrsg. 2016. Werbung in Deutschland 2016. Berlin: edition zaw.

ZAW (Zentralverband der deutschen Werbewirtschaft), Hrsg. 2017. Werbung in Deutschland 2011. Berlin: edition zaw.

Zurstiege, Guido. 2007. Werbeforschung. Konstanz: UVK.

第四章　大众媒体

在下面的章节中，我们将首先从符号学和技术角度来说明书籍这一最古老的大众传播媒体的特性：使用印刷机（现在也以数字格式）以技术方式大量生产和分发可复制的线性长文本是图书传播的标志性特征。从组织方面来看，图书业的结构与机能表现为：从作者开始，文本会经过一个分工合作的流程，由编辑进行选择并为出版做好准备，再由出版商提供资金支持及营销。继这种生产型书业之后我们将介绍分销型书业，其批发和零售体系在德国非常特殊，在世界上也是独一无二的。相关参与者的角色以及出版商的商业模式和战略以及图书市场的特殊结构将在此得到阐述。

我们还将对书籍传播的制度化作出详细分析，其中最值得注意的是规范和组织上的一系列特征，比如图书固定价格、全国范围内数量极多的书目供应、作为行业整合者存在的历史悠久的德国出版商和书商协会（Börsenverein des Deutschen Buchhandels，简称"书业协会"），以及许多其他的特点。

4.1 书籍

4.1.1 书籍作为基于技术的符号系统

在很长一段时间里,图书可以通过其物质性和技术性生产来定义。它是利用印刷机或打印机在物质载体(通常为纸张)上,按一定版本(数量、册数)以机械方式生产,具有一定的最小内容量[1],且被装订(或线装、胶合等)起来的印刷品(印刷媒体)。作为一个"线性长文本"(Dietrich Kerlen)[2],它使用图形符号系统,表现为文本形式(字母)或图像形式(图形、图表、照片等),或者两者的组合形式。

与报纸杂志不同,书籍不是一种周期性的媒体,也就是说,图书最初仅出版"一次",并且只有在获得成功的情况下,即根据需要(而不是事先确定的出版期限),以重印(再版)或者——有时经修改、订正、扩充、更新——新版的方式再度出版。每年出版一次(即定期)的年鉴、日历和年历属于难以界定的情况,但它们在其物质性上符合书籍的概念。

物质性的定义标准是由历史和当前的变化而决定:纸莎草或羊皮纸等也曾被用作符号的载体,而在印刷机,还有可移动的(亦即可重

---

[1] 联合国教科文组织将图书定义为"至少有49页(不包括封面与封底)的非期刊印刷出版物";参见 Schönstedt(1991,第9页)。内容较少的非定期印刷品可以被称为小册子,但它们最终也会受到这里所描述的相同的机构和组织条件的制约。对于实际上并未真正出版的小册子和传单,情况则不同。

[2] 图书学者 Kerlen(2006年,第282-285页)进一步区分了信息性长文本(专业文本)和表现性长文本,后者会激发读者的判断力、想象力和智力敏感性。

复使用的）字母排版被古腾堡发明之前，手抄法或是印模和木版印刷工艺被用来印刷这些符号。当前出现的在法律上具有重要意义的问题是①，数字化的书籍形态（CD、DVD、电子书）是否应被视为图书，或者说媒介物理性质的变化是否意味着"古腾堡星系的终结"。

4.1.2 图书行业的组织和制度化

4.1.2.1 行为主体及其服务

从传播学的角度来看，作为目标方的读者和作为来源方的作者是图书传播过程中的核心角色。然而，就像在所有形式的大众传播中一样，中介方参与了进来，他们作为行动者组织安排图书的传播，并承担了特定的、制度化的角色。如果不考虑自行出版，即作者自己出版并营销他们的图书，亦即他们既是来源方又是中介方这一例外情况，此处所述及的是一个复杂的中介传播过程，也就是说，组织化和制度化的传播过程。传统上来说，存在着生产型书业（参见 4.1.2.2 节）与分销型书业（4.1.2.3 节）的区别。在一个分工合作的过程中，编辑（有些情况下亦包括翻译和文学代理人）、出版商和书商共同协作，他们组织安排图书的传播过程，并在这个过程中形成特定的媒体结构，我们可以将其视为传媒体系的一部分在下面进行说明。从传媒经济学的角度来看，可以将图书传播简化描述为沿着平行于传播过程的价值链②进行的过程。

---

① 这里的主要问题是图书固定价格和减免至 7% 的营业税。
② Picot 和 Janello（2007 年，第 20–21 页）甚至开发了一个 14 个阶段的价值链，以分析图书传播因数字化和网络化而产生的潜在变化。

如果要对传媒体系进行分析，必须对行为者的角色及其具体行动和战略模式作出更详细的描述：

作者是书籍的知识创造者，因此是图书传播的来源方；他们只有在特殊情况才会下成为出版机构的一部分。通常，他们要么是"自由撰稿人"，要么是受雇于大学、研究机构和博物馆的非虚构作品和专业文本的作者，从事新闻写作或其他工作。尤其是自由撰稿人，必须全部或部分程度上依靠出版或演出（戏剧）的报酬以及其他形式的使用费来生活。出版商或以固定报酬，或以绩效报酬的形式支付费用，又或是两者结合的方式，但所谓的零报酬或负报酬也很常见：

固定报酬是指作者以一笔固定的费用将手稿的全部或部分（有地域或媒介限制的）使用权一次性出售给出版商。

在绩效报酬的情况下，销售收入的一部分会返回给作者，通常是净零售价——即书价减去营业税（减免至7%）——的5%至10%。

那些希望看到在经济上几乎没有成功可能性的稿件得以出版印刷的作者，或是拥有机构资助的学术和其他专业文本的作者（大学工作人员等），往往完全不收取任何费用（零报酬）。

通常，他们甚至要支付"印刷成本损失补贴"作为"负报酬"，或者承担出版风险，以使该书能够出版（参见 v.Lucius，2007年，第147-151页）。如果没有资助者支付这笔"负报酬"，出版发行计划就会失败。

还有一种替代方案，是将作品在没有出版商作为中介方的情况下免费出版，特别是对于学术作者而言。很多大学和其他学术机构已经逐渐开始在"在线开放存取"系统中提供出版物供免费下载。这些系统是否能提供良好的可查找性，尤其是能否确保出版物的持续可用性，

第四章 大众媒体

还有待观察。此外,这种模式还提出了一个问题,就是这样的在线出版物是否能为作者提供与出版社出版的作品相仿的声誉收益。

文学代理人多为出版社外部的服务提供者,他们受作者委托代理其国内,尤其是国际使用权(图书、电影、电视、电脑游戏等)。他们代表作者与感兴趣的出版商谈判磋商,例如,出版一本美国畅销书的德文版。然而这些不一定是已经完成的手稿,甚至是国外已经获得成功的出版物。对于文学作品来说,可以根据简短的摘要对尚未创作的作品授权进行拍卖。文学经纪人会收取约为合同金额的10%的佣金。他们坚持要求出版商或其他版权购买方向作者支付高额的预付款,以提高他们对于开发的兴趣,从而增加产品的营销力度。欧洲图书授权经销商的中心是苏黎世,最重要的市场是法兰克福书展。书探通常也不是出版社的长期雇员,他们代表出版社积极寻找作者和稿件,从而为出版社编辑的工作提供协助和补充。

对于获得德国或德语市场授权的外语稿件而言,除了学术专业文本以外,通常会聘请翻译人员,译员通常是外部的自由职业者或翻译机构和事务所的雇员。

编辑,尤其是女编辑,是图书行业的一大特点,其他印刷媒体中并不存在这样的形象,她们所做的工作也与报刊编辑不尽相同。在德国,编辑[①]主要是一些具备极高教育程度的女性;她们在作者和出版商之间起到沟通的中介作用。编辑的机构角色和职业形象如今已经发生改变,因为她们的工作职能常常类似于产品经理,不仅要对大众传播,还要对经济上的结果承担或多或少的责任(参见 v. Lucius,

---

① 进一步的细节请参见 Hömberg(2010)关于职业角色的代表性研究。

119

2007，第 93-96 页）。德国大约有 2300 名常雇编辑，他们的主要任务实际上是阅读（拉丁语：legere），按照现在的发展趋势则会成为产品经理[①]。他们向作者约稿获得稿件（采购任务），并审查和评估那些收到的主动投稿。在好的出版社里，编辑会从形式、语言，以及必要时从教育意义和内容方面修改和编辑稿件。作为"写作型编辑"，他们也亲自撰写非虚构文本，例如教科书、百科全书、旅行指南等，因此是事实上的受薪作者（参见 v. Lucius，2007，第 99-100 页）。

出版商在图书传播中起着关键作用，用作家阿尔弗雷德·德布林的话来说，可以这样描述：

"出版商一只眼睛瞄着作家，另一只眼睛瞟向公众。而第三只眼睛，就是那智慧之眼，却全神贯注地盯着钱包。"[②]

如今，这一中介作用在绝大多数情况下由出版社作为"生产型书业"企业以分工的形式完成。

图书出版社主要可以根据经济（公司规模、营业额、图书印数、目标群体）、法律（企业形式）和书目学标准（高雅文学、专业书籍、非虚构作品，但也包括日历、乐谱、笔记本、艺术书籍等）进行分类（参见 Stiehl，1980，第 36-38 页）。

书籍的女性读者和（事实上经济意义较低的）男性读者不仅会产生知识上或情感上对于书籍的"非物质"需求，而且还会产生超出公共图书馆和私人"相互借阅"之外，对于书籍有购买力的需求。尽

[①] 参见 Hömberg（2010，第 206-209 页），以及对产品经理特征的评论：Kerlen（2006，第 72-73 页）。
[②] 阿尔弗雷德·德布林（1878-1957）；引文来自《小论文集》第一卷，1985，Olten and Freiburg: Walter 出版社，Schönstedt（1991）引用了这段话。与此相反，Kerlen（2006，第 293 页）则主要强调了出版商作为信息社会辅导者和文化记忆保护者的社会角色。

管休闲方式成倍地增加，但读书仍然是德国人最喜欢的活动之一，虽然其频率略有下降：在大型新闻出版社所做的一项消费者分析中，18.8%的人表示自己"经常"看书，另有27.5%的人"偶尔"看书，25.2%的人承认自己"从不"看书。虽然不读书的人越来越多（约占人口的四分之一），但在休闲活动的受欢迎程度排行榜上，读书仍在51项被提及的活动中排名第14位（参见书业协会2017，第32-34页）。在德国，每日平均阅读时间为19分钟；35%的德国人每天都会读书（参见书业协会，2016，第37页；Engel和Breunig，2015，第312页）[1]。男性和女性之间，还有在不同的社会环境下，人们的阅读时间和频率以及内容偏好差异很大（参见Engel和Mai，2015）。几乎三分之二的女性和大约一半的男性每年至少买一次书，且该需求随着教育水平和家庭收入的提高显著增加[2]。

4.1.2.2 生产型书业

书籍传播中价值创造的核心部分是以企业的形式组织起来的。作为商业企业，德国一万五千家图书出版社中的大中型出版社协调着重要的参与者和他们提供的服务。按照商业组织的逻辑，价值创造过程必须以有效且高效的方式在时间层面和社会层面进行协调。出版的核心任务包括产品开发和制造、市场和销售、以及业绩核验和结算。这些服务可以由出版公司内部提供，或者至少部分由外部供应商和合作

---

[1] 这些数据来自ARD/ZDF关于大众传播的长期研究，代表14岁及以上人群；午夜12点之后的媒体和书籍使用情况没有被列入。

[2] 关于被访者所受的正规教育程度，2015年的情况如下（购书者在人群中占比）：初级中学41%，中学61%，高中毕业/大学78%；关于家庭净收入的情况如下：低于1000欧元：47%；3000欧元以上：68%；数据来自Allensbacher市场分析及广告传媒分析（AWA）2015，由书业协会引用（2016，第36页）。

伙伴提供[①]。

图书业务是有风险的，因为无法确定一本书在读者或买家那里能否获得成功，因此很难作出预测，但是出版商却必须提前投资：出版商需要预付投资，也就是说他们要出钱垫付，这就是他们被称为出版商（Verlag）的原因。（译注：此处使用的动词 verlegen 既有"出版"的意思，也有"垫付"的意思，该动词的名词形式即为 Verlag，出版社/出版商。）以印刷成册、可能需要几年时间慢慢销售（甚至根本卖不掉）的书籍形式占用的资本，以及因而进一步产生的仓储成本，已经成为出版社的一个核心问题。对于学术出版社来说，他们的书目"转化"销售的速度比平装畅销书慢得多，可能会有高达 40% 的营运资金被绑定在这些书上（参见 v. Lucius 2007，第 113 页）。

在出版业中，有望通过出版计划的制度化来降低风险，通过那些销售表现强劲的畅销书或是那些有利可图的书籍来共同资助其他书目（混合计算）。如果期刊能以其定期的销售和利润流为图书提供基础的资金支持，那么图书出版社和（专业）期刊出版社的联合在经济上就是有益的。出版品种的构成是计划策略的目标，它将所谓的再版书目，即已经在市场上站稳脚跟并能够稳定销售的书目，与风险较大的新出版物（新书，novas）和新版本区分开来（参见 v. Lucius 2007，第 73-85 页）。出版计划在很大程度上代表的是一个出版社在内容、文学、学术或政治上的形象。因此，传统出版社的机构角色不仅单纯体现在经济方面，也体现在大众传播和文化方面。

---

① 本概览受篇幅所限，无法深入地探讨商业细节；我们的讨论将限于图书出版区别于其他企业的一些典型特征。关于图书管理的详细情况可以参见 Wirtz（2006，第 207-252 页，第 4 章）。

出版社的另一个"调节螺栓"是印数的确定，因为这最终决定了资金被占用的程度和存储成本。由于制版和印刷的数字化，当下的趋势是每版只印较少的印数，因为现在可以在必要时快速重新印刷，且无需高昂的初始成本。这一直发展到了"按需印制"，即在收到订单后以数字方式印刷一册，然后装订或胶装（参见 v. Lucius，2007，第165-170页）。出版核算[1]和定价策略也能更好地掌握在出版商手中，这样一来，他们就可以更好地利用书的特殊货物性质。书籍的用处主要在于其非物质内容；出版社所取得的通常是全部或至少是典型的出版开发权，现在他们可以提供各种不同物质产品（版本）：胶装的平装版本、亚麻装订的硬皮精装版和皮革装订的，必要时还有限量版装饰的版本，不同版本间价格差距极大。媒体的数字化也开启了在网络上有偿售卖书籍中单独某个章节或整本书的可能，这种售卖可以是通过统一收费发放许可（大学的校园许可、律师事务所的公司许可或个人许可），也可以是单独销售（按观看次数付费或按印刷次数付费）。可以按照时间设置出版顺序，在能够负担昂贵版本的购买力被收割后（所谓的窗口期），再提供廉价的平装版本。此外，还可以对非物质的图书内容进行进一步的物质开发：有声读物、电影或电视版权等。由于价值链上几乎所有的阶段都发生了数字化，图书出版业也出现了一种青睐平台中立内容的趋势，这种内容以数字形式存在，并在不同材料的载体上或分销渠道中得到利用（另参见 Wilking，2009，第28、40页）。

在图书出版行业中，可以区分出各种不同的商业模式和出版社

---

[1] 参见 Kerlen（2006）、Mundhenke 和 Teuber（2002）以及 Heinold（2009，第134页）等关于成本系统学的经典著作。

类型：

• 文学和大多数学术出版社都是作者型出版社，因为它们依靠外部作者（作家、学者）来提供稿件，出版社只能在有限的范围内计划和控制这些作者的创作。

• 与之相反，专业书籍和非虚构类书籍出版社可以自己委派编辑和审校人员，并委托他们按照一定的期限和规格编写教科书、百科全书、指南、字典等的手稿。这种编辑型出版社可以更好地计划和控制操作流程。

• 近几年来，主题和目标群体型出版社十分流行，它们的出版计划非常注重内容的专业性，例如某个知识（科学）领域，或是某些目标群体（旅行、葡萄酒爱好者和业余厨师、动物爱好者，但也包括政治和意识形态团体）（参见 v.Lucius，2007，第 84-89 页）。

• 原版和授权型出版社专注于以文学作品为主的书籍的首次出版，并在国际上开展业务：他们在盎格鲁－撒克逊主导的全球市场上为德国购买版权，并将翻译这些作品，使它们得以在本地出版。因此，对这种类型的出版社来说，外部"供应商"，即作者、书探、代理人和翻译人员就非常重要了。

• 代销型出版社主要是受承担全部财务风险的第三方委托，充当其销售上的合作伙伴，因为其销售的书籍只以代销方式收取佣金。充当"佣金提供者"的是对于出版有浓厚兴趣，并有能力为此提供资金的学术机构或其他组织，但它们本身并不具备图书发行的核心能力。

不同的图书出版社会采用不同的企业战略（参见 Kerlen 2006，第 227-238 页；v. Lucius 2007，第 75 页）。资金雄厚的大型出版社通常会争取市场领导地位，而较小的出版社则致力于占据特定主题或目标群体导向的利基市场（利基战略），或是专注于明确的新鲜事物导向（创新战略）。如果认为市场足够大，成功的图书产品和创意也会被一些出版社复制（模仿战略）。最后，中小型出版社也可以合作（合作战略），以相互弥补彼此的弱点。其中一个例子是来自三个国家的16家学术出版社在知名发行品牌"UTB"下的合作。

为了有效地组织出版社内部的价值创造过程，降低决策和协调的成本（交易成本），各家出版社都形成了稳定的内部结构，这些结构因出版社而异：基本上，图书出版社可以按照职能领域（生产、销售、审计和会计、人力资源等）、按照产品类别（如出版计划）或按照不同市场（在大型出版社内，按照国家）进行划分。传统的组织结构今天在小型出版社中仍然很常见，它将制订计划的责任留给了出版社管理层，而编辑则负责各个书目、作者或专题。

决策和协调的核心机构是出版会议，"在出版会议上，所有部门的负责人与管理层一起制定计划、选定合适的产品设计、定价、销售渠道、广告措施等"（v.Lucius，2007，第179页）。

图书出版商的核心业务和核心竞争力在于图书印刷前后的阶段。除了编辑部的版权购买、作者支持和产品开发外，还必须理清合同和版权问题（与作者，但也会与第三方，比如图片版权），并在企业管理方面提供规划与管理服务。因此，除了一个著名的品牌（出版社的名字、丛书的名称）之外，图书出版社的核心资产还包括员工的人际网络，特别是在版权购买方面，所以，它也被认为是在编辑部具有核心地位（参见 Wirtz，2006，第 226–227 页）。

反之，大多数出版社都会将技术制作外包出去。尤其是印刷和装订，有时也适用于图片设计，对于专业文献来说，甚至印刷版样的技术制作也是一样，都是由作者自己在电脑上完成的。手稿和付印稿样的交换几乎完全数字化，并且通常在网上进行。在许多情况下，作者已经提供了可由出版社做进一步处理的文件，而印刷厂则可以提取出版社的这些印刷文件用于制作印刷版式（平版印刷）或直接以数字形式印刷。技术性的生产成本和书籍的物质材料价值只占零售价的8%至15%，而大部分成本发生在前端和后端，即在市场营销和销售方面。以收入来衡量的话，生产成本（包括印刷成本）约为25%，人力成本为23%；作者的稿酬平均占到12%[1]。以零售价来衡量，贸易利润，也就是出版社在图书生意上的回扣，达到了40%（参见Wirtz，2006，第229页）。

除了在所有经济部门中都可以遇到的营销策略和手段之外，图书本身的特点也会影响其销售。作为媒体，它们属于经验和信任商品的范畴，也就是说，人们只有在阅读（因此通常是：购买）之后才能判断这本书是否值得购买。为了最大限度地减少这种风险，许多潜在的买家都会求助于可信赖的熟人和朋友的评论及推荐。对于出版社（和书店）来说，这意味着，除了广告，他们还必须进行产品公关，并且通过向适合和重要的评论者赠送免费样书的方式，来确保会有（尽可能正面的）书评刊登在其他媒体上。文学批评的社会制度，至少在其作为评论系统的缩略形式中，是可以被利用在这里的，对此，除了出版的保护期之外，还有一个规则，即不得转售为评论而赠送的样书。通过向信息传播者和意见领袖发放免费的"赠书或测评样书"，可以获得与评论类似的效果，特别是对于专业和科学文献来说。与广告宣

---

[1] 所有的数据采用的都是2013年的数据，来自书业协会的所谓"快速调查"；参见www.boersenblatt.net/artikel-schnellumfrage_des_boersenvereins.1017194.html [21.12.2016]。

传的效应相比，出版商所用书籍的物质价值可以说是微不足道的（参见 v. Lucius 2007，第 221，242-243 页）。早在通常所说的社交网络和其他用于推荐已上市或未上市图书的在线产品建立之前，"畅销书排行榜"就已经按照所谓"群体智慧"的逻辑建立了起来。事实上，许多图书消费者可以通过这种方式，即依照这些在方法论上偶尔有些成问题的排行榜[①]或者（或多或少具备些知名度的）"处于同等位置上的人"的推荐做出购买决定，来降低他们的交易成本（参见 Braun 2009，第 277 页）。在德国，《明镜周刊》的畅销书排行榜可能会对图书市场造成相当大的影响，因为市场上有限的购买力需求最终只会积聚在每年出版的 9 万种新书中的少数几种上面，从而助长了书目的集中化。

4.1.2.3 分销型书业

一般来说，图书贸易并非直接在出版社和最终客户（读者）之间进行（除了"出版社开的书店"之外），而是在一个由图书分销贸易和图书中间贸易组成的分级程序中进行。除了非常小和非常大的出版社以外，各家出版社不再自己做书籍发行，而是在德国 40 多家出版发行公司中委托一家，每家发行公司要为 60 至 200 家出版社处理发行工作，因此工作成本十分低廉。德国出版行业大约 90% 的营业额是由这样的外部服务供应商中的 12 家完成的（参见 v. Lucius 2014，第 192 页）。在德国，特别是五家综合批发商（如 KNV、Libri、Umbreit）和大约十家专业图书批发公司（德语 Barsortimenter，直译

[①] 除了代表性的问题，还有调查时机是否合适的问题；最为有效的调查可能是那些在商店结账时或在所有分销渠道中自动进行的调查；参见 v.Lucius（2007，第 243 页）。

为"现金分销商"[①])作为批发商和中间商起到了非常重要的作用。书店从他们那里订购来自 4000 多家出版社的多达 50 万种图书,这些书可在一夜之间交付——供应效率只有药店可以与之媲美。这减轻了仓储和资本占用方面的负担,考虑到德国图书市场上的书目数量之多,这样做对于小型书店来说尤其具有生死攸关的意义。超过 90% 的订购书目存储在图书批发公司的仓库中(参见 Bez,2010,第 7 页)。由于图书批发公司拥有高度的重要性和购买力(占出版社营业额的 20% 以上),出版社不得不给予他们高额的交易折扣。此外,图书批发公司有着出色的市场数据,能够针对特定主题和书店类型制定标准化的图书套餐。这种商业模式可以最大限度地降低书店的销售风险,但往往会有导致产品标准化的倾向,还会引起小出版社或无名作者出版和经济机会的恶化(参见 v. Lucius 2007,第 197–198 页)。

4.1.3 图书市场和组织环境

4.1.3.1 媒体监管:图书业的规范基础

在德国,生产型和分销型图书产业享有特殊的规范地位,这体现为一系列特殊的法律规定和特权,以及以德国出版商和书商协会为中心建立的历史悠久的机构网络。

对于德意志联邦共和国的所有新闻媒体而言,《基本法》(即德国宪法,简称 GG)第五条是最重要的法律依据,因为该法条禁止了国家的预先审查,并指明了"文字与图像"(也就是书籍印刷的符

---

① 这个词可以追溯到 19 世纪中期出现的大型图书中间商,他们向零售商出售图书时只收现金。

第四章 大众媒体

号系统）受到基本的言论和传播自由等的保障，同时在未成年人保护、个人名誉权和一般法律规定的方面受到限制[1]。与所有其他媒体一样，图书行业在行使其基本权利时也受到法律限制——首当其冲的就是《刑法典》，其中侮辱罪、对暴力和色情的描述与图书业尤为相关[2]。青少年有害媒体联邦审查处（BPJM）也可以根据青少年保护机构的要求将书籍列入禁书目录，即把这些作品列入限制发行和广告的书目列表中。这些书籍将不得出售给未成年人。经由法院判决，书籍也可以被"没收"（《刑法》第74d条）、扣押，并禁止其传播。这类相对较少执行的程序的细节，是在16个联邦州的层级上由各州的新闻出版法来规定的，其本质几乎相同[3]。除了这些各州的法律之外，主要由联邦法律对图书部门进行监管：在图书市场的宏观层面上，与期刊出版社一样，适用《反限制竞争法》（GWB）的一项特别规定：对于书籍和新闻出版企业的并购来说，若其年度营业额的总和高于1250万欧元，即需要申请许可，而其他所有公司并购的门槛为2.5亿欧元。这样做是考虑了图书作为商品和文化资产的双重特性，目的是通过维护供应方的多样性来为内容和形式的多样性创造和保持结构上的先决条件。为了"保护书籍这种文化资产"，图书出版业还享有另一项特殊规定：2002年的《图书固定价格法》（BuchPrG）（2016年

---

[1] v.Lucius (2007，第25页) 还提到了宪法第18条，它规定了联邦宪法法院可以决定是否剥夺这些基本权利。

[2] 此外还包括：诽谤和侮辱本国及外国政府及其象征与机构、泄露国家机密、教唆刑事犯罪，煽动民众和煽动战争；参见第2.4节。

[3] 这里所指的不仅是指期刊，也包括其他"印刷品"。除书籍外，还包括声音和图像载体以及乐谱等。

129

7月31日版本）[①]。该法规定了贩卖书籍时只能按照出版商（或进口商）规定的价格将图书和电子书出售给终端顾客。固定价格的有效期至少为18个月，并会在《德国书业周刊》（Börsenblatt des Deutschen Buchhandels）上公布，必要的话，之后会公告取消。通过这种方式，也可以保护大量的小型书店免受大型供应商的竞争，从而在德国全国范围内保证了书籍作为一种文化资产的供应。这也是图书在营业税上享有的特权待遇的目的及合法性，图书的营业税仅为7%（而不是当前规定的19%），目的是使购买书籍更加便宜。

在图书行业中，版权和使用权也受到法律约束。根据德国法律（著作权法，UrhG），著作权——在图书领域即作者的著作权——随作品的创作自动产生，在作者死后70年内有效且不能转让。作者在法律上有权获得"合理的报酬"，可以将其作品的使用权出售，特别是出售给图书出版商，后者可以在需要的情况下转售。依照该法律，这些权利包括：复制和发行（即"典型的"图书业务），开放供公众阅读（对于与图书馆和在线阅读来说尤为重要），演出权（特别是对戏剧作者来说）以及在其他媒体上的使用（电影改编、广播放送等）。出版合同规定了具体有哪些权利，在多长时间、哪个地区内，以什么价格被转让。此外，印数、稿件性质（内容、范围、格式）和交稿日期、零售价格，以及翻译和授权权限等也可以用合同的形式规定下来。

大约3000名作家和1000多名翻译加入了德国作家协会（Verband

[①] 由于欧盟法律的原因，这项联邦法律已经取代了所谓的"价格维护集体协议"系统，成为行业内部的条约性自律规范。全文见 http://www.preisbindungsgesetz.de/content/gesetze/1009-preisbindungsgesetz-deutschland.htm [12.05.2011]。固定价格也适用于电子书，当然出版商可以为电子书设定与纸质版不同的价格。

deutscher Schriftsteller，VS），该协会成立于 1969 年，现在是服务行业工会 ver.di 的一部分。作家协会在文化政策和版权问题上是作家和翻译家的代表[1]。此外，该协会在 1978 年与德国出版商和书商协会共同协商，首次制定了出版合同的标准合同，旨在公平规范双方的利益，该标准合同最近一次修订是在 1999 年[2]。对于学术书籍和期刊作者而言，德国高校联合会（DHV）作为一个利益集团，与书业协会签订了一份合同范本协议。在这里，机构监管的传统甚至可以追溯到 1929 年[3]。作者与出版商之间的出版合同中没有规定的内容，自动遵循可追溯到 1901 年的《出版法》中的规定（《出版权法》，2002 年 3 月 22 日版本）[4]。此外，作者和出版商还可以从图书行业以外的开发利用中获得分成，这些分成由版权管理协会以信托的方式征收并给付。文字作品版权管理协会（VG Wort）[5]作为一个协会，目前有约 180000 名作者和 8000 家出版商为成员（VG Wort 2015，第 6 页），根据《著作权法》，该协会有权与各种使用者——例如图书馆、学校和大学——以及复印机和扫描仪制造商（通过其行业协会 BITKOM）签订独家协议，并将收益分配给作者、译者和出版商。截至当前，分配规则是作者获得 70%，出版商获得 30%，如果是学术作品和翻译作品，两方都获得 50%（相当于 VG Wort 收到的款项在扣除其自身

---

[1] 关于该组织及其政策的更多信息参见：http://vs.verdi.de/ [12.05.2010]。
[2] 关于该《标准合同》参见http://www.boersenverein.de/sixcms/media.php/976/Autorenn-ormvertrag.pdf [12.05.2010]。
[3] 关于DHV，参见http://www.hochschulverband.de/cms1/；关于该协议和合同，参见http://www.boersenverein.de/sixcms/media.php/976/wiss_vertragsnormen.pdf [12.05.2010]。
[4] 全文参见 http://www.gesetze-im-internet.de/bundesrecht/verlg/gesamt.pdf [12.05.2010]。
[5] 其章程、分配方式、执行委员会的最新报告等可访问以下网页阅读：www.vgwort.de [12.05.2011]。

行政费用和向行业社会机构缴纳的 8% 后所余的份额）。2015 年，以这种方式分配的总金额超过 8000 万欧元，其中内容复制的酬金占收入的一半以上，广播和电视的使用权总计近 1600 万欧元，"图书馆版税"不到 1100 万欧元（参见 VG Wort 2015，第 7、9-10 页）。根据联邦法院 2016 年 4 月 21 日的一项裁决[①]，出版商取得的份额被归为非法，且追溯至 2012 年，并由 VG Wort 提出相应的归还要求。德国出版商和书商协会支付了近 1 亿欧元，因此它担心小型出版商的偿付能力或生存状况（参见书业协会 2016, 第 6 页）。

图像艺术版权管理协会（VG Bild-Kunst）也同样会收取图书馆版税、设备使用付费和图书内容复制费，该协会还负责管理包括摄影和图书插画在内的美术作品的复制权。VG Bild-Kunst 将收益分配给图像作者和图像代理公司以及出版商[②]。这两个版权管理协会的法律基础是《著作权法》和《版权管理法》（UrhWahrnG，2015 年 8 月 31 日版本）。

通过实际使用或事先注册（在《书业周刊》上刊登标题保护广告）的方式，可以确保出版社享有商标法所保障的图书或系列图书的标题权，从而保护其免受竞争者模仿的影响。

《著作权法》不仅管理出版物的经济利益，还管理着出版物的精神权利，因为《著作权法》保护作品免遭未经授权的改编和伪造（著作人格权）（参见 v.Lucius 2007，第 337-364 页）。

1825 年在莱比锡成立的"德国出版商和书商协会"（Börsenverein

---

① 判决 Az.I ZR 198/13 的内容和 VG Wort 新的分配方式见：http://www.vgwort.de/fileadmin/pdf/verteilungsplan/Korrektur-Verteilungsplan_der_VG_WORT_2012-2016.pdf [21.12.2016].
② 有关该组织和其分配方式的信息参见：http://www.bildkunst.de/ [12.05.2010].

des Deutschen Buchhandels）[①]是一个重要的社团法人机构，拥有 4809 个处于产业链不同位置的成员，包括 1745 家出版社和 3000 余家图书销售公司。它不仅在行业内作为一个自律机构平衡价值链不同阶段的参与者的利益，而且还在行业外部作为一个游说组织发挥着媒体和形象政策方面的作用：它在诸如图书固定价格和版权等重要问题上代表了行业利益；它还借助各种图书奖项（自 1951 年起设立的"德国书业和平奖"，自 2005 年起设立的"德国图书奖"）在文化和政治生活中起到了卓有成效的宣传作用。自 1959 年以来，书业协会资助了一项阅读竞赛，以促进学校内的阅读。行业内的交流则主要是由《德国书业周刊》、《可交付图书目录》（VLB）、《德语书业通讯录》和许许多多的会议，包括十个州级协会的会议来推动的（参见书业协会，2010，第 32，99-100 页）。面向客户的杂志《图书杂志》也是由书业协会出版的。

图书业的重要机构还包括由书业协会及其商业子公司——图书展览和交易会有限公司）所支持的，历史悠久的法兰克福和莱比锡书展：法兰克福书展成立于德国分裂期间，具有极高的国际关注度，2015 年 10 月召开的法兰克福书展共吸引了约 27.5 万名参观者和超过 7300 家出版公司参加。书展上还设有"文学代理人和书探中心（LitAG）"，超过 500 名文学代理人和书探在此交易版权许可。传统更为悠久的莱比锡书展则在东德时期也一直都持续举办，2016 年春季，有 25 万人前来参观，现在，莱比锡书展是一个主要面向公众的广受喜爱的展会（参见莱比锡书展，2016，第 5 页）。

[①] Stiehl（1980 年，第 54 页）指出，该协会全称中 Börse 这个词（意为"交易所"）源于莱比锡书展的一个交易结算所。

除了法律规定以外，图书行业还自行制定了一套由三条守则组成的行业规则，旨在规范各个参与者的行为，从而最终能够在各方存在利益冲突的情况下节省交易成本：《图书贸易流通规则》[1]主要对折扣、价格变动、未售出或不再受固定价格限制的图书的退货权（包退）、认购价格、损坏或有缺陷的图书的处理、发货和开具发票作出了规定——在没有另行签署合同作出约定的情况下。《书业协会竞争守则》处理的是书店业和出版商之间的关系，有时候，出版商也会充当书商的角色（尤其是在邮购业务中）。而更为原则性的一项规定则是《图书业行为准则》[2]，它是整个图书行业及其所有分支（出版商、图书贸易中间商、零售书店等）的"行业指南"。

由于几个世纪以来，书籍在德国一向被视为文化资产，因此，自1913年以来，在出版商方面就存在着一项样书义务交付的规定，该规定已用法律形式明确了下来（2006年6月22日的《德国国家图书馆法》[3]以及《媒体作品义务交付条例》）。作为对德国国家图书馆编纂《德国国家图书目录》的回报，出版社必须在不报销费用的情况下，向德国国家图书馆在莱比锡和法兰克福的两个馆各交付一本样书——该图书目录是几乎所有图书馆和学术界的一项重要工作基础（参见 v. Lucius 2007, 第 380 页）。

---

[1] 最新版本更新于 2006 年 11 月，参见 http://www.boersenverein.de/sixcms/media.php/976/Verkehrsordnung_Buchhandel.pdf [12.05.2011].

[2] 参见 1985 年"专栏文件"原文：http://www.boersenverein.de/sixcms/media.php/976/Spartenpapier_neu.pdfs 以及 2007 年所谓的基础文件（http://www.boersenver-ein.de/sixcms/media.php/976/Grundlagenpapier_2007.pdf）[12.05.2010].

[3] 最新修订于 2009 年；参见 http://www.gesetze-im-internet.de/bundesrecht/dnbg/gesamt.pdf.

4.1.3.2 市场结构与市场准入壁垒

不同于期刊或私营广播电视,广告市场对于图书来说几乎没有什么重要性;人们充其量只能在少数几本图书中看到赞助商的广告或自我宣传。向其他媒体售卖使用版权和附属权利的业务范围也很有限,仅占总收入的2%,对于大多数出版商来说是微不足道的(参见Wirtz,2013,第279页)。因此,图书能否在公众市场上取得成功至关重要。与德国传统上对图书作为教育和文化资产的高度重视形成鲜明对比的是,图书业的对于宏观经济的重要性不高:2016年,其总销售额为近93亿欧元(书业协会,2017,第5页),整个行业的"图书销售业务体量"明显低于某些单一食品产业链的销售额。在过去的15年里,出版社的员工数量急剧下降,总共减少了55000人,现在还有110000人[①];另外,书店业中还有28900个工作岗位。销售回报率约为3%至5%(参见Wirtz,2006,第230页;v.Lucius,2007,第45页),但差异非常大。从出版社方面来看,市场分散程度非常高,有些个体出版商或小型出版社甚至是作为副业在运营。市场准入壁垒相对较低(v.Lucius,2007,第46页)。

---

① 包括报纸和杂志出版社;参见书业协会(2016,第122-123页)。

表 4.1 德国十大图书出版商的销售额及所占份额。（来源：根据书业协会（2016）和图书报告自行计算。德国 2015 年营业额排名前 20 的出版社，在线网址：https://de.statista.com/statistik/daten/ studie/157647/umfrage/die-zehn-groessten-verlage-in-deutschland-nach-umsatz-im-jahr-2009/ [21.12.2016]）

排名	出版社	2015年销售额（百万欧元）	累计份额[a]
1	施普林格·自然出版社	510.2	9.4
2	兰登书屋	329	15.4
3	韦斯特曼出版集团	300	20.1
4	克莱特出版集团	283.8	26.2
5	科内尔森教育集团	260	30.9
6	豪夫出版社	255.8	35.7
7	威科德国	216	39.7
8	Weka 出版社	179	42.9
9	C.H. 贝克出版社	171.8	46.1
10	蒂墨出版集团	148.5	48.9

[a] 占 2015 年全德图书出版社总销售额（54.3 亿欧元）的份额（书业协会的预测，参见书业协会，2016，第 25 页），单位为%。

德国图书出版市场共有近 15000 家出版社，其结构差异性极高：大量的小型和微型出版社与少数营业额和利润额都很高的大型出版社形成了鲜明对比，这些大型出版社往往又是大型媒体集团的一部分。在需要缴纳增值税的 2217 家出版社之中，只有 20 家 2014 年年度销售额超过 5000 万欧元（即不到 1%），而全部出版社中有近四分之一

第四章 大众媒体

营业额低于 5 万欧元[①]。

因此,出版市场在经济上集中度很高,而且正变得越来越高(参见表 4.1),另外,在区域方面也是如此:占据领先地位的出版之城是柏林(2014 年有 155 家出版社)和慕尼黑(125 家),其次是斯图加特(85 家)和汉堡(81 家),而传统出版城市莱比锡只有 45 家出版社(参见书业协会 2016,第 130 页)。就新书数量而言,柏林(8292 种)和慕尼黑(7396 种,2015 年)也远远领先于斯图加特(3826 种)以及其他城市,即所有新出版物中的 30%(4.8 万种中的 1.6 万种)仅来自两个城市(参见书业协会,2016,第 145 页)。另一方面,由于出版社数量众多,出版上的集中度相对较低。由于首印成本[②]有限,平均仅为总成本的 39%,因此,出版市场的准入门槛相对较低;从制度上说,图书固定价格旨在促进市场发展和市场多样性(参见 Wirtz,2013,第 280 页)。出于宪法保障的基本自由,出版社不需要在出版之先申请可能会成为市场准入壁垒的许可证(这与比如说东德的情况不同)。

每年出版的图书书目大约为 85000 种,2015 年有 89506 种,其中 85% 为初版图书。在过去的十年里,出版的书目数量下降了 5.5%(参见书业协会,2017,第 81 页)。即使在国际上,与美国、俄罗斯和中国等人口众多的市场相比,德国也占据了领先地位(参见书业协会,2010,第 61–73 页)。

[①] 参见书业协会(2016,第 42、48 页)。
[②] 特别是对于印刷媒体来说,这指的是生产一份样书所需的所有费用。这些初始成本越高,规模经济效应——即大规模生产的优势——就越大(通过将固定成本"分摊"到大量产品上;所谓的固定成本递减)。

出版书目中有三分之一是通俗文学和和德语文学；不到 12% 为儿童和青少年图书，学校教科书约占 7%。专业书籍中医学和健康领域的书籍占了最大比重；2015 年，超过 14144 种新出版物来自社会科学领域，相当于总数的 18.5%。（参见书业协会，2016, 第 83 页）。

2016 年，平装书的比例为 12%，其中通俗文学类图书（约 4800 种）占到一半以上。自 2013 年以来，平装书的产量一直在下降（参见书业协会，2017, 第 87-93 页）。

2016 年，德国市场上有大约 10500 本书是翻译作品（占书目数量的 13.6%），其中将近三分之二来自英国或美国，10% 来自法国。与之相对的是，有 7300 本德国图书的版权被卖到国外（参见书业协会，2017, 第 99-104 页）。

几年来，图书贸易的市场结构一直在发生着重大变化。德国仍然保有着极其密集的书店网络，即使在小城镇小地方，也经常能在商店里买到图书。尽管在绝对金额上取得了增长，这些"经典"的实体零售书店的销售额仅占总销售额的不到一半。另一方面，由于网络订购的便捷，邮购图书贸易的市场份额稳步增长（2015 年市场份额约占 19%，即 16 亿欧元销售额；参见书业协会，2016, 第 7 页）。这个领域的市场领导者是"亚马逊"和"Weltbild"，而网上订购渠道对于"街角的书店"来说几乎毫无意义。另一方面，出版社通过直邮的方式售卖自己出版的书籍实现了近 21% 的销售份额，这可能会成为一个有利可图的业务，因为中间商的折扣和利润直接流向了出版社

第四章 大众媒体

（去中介化）[1]，当然，由于固定书价制度，出版社从最终客户那里收取的是同样的金额。百货公司和书友会已经丧失了其市场份额（共占2%），而来自行业外的新兴竞争者如食品廉价超市等（"其他销售网点"）获得的市场份额稳步上升。2015年它们所占的市场份额为10%（参见书业协会，2016，第7页）。

与生产型书业相比，中间商型和分销型书业的集中化进程表现得甚至更加强烈：在德国，有三家全国性的（KNV、Libri、Umbreit）和一家地区性的（Könemann）普通图书批发公司；两家占据行业领导地位的图书批发公司（KNV、Libri）共同占据了80%至90%的市场份额（参见v. Lucius，2007，第197页）；Koch Neff Volckmar（即KNV）还同时经营着一家大型出版发行公司（参见Kerlen 2006，第24页）。书籍零售业的特点还在于销售额的高度集中。虽然德国仍有约3500家书店（对比数据：美国只有2300家），但其中仅9家大公司（0.2%）就创造了超过三分之一的总销售额（参见书业协会，第59页）。特别值得一提的是总共拥有数百家分店的两家大型连锁书店DBH（Hugendubel、Weltbild）和Thalia，尽管近年来它们不得不关闭一些分店并缩小某些分店的规模。Hugendubel（拥有约90家分店）和Weltbild的合并后又解体，Weltbild及其继任者Lesensart不得不申请破产，关闭了60多家分店。拥有160个分店的Thalia也被出售（参见书业协会，2016，第59-61页，以及Glaubitz，2015）。

图书零售业的这种市场集中（参见表4.2）不仅给较小的竞争者

---

[1] 从价值链的角度来看，每个阶段都可以理解为一个中介。如果一个中间层级的参与者不存在了，就称为去中介化，如果新增加了一个新的参与者层级，就称为再中介化。请参阅Janello图书行业（2010，第22-29页）。

带来了压力，也给出版社（以及作为中间商的图书批发公司）带来了压力：由于其巨大的购买力和对于销售的重要性，市场领导者可以通过议价获得更高的折扣，即要求出版社提供所谓的广告补贴，以便在书店中获得更好的位置，在被质疑的时候，甚至会以"除名"相威胁，即根本不把某个出版社的图书列入书店销售范围。这种折扣不可避免地有利于大买家，他们因此获得了进一步的成本优势，即使在固定书价的情况下也可以扩大他们的市场地位——结果就继续促进了集中化（参见 v. Lucius，2007，第 205 页）。

表 4.2　最大的十家德语书店销售额统计

（书业报告数据；来源：www.marketing-boerse.de/ Marktuebersicht/details/Buchhandlungen/18929 [22.12.2016]）

排名	书店	2015 年销售额（百万欧元）
1	Thalia	855
2	DBH	755
3	Mayersche	160
4	Schweitzer	158
5	Libro (A)	84
6	Orell Füssli (CH)	80
7	Kaufhof	78
8	Lehmanns	76
9	Morawa (A)	48
10	Osiander	44

图书贸易的集中化也发生在图书批发公司——即批发商，34% 的图书销售是通过他们进行的（书业协会，2016，第 70 页）——以及

欣欣向荣的车站书店之中：在这里，德国近 80% 的营业额由四家拥有大量分店的公司占据[①]，仅 Valora 的 170 家分店就占了 38%（参见书业协会，2016，第 71-72 页）。

将近四分之三的图书销售额是通过精装版实现的；五分之一强的图书销售额来自平装书销售，而有声书的销售仅占不到 4%。除了占到总销售额三分之一的通俗文学外，贡献了最大销售额是儿童和青少年图书（2015 年为 15.8%）和指南书籍（14.3%），其中绝大多数（88%）都是以昂贵的精装版销售的（书业协会，2016，第 13-15 页）。对于图书贸易来说，销售额最高的月份是 12 月（圣诞节的礼品书生意），以及稍弱一些的，人们集中度假的月份——8 月（书业协会，2016，第 57 页）。尽管德国图书市场上的书籍种类繁多，令人印象深刻（有存货可售的书籍超过 120 万种），但其中仅 150 种最畅销的图书就占了销售额的 10% 以上，畅销书排行榜上前 500 名的图书则占了近 20%（参见 Brunn 和 Blömeke，2009，第 194 页）。图书零售业的部分营业额是通过"文创品"（行业术语）实现的，即文具、礼品包装纸、手帐记事本、笔记本、电子词典、地球仪等。在德国，除了约 1500 家经典古籍书店以外（书业协会，2010，第 51 页），还开设有所谓"现代古董书店"，在这些书店里，实际上的或是被宣称为"有缺陷的样书"和剩余存书都会以低价出售。

4.1.3.3 市场发展

不太激烈的市场衰退、新兴的子市场、市场的集中化和行业的专业化，正与媒体的数字化一起影响着图书业。

[①] Valora，HDS 零售（拉加代尔集团），Eckert Schmitt 博士

在过去五年中，这个行业的总营业额从 96 亿欧元降至 91.9 亿欧元，相当于损失了约 4%（参见书业协会，2016，第 5 页）。在线服务（如专业文献数据库）和附属版权（电影、戏剧、广播版权以及计算机游戏和周边商品制作的授权）是出版社的增长市场（书业协会，2010，第 34–38 页）。大型出版社的销售额增长幅度超过行业平均水平，还有出版社的收购会导致市场集中度的提高。大型出版公司和图书销售公司的绝对及相对重要性都在增加，这导致了更大的企业内部分工，并倾向于将典型的具有个人特色和家族传统的出版人用受聘任且部分薪资按照业绩发放的经理人来替代，这些经理人会更为注重短期业绩。更强的成本意识，例如通过降低资金占用和存储成本，使书籍的周转率变得更快，然而却会对现有的文学多样性造成潜在的负面影响（参见 v. Lucius，2007，第 67–71 页）。另外，人们更加注重买方市场以及国外市场的成功，有时不惜以牺牲"传统出版社的知识内容导向"为代价（v. Lucius，2007，第 71 页）。

在分销型书业中，大型连锁书店也有可能获得进一步的市场份额，尽管其分店网点正在减少，店铺面积也显著降低。另一方面，小型书店正在关闭，且在部分情况下被连锁书店的分店取代，因为这里也出现了行业萧条和分店合并的初步迹象（参见 Bellmann，2009，第 186 页）。

数字电子书，特别是 E-Book 的发展及其对图书业和图书市场的影响几年来一直是人们热烈讨论的话题。在目前的市场发展以及预测中，必须明确区分文本类型和产品组别：对于学术阅读来说，电子书市场正在形成，因为产品优势在这里占据主导地位，可以很容易地在线上阅读论文与书籍中的特定章节，也可以获取全文。这在一定程度

第四章 大众媒体

上也适用于其他非虚构类文本,但对于通俗文学来说适用度就更低了(参见 Picot 和 Janello,2007,第 17 页)。在学术和专业书籍领域,从中长期来看,电子书可以增强出版社在面对分销型图书贸易时的影响力,因为在线上,可以很容易地跳过中间贸易阶段(去中介化)。

2007 年,美国公司亚马逊在德国推出了第一本成功的电子书阅读器"Kindle"。2013 年,包括 Thalia、Weltbild 和 Hugendubel 在内的德国供应商建立了一个替代系统——Tolino,其市场份额在 2015 年已经达到 45%。电子书的整体市场停滞不前。虽然需求不断上升,但单本电子书的价格已大幅下降。另一个原因则是新的订阅和平台包月模式。2015 年,共有 2700 万本电子书出售给个人客户;其市场份额为 4.5%。另外,公共图书馆现在也开始了书籍的"在线"借阅(参见书业协会,2016,第 25-31 页)。

图书贸易的数字化和按需印刷的使用可能会导致所谓的长尾效应[①]出现。这意味着,由于存储和交易成本的降低,贩卖库存书单上需求量极低的书籍可能会变得更加有利可图。如果将各个利基市场累加起来,很可能会超过(以前的)主要市场(参见 Robertz,2009,第 231 页;Hagenmüller 和 Künzel 2009,第 261-266 页)。

由于学术领域的书籍和期刊价格越来越高,所谓的"开放存取"系统开始建立起来,学者们以及大学和研究所利用该系统在没有出版商帮助的情况下出版学术文本,并放弃作者稿酬,反正这些报酬

---

① 关于"长尾"的概念,参见 Anderson(2007)。

通常也是极为菲薄，甚至是负收入[1]。如果这种形式的学术出版物真正获得国际上的普遍认可，学术和专业出版商将会面临相当大的经济问题——直到失去过去这些"知识社会的导师"（参见 Güntner, 2009，第 13 页）。

数字化和网络化使得图书版权和使用权的维护变得更加困难：复制保护（数字版权管理）和"数字水印"等手段只能在有限的范围内阻止非法拷贝的生产与传播。如果数字化是由第三方进行的话，则更是如此，正如谷歌图书/图书馆项目的例子所显示的那样：到2015年，通过与42家图书馆以及多家出版社及作者的合作，将有包括10万本德语书籍在内的1500万至1700万册图书被数字化[2]，并以全文形式供在线检索，且无需从全部作者处——这些作者有时很难确定——获得使用权，甚至也无需付费。根据美国法律，这属于所谓"合理使用"规则的范畴，正如美国法官在2016年所裁定的那样[3]。按照一项与谷歌达成的调解协议的规定，德国作者可以委托 VG Wort 维护他们的权利。其他数字图书馆项目，如古腾堡计划（有53000篇文本）或通用数字图书馆，以及2008年底在欧盟倡议下启动的欧洲数字图书馆和文物收藏馆 Europeana[4]，则大多仅限于不再受版权限制的公共领域书

---

[1] 参见由所有著名科学协会于2003年10月22日签署的"关于科学和人文领域知识开放的柏林宣言"（http://oa.mpg.de/files/2010/04/Berliner_Erklaerung_dt_Version_072006.pdf），以及2004年7月5日的"关于教育和科学版权的哥廷根宣言"（http://www.urheberrechtsbuendnis.de/GE-Urheberrecht-BuW-Mitgl.pdf）。

[2] 在德国，有大约300万册图书可以通过"下载器"从网络上完整地获得（截至2016年底）。

[3] 参见http://www.sueddeutsche.de/digital/zehnjaehriger-rechtsstreit-google-darf-millionen-buecher-scan-end-gueltig-1.2955967 [23.12.2016]。

[4] 另见：www.gutenberg.org/wiki/Main_Page；www.ulib.org/index.html；www.europeana.eu/portal/en [23.12.2016]。

籍。在德国，除了作为德国约 3 万家公共文化机构[①] 的网络／门户网站的非商业性德国数字图书馆（DDB）外，德国书业协会的商业项目 Libreka 也值得一提，它是一个发行平台[②]。

4.1.4 总结：结构特点

图书传播是一个复杂的价值创造过程，在这个过程中，作者、译者、书探和代理人、编辑、出版商、批发商、中间商和图书零售商以及读者／购买者都作为关键角色参与其中。

图书市场依赖于稳定或不断增长的公众需求，而其他形式的收入（尤其是广告）在此并无值得一提的重要性。

在国际上比较而言，德国的图书业非常高效。每年生产约 90000 种新书，市场上有超过一百万种图书售卖，其中大部分可以在 24 小时内通过图书批发公司送到全国各地的书店。

出版社和书店进入市场的经济和制度壁垒很低，但实际上的经济集中度却相当高：5% 的出版社实现了约五分之四的营业额，四家图书批发公司中的两家主导了次级市场，而十家最大的书店占据了图书零售业约四分之一的销售额。

除了经济集中度的进一步提高外，技术上的创新也可能在未来发挥重要作用；这里特别值得注意的是生产及整个价值链的数字化，通过在数字网络中销售非物质使用权来对图书这一有形产品进行补充，在某些领域还有电子书和开放存取等出版形式。

[①] 参见 www.deutsche-digitale-bibliothek.de [23.12.2016].
[②] 参见 http://info.libreka.de/ [23.12.2016].

从组织的角度来看，德国图书业主要的基本特点可以在中观和宏观层面上进行如下总结，如表4.3所示。

表4.3 图书业的组织特征

中观层面	私营商业、副业和非商业的出版社作为核心参与者（选择、生产、营销） 与材料载体——书籍紧密结合，独家支付费用 混合计算（各种新书、畅销书、库存书）和高资本占用 使用权交易
宏观层面	出版社数量众多，规模不同，尽管市场准入壁垒很低，但市场集中化程度高 高度集中的图书中间贸易 覆盖全国的零售结构（零售书店），无论是销售额（连锁书店）还是图书书目（畅销书）都高度集中 差异化的图书馆体系

行业的制度秩序已经形成，这首先应归功于由德国出版商和书商协会、版权管理协会和一系列书面规定（流通规则、竞争守则、行为指南/行业准则）、出版和使用协议以及传统制度（出版计划、出版会议、书展、书评等）构成。

在德国，书籍被认为既是文化资产，也是商品。由于这个原因，尽管图书行业对于宏观经济的重要性相对较低，却仍然享有特殊的规范地位（固定价格、营业税减免、并购控制、样书义务交付、出版法、著作权法）。

因此，从制度化的角度来看，可以注意到图书传播的以下结构特征（见表4.4）。

表 4.4 图书业的制度特征

中观层面	出版商兼具文化中介人（资助者）和出版商人的双重职能 作为核心机制的出版计划和出版会议 编辑作为图书业真正的职能岗位
宏观层面	受宪法第 5.1 条和第 5.3 条以及各州新闻出版法的保护 书籍作为文化资产的规范特殊地位：固定价格、营业税减免、样书上交义务 版权和使用权及版权管理 作为跨行业整合者的德国出版商和书商协会，及其颁布的"流通规则" 德国国家图书馆作为文化遗产的保护人

本章节重要数据来源及网址

• 德国书业协会：图书及图书交易数据（附有最新数据的年度行业报告）；书业协会最近统计（2010）

• v. Lucius（2007）

• www.boersenverein.de

• 以及德国图书行业的《书业周刊》及《图书报告》期刊

法律法规

•《图书固定价格法》：2002 年 9 月 2 日颁布的图书固定价格法（BuchPrG）（联邦法律公报 I，第 3448 页），最后经 2016 年 7 月 31 日法案第 1 条修订（联邦法律公报 I，第 1937 页）。

•《德国国家图书馆法》：2006 年 6 月 22 日颁布的德国国家图书馆法（联邦法律公报 I，第 1338 页），经 2009 年 2 月 5 日的法律第 15 条第 62 款修订（联邦法律公报 I，第 160 页）。

•《反限制竞争法》：反限制竞争法（GWB），2005 年 7 月 15 日公告版本（联邦法律公报 I，2005，第 2114 页），最后经 2010 年

12 月 22 日的法案（联邦法律公报 . 2010，I，第 2262 页）修订。

• 《著作权法》：1965 年 9 月 9 日颁布的著作权法（联邦法律公报 . I 第 1273 页）。最后经 2016 年 4 月 4 日法案第 7 条修订（联邦法律公报 . I 第 558 页）；在线查阅：http://www.gesetze-im-internet.de/bundesrecht/urhg/gesamt.pdf [30.11.2016]。

• 《版权管理法》：1965 年 9 月 9 日颁布的版权管理法（联邦法律公报 . I，第 1294 页），最后经 2015 年 8 月 31 日第 218 条（联邦法律公报 . I，第 1474 页）修订；在线查阅：http://datenbank.nwb.de/Doku- ment/Anzeigen/429325/ [31.08.2016]。

4.2 期刊：报纸与杂志

重点我们将从期刊的物质性开始介绍，期刊是一种通过印刷将同样的信息进行复制，并附着在物质载体（主要是纸张）上的可运输的媒介。新闻报刊有一套特定的符号系统和机构媒体规范，本章将对这些内容进行讲解。有了这些周期性、时效性、普遍性和公开性的标准，就可以将期刊与其他新闻媒体区分开来，并将之系统化。接下来，我们将对价值链上参与新闻传播的关键角色进行分析。其中的核心是编辑部和出版社，以及高度差异化的行之有效的分销组织。

在宏观层面，我们将对典型的读者市场与广告市场之间的相互关联进行研究，然后对可以在德国观察到的经济和新闻方面的媒体集中化问题进行阐述。接下来，我们会系统地介绍新闻政策和法律监管以及道德自律及其规范基础、参与者和机构。

4.2.1 报纸和杂志作为基于技术的符号系统

"报刊"（德语：Presse，原意为挤压，转义为印刷——译注）一词已经明确提到了它所指的媒体的技术基础，即以印刷机作为必不可少的工具，通过"压力"将字符印制在材料载体（通常是纸张）上。[①]

报刊所使用的字符是具有高度排版差异（字体、字号和醒目字体设计以及印刷颜色）的书面语言字母，结合以黑白和越来越多的彩色静态图片（主要是新闻照片）。这些图片起到的是标志性图像（用以记录事件）或象征性图像（用以表现更广泛的背景关系）的作用。除了新闻照片之外，信息图表（示意图、曲线图和以图形方式处理的统计数据）也变得越来越重要。漫画是报刊上典型的以图片方式表达意见的手段，而幽默图画和连环画则是作为娱乐性的形态加入其中。

根据报刊的类型，各个报刊媒体会对这些类型的字符进行具体使用。小报（比如《图片报》）和大量使用插图的大众杂志以图片（通常都是彩色图片）使用比例高、尺寸大，用彩色印刷突出文字、还有图形化设计的大字标题而闻名，最后，很重要的一点是，与高品质报纸（规范的书面语言）或专业期刊（专业语言，有时是专业术语）相比，它们使用的文字比例更低，风格也更口语化。

就其材质和形式而言，各种报纸和杂志在纸张质量、装订方式和纸张格式方面也存在不同[②]。此外，还有新闻产品的数字化版本，它

[①] 拉丁语分词"pressum"可能是通过法语"la presse"进入德语的；参见 Pürer 和 Raabe （2007，第9页）。
[②] 日报和周报的常用格式是"北方式"（如：《时代周报》、《法兰克福汇报》、《南德意志报》）、"莱茵式"（《图林根汇报》、《莱茵报》）、"柏林式"（《日报》、《巴登报》）和"小报"式（《法兰克福评论报》、《世界报集锦版》、《商报》）。

们以"E-Paper"(电子报纸)——多为可携带文档(pdf)——的形式提供在线阅读。约翰内斯·古腾堡于1450年左右发明的活字印刷工艺,再加上机械印刷机以及随后几个世纪里的众多技术创新(从自动转轮印刷机到计算机控制的排版和印刷工艺),使得文本的大规模快速复制成为可能。印刷产品的材料生产,即印前准备、印刷以及必要时的装订和包装,都是以工业化方式进行的,现在基本上是由数字控制,这使得持续生产变得更加便宜,但需要具备非常高的投资成本。

世界上最早的印刷报纸(周刊)可能是1609年在沃尔芬比特尔(Aviso,《通报》)和斯特拉斯堡(Relation,《公事报告》)出现的,最早的现代日报出现于1780年(《苏黎世报》,自1821年起更名《新苏黎世报》)和1788年(《泰晤士报》,伦敦)[1]。最初,所有的印刷媒体都属于新闻报刊,印刷媒体(Printmedien)这个词来源于英语,也被引入德国使用。自19世纪中叶以来,在德语中,以及在报纸和新闻学研究中,人们将非周期性印刷媒体(书籍、小册子、传单、海报等)和周期性印刷媒体(期刊)区分了开来。只有后者被认定为狭义上的新闻报刊,而根据媒体法(各州的新闻法),其他以"机械复制"方式制造的符号载体也属于新闻媒体,包括书籍和声音载体(参见2.1节)。除了生产技术之外,狭义上的新闻报刊的另一个决定性特征是出版的周期性:一方面,它阐述了新闻报刊与书的区别,书的出版是单次性的——通常只有一次,在极少数情况下以连续版本的形式——而且在装订、尺寸或格式等物料方面与报纸和杂志也有区别。另一方

---

[1] 参见Wilke(2009b;第505、516页)。关于新闻出版的有趣历史和前史本书无法一一讲述;特别推荐Stöber(2000)、Pürer和Raabe(2007,第37–116页)以及Koszyk(1966,1972,1986)的深度讲解。

面，这一点也使新闻报刊与连续性的广播和网络媒体的界限变得清晰起来，作为非物质媒体，后两者不再受物质生产和销售的时间限制，因而也不再受固定的出版期限（周期）的限制[①]。

作为以技术为基础的符号系统，新闻报刊具有以下特点：

- 数量有限的符号种类（动图和声音除外），以及它们之间的特定设计和组合（短文本+静态图像）。
- 二级媒介的物质性，该媒体具备机动性、即刻性、可选择性，无需技术投入即可使用，只要其载体是纸。
- "商业生产"（Groth，1928，第73-82页），在大规模工业（再）生产过程及销售领域中，固定时间和劳动成本会随着印数的提高而降低。

这些媒体特点对该媒体子系统的组织和制度化有着深远的影响。

4.2.2 周期性、时效性、普遍性和公开性

想要对印刷媒体进行系统性细分及结构分析，只靠书刊印刷的物质性和生产技术是不够的：周期性是区分报刊与书籍的决定性标准（参见4.1.1节）。而对于期刊进行系统性的内部区分则可使用进一步的制度性标准：各类周期性印刷媒体在时效性、普遍性和公开性方面存在很多区别。

---

① 然而，媒体实际上的时间结构不仅由技术因素决定的，也是由社会（制度和组织）因素决定的，正如周期性播出的广播节目所显示的那样。进一步的深度讲解参见Beck（1994年，第203-333页）。

4.2.2.1 周期性和时效性

只有在一定制度和组织（以及社会）的前提条件下，出版物的重复和规律性出版才有意义。从组织和媒体经济的角度来看，显然应该对排版和印刷技术的投资进行优化利用，即确保机器维持在一个持续高水平的，并且可计算的负载上。这种长期持续生产的前提是不间断的供应（"内容"采购）和需求（销路畅通），就新闻期刊而言，这是因报道的时效性而产生的：时事事件的发生为新闻、报道、专题和评论的长期产出提供了可能——换句话说，就是从事新闻工作，从而源源不断地去满足那些新的，且按照可预测的周期规律产生的，有购买力的需求。

一条新闻不同媒体间各不相同，但对各个新闻机构来说却固定不变的规律有助于协调制作和发行当前一期刊物的操作流程。因此，周期性和时效性是相互关联的（参见 Stöber, 2003, 第 314 页），并且共同构成了新闻机构秩序的基础：作为读者，我们期望刊物的定期出版，以便能够一直以一种熟悉的可靠的方式获悉最新的消息。另一方面，这些新闻之所以能够出版，是因为记者（和读者）认为这些事件具有时效性价值，且可以按照常规的方式进行处理，并且出版商可以寄希望于存在着一个周期性的需求。因此，它是一个对情况和行动的交互性期望系统。

几个世纪以来，德国报刊的制度化已经导致了沿周期性维度的内部分化：今天，我们会根据不同的周期来区分日报、周日报纸和周报还有杂志[①]——周刊、双周刊、月刊、双月刊、季刊，在临界情况下甚至还有半年刊和年刊，这都是当今德国常见的新闻出版模式[②]。相应地，对于这些报刊报道时效性的期待也会有所不同，而现在，连日报都因广播电视和网络媒体的存在减轻了时效性方面的压力。

4.2.2.2 普遍性和公开性

新闻媒体不仅在其周期性（因而也在时效性）方面存在区别，而且在其主题的普遍性方面也存在不同：大众期刊和新闻杂志的报道主题广泛而多样，与日报和周报类似，而在这些报纸中，有些甚至将"广泛"（德语：Allgemeine，用在报刊名称中多译为"汇报"，如《法兰克福汇报》——译注）一词加在了其刊物名称中。它们针对的是大众的兴趣（一般利益），面向广大公众，因而具有各种五花八门的功能（参见 Vogel, 1998, 第 37-42 页），而具有主题性重点的特殊兴趣杂志则专注于特定目标群体中——这个群体有时非常庞大——为数有限的非专业读者（从女性杂志到足球杂志，到某些流行明星、电脑游戏或电视剧的粉丝群体）。另外，专业期刊在编辑工作中也同样不以普遍性为朝向，而是针对专业实践或个别科学分支学科中有时极具专业性的主题。然而，不同于特殊兴趣杂志的是，它们面向的是专业

[①] 报纸（德语：Zeitung）这个词（自 13 世纪末以来）最初的意思是新闻，与媒体形式没有关系，甚至与写作也没有关系。"杂志"一词则可追溯到 17 世纪末；参见 Stöber（2003, 第 114 页）。"报纸"同时描述了这种印刷品（产品）、这家公司（组织）和一个机构：在 19 世纪，例如在歌德笔下，人们将作为社会文化机关的"机构"称为"报纸"；参见 Groth（1928, 第 74 页）。

[②] 今天，日报以"晨报"的形式出现，它们在前一天制作，连夜印刷和分发。而历史上的刊物名称如"柏林午报"，还有现在的刊物名如"汉堡晚报"、"晚报"或"8 点钟时报"则有着不同的传统。在 20 世纪初，一些日报每天出版数次，有时是以版本部分更新的方式；参见 Groth（1928, 第 273-283 页）和 Beck（1994, 第 241-246 页）。

读者，为他们提供专业讨论的平台（参见 Vogel, 1998, 第 42-46 页）。

新闻报刊系统化的第四个制度标准是其公开度：根据报道的主题专业性或普遍性，各报刊触及的公众群体或子群体也有所不同。即使期刊出版物在普遍意义上是可以获得的，它们仍然会遭遇具有不同规模、不同支付意愿和不同专业背景的公众（子）群体。此外，可以通过新闻媒体的组织整合，有意识、有目的地对新闻刊物的公开性进行限制：

然后仅在一个或多或少封闭性的协会、社团、社区、教堂、党派、工会成员、公司成员（员工和公司杂志）或其客户（客户杂志）中进行传播。这种期刊实现的是"社群维护"（会员刊物）的功能，或者被当作"管理手段"使用（参见 Vogel, 1998, 第 46-47、56-58 页）。政党和政治或意识形态组织总是试图影响公众舆论的形成，并努力在其有限的成员范围之外产生新闻宣传效果。然而，过去曾经相当重要的政党报刊（历史上主要是社民党的刊物；在东德，直到 1989/1990 年是统一社会党及其卫星党以及各群众组织的刊物）[1]还有德国的工会和教派报刊[2]现在在其成员之外几乎发挥不了任何作用。

社区和市政管理部门发行的公报的新闻和经济价值也很小：它们与客户和员工杂志类似，不属于新闻产品，而是官方通知的公示机构，也就是说，它们有助于主动通知义务的履行，而并不会因此影响新闻不受国家控制的属性。机构对新闻媒体的赞助不仅会在新闻方面造成影响，还会在组织方面造成影响，特别是在出版和发行的经济方面：

---

[1] 1912 年，由政党所支持的和政党自有的报刊占所有刊物总数的一半，参见 Raabe 和 Pürer（2007 年，第 67 页）。
[2] 关于教会刊物的研究状况，参见 Schmolke（2002）。

第四章 大众媒体

通过会员费或教会税进行补贴是一种特殊的商业模式。

由此可见，新闻报刊领域包括了许多非常不同的出版物，系统化难度极大[1]。尤其是德国的杂志行业差异很大，而且相应的异质性也很高，这使得定义变得相当困难[2]。

新闻学学者，德国新闻统计学的创始人 Walter J. Schütz（2009b，第454页）将报纸界定为"所有……每周出版至少两期的期刊，且包含一个时事政治板块，在内容上具有不受限的（全面的）新闻报道。"

出于统计需要而制定的官方定义称报纸为每周至少出版两期的出版物，且需要对政治、商业、时事、文化、体育和娱乐等方面作出"主题不限于某些特定的知识或生活领域"的编辑报道。另一方面，杂志被定义为旨在进行连续报道的"定期出版物"，每年至少出版四期，但出版频率低于报纸（参见联邦政府新闻和信息办公室，1994，第104–105页；联邦统计局1996，第6页）。如此一来，就产生了一个在属性上非常不一致的残余类别，从新闻学的角度来看，这并不能令人满意。很多周报和周日报纸以及新闻杂志与日报的共同点比起其与专业期刊（如《新法学周刊》、《大众传播》或儿科肿瘤学专业期刊）的共同点要多得多。因此，在我们的研究中，首先阐明对于所有报刊普遍适用的结构，然后针对各种类型的报刊的不同点作出进一步的区分，是很有必要的[3]。

---

[1] 本学科从一开始就在尝试对此作出定义；参见 Groth（1928，第21–90页）。
[2] 关于其功能上的定义和分类，参见 Vogel（1998年，第13-27页）。
[3] 这也避免了一些重复论述，例如对于所有期刊来说，新闻监管和自律的情况都是基本相同的，同时也为研究本质的媒体经济学差异打开了视野，这些差异并不依报纸和杂志的分界而不同。新闻学学者 Vogel（1998年，第20页）、Bohrmann（1999年，第136页）和 Stöber（2003年，第2003页）也主张废除这种区分。

4.2.3 新闻报刊的组织与制度化

随着前文对周期性和时效性、普遍性和公开性的论述，新闻传播的基本制度特征已经得到提及。周期性新闻报刊的另一个典型机构是编辑部，该机构使它从本质上与其他印刷媒体区别开来，也使它更接近于其他时效性媒体。编辑的功能和编辑人员职位的其他核心任务比起图书出版社中的编辑审校范围更大（参见第4.1节）：自身的文本创作以及有时对外部文本进行大量修改是新闻编辑的基本工作，而在图书出版社里，"写作型编辑"只有在特殊情况下才会做编辑工作[①]。

在编辑部门之后，沿着新闻传播的价值链，其他参与者，包括其社会角色和经济功能，也会一一展现：

价值链的起点是由编辑团队或外部供应商（代理机构、通讯员、自由职业者、合作编辑团队）对于编辑内容进行的采购、评估和选择或生产，与此同时，对于完全或部分依赖广告资助的期刊来说，还要进行广告招商和投放。这时，编辑部分和广告部分将整合为一个产品，并进行技术生产，即以数字版样为基础印制实际发行的印数。然后紧接着的是印刷出的刊物实体的发行销售和在线产品及电子报纸的无形传播。最后，通过阅读及接受这些编辑文章和广告稿件来实现报纸或杂志的价值。

这种流程结构在每个新闻公司中都是单独组织的，但我们可以将

---

① 参见4.1.2.1节。

第四章　大众媒体

两种理想状态的类型区分开来，作为实际上混合形态中光谱的两极：第一种类型是报纸或杂志的资金完全来自广告，通常会免费分发，它必须采购、捆绑并展示其编辑内容与广告内容。而另一种类型是无广告的新闻出版物，完全由其销售价格或第三方来源提供资金，不从事广告招商。在这两极之间，有许多新闻相关媒体将广告和销售收入结合起来，甚至以补贴和会员费来对这两种形式的收入进行补充。

4.2.3.1 编辑部

编辑部服务于根据出版时间按期进行的，与相关技术性生产及发行流程相匹配的新闻报道文本—图像产品的制作。编辑部是一个等级制组织，由主编领导。他（在德国的实际情况中很少是：她）规划和领导新闻制作，调度内部和外部资源（包括记者、通讯员和自由撰稿人等人手），并在出版社面前代表新闻"编辑政策"以及新闻利益。"日常业务"或个别问题的运营管理，也就是对于选题的设置和组合，报道范围、表述方式和优先次序的决定，以及各部门间的协调，通常会委托给一名值班主编（CvD）负责。值班主编还负责与参与刊物发行具体工作的出版社其他部门合作，特别是印刷车间和广告部门。

在当今的大众报刊（日报和周报、新闻杂志和大众杂志）中，已经形成了五个经典栏目：政治、经济、文化（专题页）、体育以及（可能情况下的）本地新闻。此外，根据各刊物的新闻侧重方向，还有其他栏目，如娱乐、媒体、音乐、汽车、指南等。今天，只有在极少数情况下才会在各个栏目间作出僵硬的划界；刻板的栏目划分被跨栏目的主题报道形式和大型专栏（"经济与社会"；"工作和环境"）或面向目标群体和生活方式的分类（儿童和青年、单身或家庭版；"我的花园""身体与健康"）所取代。栏目负责人在既定的主题和任务范围内规划和协调内容制作，他们领导常任编辑、实习生以及自由撰稿人的工作，并与其他部门负责人及总编辑互相配合。

在新闻界，经常可以遇到自由撰稿人，因为对于出版社来说他们通常比较便宜，对编辑部门来说使用比较灵活。任何长期且全职为某一特定（新闻）媒体工作的人都被视为"固定自由职业者"。

近年来，报纸和杂志编辑部的内部组织结构越来越向"新闻平台"或"新闻编辑室"的方向转变：

"它指的是一个协调和制作中心，编辑部所有可使用的材料都汇集在这里。在报社编辑部，不同栏目或各地编辑部的所有版面都在那里共同协调和制作。多家媒体也可以在这样的新闻平台上进行跨媒体协调操作——更多内容见'跨媒体工作'一文。"（来自 La Roche，2013，第23页）。

特别是考虑到成本原因，应该要让编辑们以主题为中心，以"平台中立"的方式工作，也就是说，制作能够在本出版社或出版集团内部不同平面及网络媒体上多次使用，或者在社外使用（"联合发布"）的新闻内容。对于现在越来越倾向于在开放式办公室（"新闻编辑室"）里工作的编辑来说，这样一来，工作流程（微观层面）得以压缩。对于组织来说（中观层面），可以产生协同效应并提高效率，但在"舆论市场"上（宏观层面），这可能会导致新闻多样性的丧失。

一个重要的机构是编辑会议，它会对产品和制作进行基本协调。在日报社里，每天都会举行一到两次这样的会议，例如，清晨的选题会议和"排版"或终审会议，会上将在付印前最后一次讨论最终刊印形式。对很多编辑部来说，第一次编辑会议的部分内容是"报刊评论"，即对自己的产品进行批判和比较审查，通常是与处于领先地位的媒体，如《图片报》、《明镜周刊》及全国性优质媒体或直接竞争对手相比较。此外，还可以针对当前发生的事件，或者对于报刊的长期规划和概念性深度发展召开更多的会议。

编辑部的中心职能和核心能力在于"为公共传播制作并提供主题"（Rühl，1980，第 323 页），具体而言，就是收集、评估、选择，并以与主题、媒体和受众相适应的方式呈现符合"事实性要求"的新闻和报道（即真实的、非捏造的新闻）。

在这个过程中，他们使用了特定的新闻风格和体裁，其艺术规则在几十年间已经制度化。主要的形式有：新闻（消息）、通讯、报道、专题特写、采访；还有一些被明确用于新闻意见表达和舆论形成的形式：如社论、评论、杂谈、漫画。在各家编辑团队之间的新闻竞争中，新闻消息和来源的时事性及独家性——按照新闻类型被划分出等级——发挥着重要的作用，因为这与编辑团队声誉的提高息息相关。

2016 年，德国的日报和周报共有 10557 名编辑人员和 904 名实习生；编辑中女性占比为 32.4%，实习生中女性占 54.0%（参见 Keller 和 Eggert，2016，第 131 页）。德国的记者人数多年来一直在下降：据估算，1993 年德国总共有 54000 名记者，其中 18000 名为全职记者，而今约有 41000 名记者，22500 名全职记者，其中大约一半在新闻媒体（参见 Steindl 等人，2017 年，第 411 页）。由于新闻方针和出版策略的不同，各报刊编辑部门的规模也大不相同；不同类型报纸之间的差异也反映在各栏目编辑部门的占比上：在全国性的高品质报纸中，政治部门占主导地位，在小报中则是体育部门，在地区性的订阅报纸中，政治和体育部门的重要性几乎持平（参见 Maier，2002，第 276 页）。

编辑的工作流程和结构的组织，对新闻专业角色的理解，以及最重要的，在对新闻和主题的选择和重点处理方面的规则及新闻实践，被认为对于公众舆论具有重要意义。这些问题长期以来一直是实证研究和理论建设中受到高度关注的题目，其研究情况在本传媒体系分析的框架内无法完整介绍[①]。在这一点上，最重要的是必须指出不同类型的新闻媒体所产生的具体编辑准则及要求。

4.2.3.1.1 日报的编辑部门

与周刊和杂志社相比，日报编辑部的工作面临着更大的时效性压力。同时，与周报和普通兴趣杂志一样，日报编辑必须处理各种包罗万象的"通用性"主题。因此，他们高度依赖新闻通讯社的供稿（参见第3.1节），以及他们本社的通讯记者和工作人员做出的本地报道。由于本社记者的费用相对较高，地方报刊的编辑部通常只依靠通讯社来报道全国和国际新闻——有时，一些出版社出于成本考虑，甚至试图连通讯社稿件也放弃使用。日报通常会使用为数众多的自由撰稿人来报道当地发生的事件（体育、俱乐部等）。主要来说，那些小型地方报纸，但近年来一些发行量较大的日报（《法兰克福评论报》《柏林日报》）也不再独立制作所谓的报纸封面，即包含跨区域、全国和国际新闻的时事版块，而是从其他编辑团队处获取，或者与其他报纸以合作或编辑共同体的方式制作。他们制作社论文章或"头版"，其中只有本地或地区部分是基于其自身独立的新闻工作。这样的编辑部不再是独立的完整编辑团队（所谓的"新闻单位"；参见第4.2.4.2.5节），因为只有本地报道和（必要时的）背景报道是他们独立制作的，因此

---

① 例如，Rühl（1979）将报纸编辑部门理解为一个有组织的社会系统。参见Löffelholz（2004）做的关于新闻科学中对于编辑和传播者的研究；经验数据引自Weischenberg等人（2006）以及Meyen和Riesmeyer（2009）和Steindl等人（2017）。

对于新闻多样性的贡献程度也很低。

在德国，各家日报编辑的工作在范围、本地与国内国际报道的组合、呈现方式和新闻质量方面都有所不同。所有这些因素在很大程度上是取决于编辑资源以及所针对的目标群体：

• 那些在德国非常典型的本地和地区性订阅报纸的报道重点明显是本地新闻事件和体育方面，但也会报道国内和国际新闻。在对76家日报主编的调查中发现，编辑团队人数在7至314人之间，其中发行量的大小起到的只是间接作用：发行量在100000至200000份之间的日报的编辑人数为32至225人不等，即使是发行量超过200000份的报纸，其编辑人数也处于90到314这样一个范围内（参见Maier 2002，第273-264页）。

• 全国性发行的高品质日报（《南德意志报》《法兰克福汇报》《世界报》《法兰克福评论报》《日报》）往往以关于国内和国际新闻的主题报道塑造自身形象，他们还在其出版地设有一个本地编辑部。政治、经济和专题报道在这些报纸上占据主导地位，而地方报纸则往往用很大的篇幅报道（地方）体育消息。大型全国性高品质报纸如《法兰克福汇报》拥有超过300名编辑的编辑部以及遍布各地的通讯员网络，而发行量大的地区性报纸则通过合作编辑和代理机构等方式运作，自身雇佣的编辑数量相对较少，在可能的情况下，也会以（更便宜的）培训生和实习生为编辑们提供支持。受到发行量下降和编辑部门合并影响的《法兰克福评论报》自被FAZ[①]接管后仍然留有的编辑数量是

[①] 2018年1月，Fazit基金会将《法兰克福评论报》和《法兰克福新报》卖给了慕尼黑的Dirk Ippen出版社；该交易许可仍在等待反垄断局的批准；参见epd今日媒体第29a号，2018年2月9日。

28名（参见 epd，2013年2月28日）——在2011年中，它还有约190名编辑（参见 epd，2011年7月5日）。

• 体育和地方新闻在大多数小报中占主导地位，此外还有关于名人、轰动事件和丑闻的娱乐性报道，这些小报也更加关注那些对于读者更具实用价值的内容。售卖型报纸的商业模式主要基于自发购买冲动和报纸在报刊亭给读者带来的第一眼印象，编辑团队必须对此进行精心打造。

• 另一方面，每日（或每个交易日）出版的经济类报纸（《商报》、《证券报》)的编辑部专注于经济话题和对此感兴趣的专业读者群体。

这些新闻编辑准则造成了各报纸流程和结构组织的不同；它们决定了各个栏目的设立或是人员配置的比重、对于另外的特别新闻机构和图片服务的购置、与其他媒体的合作以及国际驻外记者的聘用。几乎所有的德国日报都自认为是无党派报纸；最重要的例外是《新德意志报》，作为前德国社会统一党的中央机关报纸，它至今仍然与德国左翼党（Die Linke）关系密切。另一个例外是每周在维尔茨堡出版三次的《每日邮报》，该报明确地将自己视为一份天主教报纸，且完整刊登教皇的所有讲话。

4.2.3.1.2 其他类型报纸的编辑部门

周报和周日报纸的编辑团队工作的时效性压力要小于日报的同事们。周刊的优势在于新闻调查和背景报道，以及中长期的选题和设计。

另一方面，地方性每周出版的广告刊物的功能和编辑组织则完全不同，这种报刊的收入模式完全基于广告。其中一些编辑团队非常小，很大一部分新闻工作是从自由撰稿人那里外购的。这种广告报刊在一定程度上填补了地方和区域（城市有关辖区）报道的空白[①]。不过，他们的重点在于本地服务（活动通知等）。

在编辑和新闻方面价值很低或毫无价值可言的是所谓的商贸传媒和贩售报价单。商贸传媒主要是由零售连锁店出版的广告载体，只包含边缘化的编辑内容作为阅读的激励；收费分发的贩售报价单没有编辑人员，只包括分类市场的私人小广告（主要是车辆、房地产、买卖、人际交往等）以及一些商业广告（参见 Wilke，2009a，第 479–481 页）。

4.2.3.1.3 杂志编辑部门

与政治类周刊和周日报纸一样，月刊和一些大众杂志的编辑部门也为政治观点和决策的形成提供背景报道及谈话稿件。在德国，值得一提的有新闻杂志《明镜周刊》和《焦点周刊》以及图文并茂的《明星周刊》和一些月刊，如《世界外交论衡月刊》、《西塞罗》或文化杂志《水星》。政党附属刊物，如《前进月报》（社民党）和《新社会/法兰克福月刊》（Friedrich Ebert 基金会）也很注重话语和公众舆论的形成。

然而，绝大多数杂志的编辑人员处理的是更为专业的主题，或者面向特定的目标群体：对于电视节目指南杂志而言，主要关注的是服务功能，而在这件一点上，按照类型偏好和其他目标群体特征（以及价格水平）的不同，编辑团队也大不相同。娱乐性的女性杂志和时尚杂志领域内的差异化也很大，因此具有相应不同的编辑要求。作为插图媒体的一部分，照片（从狗仔队的照片到时尚系列）和人格化的体裁（采访、传记、家庭故事）在这里发挥了重要的作用。

---

① 根据 Heinrich（2010 年，第 370 页）的报告，按照竞争法（UWG）的限制，免费发行的广告报刊的编辑内容比重最多只能占总量的三分之一。

对于《资本》《经济周刊》或《管理杂志》等商业杂志，以及《GEO》《国家地理》或《海洋》等报道类杂志而言，编辑团队以目标受众内容方面的兴趣为指向。爱好和生活方式类杂志的编辑团队谈论的是更为具体的兴趣，他们需要汽车、计算机、室内设计、符合生态学的食品营养、特定运动、观赏鱼等方面的编辑专长，或者要从外部工作人员那里汲取这些专业知识。Wilke（2009a，第490页）将这种差异化描述为从特殊兴趣杂志到非常特殊兴趣杂志的发展趋势，例如，现在单是汽车杂志已经不够了，而是要为越野车、野营车、敞篷车、老爷车或运动车出版单独的杂志。根据编辑资源和新闻质量要求，这里存在着违反新闻客观性和中立性要求的危险。出版特殊兴趣的杂志对出版社来说很有吸引力，因为出版社可以借此向汽车、电子或家具产业以及旅游、体育和休闲行业推销广告版面，而且损耗相对较少。有时，这些杂志作为一个对出版社来说低成本的适合刊登广告的环境，不仅能提供广告，还可以提供新闻公关文章。

期刊编辑人员中有很大一部分为专业期刊工作，这些期刊的目标受众并非对该领域感兴趣的非专业人士，而是面向对某个特定学科领域有专业兴趣并具有相应资质的读者。因此，除了新闻从业资格外，编辑人员也必须具备高度专业资格。在许多情况下，专业期刊的编辑只是在继续从事其专业工作的同时兼职作为编辑工作。

学术期刊的编辑部是一个特例，因为论文编辑的选择通常是由编辑团队之外的专业学者在编辑部的组织、监督和评估下，以匿名评审的方式完成的（"双盲同行评审"）。这些稿件并非由科学期刊的编辑们自己撰写，而是由编辑进行监督指导，并为发表作出形式上和语言上的准备。编辑本身必须具备学术资格，且了解研究状况和学术准

第四章　大众媒体

则。绝大多数担任编辑的学者们最多只能得到很低的一点费用补贴；只有大型国际（自然）科学期刊才能负担得起全职编辑人员。

客户杂志（如《药房纵览》）和公司内部员工杂志的编辑团队没有或者最多只享有很少的机构自主权。尽管这些出版物使用了新闻的风格和呈现形式，但它们完全是基于经济利益的专业公共关系的产物，在某些情况下甚至直接属于促销部门[①]。新闻自由是新闻制度秩序的基本和必要组成部分（参见 2.2 至 2.5 节）。这样一来，就引出了对于新闻报刊的内部组织也同样重要的规范性要求：编辑人员面对出版商或其广告商经济利益的新闻独立性。

在保持至少有限的编辑自主权方面，报纸或杂志的发行人可以发挥重要作用。他们的职能和权限没有统一的规定，许多新闻公司已经完全放弃了这个制度，但发行人定义了一份报纸的基本新闻立场，并可以在主编（编辑部）和出版商（出版社）的冲突或人事决定中进行调解。

4.2.3.2 出版社

新闻出版社履行着双重的任务：它们促成期刊的出版和发行，这些期刊对民主社会里公众舆论和意志的形成作出了重大贡献（公共任务），另外它们作为公司活跃在商业领域，以便将新闻产品作为商品出售——在市场经济中，这不仅是为了回收成本，而且要赚取利润（私人任务）。依照多种多样的报刊形式以及不同的出版周期和份数，形成了各家报刊出版社的不同结构。不过尽管如此，我们在此仍然可以先列举出报刊出版社的核心任务，然后再以典型的商业模式为背景加

[①] 参见 Röttger（2002）关于客户杂志的差异性和研究状态的介绍。

165

以说明。

除了编辑部（主编）、出版社的商务管理和行政管理（人事、会计、办公场所）之外，所有的报刊出版社都还需要一个销售部门。材料生产由技术部门负责，而实际印刷则在公司或集团自有的印刷厂进行，或是——特别是对于小型的杂志来说——通过付费印刷方式进行，即委托给外部印刷公司并支付费用。材料运输也可以由外部服务提供商承担。对于部分或全部由广告资金支持的期刊来说，广告部门也是一个重要部门。

原则上，报刊出版社的组织机构可以依照这些基本功能的次序作为一个所谓的"单线组织"面向所有刊物共同实施。然而，特别是对于那些拥有不同种类刊物的大型出版社来说，可以单独为每个报刊和产品群组建立矩阵组织或自己的行政、生产和销售机构以及相对独立的利润中心（参见 Vogel，1998，第 222-226 页）。

• 以出版人、受薪的出版社经理或集体管理机构的形式组成的出版社管理层对报刊出版社的经济业绩负责。根据出版社的规模，每个负责人会承担某一报纸或杂志或产品群组的经济责任，必要时还包括其线上产品。出版社的商务管理部门负责企业战略决策，例如，产品创新（新刊，重新发行），进入新的区域（国外）或分类市场（与其他媒体合作的附加业务，如书籍、CD、DVD 和与本行业完全无关的文章）。

• 与所有其他公司一样，出版社的行政部门负责人事、税务、办公场所、采购等方面的商务规划、调控和结算任务。

• 由于发行和交付的形式不同，各报刊出版社的发行部门也存在很大差异（参见第 4.2.3.3 节）；除了免费发行的报纸以及只供零售的

第四章 大众媒体

报纸（特别是广告报纸、小报）以外，还必须管理订阅读者群体。每年会损失大约 10% 的客户，这必须通过初次订阅和重新订阅的客户来弥补，因此，市场营销通常也设置于销售部门内。这里也处理账款收取和材料运输物流组织及监控等事项。特别是对于"容易过期"的高时效性的日报和周报来说，高效、准时的发行是最为重要的。

• 如果报刊出版社中设有广告部的话，那么它会负责推销印刷产品中的广告版面（图形设计的文字–图像广告）、插页广告（小册子插页、带有新闻风格的出版社增刊），必要的话，还包括特殊形式以及跨媒体广告项目（期刊的线上产品）。广告部会积极招揽广告客户，为此需要所谓的媒体数据，即关于社会人口构成、媒体使用、休闲和消费兴趣以及自身读者群的采购计划等信息。这些数据需要在读者和媒体分析中收集，通常是以标准化的形式，以便广告客户将其与竞争媒体和广告传媒的数据进行比较。Media Analyse Print、"阿伦巴赫广告分析"（AWA）被认为是标准工具，还有最重要的，来自广告传媒分布确认的利益共同体（IVW）的数据[①]。广告部还负责广告价格的计算以及与广告客户谈判，这些客户或拥有自己的广告部门，或是委托代理公司处理广告事务（参见 2.3 节）。根据新闻法，广告部经理应对广告事宜负责。

• 如今，报刊出版社的技术部门已经在最大程度上以数字化和网

---

① 就 AWA 而言，每年约有 24000 人接受两次口头访问，了解他们对约 240 份杂志、13 份客户杂志和 5 份周刊的使用情况（www.ifd-allensbach.de/awa/）；Media Analyse Print 则通过 39000 次标准化的在线采访收集约 180 份杂志和周刊以及 700 份日报版本或 1600 个广告预定单位的使用情况。这几乎涵盖了 100% 的日报市场（www.agma-mmc.de/media-analyse/tageszeitungen.html）；IVW 每年四次收集（并检查）出版社的发行报告（www.ivw.de）。

络化的方式工作，编辑部不仅据此创建和编辑文本，而且还会将其存储到电子编辑或内容管理系统中，在这些系统中，所有的格式和布局功能都已作好明确规定。广告输入和设计也是以数字方式进行的。因此，生产部门不承担任何文本输入、排版或装配的工作，而是负责这些数字编辑系统的操作以及——同样基本也是数字化的——印刷模板和样式的制作，如果它们不是在印刷车间完成的话。

4.2.3.2.1 报刊出版社的商业模式

德国几乎所有的日报以及大多数的周报和大众杂志都是耦合产品。

耦合产品是同时在两个市场上销售的产品：即广告市场和受众市场，两者是相互关联的。编辑的工作要踩中具有购买力的受众（读者市场）的兴趣，使他们通过订阅或零售的方式购买该产品。因此，出版社在资助和利用这些编辑成果的同时，也同时在生产着第二种商品，这种商品在广告市场上有着极具购买力的需求，即读者累积的使用时间和注意力。对于那些广告公司来说，这提供了一个与潜在客户接触的机会，这些客户可能会注意到广告或促销宣传页，并受到该企业宣传的影响。广告公司会为这些产品向出版商付费，相较于其他形式的广告，它们带来了接触机会和关注度的提升，这主要是为广告公司履行广告媒介的功能。因此，出版社会以复合生产的意向将通常难以回收成本或实现盈利的公共产品（新闻文章）与易于销售的稀缺私人产品（广告空间）结合在一起。

从规范的角度来看，近一个世纪以来，这种密切联系一直饱受批评，因为无论是对于读者，还是对于"依赖于广告"的传播者来说，媒体这两个部分之间的分界线并能始终保持清晰。"报纸"，Karl

第四章 大众媒体

Bücher（1917，第258页）写道，

"将新鲜的新闻贩卖给它的读者，并将其读者群卖给任何有支付能力的私人需求。在同一份报纸上，甚至常常在同一页上，在代表或应该代表人类最高利益的地方，买家和卖家都在为追求一点点蝇头小利而忙碌，对于不了解内情的外行人来说，往往很难在这些'广告部分'中区分哪里是公共利益的终点，哪里是私人利益的起点。"

在来自这两个市场的收入份额方面，报纸和杂志有着很大的差异。在媒体经济学方面，以销售为导向的和以广告为导向的刊物及出版社之间也存在区别。

传统上，广告收入对于街头销售报纸的作用要大于其对于订阅报纸的作用。广告市场一方面受制于整体的经济发展趋势，另一方面则受到一种不利于新闻界的结构性变化的影响。这也使平均收入组合发生了改变：近几年来，对于地区性和全国性订阅报纸以及报摊售卖的报纸（小报）来说，销售收入几乎占到了三分之二（2016年：62.4%）；周报的这一数字则略低，为58%（参见Keller和Eggert，2017年，第55页，以及Keller和Eggert，2016年，第95、98-99页）。销售收入占据极高重要性是德国报业早期的常态；从1970年代中期开始，广告收入才上升到占订阅报纸总收入的三分之二（参见Pürer和Raabe，2007年，第130页）。从结构上看，依靠广告融资的方式给东德的出版社带来了困难，与此同时，一些政治上偏左翼或倾向于批评消费及广告的日报，如《日报》《新德意志报》《青年世界报》和教派报刊，部分由于需求疲软，部分由于（出版）政策决定，获得的广告收入很低。对于小报来说，其销售收入几乎完全是通过零售得到的（与许多其他媒体产品一样）。

不过，眼下德国新闻界的典型做法是订阅商业模式：以一个固定的价格出售一系列将要出版的期刊。出版社可以对其资源作出相对长期的（通常是提前三个月或更长时间）规划和计算，以实现产能的稳定与充分利用，为部分尚不符合成本效益的服务收取费用，并将未售出版本回收（退货）的费用节省下来。对于订户来说，获得折扣、收货方面的有利条件（可以早于零售日期获得、送货上门）和安全有保证的递送也是很有吸引力的。

读者和广告市场的耦合会对新闻出版商产生影响，这在媒体经济学中被称为广告–发行量螺旋，而最终可以推而广之，总结为涵盖所有混合融资媒体的广告–读者螺旋。

如果读者市场的需求发生变化，那么广告市场的情况也会随之发生改变，反之亦然。因此，通过编辑成果在质的或量上的提高、新的版面设计、价格下降或竞争对手之间的变化使得销售量成功地获得提升，那么该刊物同样也会获得广告价值。因此，出版商可以获得更高的广告收入，从而使其利润达到最大化，或是增加投资以提高报纸或杂志质量。如此的产品改进反过来又可能会导致读者需求的增加，这样一来，广告需求和收入又会再次增加，如此循环往复。不过，这种螺旋也可能会向下旋转：广告收入的下降迫使人们节约，从而导致质量受损及销售下降。结果，广告价值和收入也因而下降，出版社管理层只好以进一步的节约来应对，等等。

然而，从经验上看，不仅不能确定这些来自广告市场的收入增长是否真的会被投资用于提高编辑质量，而且这种质量的提高是否真的能被读者感知并获得销售数字的提升也存在着疑问。就此而言，广告–发行量螺旋只体现了一个更加复杂的相互关系中的两种情况，这在媒

第四章 大众媒体

体经济学中被冠以"双边市场"之名谈论：从广告商的角度来看，如果他们只对某些特定目标群体感兴趣的话，那么并不是每一次发行量的提升都有讨论价值。这样一来，发行量的增加可能只意味着损耗的增加，因为从广告商的角度来看，所触及的群体是"错误的"。读者会如何评价广告，以及他们的媒体消费是如何被广告影响的，也是一个有待探讨的问题。如果（太多的）广告被认为是令人厌烦的，那么可能会对媒体的销售产生负面影响，如果广告被认为具有信息性或娱乐性，甚至会提高媒体的销售额。于是这些媒体的广告价值也会得到提升。也就是说，广告市场和读者市场之间的联系可以通过不同的正负反馈循环来表征（参见 Dewenter 和 Rösch 2015，第 134–136 页）。

即使是只注重广告市场收入的出版模式也在一定程度上受到上述关联的影响，因为广告客户的需求（或至少是得以实现的广告价格）往往会随着读者市场销售额的下降而下降。只有那些在最大程度上或完全不依靠广告收入的报刊或出版模式才不会受广告–发行量螺旋的影响，但它们却会面临着必须通过相对较高的销售价格或其他以收入来源为新闻服务提供资金的问题。第一条道路是报刊出版商为专业期刊和学术期刊选择的道路。第二条道路则是许多非商业性报刊的典型做法，它们由政党、教会、协会或者企业出于新闻（意识形态或政治）方面的原因提供资金，并通过会员费或基金会提供补贴。

对于报刊出版社来说，另一个收入来源是所谓的联合营销，即将编辑内容销售给第三方，例如没有自己编辑人员的网络供应商和门户网站。杂志出版社也尝试将其概念与形式在国际上使用，或者向外国出版商出售相应的刊物和概念的授权。

古纳雅尔出版社目前已向国外其他出版商发放了33份授权；

《Geo》杂志目前在19个国家出版；《男性健康》在全球40个国家发行，《女性健康》在54个国家发行[①]。在这一点上，中央和专为各州编辑制作稿件的贡献比例差别很大，因为如果不能适应国情，授权的概念在国外往往会失败（参见Pohlmann，2011，第34页）。

读者与报刊的关联度作为客户忠诚度机制也越来越多地被用在附属业务上面，即出版社向其订户或读者群推销的非新闻产品（从有机咖啡到自行车或者保险单）。

4.2.3.2.2 成本收益结构

报刊出版社的成本结构在很大程度上随产品的新闻品质和技术质量（格式、印刷和纸张质量）以及生产数量（容量×发行量）而产生差异：一份发行量达数百万份的地区性垄断报纸的成本与一份全彩设计、由精选作者撰写，但发行量极小且要在全国发行的大开本艺术和文化杂志的成本结构组成大不相同。不过，还是有一些基本结构和平均值可供说明描述。

首印成本在每个报刊出版社都会产生，它与刊物印刷和发售的数量（发行量）无关，但会受刊物容量（页数）的影响：它们包括制作首份样刊所需的一切费用：新闻和技术人员，外部供应商的费用，如自由撰稿人、通讯员、新闻通讯社和图片服务、企业的一般行政和资本成本、租金等。这些首印成本仅随产品的改变而变化，特别是在容量改变的时候（范围可变成本）。然而，作为固定成本，首印成本会分配在全部的出版发行份数上。

[①] 数据来源：www.tagesspiegel.de/medien/magazine-in-33-kopien-um-die-welt/4299498.html；www.menshealth-power.com/de/unternehmen；www.womenshealth.de/fitness/workouts-trainings- plaene/das-women-s-health-e-magazin.87654.htm [30.01.2017].

因此，每册刊物中固定成本占比会随着发行量的增加而减少——这种关系在许多行业领域中被称为规模经济或固定成本递减。然而，对于新闻界来说，这种规模经济也会带来潜在的严重后果，因为发行量很高的出版物和生产这些出版物的出版社能够获得竞争优势，这最终会导致媒体集中，从而使可能代表少数人立场并有助于多元化的报纸和杂志被裁撤。

日报的广告与编辑内容比例约为 1 比 4，小报接近 1 比 3（参见 Keller 和 Eggert，2016，第 74-75 页），而对大众杂志来说，广告量占到了每册内容量的五分之一（参见 ZAW，2011，第 293 页）。广告的数量和份额有减少的趋势（参见 Keller 和 Eggert，2016，第 74-75 页），这就造成了一个问题，原因是不论过去还是现在，广告版面的销售都是一个有利可图的业务，因为它的生产成本比编辑部分低，收入却更高：报纸五分之一或四分之一的容量（用于广告）仍然能产生超过约三分之一的收入——而且没有直接编辑成本，制作成本也非常低。

这就说明了通过广告为编辑部门提供交叉融资的重要性。同样可以理解的是，在广告市场上遭受的损失要么会危及编辑部的工作，要么必须通过削减成本的策略或销售收入的增加来弥补。如同表 4.5 所示，每种报纸按其不同类型都有着不同的销售额和收入结构（参见 Keller 和 Eggert，2016，第 98-99 页）：

表4.5　2015年的营业额（每月单位/欧元）和收入结构。（用总销售收入和总广告收入除以售出的发行数量，可以得到每月单位收入；来源：Keller和Eggert，2016，第99页）。

报纸类别	总营业额	销售收入	广告收入	销售广告比
全国性日报	51.32	33.82	17.50	59.9:34.1
区域性日报	40.96	25.89	15.07	63.2:36.8
小报	18.43	12.02	6.40	65.3:34.7
周日报刊	7.51	4.25	3.26	56.7:43.3
周刊	17.69	10.26	7.43	58.0:42.0

出于以下两个原因，本书没有收录关于期刊的成本和收入结构的可靠调查结果：市场失灵和政府失灵。一方面，该行业非常不愿意公布信息；即使是大型杂志集团也多年没有发布任何可比较的数据（参见Vogel，2016，第328页），因此该系统不能满足（他们自己的编辑团队理所当然地呼吁过的）透明度要求。这个据了解赚取了巨大的销售利润[1]的行业显然并不会把任何批评性的质询看在眼里。但是，联邦政府也惨遭败绩——究竟是因为对问题的认识不足，还是因为出版商的成功游说，在此只能留待推测——并没有迫使出版公司向公众公开更多。1996年，根据内阁决定，以平均值为基础的官方新闻统计数据被废止，因此我们只能获得1994年之前的可比数据。

在经历了巨大的衰退（2010年：1.45亿）之后，2015年大众杂志的广告收入仍然达到了10.75亿（净值）[2]；至于销售收入，以及

---

[1] 施普林格集团（即并非专门针对大众杂志）报告的2015年的销售回报率为17%；古纳雅尔为8.3%；参见Vogel（2016，第328页）。
[2] 参见Vogel（2016，第322页）。

与之相关的收入结构，则与成本结构一样，几乎完全不对外公开。传统上看，对于大众杂志和期刊总体来说，广告和发行收入的比例大约是一半对一半，而学术杂志，尤其是教派杂志的广告收入则要低得多（参见 Heinrich，2002，第 77 页）。据推测，销售收入的相对重要性近年来有所提高。由于出版形式的多样性，期刊成本结构的差异要比报纸大得多。一般来说，大多数杂志的固定成本所占比重没有日报那么高（参见 Heinrich，2001，第 315 页）。

对所有的报刊来说，容量和发行量的变化都会导致可变成本的改变，这主要指的是印刷、纸张和发行，另外，在容量发生变化时，也会导致编辑和设计服务成本的变化。如果容量和发行量在短期内都发生改变，可能会发生"倒霉的正交"：容量的增加使得首版成本提高，但这可能会（视定价政策而定）导致读者市场需求增加。发行量的增加一方面增加了印刷成本，另一方面也提升了面向读者销售的收入。而此时纸张和印刷的成本呈几何级数增长（印刷面积 = 容量 × 印刷量），例如，印刷量 5000 的 16 页刊物（80000 张印刷页数）到印刷量 10000 的 32 页刊物（320000 张印刷页数，即变为四倍！）。在理想情况下，由于容量的翻倍，在市场上销售的价格也可以翻倍，那么销售收入也会增长至四倍，但广告收入不一定会增长，也不会马上得到增长。首先，必须通过媒体分析证明刊物的广告价值获得提升，并提高广告价格，然后还需将增加的广告空间以提价后的价格出售。这可能会导致成本回收问题，特别是对于以广告为主导的出版物。如果临时性扩展容量，且读者市场没有相应的价格上涨，也会发生这样的情况，例如，由于当前发生的事件，从新闻的角度由这样做的必要。根据两个相互依存的市场之间的权重来计算价格 – 数量框架是出版社的核心商业任务（参见 Nussberger，1984，第 102-106 页）。

4.2.3.2.3 出版战略

在读者市场潜力已被挖尽，特别是在广告市场由于人口变化和媒体间竞争而趋于萎缩的背景下，报刊出版商不得不在会对新闻质量和多样性产生负面影响的成本削减战略，以及排挤战略（即对于市场份额的争夺）和扩张战略（海外、附属业务）之间做出选择。

案例

德国的期刊出版社正试图通过开发和布局新的刊物，即通过其项目（或项目组合）的差异化（或"组合"）来在竞争中站稳脚跟。其目的是开拓由于社会分化进程而出现的新读者群。这方面的例子有 1990 年代股市繁荣时期的金融和投资者杂志，PC 和互联网杂志的市场细分，以及妇女杂志和电视节目杂志的差异化战略。这里特别值得一提的是低价和双周刊以及新格式（"袖珍本"）的引入（参见 Sjurts，2005，第 127-131 页）。对于特殊兴趣和非常特殊兴趣杂志领域来说，广告市场具有决定性地位。差异化和专业化战略相对较少关注覆盖面的最大化，更加注重的是针对目标群体的深耕细作。出版社会努力为专业产品和服务的供应商提供没有客群损失的广告位，以使尽可能多的读者成为潜在客户。新的刊物可以在社内开发部门设计，也可以在外部的"实验室"中进行设计；有时也可以从现有编辑团队的特刊开始，作为产品线的延伸而出现。可以在刊物推出之前借助所谓的零号刊物（必要时在规律性出版前出的一期完整文本版本），或在区域性测试市场上测试该刊物能否取得市场成功。新刊上市可以在最初以优惠的价格推出，或直接以正常价格发行。媒体研究，特别是读者调查、焦点小组和深入访谈，以及潜在广告商的意愿，在新刊物

第四章　大众媒体

的设计中发挥了重要作用，这些新刊物中有许多在市场上并不能坚持很久，而是被新的品种所取代[①]。

日报出版社也在试图通过产品创新来解决他们的销售问题；除了偶尔在版面上"改头换面"外，还包括格式上的改变（目前的趋势是"小报"化）或容量减少的"集锦报"和"轻报纸"，这些都会让报纸面对新的读者层和改变了的使用状况变得更有吸引力。

自从受国家保护的邮政垄断被废除以来，许多报纸出版商利用他们在本地的发行能力来投递商业邮件，有时甚至是私人邮件。在全国范围内的邮件投递方面，有作为"绿色邮政"而成立的 PIN Mail AG，现在主要由 Holtzbrinck 出版社（《商报》《时代周报》等）拥有。

报刊出版社的核心资产在于报纸和杂志的刊物知名度（即品牌）、读者对杂志的忠诚度、编辑能力以及媒体的形象特征和影响力（特别是对于广告市场，但对于获得独家新闻也很有帮助）。因此，核心竞争力掌握在编辑部门手中，特别是对于杂志出版社来说，还有刊物开发的能力，以及（主要是日报）销售发行方面的能力（参见 Wirtz，2006，第 177 页）。

长期以来，德国日报和大众杂志的销售利润率被认为非常高（参见 Heinrich，2001，第 245、316 页）；据估计，其平均水平仍有 10%（参见 Wirtz，2013，第 221-222 页），而大型出版商还可能获得更高的利润率。

[①] 参见 Vogel（1998，第 165-238 页）、Wirtz（2006，第 194 205 页）、Wehrle 和 Busch（2002）以及 Sjurts（2005 年，第 47-113 页，135-207 页）关于报纸和大众杂志出版社的产品管理与战略。

4.2.3.3 报刊发行

对于出版社来说，实现刊物在物质层面上的分发有几种渠道：主要是采用订阅（每家每户投递或邮寄）和零售的特定组合或者免费分发的方式；此外，还有阅读圈（对于大众杂志来说）和图书馆（尤其是学术期刊）。

对于地区性订阅报纸而言，出版社自有或委托他人承运的在清晨时分为订户上门投递的服务发挥的作用最为重要；超过90%的发行份数都是通过这种方式送达的。其余部分则直接卖给发行区域当地的销售点，必要时也会卖给流动的"飞行"报商（报童）进行街头销售（在某些地方还会提前到前一天的晚间销售），以及通过报刊邮件（邮递报纸服务；参见第4.2.4.1节）向实际发行区以外的订户单独邮递。

而在订阅份额占70%（参见 Keller 和 Eggert，2016，第82页）的全国性发行日报处，则以报刊批发和报刊邮递（约占发行量的3%）的方式进行全国性发行，作为这种地区性发行组织的补充。通过报纸的网站，特别是以订阅形式，用数字方式（因此，成本极为低廉）发行电子报纸（原始版面的印刷版传真，PDF格式）正在变得越来越重要。比起区域性报纸、周报和周日报纸（4-6%）以及小报（1.4%）来说，这种形式的付费内容业务对于全国性的高品质报刊更为重要（16%以电子报纸形式发行）。2016年，全部193种电子报刊的总发行量达到了近100万份（977000份）[1]；而2010年则仅为约95000份（IVW II/2010，根据 Kansky，2010，第183页）。

反之，在小报或街头销售的报纸这边，投递上门和报刊邮递发挥

---

[1] 参见 Keller 和 Eggert（2016，第80-81页）。

第四章　大众媒体

的作用很小，因为它们并不针对订阅者进行销售[1]，而是通过总数超过 122000 的销售点进行零售（参见 Nebel，2011，第 4 页）。送至销售点的报纸中有大约 20%-30% 没有被售出，而是被退回报社（参见 Schütz，2009a，第 546 页）。德国的小报也有地区性的发行区域，只有一小部分会通过车站书店进入全国性零售。《图片报》是一个例外，除了 28 个地区版之外，它还制作了一个全国版，并在没有地区版的地方销售发行。一些小报和周日报纸还在报纸自动售卖机（"哑巴售货员"）上提供自助服务，这最大限度地降低了员工成本，但也增加了"损耗率"（盗窃）。

部分周日报纸会通过投递服务直接送到订户手中，这样一来就可以使用工作日的配送结构。然而，特别是对于全国性的分销来说，重要性更高的则是零售业务（约 57%）[2]，由于德国商店在周日的营业时间问题，这更多的是通过流动售卖、火车站书店和非报刊销售点，如加油站和面包房来实现的。此外，还有所谓《图片报周日版》和《世界报周日版》的投递销售员，他们根据一份对于感兴趣者的名单，提供施普林格出版社这两份周日报纸的上门销售服务。

除了少数例外，周报（订阅率约为 90%）[3]和杂志会通过报刊邮递送至订户处，并通过报刊批发商提供给 108000 个零售网点[4]。

在需求波动的情况下，为了确保每期刊物不会在报刊亭被卖光，印刷和分销的数量必须始终多于实际销售的数量。未售出的刊物，大

---

[1] 在全德范围内，250 万份中只有约 20 万份是通过订阅发行的；参见 Keller 和 Eggert（2016，第 82 页）。
[2] 参见 Keller 和 Eggert（2016，第 82 页）。
[3] 参见 Keller 和 Eggert（2016，第 82 页）。
[4] 参见 epd 今日媒体，第 34a 期，2017.2.16。

约占发行量的 30%-45%，可以退还给批发商。发行数量中的另一部分会为了广告目的而免费分发，以吸引新的订户和买家。最后，为了扩大出版物的覆盖面，从而提高其广告价值，部分刊物会被赠送出去。有一种被广泛使用的营销手段是所谓的"航空版本"，即为航空公司或乘客提供的免费刊物。2016 年，这些"机上版本"总计超过 24 万份（IVW II/2016，根据 Keller 和 Eggert，2016，第 110–111 页）。这些刊物会作为其广告传播力的论据提交到广告商那里。

4.2.3.3.1 报刊的批发及零售经销商

在德国，一个差异化的交易系统负责在全国范围内向报纸和杂志读者提供种类丰富的刊物：

• 杂志和报纸的批发（报刊批发）由具有地区垄断地位的报刊批发商经营，他们作为中间商，能够让刊物在全国范围内的所有销售点销售——即使是印刷量小、本身无利可图的刊物。作为回报，出版商授予了报刊批发商一项退货的权利，这样，未售出的刊物会按购买价格退还给出版商（参见 Nebel，2011，第 3–4 页）。"无实体退货"也得到认可，即车站书店和批发商可以在其行业系统 EDI-Press 中以电子方式记录未售出的刊物，并自行化浆销毁（参见 Breyer-Mayländer 等人，2005，第 300 页）。德国的报刊批发系统在国际上被视为典范，它以一个有着几十年历史的机构为基础，这个系统中只有部分规范通过合同以及德国数字出版和报纸出版商协会（BDZV）、德国期刊出版商联合会（VDZ）和德国报刊批发商联合会等行业协会的联合声明书写成文，该声明在 2004 年才签署（参见 BKM，2008，第 163 页）。批发商的销售利润在 15% 至 30% 之间[1]；一些大型出版社正在努力通过食品折扣超市和其他销售网点越来越多地直接进入销售业务，以绕过新闻批发商系统，从而将销售利润降到最低。大型出版社鲍尔集团有近一半的报刊是在传统的报刊零售店之外销售的，主要是在超市和折扣超市（参见 Nebel，2011，第 5 页）。这种平行分销结构的建立以牺牲批发商的利益为代价增加了出版商的利润率，并可能会瓦解批发商体系——从法律角度来看该体系是一个同业垄断集团。经过长达数年的诉讼，联邦最高法院在 2015 年裁定，为了保护覆盖全国范围的（包括小型的，且从出版商的角度来看不盈利的销售网点）和非歧视性的分销（大型出版商无法获得折扣），应继续由报刊批发商独家决定分销事宜[2]。为了改变这个以合同方式固定下来，持续到 2018 年初的体系，六家大型出版社（鲍尔、布尔达、冯克、克兰伯特、明镜和施普林格）组成了一个联盟，使其之后可以向有利于他们的方向变化[3]。

• 外国报刊产品的发行，以及越来越多的小型特殊兴趣杂志的发行，是通过国家发行商（ND）进行的，此时他们取代了批发商的位置（参见 Breyer-Mayländer 等人，2005，第 300–301 页）。

• 推销性书籍及报刊贸易（WBZ）于 2009 年在德国媒体及服务经销商协会（BMD）名下成立。它以做上门广告的方式向订户提供杂志。目前德国约有 200 家独立公司，它们以非常优惠的条件从出版

---

[1] 参见 www.bpv-medien.com/images/download/Handelspanne.pdf [29.12.2016].
[2] BGH，2015.10.06，KZR 17/14；另参见：www.pressegrosso.de/news-archiv/newsdetail/article/grosso-verband-begruesst-heutige-entscheidung-des-bgh-zur-zulaessigkeit-von-branchenvereinba-rungen/115.html [29.12.2016].
[3] 参见 epd 今日媒体，第 34a 期，2017.2.16。

商那里购入期刊，但没有退货权。这些供应商被叫做"推销车"，名声不佳，他们由德国媒体及服务经销商协会组织在一起（参见www.bmd-verband.de），有时会以高额赠品或折扣以及额外的保险服务等福利来招揽订户，同时他们也通过在线门户网站进行销售。WBZ约占杂志销售额的4%（参见Breyer-Mayländer等人，2005，第306页）。

• 将近111000个报刊零售销售点的收入来自于17%至20%的销售利润。其中58%是只有一个销售点的个体企业（参见德国报刊批发商联合会，2016，第47页），它们往往是混合型经营（有烟草、饮料、糖果销售的售货亭），同时也是彩票或邮政受理点，依赖较高的客户频率维持生意。约有12%的销售点从事食品贸易；它们实现了约四分之一的新闻零售营业额。这些销售点平均为顾客提供229种报刊；不过，面包店中的报刊数量明显少于报刊亭或较大的专业商店（参见德国报刊批发商联合会，2016，第47-49页）。

• 德国的车站书店占据着一个特殊的位置，它是由出版商直接供货的（即不通过报刊批发商）。由于它们每天及每周的营业时间更长，图书报刊种类繁多（通常超过1000种），以及地点优势（也更昂贵），产生的成本也较高，这个高成本可以通过较大的折扣抵消（零售和批发折扣都是通过出版商让利而来的）（参见Breyer-Mayländer等人，2005，第299-300页）。因此，不同于城市报刊亭的20%利润率，车站书店可以留下销售价格的50%[①]。报刊零售收入中约有10%是通过仅有450个销售点的车站书店产生的（参见VDZ，2015，第88页）。

广告报纸和其他免费分发的报纸通常是通过承运服务分发投递

---

① http://www.pressehandel-in-deutschland.de/index.php/tipps-fuer-verlage/handelsspannen[29.12.2016].

的，无需任何订购；客户和员工杂志则在销售点（商店）、工作场所或通过邮寄分发。

表4.6 报纸的发行结构占发行量的百分比（参见IVW，2016，第18-31页）

报刊种类	订阅	零售	阅读圈	其他，含机上版本
日报	70,8	21,8	–	7,4
周报	85,5	5,8	–	8,7
大众杂志	48,1	36,0	4,3	11,4
专业杂志	88,6	0,8	–	10,6
客户杂志	1,9	0,2	–	0,3

大众杂志印刷数量中的48%和专业杂志印刷数量中的90%是通过订阅和报刊邮递的方式实现的；大众报刊中还有4.4%的印刷数量是通过阅读圈发行的，36.1%则是通过零售销售的（参见IVW业务报告，2015/2016，第24-26页）。在专业期刊领域，订阅也可以通过从书店自取的方式组织完成。对于学术期刊来说，整期或是单篇文章的在线发行已经占据了一个重要的地位。

除了销售和赠送以外，租赁也在杂志的发行中起到了一定作用，这是通过"阅读圈"实现的。这些公司以非常优惠的条件（高达90%的折扣）从出版商那里购买杂志，他们对于阅读圈[①]的高覆盖率感兴趣，并借此将杂志它们打包进"阅读杂志架"中。特别是医生的诊所和律师的事务所还有美发师都订阅了这些阅读圈。在德国，大约有19万个"阅读杂志架"在流通，它们也作为广告载体发挥着作用（参见

---

① Breyer-Mayländer（2005，第305页）认为约300个阅读圈总共拥有20万个商业客户和50万个私人客户，以及每周约一千万人次的使用者；当前的数据将在媒体研究中单独显示。

VDZ，2015，第 89 页）。表 4.6 显示了每种发行渠道对于各种报刊的重要性。

4.2.3.4 读者与买家

和所有的媒体产品一样，报纸和杂志是一种体验式的商品，读者只有在阅读或购买之后才能对其质量作出真正判断。与图书或电影相比，期刊的优势恰恰在于其周期性，即熟悉的形式的规律性重复出现和刊物的可识别性，这些可以起到强大的产品品牌作用。期刊具有特定读者 - 刊物关联度以及低价格弹性的特点，亦即对价格上涨的接受度相对较高（参见 Heinrich，1994，第 203 页）。阅读日报及周报，以及杂志，都是习惯性的，融入日常生活节奏中，或已成为一种仪式性行为（参见 Beck，1994；Ridder 和 Engel，2010，第 528 页）。平均来说，德国人每天花 23 分钟阅读报纸，6 分钟阅读杂志，仅占媒体时间预算的 4% 或 1%（参见媒体透视基本数据，2016，第 65 页）。2015 年，在最受欢迎的休闲活动中，日报阅读排名第四，杂志阅读排名第九（参见书业协会，2016，第 33 页）。

日报被认为是一个可信度极高的媒体：2015 年，日报（尽管呈下降趋势）以 39% 的得票排在了公共广播（电视：22%，广播：11%）的前面；95% 的人认为地区性日报是可信的（参见 BDZV，2016，第 330、325 页）。此外，与电视和广播相比，了解一般性信息、学习日常生活中有用的内容以及获取谈资等动机在日报阅读方面起到了突出的作用[①]。

根据年龄、性别和居住地（德国西部与东部）的不同，报刊读者

---

① 在这三个阅读动机方面，日报明显领先于电台媒体；参见 Engel 和 Mai（2015，第 562-563 页）。

第四章　大众媒体

的使用行为也存在着很大差异。

- 尽管有着明显的下滑，但仍有约33%的人阅读日报（参见媒体透视基本数据，2016，第65页）。根据BDZV的数据，地区性订阅报纸的每日覆盖率（以每期读者数计算）为3340万（48.0%），小报为1430万（20.0%）。在德国，全国性的高品质报刊每天有300万读者（4.3%）（参见Pasquay，2016年，第163页）。总体而言，2016年日报的每日覆盖率约为60%——在国际上仍是一个高值（参见HBI，2017，第21页）。周报则达到了2%（2016年：2.5%），周日报纸覆盖了14.6%的人口（参见Pasquay，2016，第161页）。在德国东部，日报的总覆盖率为59.7%，低于西部（62.0%）；差异最大的是全国性高品质报刊（西部：6.3%对东部：1.7%）。巴伐利亚和莱茵兰-普法尔茨州高于平均水平，分别为64.1%和65.1%；柏林和萨尔州低于平均水平，为48.3%和54.7%（参见Pasquay，2016，第121页）。男性比女性更愿意每天阅读报纸（覆盖率为67.5%对60.0%）。与此同时，整体上来说小报的受众是城市居民，并且更倾向于男性（男性的覆盖率为22.2%，女性为11.1%），而区域性订阅报纸的在女性中的覆盖率则略高于男性（分别为49.1%和47.0%；参见Pasquay 2016，第165、169页）。老年人比年轻人更喜欢阅读日报：在70岁以上的年龄组中，日报覆盖率是77.4%，在20-29岁年龄组中只有38.5%，在14-19岁的年轻人中只有25.8%。此外，日报的阅读率在所有年龄组中多年来一直都在下降，因此也是全部人群中的下降（参见Pasquay，2016，第164页）。

- 根据2016年的媒体分析，共有170万14岁及以上的德语读者阅读周报（总覆盖率2.5%；东德：1.0%，西德：2.6%），同样以男性（覆盖率 2.8%，女性 1.9%）年轻和正式学历较高的群体为主。

• 周日报纸的阅读人数为 1030 万，略有下降趋势，相当于 14.6% 的覆盖率，同样是德国西部多于东部（参见 Pasquay 2016，第 161 页，和 ZAW 2016，第 257 页）。

• 14 岁以上的人中有 67.2% 的人阅读广告报纸（每期读者数量）；最重要的阅读动机是对于本地话题的兴趣（参见 BVDA，2016，第 4-8 页）。

• 共有 6400 万 14 岁以上的人至少偶尔阅读杂志（参见书业协会，2016，第 33 页），这使得杂志的覆盖率达到 91.3%（每日覆盖率: 6%）（参见 Breunig 和 van Eimeren 2015，第 510 页，以及 VDZ，2015，第 20 页）。

在零售领域（即排除对于德国报刊非常重要的订阅之后），每个德国人每年平均花费 43 欧元（2010 年）购买报纸和杂志（参见德国报刊批发商联合会，2011，第 10 页），不过，根据联邦统计局的统计（2015，第 204 页），2012 年这个数字仅为每个家庭 22 欧元（包含订阅）。

4.2.4 报刊市场及组织环境

4.2.4.1 媒体治理：报刊的规范性基础

从一开始，报刊就是受到传播政策——主要是由教会和国家——严格监管的对象。监管的目的在于控制报刊的内容和获取的可能性，以及思想的传播：几个世纪以来，职业、印刷、出版和发行禁令，以及没收、预先审查、出版说明制度和许可证申请制度、刑事或专制性起诉、出版义务和通过人事选择进行的新闻控制，还有关于特许权、保证金义务、广告市场特权、税收、新闻分配、印刷纸张和发行资源分配的新闻经济法规，对于德国新闻出版界产生了很大影响。教会、国家和军队的限制性措施只有在短暂的民主阶段中才得以被打破（参见 Pürer 和 Raabe，2007，第 57-63 页；Stöber，2000，第 95-112、129-145 页）。

4.2.4.1.1 新闻报刊自由

今天的新闻自由，这里是指狭义的期刊新闻，是第二次世界大战后西方盟国的新闻政策以及建立在1949年《宪法》基础上的民主发展，还有——就统一的德国而言——1990年东德五个州加入联邦所带来的结果。联邦政府实际上拥有对新闻报刊的法律管辖权，虽然它并没有使用这一权能。各个联邦州颁布了各州的新闻法，它们在主要方面都基本相同，都是基于广义的新闻概念，或者也部分地适用于电台。具体来说，狭义上的新闻界指的是：

• 禁止没收新闻产品；

• 出版说明义务（印刷商、出版商和责任编辑的名称及地址）；

• 依据法律对责任编辑作出资格要求；

• 披露所有权的义务（例如《柏林新闻法》第 7a 条）；

• 广告的标示义务（与编辑内容部分分开）；

• 关于刊登不同意见文章的要求的规定（参见第 2.4 及 2.5 节）。

新闻界的资本主义组织在新闻外部自由的意义上通向了不受国家干预的必要自由。然而，新闻的内部自由，即在传播过程中以及在公司组织内确保新闻自由的组织制度，在政治上仍然存在相当的争议。问题是谁最终会对新闻自由负责，以及如何分配决策和塑造的能力。毫无疑问，外部新闻自由也包括企业的自由，即在任何时候都可以不经国家许可或审查而创办报纸或杂志的自由（只要有足够的资金）。然而，《宪法》不仅保障了作为企业家的出版商的新闻自由，而且也保障了所有人（不仅仅是德意志联邦共和国公民）的新闻自由，因此也保障了传媒企业内部每一位记者个人的新闻自由。作为雇员或承包方，记者是从属于出版社的员工，因此要接受出版商的指令，出版商则对组织负有经济责任[①]，并可能希望通过出版物代表某种政治或意识形态倾向。这就提出了制度性的权限分配问题，特别是在私营新闻报刊企业之中。

• 从法律上讲，出版社与所有传媒企业，也包括教会、政党或工会一样，被视为倾向性企业，不受通常的员工共同决定权的约束（《企业组织法》第118条）。这是为了保护新闻报刊企业的公共职责，而绝非为了保护出版商的私人利益。为了调节出版商对该倾向的保护与记者基本新闻权利之间可能存在的冲突，一个权限划分规则建立了起来，然而，这个划分规则并不能总是毫无阻滞地发挥作用。因而，出版商拥有着基本的权力，并决定着新闻立场（自由派、保守派等）。

• 指导权限指的是对当前话题和问题的评估；例如关于对移民、核能或欧洲一体化的新闻立场。正是在这个中间层级上，最有可能发生冲突，因为这是编辑部、主编、出版人和出版商最有可能发生竞争的地方。

• 另一方面，关于细节的权限涉及对于当前报道的决定，因此，即使仅考虑组织上的原因，也必须归属于记者（参见 Heinrich，1994，第193页）。

[①] 记者可能会由于他或她工作职位上的风险而承担经济风险，这反过来也会引发自我审查和预先适应的机制。

社会民主党对于在联邦新闻法律框架中通过建立编辑人员的共同决定团队来规范内部新闻自由的要求，遇到了来自出版商方面的阻力，尽管社民党联邦政府一再宣布，但从未实现。只有勃兰登堡州的新闻法（第4条第2款）包含一段旨在保护言论和传播自由不受出版商指令影响的段落。为了确保共同决策和内部新闻自由，自20世纪70年代以来，编辑部和出版商之间已经协商并编纂了一系列的编辑章程；然而，这些章程今天在大多数报纸和杂志中已经不再能发挥作用。

除了不受国家操控的资本主义新闻秩序以外，1945年以后西方同盟国新闻政策留下的另一个遗产是对于新闻（本身）理解的改变：党派和思想控制的媒体在很大程度上消失了，那些自诩为中立、非政治的商业媒体也是同样。"二战"前普遍存在的那种主要依赖广告收入的"大众报纸"，曾经有着非常广泛的影响，如今已不复存在[①]。大多数具有新闻价值的报纸都认为自己在政治上是独立的，但并非不具有观点或信念。编辑部门拥有自己的态度立场，但会将其放在评论和观点栏目中，并与新闻报道部分做出明显区分。

4.2.4.1.2 新闻集中化——传播政策中的问题

新闻集中化是德国传媒体系的一个核心结构特征（参见第4.2.4.2节），在19世纪和20世纪初，德国报业已经以Mosse、Ullstein、Scherl、Hugenberg、Girardet或Münzenberg等大型报业集团为形式形成了行业特征，并且受到了早期的报业学者的批评性讨论（参见Groth，1928，第220-238页）。在德国报业的历史上，新闻集中化——

---

① 典型的代表是舍尔的《柏林大众日报》和乌尔施泰因的《柏林晨邮报》；同盟国认为，"毫无立场的"大众报纸对于纳粹的轻松崛起负有部分责任。今天的小报是最接近"大众报纸"的一类刊物。

尤其是日报——也一直是新闻学研究中新闻集中化问题的研究对象（参见 Hartung，1962；Schütz，1963；Kötterheinrich，1965；Kisker 等人，1979；Knoche，1978）以及政治辩论的主题（参见 Springer，1967；Arndt，1967；Glotz 和 Langenbucher，1968）。在 1960 年代中期，关于传播政策的争议性讨论引发了联邦层面的一系列政治措施，最初是以委员会的形式，后来则是通过法律措施调节。

在报业出版商对一起广告市场上的不公平竞争提出诉讼的背景下，"报刊、广播/电视和电影之间公平竞争调查委员会"成立了，该委员会以其主席的名字命名，简称"米歇尔委员会"。1967 年的最终公报指出，报刊与公共电台在新闻方面相互补充，而且由于其范围的限制，公共电台公司在广告市场上只能在非常有限的范围内参与竞争，最多也只能与杂志相互竞争。不能断定存在不合理竞争的情况，同时也不能断言电台是引起报界经济问题的原因（参见米歇尔委员会，1967）。

此后，另一个"德意志联邦共和国关于集中化对报业公司经济存在威胁以及其对言论自由后果的调查委员会（报业委员会）"于 1967 年成立，该委员会以其主席兼反垄断局主席的名字命名为君特委员会，其调查重点为报刊的集中化。包括出版商和记者在内的专家委员会发现，新闻自由虽然并未因集中化而"受到损害"，但是却"遭到了威胁"，并提出了一系列新闻政策措施，其中一些措施已经得到实施，至今仍在起着作用：例如，规模较小的报刊出版社可以以优惠条件获得投资贷款（参见君特委员会，1968）。

这些法律措施包括新闻统计、以及营业税特权、固定价格和在报刊批发商拥有的卡特尔禁令的豁免地位。

• 根据1975年4月1日通过的法律，官方新闻统计被引入（参见Tonnemacher，1996，第98-100页），因为有关新闻集中化的讨论表明，那些对于新闻界来说十分重要的企业和行业数据没有公开获取的途径，并且部分出于出版商方面的政治利益考虑，被系统性地拒绝公布。官方新闻统计也是传播学的一个重要来源，1996年，赫尔穆特·科尔领导的联邦政府通过内阁决定，将这一统计终止于1994报告年度。从1970年开始定期编制的联邦政府媒体报告，范畴曾远远超出新闻报刊领域，现在则只是零星地编制。某几个州的新闻法中已经包含有披露所有权的义务（例如《柏林新闻法》第7a条）。联邦政府的垄断委员会也多次编制过关于新闻和媒体部门集中化问题的鉴定报告。新闻集团的拆分或市场均势的建立并没有在政治上针对强大的出版商利益而强制实施，与该行动相关的市场份额限制是按照这样的方式来界定的，即企业的集中度水平（尤其是阿克塞尔-施普林格出版社的市场份额）被保存了下来：因此，如果一个出版商拥有日报及周日报纸或杂志的读者市场总份额多于20%，就会威胁到新闻自由，而只有在超过40%时才会对新闻自由造成损害。

• 1976年通过的《报刊业兼并控制法》对于卡特尔法（GWB，反限制竞争法）进行了修正，至少使进一步的集中变得更加困难，大型出版社的合并（布尔达和阿克塞尔-施普林格出版社，1981）或跨媒体的集中化（施普林格与ProSiebenSat.1的合并，2006）[1]的失败就体现了联邦反垄断局的反对态度。在报刊领域，如果两家公司中的一家营业额达到了2500万欧元，第二家达到了至少500万欧元，那么该

---

[1] 2014年，联邦行政法院认为该禁令是非法的（参见HBI，2017，第58页）。

合并就需要得到批准，而对于其他所有行业来说，原则上适用该值的20倍（5亿欧元营业额）（GWB第35条）。在亲出版商的联邦政府的倡议之下，《报刊业兼并控制法》在2013年得到放宽（GWB第38条），以进一步促进新闻报刊业的集中。"申请门槛"被定为6.250亿欧元，即只有当营业额总和（全球）达到该数值，或者两家出版社中较小的一方国内营业额达到3.125亿欧元时，这两家报业出版商的合并才必须根据反限制竞争法进行审查，并在必要时被禁止。在修订后的GWB第36条中，亏损的出版社被其他公司收购（所谓的"重组并购"）将作为新闻报刊界的专属例外得到许可，即使这起收购会导致该公司获得市场主导地位或强化这一地位。该许可的有效期限初步截止至2017年。进一步的放宽适用于不涉及编辑部门的出版社经济合作（参见epd，2016.11.11），如联合发行或广告招商。根据反限制竞争法，单独提供社论稿件或整个报纸头版也是无足轻重的，即使新闻多样性可能会因此受到负面影响。

• 另外还有两项监管措施有助于促进整个行业的经济发展：报刊产品的营业税税率较低，目前为7%，而不是19%，这也能够促进公共产品的广泛传播和购买。

• 报刊产品二手价格的固定，即最终价格的约束（GWB第30条第1款），也是为了确保全国范围的供应。这是为了防止对于规模经济和市场力量（大宗买家转嫁折扣）的利用。

• 为了实现全国范围内的统一供应，报刊批发作为GWB第1条的例外被容许存在：在德国，报纸和杂志的批发由57家独立批发商以及另外12家有出版商参股的批发商掌握（参见德国报刊批发商联合会，2011，第 156 页），除了极少数例外以外[1]，这些批发商在各自的地区都拥有独家地位（垄断）。这些地区性垄断只能被报刊出版商（还有国家以及反垄断局）所容忍，因为作为回报，报刊批发商承诺保证以非歧视性的条件（"网络中立性"）发行所有出版商的报刊，即使是需求量较低的报刊无法收回成本或是以能够获得盈利的价格发行（合同义务）。

- 传统上，（国家）邮政服务在德国的新闻传播中发挥了重要的作用：邮政报刊服务机构开始于 19 世纪中叶，并以报刊邮政公司 Post AG 的形式延续至今。由于其强大的市场地位和政治监管需要，它为各家出版社在全国范围内发行报刊产品提供了特殊的合同条件，因为它们对公共传播做出了重要贡献。最低发行量在 1000 份以上，且每季度至少出版一期的期刊在邮寄时作为印刷品享有优惠，编辑内容最低为 30%，且收费销售份数至少为 10% 的杂志则会作为邮政发行件寄送，还有个别报刊样本会作为包扎报纸运输。为了在全国范围内实现非歧视性的报刊供应，为了让报界即使在经济较为困难或不可能的情况下（市场失灵）也能更容易地完成其公共职责，这里同样也对新闻界进行了补贴[2]。

然而，德国邮政不仅与报刊界合作，而且还正在发展成为出版社的竞争者，而出版社反过来也在信件投递业务中积极活动。德国邮政每周六都向 1850 万户家庭免费发放一种类似于报刊的广告媒体（《购物新闻》），并威胁要亲自参与到广告报纸市场的业务之中。这样，不仅会由于邮政业务享有营业税豁免而产生竞争法的问题，而且——

---

[1] 在 108 个销售区域中只有 3 个存在竞争；参见 Breyer-Mayländer（2005，第 301 页）。
[2] 更多信息见：www.deutschepost.de/pressedistribution [2011.05.31]。

只要联邦政府还是德国邮政最大的股东——还提出了媒体应保持不受国家干预的宪法问题（参见 BKM，2008，第 61–162 页）。

4.2.4.1.3 新闻政策的参与者

在国家新闻政策之外——由于民主理论和宪法所要求的新闻不受国家操控的独立性，国家新闻政策永远只能是结构和经济层面的新闻政策——其他参与者也在积极行动。这里除了资源丰富的公司和协会以外，在特殊情况下还包括民间社会团体。这方面一个很好的例子是从所谓的学生运动和 APO（议会外反对派）中产生的另类新闻运动。其出发点是对于新闻报刊的集中化还有受到学生运动及新左派强烈关注的"中产阶级市民报刊"的舆论垄断的争议，首当其冲的就是"施普林格集团"，另外则是缺乏足够的宣传机会讲述他们自己的话题和立场。从几个大学城开始，在新的社会运动（环境、妇女、和平、男女同性恋运动）的推动下，出现了以地方性报刊媒体为主，大多被称为"替代杂志"的"中产阶级商业新闻"的替代性产品（参见 Stamm，1988）。这些出版物几乎没有一个存活到今天：这些报纸要么在经济上和新闻上失败了，要么被职业化（如《日报》）和商业化（如许多城市画报和所谓的另类文化杂志）。今天，网络产品可以部分地承担一个另类公共领域的功能。

事实证明，行业协会和记者工会（当然该组织不只涵盖报刊界）的影响力要大得多，而且也有能力长期采取行动：

• 德国报纸出版商协会（BDZV）及其 11 个州级协会，除了担当着作为集体谈判伙伴的职能外，还是日报和周报出版商的经济、新闻和媒体政治利益的组织代表。它是由德国报纸出版商总会（许可证持有者的组织）和德国报纸出版商协会（旧出版商）于 1954 年合并而成，并得到各州级协会的支持。其主席团由五名出版商组成,通过各州级协会根据其发行量派代表参加的代表大会选举产生,任期两年。今天,BDZV是大约300种报刊的代表。2016年,BDZV进行了内部重组和调整。与各州的协会相比,大型出版社的地位得到了极大的加强(在主席团中拥有投票权);阿克塞尔-施普林格集团的首席执行官Mathias Döpfner被选为主席(参见BDZV,2016,第240、253-254页)。BDZV是一个在媒体政策方面非常活跃,且由于新闻界的舆论塑造功能而具有影响力的商业协会,在历次关于新媒体和媒体创新后果的政治辩论发生时,它始终都参与其中(参见Schulze,1994,2004)。这些辩论从关于新闻集中化、公共电视广告、私人电台(有线电视和卫星电视)的引入、视频和屏幕文本,演变为公共网络和移动产品,以及出版商通过第三方提供的在线利用权(附属版权,参见第2.6节[①])。从本质上讲,这些辩论都与媒体政治框架条件和印刷媒体的竞争形式有关,从出版商的角度来看,一次次的媒体创新一再威胁着他们在广告和受众市场的经济基础。BDZV的立场通常在通过政治和法律措施(即监管)保护行业利益和以商业方式参与媒体创新以及新市场开发之间摇摆,为此通常会要求放松政治管制,例如关于新闻和媒体集中化的规定。一方面,BDZV过去及现在都一直主张在开辟新的(广告)市场时对公共电台进行限制,比如自1950年代中期开始引入的电视广告,也包括所谓屏幕文本和视频文本等新媒体,以及最近的ARD和ZDF的网络产品等案例。另一方面,BDZV的政策也着意于促进报纸出版商对于新兴市场的参与,特别是1980年代以来广

[①] 此处也可参考Tonnemacher关于电台、网络媒体以及传播政策冲突和立场的章节(1996年,第61-196页)。

播电视领域"双轨制"的引入。鉴于报界对于政治舆论和意愿形成具有高度重要性，在媒体变革的背景下，BDZV 主张保留与系统中意义重大的报刊特权和补贴，如营业税率减免或对于新闻批发卡特尔的容忍，以及在 2013 年设立的新权利，如报刊的附属版权。该协会呼吁对公共电台进行更严格的监管并放松对私营媒体部门的监管，特别是要修改《报刊业兼并控制法》的规定，从而减少媒体集中化的阻力（参见 Wolff，2010）。在其对外部新闻自由的承诺中，BDZV 与记者联合会一起倡导新闻自律（德国新闻委员会），并反对国家对研究和报道的限制，例如在所谓的反恐和安全法的框架内。在内部新闻自由的问题上，BDZV 坚持保护报刊的倾向性，并成功地阻止了《联邦新闻法律框架法》中所设计的共同决定条例的进一步实现。

• 德国期刊出版商联合会（VDZ）成立于 1949 年，最初是由五个西德地区的州级协会按照 1925 年德意志帝国期刊出版商联合会的传统合并而成的；今天，它代表着拥有 6000 种刊物的 400 多家出版社，约占总营业额的 80%。VDZ 在媒体政策上的立场基本与 BDZV 相似：它主张新闻和出版的行业自由，反对对于报刊集中化的监管、广告禁令和对于名人的新闻摄影的限制。作为国内品牌商品的广告载体，杂志出版商过去及现在一直认为自己在很大程度上受到了来自（公共）电视的"广告竞争"的影响。作为伞式组织，VDZ 分为七个州级和三个专业协会，分别负责大众杂志、教派刊物和专业刊物[①]。

• 对于有关专业刊物的问题，期刊出版商和图书出版商已经达成合作，并通过"德国专业刊物"的形式加以制度化。德国期刊出版商

---

① 参见 VDZ 网站：http://www.vdz.de/ueber-den-vdz/ [2011.06.10]。

联合会（VDZ）专业刊物分会和德国出版商和书商协会下属出版商委员会的杂志出版社工作小组各自选出五位出版人。他们将共同经营两个办事处和德国专业刊物服务有限责任公司。

地区性报刊的经济利益不仅由 BDZV 代表，而且还另外由一个地区性订阅报纸的工作小组来代表（参见 Schulze，1994，第 27 页）。在 BDZV 方面看来，报纸营销公司（ZMG）可以作为一个全行业的工具发挥职能；然而，在媒体政策方面，这两个组织的重要性都较低。

报纸和杂志出版社存在着相互的，也是媒体之间争夺广告收入的竞争（如果他们不能完全放弃广告收益的话）。因此，拥有可靠的、全行业可比的报刊发行和使用数据，符合竞争者的共同利益。因此，1949 年，与广告媒体传播信息共同体一道，成立了第一个季度印数检查的机构。自从网络媒体、广播、电影和其他广告传媒也可以被授予 IVW 的质量印章以来，广告行业和广告经济实体也加入了 IVW，参与者的圈子随之扩大。这同样也适用于媒体分析工作小组（ag.ma），该公司也对印刷品的使用者进行定期调查[①]。

4.2.4.1.4 新闻自律

新闻管理的一个重要机构是德国新闻委员会（Deutscher Presserat e.V./DPR），它现在有着超越印刷刊物或是新闻出版媒体这一狭窄领域的范例效应。这一自律机构是按照英国新闻委员会的模式于 1956 年成立的，其目的是为了防止联邦新闻法的诞生，并在尽可能远离国家监控的意义作为一个机构维护新闻自由。尽管报纸和杂志出版整体上是一个高收益的行业，但自 1976 年以来，DPR 不得不在小范围内依

---

① 此处另见 www.ivw.de 和 www.agma.mmc.de [2011.06.10]。

靠联邦资金[①]。由于行业内部的冲突，DPR 的工作在 1982 年至 1985 年期间暂时停摆。从那时起，新闻委员会的主体就成为一个公益性协会，其成员包括德国报纸出版商协会（BDZV）和德国期刊出版商联合会（VDZ），以及新闻业职业联合会——德国记者协会（DJV）和属于服务业行业工会 ver.di 的德国记者和记者联盟（dju）。新闻委员会对新闻和传播政策问题采取立场，特别是当其职业和传播自由受到法律措施的影响时（最近主要是在所谓的反恐法的背景下）[②]。德国新闻委员会也同时作为一个投诉机构行使职能，任何人都可以在发生涉嫌违反职业道德标准的情况下向该委员会投诉；DPR 也可以在没有第三方申请的情况下自行采取行动。投诉程序的规范性基础由 16 条"新闻原则（新闻守则）"以及由此产生的准则构成，这些准则于 1973 年首次通过，此后又经过多次扩充和更新（最近一次是在 2008 年 12 月）。表 4.7 列出了这些监管对象的概况。

表 4.7 新闻守则（DPR）的目标和准则概览

编号	监管目标	具体准则
1.	真实性和人的尊严	不通过独家合同进行信息垄断；对选举活动进行平衡报道；对新闻报道作出标识
2.	新闻工作的细致谨慎	调查结果；图标图片；初步报道；信息图表；读者来信
3.	纠错	正式的形式和文档
4.	调查的界限	暗访；需要保护的特殊人群；个人资料

---

① 参考"确保德国新闻委员会所设投诉委员会独立性的法案，1976 年 8 月 18 日（BGBl. I, 第 2215 页）"。
② Wassink（2010，第 132-136 页）提供了一份按主题排列的 DPR 决议汇编。

续表

编号	监管目标	具体准则
5.	职业保密性	信息和信息提供人的保密需要；情报工作；数据保护
6.	与某些活动分离	政治任务和职务；经济利益
7.	编辑内容与广告分离	编辑文本与广告分离；软性广告；特殊发行物；商业和财务报道
8.	人身权利	对当事人的命名和描述；居住地保护；自杀；重返社会；疾病；政治上的反对派和流亡；纪念日；知情权
9.	名誉保护	包括文字和图片形式
10.	对于宗教、世界观和习俗的保护	诽谤、侮辱
11.	耸人听闻的报道和未成年人保护	表述的适当性；暴力行为；事故；灾难；毒品；犯罪；与当局的协调
12.	禁止歧视	关于刑事犯罪的报道
13.	无罪推定	偏见；系列报道；青少年犯罪
14.	医疗报道	引起毫无根据的恐惧和希望
15.	收受好处	给记者的邀请和礼物
16.	谴责的公布	内容、出版种类与方式

对于特别敏感的经济和金融市场领域的报道，适用有专门的"新闻行为原则和建议"，它自2006年3月起生效，主要解释相关的法律规定，并将新闻原则具体化。本质上，其目的是为了防止对市场活动的不正当影响（可能是为了记者的私人利益，或者是为了获得报酬），并确保报道的中立性（参见德国新闻委员会，2010，第171–178页）。

199

由于欧洲法律的要求，且为了保持新闻相对于国家的独立性，2001年，DPR（而不是国家数据保护机构）被赋予了编辑数据保护的职责，《新闻守则》也作出了相应的修订。这涉及那些以文字及图片形式被报道或其来信被刊登的人的个人资料保护。公布非匿名文件、以完整形式提及姓名和地址或没有涂黑事故照片里的汽车车牌是这方面的典型例子，尽管到目前为止新闻委员会处理的这方面案例并不太多。德国广告报纸协会也参与了编辑数据保护方面的审查。

德国新闻委员会的全体大会有28名成员，名额平均分配给协会的四个主体协会，负责基本声明以及处理提交的申请。为此，选举了两个由八名成员组成的投诉委员会，成员人数同样是平等分配，以及另一个负责编辑数据保护的委员会，任期均为两年。根据投诉委员会主席和新闻委员会管理层对申请作出的进行初步审查，DPR会决定是否对其负责，以及该案件是否属于一起由投诉委员会根据《新闻守则》处理的具体案件[①]。新闻委员会将给予有关人员机会来表明态度，并在必要时作出赔偿；它可以举行口头协商，听取证人的意见，并在此基础上作出决定。如果认为该申请是合理的，DPR可以采取多种措施：可以向有关编辑部门或记者指出其侵权行为，可以反对这种行为，也可以对该案件作出谴责。根据《新闻守则》第16段的规定，公开谴责不仅会通过新闻公告发布，还必须由被谴责的媒体以适当形式公开发布。如果公布会加重受害者所受的伤害，DPR则会决定进行非公开谴责（参见"投诉规则"，德国新闻委员会，2010，第163-170页以及Weyand，2010，第129-131页）。

---

① 申请不得有明显的滥用或含糊不定的情况。它必须是报纸或杂志的编辑文章；案件的时间不能超过一年，也不能是已经提出法律诉讼的对象。

近年来，在德国，新闻委员会收到的投诉数量急剧上升。2016年，DPR共收到1851份书面或在线投诉，其中包括1058份个人投诉。大多数投诉是针对地区性日报（523份）、大众杂志（191份）和小报（178份）；针对网络出版物的投诉总体上正在增加。在这些应由新闻委员会处理的案件得到审查之后[①]，委员会共向各编辑部发出了33次公开谴责、64次反对意见和151份通知（参见 epd，2017.01.26）。

从形式上看，DPR的管辖范围包括90%的报纸和杂志出版社（参见 Tillmanns，2010，第27页），以及DJV和dju/ver.di的成员；也就是说，不是整个报刊界。广告报纸，还有一些报纸，特别是杂志以及学术刊物，都不包括在内。不过，新闻守则中拟定的这些准则作为道德规范，即使在报刊业之外也有效力，得到了许多广播电视和网络媒体记者的认可。甚至在关于媒体的司法判例中有时也会提到这套标准。而对于那些不受这套正式的自律义务所约束的媒体来说，其产品——例如学术期刊——中有相当部分并不会引发多少当前新闻业典型的道德问题。

自2009年以来，DPR也对协会成员的在线编辑产品负责（参见 Tillmanns，2010，第26页）；现在，大多数投诉都与在线出版物有关。2015年，新闻原则再次顺应网络发展作出调整，现在，编辑部门也要对其所发布的用户评论承担责任，并且在必要时须纠正违反新闻道德的行为（参见德国新闻委员会，2016，第14、17页）。

DPR经常遭到批评，指责其没有实施制裁的权力，然而这其实是忽略了其任务和职能的核心：它关乎于道德性的，即基于内在信念的

[①] 关于广播、广告报纸、外国媒体、未刊登的读者来信以及超过一年的案件的投诉无需或不能处理。

自律，而不是成为取代新闻法的存在——再者说，新闻法也只是在有限的范围内，且在事后才能起到效果。DPR 的目标是对于新闻自由的保护，而不是建立一个"国家的替代品"[①]。

4.2.4.2 市场结构和市场准入壁垒

对于市场结构的分析必须考虑到三个基本特征：

• 德国报刊在周期（日报、周报、杂志）、发行区域和编辑特色或目标受众方面的差异；

• 不同的商业模式或商业化程度（从广告报纸到小报再到教派报刊或会员杂志）；

• 有相当部分的报刊及其关联产品同时在读者和广告市场上双向经营的事实。

4.2.4.2.1 产品结构：日报

德国共有近 350 家出版社出版了近 1500 种日报，总发行量为 1530 万份（参见 BDZV，2016，第 312 页）。在报纸覆盖率方面（每周至少阅读一次报纸），德国在欧洲排名第四，仅次于瑞士、奥地利和瑞典（参见 BDZV，2016，第 312 页）。德国日报的结构是德国新闻传统和 1945 年之后同盟国新闻政策决定共同作用的结果；它与其他欧洲国家的报刊有着很大不同：总发行量达 1180 万份（超过全部报纸发行量的四分之三）的 244 家地区和地方订阅报纸使其典型特征（参见 Keller 和 Eggert，2016，第 82 页），同时却不存在真正的全国性报纸（例如总部设在首都的日报）。时至今日，前特许报纸仍然在德国日报市场上占据着主导地位。从 1945 年到 1949 年，四个同盟

---

① 参见 Bermes（1991），Eisermann（1993）关于新闻委员会的讨论。

国总共为178家报纸（753个版本）发放了许可（参见Pürer和Raabe 2007，第111页），由此也决定了至今仍可识别的区域市场结构（约占报纸读者市场的80%）：在德国西部，地区性的订阅报纸取代了规模非常小、经济以及新闻方面不具备独立性的乡土报纸，而在德国东部，1990年之后，通过遭到大量批评的托管机构这一新闻政策，东德各地区的政治结构得以在日报领域被保留下来。在经历了1949年后重建时期的繁荣之后，在一定程度上背负着政治负担的老牌出版商在这一时期向市场推出了约600种新的报刊，这引起了严重的集中化，在这种情况下，特许报纸能够更好地在市场竞争中坚持下来。

在德国，有八家街头报纸或马路小报，总发行量为250万份，读者超过1100万（参见Keller和Eggert，2016，第82页；Pasquay，2016，第163页）。小报市场是本地或区域性的结构（大约50个不同的版本），并以《图片报》全国版作为补充。在德国销售的日报中，大约每六份就有一份是小报（参见ZAW，2016，第260页；Pasquay，2016，第163页）。

七家全国发行的高品质报纸的市场是根据政治及新闻标准来区分的，即《世界报》（Welt/Welt kompakt）、《法兰克福汇报》（Frankfurter Allgemeine Zeitung）、《南德意志报》（Süddeutsche Zeitung）、《法兰克福评论报》（Frankfurter Rundschau）、《日报》（taz）、《青年世界报》（Junge Welt）以及《新德意志报》（Neues Deutschland）七家按照右－左的政治光谱排列，尽管它们中的大多数都遵循自由－多元的基本理解。这是一个空间狭窄的供应商寡头垄断市场，进入壁垒高，活力低，但与小报和地方报纸相比，竞争最有可能在这里发生。高品质报纸的总发行量为102万份，仅占德国日报发行量的7.3%，人口覆盖率仅为4.3%（参见Pasquay，2016，第163页；BDVZ，2016，第312页）。

全国性日报还包括专业的商业和职业团体报纸，如《商报》（Handelsblatt，发行量为12.2万份[①]）和《德国证券报》（Börsenzeitung），从新闻竞争的意义上来讲，它们至少在一定程度上对政治舆论和意志的形成有所贡献，而每周出版三次的《医师日报》（Ärztezeitung，发行量4.3万份[②]）则只能在专业目标群体范围内发挥舆论塑造的作用。

与其他许多欧洲国家不同，德国没有免费的日报。尽管在1998年至2001年期间，这些面向城市读者的紧凑型、且完全由广告收入支撑的报纸——也被称为通勤报纸、免费报纸或分发报纸——进行了密集的尝试，以期对抗德国老牌日报出版商的市场封锁策略，但并未在德国取得成功[③]。

4.2.4.2.2 产品结构：周报和周日报刊

政治性周刊中的高品质媒体种类并不多。《时代周报》（Die Zeit，发行量49万份）以及两本新闻杂志《明镜》（Der Spiegel，79万份）和《焦点》（Focus，47.5万份）[④]是覆盖率最大的周刊，在新闻方面可能也是最有影响力的周刊。此外，还有一些以意识形态定位的周报，如《天主教星期日》（Katholische SonntagsZeitung，发行量36808份）、《犹太汇报》（Jüdische Allgemeine，9900份）、周五出版的《舆论

---

① IVW III/2016；参见www.iqm.de/print/marken/handelsblatt/media/keyfacts-aktuelles/ [2017.01.06].
② IVW III/2016；参见www.aerztezeitung.de/includes/mediadaten/pdf/2017/Aerzte_Zeitung_2017.
③ 关于德国和欧洲免费报纸的更多细节参见Haas（2005）。
④ IVW III/2016；参见www.ivw.eu/aw/print/qa/titel/122 [2017.01.05].

报》（Meinungszeitung，18800份）、基社盟的党报《巴伐利亚信使报》（Bayernkurier，47000份）、右翼激进派的《青年自由报》（Junge Freiheit，36000份，增长势头强劲）、作为东普鲁士同乡会报纸的《普鲁士汇报》（Preußische Allgemeine Zeitung，又称《东普鲁士报》），以及极端右翼的国家民主党（即新纳粹——译注）下属的《民族报》（National-Zeitung）。在这个政治光谱的左翼则是《丛林世界》（Jungle World，在民主德国时期，该报曾是《青年世界报》的一部分，发行量约为15000份）[1]，梵蒂冈报纸《罗马观察家报》在奥斯特菲尔德恩出版的一个版本（L'Oservatore Romano，9200份）和联邦议会管理部门的周报《议会报》（Das Parlament，56000份）[2]。

几乎所有教派的全国性周刊都已在几年前停刊，或转为其他出版物的增刊（插页）。本身即为合并产物的《莱因信使报－基督与世界》（Rheinische Merkur - Christ und Welt），自2010年以来，仅作为《时代周报》的副刊出版。而《犹太汇报》则是作为一份关于政治、文化、宗教和犹太人生活的周报出版。

巴登－符腾堡州（bw Woche；发行量12800份[3]）和巴伐利亚州（17300份[4]）的州公报或州报没有什么值得一提的新闻价值，从规范的角度来看，这似乎是件好事。

周刊还包括与目标群体指向型的出版物，如德国工程师协会的

---

[1] 参见 jungle-world.com/mediadaten/mediadaten13.pdf [2017.01.06].
[2] 截至2016年第三季度和2016年第二季度的发行量，IVW.
[3] www.staatsanzeiger.de/uploads/tx_stvanzeigenpubdown/Mediadaten_2017_02.pdf [2017.01.06].
[4] 截至2015年；参见/www.bayerische-staatszeitung.de/staatszeitung/anzeigen-staatszeitung/ [2017.01.06].

《VDI 新闻》或《酒店与餐饮总汇》。

主要由于其材料和设计性质，一些双周刊物也被认为是报纸，如作为"面向中小型企业的商业报纸"的《德国手工业报》（Deutsche Handwerkszeitung），或月报《犹太纵览》（Jüdische Rundschau）[1]。此外，还有报纸增刊，其中一些是以杂志的形式呈现，并附在周报和全国性日报之中。这方面的一个例子是作为增刊出版的《Chrismon》，它 2000 年诞生自前新教刊物《德国星期天汇报》，每月与一些东德地区的日报、《世界报周日版》（仅北德）以及一些全国性高品质报纸一起附送[2]。

在德国，每周出版、全国发行的周日报纸的总销售量约为 210 万份（参见 Keller 和 Eggert，2016，第 82 页）：在这一领域，除了自 1948 年以来就存在的《世界报》周日版，以及《图片报》周日版（自 1956 年起）以外，值得一提的还有《法兰克福汇报》周日版（FAS），它从 2001 年起作为全国发行的高品质周日报纸加入到这个行列里。虽然在一定地区范围内，例如在柏林，会在周日发行一周里的第七份时事日报，但三家全国性的周日报纸都有独立的编辑团队，其工作重心并不主要针对每日新闻。《世界报周日版》和 FAS 主要侧重于背景报道、来自不同社会领域的杂志风格的文章、娱乐性文章和为广告性质的副刊（旅游、房地产、汽车）打造的编辑环境，而在《图片报周日版》（BamS）中，关于本周末的体育赛事报道占据了重要地位。表 4.8 给出了几种报纸的销售量概况。

自 1980 年代中期以来，广告报纸在德国建立起了自己的市场。

---

[1] 参见 juedischerundschau.de/ueber-uns/ [2017.01.06].
[2] 参阅 chrismon.evangelisch.de/heft/aktuell?kamp=b-main-menu [2017.01.06].

现在，约有 440 家出版社出版了近 1300 种广告报纸，总发行量约为 8700 万份。2016 年，其行业营业额（广告收入）为 19.2 亿欧元[①]。

表 4.8　几种报纸的销售量，2016（IVW 统计数据，2016 年第三季度）

日报	销售量	周日报纸	销售量
《南德意志报》	358.365	《图片报周日版》	1.083.702
《法兰克福汇报》	255.198	《世界报周日版》	380.522
《世界报》	182.131	《法兰克福汇报周日版》	245.128
《日报》	64.627[a]	周报	
《新德意志报》	27.226	《时代周报》	490.947
商业报纸		《VDI 新闻》	157.499
《商报》	122.004	《议会报》	57.023
小报		《犹太汇报》	9900
《图片报》（德国版）	1.900.000[b]	其他报纸	
《快报》（科隆、杜塞尔多夫）	123.649	《德国手工业报》	482.959
《B. Z.》（柏林）	104.641	《前进报》	370.824
《tz》（慕尼黑）	111.698	《Chrismon》	1.625.350

a 来自出版社报告；

b https://de.statista.com/statistik/daten/studie/221651/umfrage/entwicklung-der-auflage-der-bild-zei-tung/；如果是会员报纸，如《德国商报》、《前进报》、《VDI 新闻》、《议会报》和《Chrismon》（增刊），则提供发行量。

[①] 参见 www.bvda.de/fileadmin/bvda/content/downloads/publikationen/D_F/Daten Fakten_2016.pdf [06.01.2017] 以及 epd 今日媒体，第 70a 期，2017.04.07。

4.2.4.2.3 产品结构：期刊

单单基于其不明确的定义，就注定了期刊的读者市场（参见表4.9）是异质性、且彼此间分割非常强烈的了，在这里，发行区域的影响较小，起到更多决定作用的是主题焦点和目标群体导向。

对于新闻业来说尤为重要的是覆盖率较高的大众杂志部分，它们是通过订阅和零售的方式销售的。在德国，出版的杂志数量之多在国际上也值得一提，有近1600种（参见 Vogel，2016，第312页）[①]，而且主题多样，这与很大程度上是由语言决定的读者市场规模和整体经济发展（广告市场）决定的，但也与德国杂志的传统有关[②]。在这个领域里，尽管有着发达的产品差异化，但在一些分类市场上很可能会存在功能相同的等效物，即从用户的角度看来这些杂志的可互换性（可替代性），如电视节目杂志（27种，季度总发行量1370万册）、家居和园艺杂志（73种，发行量近1100万册）、汽车刊物（41种，发行量1730万册）和女性杂志（99种）[③]。

表4.9 几种杂志的销售量，2016（IVW 统计数据，2016年第三季度）

大众杂志	销售量	特殊兴趣刊物	销售量
《明镜周刊》	789.062	《汽车画报》	394.848

---

① 期刊出版商联合会 VDZ 给出的2014年的数据是1595，如果把地区性刊物也考虑进来，甚至有大约2800种大众杂志和3824种专业期刊，不过其中分别只有789种和1092种刊物在2016年向 IVW 登记，进行发行量监控；参见 VDZ（2015，第14、73、76页）以及 HBI，2016，第13页。

② 其中值得一提的有从19世纪中期开始出版的莱比锡和柏林的"画报杂志"和家庭杂志《亭园画报》，以及具有文化和政治意义的杂志，如《德意志评论》、《未来》、《火炬》、《风暴》、《行动》、《世界舞台》等；1914年德国有7000种杂志（参见 Pürer 和 Raabe，2007，第69-74页）。

③ 2016年第二季度大众杂志的各主题组别：http://www.ivw.eu/ivw/2-quartal-2016。

续表

大众杂志	销售量	特殊兴趣刊物	销售量
《焦点周刊》	474.453	《汽车摩托运动》	348.016
《明星周刊》	673.184	《摩托》	102.158
《Bunte画报》	501.812[a]	《经济周刊》	121.314
《Brigitte》（女性杂志）	467.135[a]	《资本》	134.138
《Freundin》（女性杂志）	285.030	《Chip》	176.040
《Für Sie》（女性杂志）	290.673	《c't》（电脑杂志）	249.650
《Gala画报》	299.835	《GEO》（地理杂志）	221.873
《TV 14》（双周刊）	2.235.986	《踢球者》	157.404
《倾听》（电视节目杂志）	1.017.057	《田园爱好者》	939.016
《电视电影》（双周刊）	998.533	《大厨》	113.649
《电视故事》（双周刊）	802.947	《多彩科学》	68.111

a 包括电子版

在德国，发行量和覆盖面最大的是德国邮政股份公司发行的《购物新闻》——一种免费向所有家庭发放的新闻质量较低的广告媒体（覆盖面：2040万户）[1]，以及由汽车俱乐部ADAC向其1915万会员发放的《ADAC摩托世界》[2]。

免费分发的客户杂志《药房纵览》的发行量很大，接近1000万份，领先于发行量分别为760万份和370万份日报的电视增刊（rtv、prisma），以及AOK的客户杂志《祝您健康》（650万份），发行量

---

[1] 参见www.deutschepost.de/content/dam/dpag/images/E_e/Einkaufaktuell/downloads/mediadaten-einkaufaktuell-2016.pdf [2017.01.06].

[2] www.adac.de/wir-ueber-uns/daten_fakten/geschaeftsbericht/ [2017.01.06].

紧随其后的是第一本在完全意义上收费售卖的杂志（TV 14），发行量为 2235986 份。后面几位也无一例外被电视节目指南杂志所占据，这些杂志在德国很受欢迎。在这个品类之外，发行量最高的大众杂志是《田园爱好者》（939016 份）、《明镜周刊》（789062 份）、《图片报女性版》（783319 份）、《休闲周刊》（729564 份）和《明星周刊》（673184 份）[①]。

由于期刊数量众多，专业期刊市场在内容方面的异质性甚至超过了大众杂志领域，而这个特点也同样表现在发行量和销售额方面。在这个领域里，既有半专业的自行出版的刊物，也有一些在国际化运营的大型专业和学术出版社。2016 年，专业期刊广告市场上的领导者是德意志专业出版社（1510 万欧元）、C.H. 贝克出版社（1070 万欧元）、德国农业出版社（880 万欧元）、德国药剂师 Avoka 传媒集团（550 万欧元）和销售额为 510 万欧元的施普林格专业传媒公司。即使数字专业传媒在广告市场上（同样也是）实际的增长市场，印刷专业传媒仍然能够获得小幅收益（参见 ZAW，2017，第 120–121 页）。

近年来，在专业期刊数量保持稳定并略有增长的同时，售卖量、广告和销售收入却在下降：2015 年共出版 3893 种期刊，年发行量为 5.08 亿份[②]。广告和发行收入与整体市场上 18.7 亿欧元的营业额（2015 年）大致相等，不过在这里，广告收入（8.62 亿）也呈现下降的趋势，

[①] 所有数据来自 IVW，2016 年第三季度。
[②] 德国专业期刊数据，参见 https://de.statista.com/statistik/daten/studie/74840/umfrage/verbreitte-jahresauflag-der-deutschen-fachpress-seit-1999/ [2017.01.13]。

而发行收入（9.04 亿）则在增长①。专业期刊在专业类传媒营业额中的占比约为 56%，这也意味着它们在经济上、在当前研究成果或行业信息的传播方面、以及在新闻价值上有着重要的意义。专业图书占专业类媒体营业额的另外 17.7%，而网络媒体则占不到 20%②。

4.2.4.2.4 产品结构：教派和外语报刊

在德国，除了发行量很小的本地堂区报纸以外，教派报刊主要由 15 家区域性新教的国家教会报纸（发行量超过 30 万份）和 23 家天主教教区报纸（每周总发行量 56 万份，2014 年③）组成。市场领导者是《科尔平》杂志，发行量约为 16 万份（参见 VDZ，2015，第 81 页）。此外，还有发行量很大的增刊《Chrismon》，它作为月度增刊与一系列高品质的报纸一起在全国范围内发行，但不一定会被读者阅读。除了《天主教每日邮报》（每周三次，发行量为 9500 份④）外，还有一份《德国天主教星期天报》，该报既有地区版，也有一份发行量不到 42000 份的全版，另外还有一份小报形式的天主教《新图片邮报》，发行量为 5800 份⑤。2015 年底，经由 IVW 审计的教派杂志的总发行量略高于 70 万份（IVW，2016，第 25 页）。

---

① 德国专业期刊数据参见 https://de.statista.com/statistik/daten/studie/156606/ umfrage/fachzeitschriften-umsaetze-gesamt-seit-2001/ [2017.01.13] 和 https://de.statista.com/statistics/data/study/156607/survey/trade-magazines-total-ads-and-sales-page-2001/ [2017.01.13]。不过并不能由此得出关于个别刊物收入结构的结论。

② www.deutsche-fachpresse.de/fileadmin/fachpresse/upload/bilder-download/markt-studien/fachpresse-statistik/2016/Fachpressestatistik_2015_Final.pdf [2017.01.13].

③ http://www.katholisch.de/aktuelles/aktuelle-artikel/alte-blatter-treue-leser [2017.01.13].

④ www.die-zeitungen.de/fileadmin/files/documents/ Tariffs_PDF_2016/The_Daily_Post_2016.pdf [2017.01.13].

⑤ 出版社数据：www.bildpost.de/index.php/content/download/14409/132194/file/SZD_BP_Mediadaten_Nr33_A4_digi_2016_neu.pdf [2017.01.13].

在德国侨民报刊中还有很多外语刊物，其中有些发行量较大。这些报刊要么是原籍国或母国报纸的德国版本，要么是在德国创立的移民和散居侨民的报刊，要么则是索布人和丹麦人这些少数民族的刊物。

上索布语的《索布报》（Serbske Nowiny，发行量超过 2000 份）作为晚报每天出版，另外还有一些教派报刊，如上索布语的天主教周报《天主教信使报》（Katolski Posoł，发行量约 2500 份）和新教的月刊《上帝救世报》（Pomhaj Bóh）。面向教师的《索布语学校》（Serbska šula）也是每月出版；在下索布语中，值得一提的首先有周报《新报》（Nowy Casnik，发行量约 1000 份）。每月出版的文化刊物《展望：索布文化杂志》（Rozhlad Serbski kulturny časopis；发行量 415）包含上索布语和下索布语的文章；儿童月刊《火苗》（Płomjo/Płomje）上索布语和下索布语各有一个版本，发行量分别为 1600 和 850 份。德国最重要的丹麦语报纸是丹麦少数民族由丹麦国家资助的传统机关报纸《弗伦斯堡报》（Flensborg Avis，发行量 4538 份），每天提供一个德语和一个丹麦语版本[①]。

俄语报纸和杂志在德国有着自十月革命以来的传统，即使在今天德国也有许多俄语报纸出版，其中有一些发行量相当可观，总体上明显高于土耳其语报刊。除了发行量较低的《消息报》（Izvestia，发行量 1000 份）之外，值得一提的有《欧洲快报／柏林报》（Evropa Ekspress/Berlinskaja Gazeta，80000/18000 份）、《联络报》（Kontakt/Chance，60000 份）、《俄语德国／俄语柏林》（Russkaja Germanija/Ruskij Berlin，50000/30000 份）、《莫斯科共青团报德国版》（MK

---

① 《弗伦斯堡报》的发行量为 IVW，2016 年第三季度数据。

Germania，35000 份)，《莱茵报》(Rheinskaya Gazeta，10000 份)，《论据与事实欧洲版》(Argumenti i Fakty Europa，49000 份)以及月刊《犹太报》(Evreskaya Gazeta，22000 份)和双语的《祖国报》(Heimat-Rodina，45000 份)。在波兰语报刊方面主要是周刊《消息与资讯》(Info&Tips，60000 份)和《论坛报》(Angora，20000 份)以及双周出版的《生活杂志》(Samo Zycie，18000 份)。

塞尔维亚语的《消息报》(Vesti，发行量 50000 份)是作为面向前南斯拉夫移民的日报出版的，还有塞尔维亚－克罗地亚报刊《柏林杂志》(Berlinski Magazin)、《克罗地亚杂志》(Croativ Magazin)、《克罗地亚快报》(CroExpress，10000 份)和《生活社区》(Ziva Zajdednica)。在德国的土耳其语报刊中，有日报《自由报》(Hürriyet，35000 份)、《土耳其时代报欧洲版》(Zaman Avrupa，在德国有 30000 名订户)、《土耳其日报》(Türkiye)和《晨报》(Sabah Avrupa，两者估计都有五位数的发行量)、库尔德－土耳其语的《新自由政治报》(Yeni özgür Politika，10000 份)[1]。此外，还有一些周报，如德语的《世界报德语版》(Dünya Deutschland，50000 份)和商业报纸《世界周刊》(DünyaHafta，13000 份)，以及月刊，如发行量 15000 份的《新闻公报》(Gazette Aktuell)或发行量很高的《邮报(Post，在德国发行量 45 万份)[2]，(参见 Halm，2006，第 80 页；Resing，2010，第 359-360 页；Maisch，2011 年，第 31 页；Calagan，2010 年，第 90 页)。作为外语月报出版的是《意大利邮报》(Corriere d'Italia，发行量 33300 份)及的《生活与工作》(Vita e lavoro，1800 份)。

---

[1] 参见 Akstinat 等人(2012)。
[2] 《邮报》也在奥地利和瑞士发行；参见 www.postgazetesi.com/c/Auflagen.asp [2011.06.17]。

《新苏黎世报》(国际版)和英国《金融时报》每天也在德国出版，并在券交易所和银行的所在地——法兰克福发行，发行量为数千份。

4.2.4.2.5 经济和新闻的报刊集中化

除了分散型的区域性订阅报纸结构和数量庞大的期刊刊物之外，经济和新闻上的集中化是德国报刊业的另一个主要结构特征。

由于德国报刊业主要是以私营经济的方式组建的，因此经济和新闻的集中化紧密相关：经济上的集中化总是发生在规模经济，即规模优势有效的地方，而在这种情况下，企业战略（在此即出版战略）则建立在对于这些成本优势的利用上。因此，在相互关联的报刊市场（读者和广告市场）上出现了激烈的竞争：市场机制、小型出版社的失败和成本竞争的针对性出版策略导致了集中化。从理论上讲，如果存在着大量拥有明显的内部新闻自由的独立编辑团队，那么经济上的报刊和媒体集中化也并不一定会导致新闻的集中化。然而，由于经济上的原因，这种情况不可能出现，因为站在企业管理的角度来看，由于成本原因，集中化是合理的，也就是说，如同许许多多案例中所表现出来的那样——让编辑团队协同合作并最终将之合并；独立的新闻单位（编辑部）的数量正在减少。合作——往往是企业集中（无论是通过合并还是收购）的初步阶段——可以在报刊业的各个生产阶段中观察到：从新闻的角度来看，编辑部门的合作或合并是问题最大的形式，而在印刷、发行或广告营销方面的合作引起的问题暂时较少，或者由于其可能会导致刊物运营效率的提高，从而甚至可以保持编辑的多样性。

经济上的集中化也限制了新闻竞争，这将导致市场失灵，因为舆论多样化的公共利益以及宣传和表达的可能性会在结构上受到新闻集

第四章 大众媒体

中化的威胁或损害[1]。就这点来说,新闻集中化是资本主义的、不受国家操控的新闻制度的媒体政策决定的作用结果。

从新闻的角度来看,结构的多样性是集中化进程的决定性因素;对此,Walter J. Schütz 在 1954 年联邦德国新闻统计开始时定义了新闻单位(PE)作为衡量标准。

这一概念可以理解为日报的完整编辑部门,独立制作报纸的整个时事头版部分(通常是第 1 页和第 2 页),包括政治、商业,有时也包括文化等对于舆论塑造尤为重要的核心栏目(参见 Schütz,2009b,第 454 页)。在其他地方,Schütz(2012 年,第 570 页)还给出过有些许区别的定义,即"全部时事政治新闻,或(在页面中有部分被占用的情况下)其主要部分"必须是相同的,才能称为一个新闻单位"。

在关于新闻集中化的研究中,人们对于绝对集中化和相对集中化以及经济层面和新闻层面的集中化作出了区分:

绝对集中化意味着整个市场中供应商的数量少;相对集中则描述了市场份额的分布,以销售额、发行量和刊物数量来衡量。

因此,即使绝对集中化程度较低或适中(即出版社数量众多),如果少数出版社控制了大部分的销售、发行或刊物数量,相对集中化程度也可能会非常之高。

在西德,新闻业的集中度已经高度固化(参见表 4.10):1954 年,也就是在市场向老牌出版商开放之后,西德有 225 个新闻单位;到了

---

[1] 如果按照纯粹的经济学观点,在经验和理论上把报刊和媒体作为一个整体与其他行业同等对待,就不能切中这个问题的重点,或者低估其重要性。关于报纸市场"适度集中化"(Wirtz, 2006,第 159 页)的说法,至少可以说是疏忽大意的。

1976年，这个数字急剧下降为121个完整的编辑团队，这大致相当于特许报纸的数量。这种所谓的"报纸死亡"的原因并不在于广告或读者市场需求的发展，因为在同一时期，日报的总销售发行量甚至增加了近50%，德国经济中的广告投资也同样在增长。决定性因素是经济上的排他性竞争：小型报纸的出版经常被停止，但最重要的是这些报纸会被收购或与其他出版社合并（54例）。即使在经济上保持独立，有些出版社也会组成编辑共同体，与其他报纸合并编辑头版或收购它们，这导致了56起新闻集中化的案例。此外，被取缔的德国共产党所属的八家报纸也不得不停止出版（参见Kisker等人，1979，第202页）。

表4.10　1954-2017年德国日报的集中化程度（资料来源：Schütz 2012，第571页）。 由于不再进行官方新闻报刊统计和年度数据汇集（Walter J. Schütz † 2013），因此没有更多的最新数据。2017年的数据是基于BDZV（2017，第284页）和作者自己的计算。

年份	新闻单位(PE)	PE指数	作为发行人的出版社	指数	版本数	指数	销售量（百万份）	指数
1954	225	100	624	100	1500	100	13,4	100
1976	121	54	403	65	1229	82	19,5	146
DDR	37		38		291		9,6	
1991	158	100	410	100	1673	100	27,3	100
2000	136	86	356	87	1584	95	23,7	87
2012	130	82	333	81	1532	92	18,2	67
2017	120	76	323	79	1497	89	14,7	54

在东德，直到1990年，促进新闻集中化的不是市场机制而是政党机制。虽然东德有着一个稳定的新闻供应结构，但是因为没有新闻

自由，所以也就更谈不上什么新闻多样性了：民主德国的报刊界掌握在执政党——统一社会党、各卫星党派和群众组织（自由德国青年、德国体操和体育联合会、自由德国工会联合会）手中，并因政治原因在经济上得到补贴（特别是通过价格）且在新闻方面受到控制（许可证制度、发行及纸张配给制、新闻培训和工作人员选拔、指导委员会、自我审查）[1]。由民主德国最后一届人民议院创立，后来归联邦财政部监管的托管机构也负责东德的新闻报刊重组。然而，在重组过程中，它完全以经济和社会政治标准为导向，即只关注必要的资本和投资需求以及就业岗位保障，新闻标准在此没有发挥任何作用。按照原民主德国行政区而设置的市场结构有着面积极大的发行区域和数量极高的报刊发行量，尽管现在已经没有了与行政区域之间的政治对应关系，却仍然被保留了下来；垄断结构的脱离与出版社所有权的划分并未在重组过程中发生。几乎无一例外，它们都被卖给了西德的大型出版社，这些出版社因而能够进一步地推进在全国范围内的集中化，在某些情况下还可以将其传统的发行区域扩大到东部。东德的各卫星党派和群众组织也通过向西德的出版社出售其新闻机构促进了集中化[2]。联邦反垄断局没有采取行动（参见 Pürer 和 Raabe 2007，第 234-248 页），这也可能是因为科尔政府缺乏这样做的政治意愿[3]。在近百家新创立

---

[1] 参见 Pürer 和 Raabe(2007，第 173-205 页)以及更深入的介绍：Meyen 和 Fiedler(2011)；Baerns(1990)，Holzweißig(1989，1991，1997)。

[2] 阿克塞尔-施普林格出版社几乎买下了整个国家民主党的报刊还有《德国体育回声报》，《法兰克福汇报》出版社买下了基民盟的机关报和《农民回声报》。所有这些报纸今天都已不复存在，而前统一社会党的 14 份地区报纸作为当地发行量最大的报纸在市场上存活了下来。

[3] 关于东德统一后报刊业的发展参见 Röper(1991)；Schneider(1992，1999)以及 Mahle(1992)。

的报社中，只有四家取得了中期成功，但其中两家后来与以前的竞争对手合并了①。结果，由于从国家资本主义体制向新闻市场的转变，以及上文所描述的联邦政府的政策失败，整个德国的结构性新闻集中化程度都升高了。在民主德国的 37 个（虽然不是真正独立的）"新闻单位"中，只有 20 个今天还存在于市场上。

在新闻集中化程度——按出版单位计算——曾经数年几乎停滞不变之后，最近 15 年来被称为"报纸危机"的发行量急剧下降（参见表 4.10 中的相应指数数值）和广告方面的衰退导致了进一步的编辑合作和合并。例如，这因而影响了《吉森汇报》（Gießener Allgemeine）和《阿尔斯菲尔德汇报》（Alsfelder Allgemeine，总发行量 24000 份）以及《维特劳报》（Wetterauer Zeitung，发行量约 18000 份），它们于 2017 年与《黑森-下萨克森汇报》（Hessisch-Niedersächsische Allgemeine，发行量约 19 万份，由伊彭集团拥有）合并②。一些传统悠久但发行量很小的报纸，如拥有 184 年历史但仅有 4600 份印刷量的《格尔恩豪森日报》（Gelnhäuser Tageblatt），由于经济原因而被停刊③。出版单位的数量下降到仅剩 121 个。然而，鉴于现在密切的编辑合作越来越多，这些报刊是否还能称得上是独立的完整编辑部这个问题就变得越来越令人疑虑。一方面，新闻平台或新闻编辑室已经建立起来，其中一些是跨媒体工作的，或者至少是向不同的印刷媒体提供——或多或少有些区别的——基于相同的调查工作的新闻文章。另一方面，在过

---

① 这四家是：《阿尔特马克报》（萨尔茨韦德尔）、《奥拉宁堡通用报》以及（不再独立出版的）《托尔高报》和《德伯尔恩报》，参见 Schütz（2009b，第 455 页）。
② 参见 epd 今日媒体第 37a 号，2017.02.21。
③ 参见 epd 今日媒体第 20a 号，2017.01.27。

去的五年中，合作模式愈发得到普遍认同，其中新闻编辑室为出版集团的区域和本地报纸，甚至更远的地方提供着全国性的报道（主要来自柏林）（参见 4.2.4.3 节）。

这些编辑集中化进程对于新闻业影响很大，因为它们会威胁到新闻多样性，而且这些进程无法通过传统的新闻单位衡量标准（例如出版商协会 BDZV 所使用的标准）得到恰当的反映[1]。大型报业集团的合作编辑和新闻编辑室的概念正是基于这样的想法：不必多次（且在不同地点独立地）研究和编写全国和国际性主题的新闻报道，而是集中统一地进行研究和编写，从而达到节约成本的目的。目前，可以识别出大约 35 个这样"以合作方式工作"的新闻单位，它们不再完全独立地制作头版内容。因此，独立编辑的日报数量下降幅度事实上可能比新闻统计数据中显示的 120 个出版单位的还要更大[2]。

五家最大出版集团共占有 42.3% 的市场份额，十家最大的出版集团共占 60% 左右（参见 Röper，2016a，第 254-255 页）。其中特别值得一提的是（参见 Röper，2016a，第 257-268 页）：

• 阿克塞尔－施普林格集团，尽管出售了其地区性报纸业务，但仍以 14% 的总发行量位居第一，这主要应该归功于发行量仍然高企

---

[1] Schütz（2012 年，第 573 页）已经描述了这个问题在 2008-2012 年期间的表现，但他根据自己所作的年度数据汇集，决定继续将某些刊物评估为一个新闻单位，因为这些"以合作方式工作的编辑部门在继续提供他们自己的新闻服务，这使得其刊物仍然具有自己特别的头版内容。"

[2] 这些信息是基于 DFG 的一项正在进行的关于区域新闻集中化研究项目框架下的研究（参见 Berghofer 和 Vonbun-Feldbauer 2017）。为了对于是否仍然可以称作一个独立的头版内容作出有效判断，至少需要一个年度数据的汇集，正如 Schütz 定期进行的那样，但从根本上必须是一个量化的内容分析。其主要原因在于实际工作中所实行的合作编辑形式彼此间差异很大，对于新闻多样性所产生的后果也相应地有着很大不同。

的《图片报》，且在小报中的市场份额超过79%。此外，《世界报》和《世界报集锦版》是在全国范围内发行的高品质报纸，不过它们和《图片报》一样，也在与发行量下降的局面斗争。国家媒体局的媒体多样性监测报告甚至将以新闻为基础的"舆论市场"23%的份额归在施普林格出版社名下（参见国家媒体局，2016，第23页）。

• 《斯图加特报》（Stuttgarter Zeitung）/《莱茵普法尔茨报》（Die Rheinpfalz）/《西南新闻》（Südwest Presse）出版集团的西南德意志传媒控股集团，旗下主要是巴登－符腾堡州和图林根州的区域和地方报纸，以及《南德意志报》，还有《慕尼黑信使报》的股份：该集团是订阅报纸的市场领导者，在全德总发行量中占有11.8%的份额。用在收购和共同市场开发方面的高额投资导致了编辑工作（新闻编辑室位于斯图加特或苏尔）费用的大幅削减，从而导致多样性的丧失。2016年，地区性的周日报纸《周日新闻》（Sonntag aktuell）———一份《世界报》《图片报》或《法兰克福汇报周日版》的竞品报纸被停刊。

• 冯克传媒集团（原西德意志汇报出版集团）（埃森）在北莱茵－威斯特法伦州和图林根州的日报中占据主导地位。位于柏林的新闻编辑室为冯克旗下的报纸提供全国性新闻，而其在各地区的主要编辑部门则被缩减，或是被合并到图林根（《图林根汇报》/Thüringer Allgemeine、《东图林根报》/Ostthüringer Zeitung、《图林根州报》Thüringische Landeszeitung）。此外，北莱茵－威斯特法伦州的一些地方版本已停刊，或者引入了合作编辑（与《莱茵邮报》/Rheinischen Post）。这些措施也对新闻多样性构成了结构性威胁。

• 杜蒙特传媒集团拥有地区性报纸，如《科隆城市报》（Kölner Stadtanzeiger）、《中德意志报》（Mitteldeutsche）和《柏林人报》（Berliner

Zeitung）以及《柏林信使报》（Berliner Kurier）和其他地区性小报（《快报》/Express、《汉堡晨邮报》/Morgenpost Hamburg）。杜蒙特集团在小报市场上中排名第二（10.7%），位于施普林格之后。在柏林，《柏林人报》和《柏林信使报》的编辑部门于2017年合并，在科隆，《科隆评论报》和《科隆城市报》的编辑部门也合并了[①]。在这里，出版社也在削减编辑资源，这可能会对刊物主题和观点的多样性产生影响。

• 马德萨克出版集团（汉诺威）是区域性订阅报纸的第三大出版商：除了《汉诺威汇报》（Hannoversche Allgemeine）和《新新闻报》（Neue Presse）之外，马德萨克出版集团还包括波茨坦的《勃兰登堡汇报》（Märkische Allgemeine）、《莱比锡人民报》（Leipziger Volkszeitung）、《吕贝克新闻》（Lübecker Nachrichten）和罗斯托克的《波罗的海报》（Ostseezeitung）。其中大数都是由设在汉诺威的新闻编辑室以及柏林的编辑部门提供内容。

• 除了德克·伊彭和《奥格斯堡汇报》（Augsburger Allgemeine）的地区性出版集团以外，德国印刷和出版协会（ddvg）也值得一提，因为它属于德国社会民主党所有。ddvg又持有马德萨克集团23%多一点的股份，还参股了一些地区性报纸，如《萨克森报》（Sächsische Zeitung）、《弗兰肯邮报》（Frankenpost）、苏尔的《自由言论报》（Freien Wort）和比勒菲尔德的《新威斯特法伦报》（Neue Westfälische）。ddvg的报纸不是典型的党报，但这里也出现了结构独立性的问题。作为社民党的媒体控股公司，ddvg每年为该党贡献几百万欧元经费（2016年：400万）[②]。

---

① 参见epd今日媒体，No. 24a，2017.02.02。
② 参见epd今日媒体No. 232a，2017.02.01。

然而，需要密切关注的不仅仅是单个出版集团或企业集团在全国范围内发行量和销售额份额，因为整个报业在很大程度上是由大量中型企业——其中部分是以家庭企业的形式——为基础组织起来的。从新闻业的角度来看，更重要的是地方和区域性的垄断结构：即所谓的"单一报区"。在不到十年之前（2008 年），在德国的总共 413 个城市和县区中，有 239 个只有一份报纸出版（57.9%），因此，超过 42% 的人口没有在两种本地报纸（功能等价产品）之间选择的可能性[①]。另外 35% 的人口可以在两种日报之间进行选择（参见 Schütz，2009b，第 475 页）。德国 77 个大型城市（德国大型城市的标准是人口超过 10 万人，据 2020 年的最新统计，德国共有 80 个大型城市——译注）中的 32 个只有一种带有地方新闻版块的日报出版（参见 HBI，2017，第 11 页）。最近几年，这种情况可能已经更加恶化。例如，虽然今后可能仍有两种不同的日报继续在斯图加特或科隆销售，但是它们却会由同一个编辑团队提供内容。此外，还有对大型出版集团新闻编辑室的文章在全国范围内进行多次使用的问题。在个别情况下，这当然也可能会导致新闻质量的提高，甚至加强当地的新闻供应，但就全德国的新闻多样性而言，这种经济理性的集中化却会带来危险。另外还有一点值得一提，就是对于地方和区域政治的报道，以及由此产生的批评和监督的重要功能，到目前为止只能通过日报来完成。无论是地方和区域广播，或者几乎无法筹措到经费的地方电视，还是广告报纸和网络媒体，都不能补上这个位置。这个问题也会影响到地区政治：在整个勃兰登堡州仅有三个新闻单位，在萨克森 - 安哈尔特州

[①] 在北威州，目前这个数字至少为 45%；参见 Röper（2014，第 255 页）。

有两个，在萨尔州则只有《萨尔布吕克报》的一个编辑团队。通过全国性媒体作出的补偿只能在部分程度上得以实现，因为一方面它们在这里没有能够全面覆盖的新闻资源，另一方面其在该区域的影响范围也无法与这些区域和地方性媒体相比。在某些情况下，公共服务广播也许可以缓解州一级层面的部分市场失灵。而地区层面上多样性的损失是否也能通过潜在竞争媒体如当地广告报纸和当地电台所补偿，尚有待观察。这一方面取决于这些媒体的商业定位，另一方面，这些媒体本身往往也同样掌握在那些报纸出版商的手中。自1980年代以来，施普林格、冯克（WAZ）、杜蒙特、马德萨克和西南出版集团等大型报刊出版社，以及塞巴尔杜斯和伊彭等地区性报刊出版社，都收购或自行创办了广告报纸。自1990年代中期以来，报纸出版商一直主导着广告刊物的市场（参见Röper和Pätzold，1993，第55-64页）。几乎所有的日报出版社都在其驻地经营着一份广告报纸，而那些畅销的大型刊物都掌握在日报出版商手中，总共至少有80%的广告报纸可能是由日报出版商或其子公司拥有的；然而，这些报纸只能部分地弥补其日报的广告损失（参见Röper，2010，第218页）。编辑服务导致了成本高企，却没有增加广告收入；在这种双重垄断的条件下，关于新闻质量的竞争在任何情况下都只能意味着对于本企业的"自相残杀"。日报出版商，无论是大型集团还是中型公司，都早已发展成为了多媒体公司：它们先是进军广告报纸，然后是地方电台，最后是网络产品，然而这些产品对于内容多样性的贡献不大，因为大多数情况下，网络版提供的都是和印刷版相同的文章与内容（参见Röper，2012，第648-649页）。

小报市场上的新闻集中化现象尤为明显，因为该市场已经被五家报业集团瓜分殆尽。阿克塞尔－施普林格集团(《图片报》、《图片报周日版》和《柏林人报/柏林人报周日版》)以总发行量79.2%的份额占据着领导地位,杜蒙特传媒集团(《快报》、《柏林信使报》、《汉堡晨邮报》)的份额占到了10.7%(参见Röper,2016a,第258、262页)。另外,这两家出版集团也都参与了报纸市场和广播以及海外市场。与此同时,其他出版商,如古纳雅尔,现在都基本退出了这一市场领域。阿克塞尔－施普林格出版社及其旗下"仅"售出190万份(2010年仍超过300万份)、拥有近1000万名读者的《图片报》,是无可争议的市场领导者。拥有三个地区版本的《快报》(在2010年的17万份之后)现在只有10万份多点的销售量(参见Röper,2016a,第257、262页)。在小报领域,柏林(柏林人报、信使报、图片报)、慕尼黑(晚报、日报、图片报)、科隆－杜塞尔多夫－波恩地区(快报、图片报)、汉堡(晨邮报、汉堡报、图片报)、德累斯顿和开姆尼茨(萨克森晨邮报、图片报)这几个城市里存在着本地竞争。而在其他地方,《图片报》凭借其28个地区版中的一个或其全国版享有着垄断地位[1];周日小报市场的情况也与此相同。

  周日报纸市场也形成了一个严格的寡头垄断局面:只有《世界报周日版》和小报《图片报周日版》(两者来自同一出版社)以及《法兰克福汇报周日版》在全德范围内竞争,还有一些零星的本地报纸周日版在某些地区参与市场竞争。在过去的二十年里,唯一成功打入市

---

[1] 《图片报》为以下地区出版了地区版:汉堡、汉诺威、不莱梅、东鲁尔区、西鲁尔区、杜塞尔多夫、科隆、亚琛、明斯特兰地区、东威斯特法伦、南威斯特法伦、贝吉舍斯兰地区、法兰克福、美因茨－威斯巴登、萨尔州、莱茵－内卡地区、斯图加特、慕尼黑、纽伦堡、柏林－勃兰登堡、哈勒、马格德堡、图林根州、莱比锡、德累斯顿、开姆尼茨。

场且持续至今的是由法兰克福汇报出版社在2001年创办的《法兰克福汇报周日版》（FAS）。

由于地方和区域性订阅报纸市场的既定状况，又由于1990年代以来读者市场的持续萎缩，以及近年广告市场的结构性下滑，进入市场十分困难。自1954年以来，主要有《图片报》、日报（taz）和两家西德地方报纸（《格尔恩豪森新报》、《美因塔尔日报》[①]）在市场上成功站稳了脚跟。

4.2.4.2.6 杂志市场的集中化

大众杂志的总发行量多年来一直在萎缩，2016年每个出版周期的发行量为6080万份（对比数据：2009年1.14亿份）（参见Vogel, 2016 第321页；VDZ，2010，第169页）。即便由于杂志刊物种类数量非常之多，因而在内容多样性方面，特别是在公众舆论方面没有显著的危险，但不论是杂志的读者市场还是广告市场，都必须划入寡头垄断之列（另参见Sjurts，2005，第121-122页）。几十年来，发行量和销售额主要集中在四大出版社鲍尔、布尔达、阿克塞尔－施普林格、古纳雅尔，以及近年来崛起的冯克集团（原WAZ）。这五大出版商的市场份额共占大众杂志销售份数的63.7%，在双周刊杂志的子市场上甚至达到84.2%（参见Vogel，2016，第324页）。

各个出版集团的产品组合彼此不同（这反过来又再度限制了竞争）：

- 鲍尔传媒集团（汉堡）旗下有68种杂志，总市场份额为

[①] 《美因塔尔日报》的头版内容来自《哈瑙报》；同时这两份报纸归同一家公司所有；参见Schütz（2009b，第455页）。Schütz（2009b，第471页）还列举了自1954年以来，原先排名第二的报纸成功成为市场领导者的四个案例。

20.7%，在 IVW 监测的大众杂志中明显占据市场领先地位。除了节目指南（《电视一点通》/TV klar、《TV14》、《电视电影》/TV Movie 和《每周电视》/Fernsehwoche）和娱乐性的女性杂志，即所谓的黄色报刊（《Tina》、《Laura》、《新邮周刊》/Neue Post、《新周刊》/das Neue Blatt）之外，青年刊物（Bravo line）也属于高发行量的产品系列。

- 胡伯特·布尔达传媒（慕尼黑和奥芬堡）出版了 87 种刊物，占据 15.3% 的市场份额。其中发行量较大的刊物包括《焦点》（Focus，及其一系列特刊）、《休闲时光》(Freizeit Revue)、《女友》(Freundin)、《超级画报》(Super Illu) 以及电视指南类杂志（电视故事/TV Spielfilm、今日电视/TV Today）。

- 在收购了施普林格出版社的多份刊物后，冯克传媒集团（埃森）拥有的市场份额为 14.3%，其基础为 42 种大众杂志。占主导地位的是价格低廉的女性杂志（《女性图片》/Bild der Frau、《女性回声》/Echo der Frau、《镜中女性》/Frau im Spiegel 等），黄色刊物（《时事周刊》/Die Aktuelle、《黄金周刊》/Das Goldene Blatt）和电视指南杂志（《倾听》/Hörzu、《冯克图片＋》/Bild+Funk、《电台之声》/Gong、《数字电视》/TV digital、《电视直通车》/TV direkt）。

- 古纳雅尔(G+J)专注于高价格刊物，如《明星》(Stern)、《Brigitte》、《Geo》或《Neon》以及《资本月刊》（Capital）。G+J 还拥有非常成功的新闻杂志《明镜周刊》25.3% 的股份和《经理人》（Manager）杂志 43.9% 的股份，以及斯图加特汽车出版社 60% 的股份。隶属于贝塔斯曼集团的古纳雅尔公司拥有 56 种在 IVW 注册的刊物，市场份额为 9.2%。

• 在向冯克集团出售了许多刊物之后，阿克塞尔 – 施普林格公司现在只拥有 12 种在 IVW 监测之下的杂志，其中包括《图片报周日版》。《汽车图片》《体育图片》《电脑图片》及其下属刊物是最重要的杂志；市场份额为 4.3%（参见 Vogel，2016，第 330-343 页）。

4.2.4.2.7 多媒体和国际市场的集中化

大型杂志出版商长期以来一直涉足于多个媒体领域，特别是在日报和广播电视市场：冯克集团和施普林格是大型报纸出版商之一，冯克集团还出版了 100 多种广告报纸和 400 多种客户杂志，古纳雅尔 74.9% 的股份由贝塔斯曼集团拥有，而贝塔斯曼集团又拥有 RTL 集团——一家欧洲领先的广播电视公司——约四分之三的股份（参见 KEK，2015，第 77、91 页）。

与大多数报纸出版商相比，国外市场对于大型杂志出版商而言要重要得多：鲍尔传媒集团近三分之二（64.9%）的销售额不是在德国[①]，而是在 17 个国家取得的，其中最主要的是英国，在那里该集团拥有 50 种杂志，并且是第二大商业电台的主办者。在美国和波兰，鲍尔集团分别以 12 种和超过 30 种刊物成为多个细分市场上的领导者。在广播方面，鲍尔是波兰和所有斯堪的纳维亚国家的市场领导者[②]。该集团大约 17 亿的营业额来自印刷业务，到目前为止只有 5% 来自数字媒体。鲍尔集团至今仍然是完全的家族企业，以削减成本的战略而闻名。许多编辑甚至无法享有集体劳资协定的福利[③]。对于古纳雅

[①] 参见 www.bauermedia.com/fileadmin/20150713_PM_Umsatz_2014.pdf [2017.01.26].

[②] 参见 www.bauermedia.co.uk/about/our-company 和 www.bauermedia.com/en/media/radio-tv/ [2017.01.26].

[③] 参见《法兰克福汇报》2016.09.23。

尔公司来说，国际（特别是在法国、西班牙、奥地利）杂志和版权授权业务也有着非常重要的传统。2015 年，阿克塞尔 – 施普林格出版社几乎有一半的利润来自国际业务[①]。

表 4.11 提供了这方面的一个概览。

表 4.11　2016 年五大杂志集团。（除非另有说明，否则资料来源为：Vogel，2016，第 324、326、328 页；基于：IVW 注册的 519 种刊物，集团总收入（包括广播、线上等）和收益（百万欧元）以及息税前利润率和国外收入份额（百分比），包括出版社控股部分；关于古纳雅尔的收入数据和利润率信息参见：www.guj.de/presse/pressemitteilungen/gruner-jahr-2015-erfolgreiches-jahr-fuer-die-zukunft/ [30.11.2016]，关于阿克塞尔 – 施普林格出版社的收入见：阿克塞尔 – 施普林格集团年度报告，2015，第 27 页；关于布尔达集团收入数据见：合并财务报表，2015，第 16 页：

https://d1epvft2eg9h7o.cloudfront.net/filer_public/39/8c/398c897d-4773-4fbb-aa70-39f9350436ae/burda_konzernabschluss_2015.pdf [26.01.2017]）

出版商	刊物数量	集团总收入	国外业务占比	销售收入	广告收入	利润率	市场份额
鲍尔	49	2263	64,9	1295	437	无数据	20,7
布尔达	66	2455	32,1	1570	无数据	无数据	15,3
冯克	27	1183	3,0	无数据	无数据	无数据	14,3

---

① 　参见 www.axelspringer.de/presse/Axel-Springer-staerkt-im-Geschaeftsjahr-2015-Position-als-fueh- render-digital-publisher_26333672.html [2017.01.26]。

续表

出版商	刊物数量	集团总收入	国外业务占比	销售收入	广告收入	利润率	市场份额
古纳雅尔	56	1747	49,3	1203	544	9,5	9,2
施普林格	12	3088	43,1	722	2107	16,7%	4,2

4.2.4.2.8 市场准入壁垒

对于报刊业而言，市场准入壁垒完全是经济性的，因为当传播自由与贸易自由相结合，就确保了它们不会受到官方的操控。任何法律上或来自政府机关的障碍，如因为联邦和州政府新闻政策而造成的障碍都并不存在。经济上的障碍则包括前文提到的规模经济，以及读者市场和广告市场之间的复合收益，它确保了一个发行区域里销售量居于首位的供应方也同样会受到广告商的青睐，这反过来又将导致积累效应。新创办一个刊物需要相当大的投资，而预期中较高的损失风险会起到威慑作用（参见 Heinrich，1994，第 255 页；Wirtz，2006，第 162–163 页）。最后，还应该提到的是范围经济，即大型出版社有更好的机会来进行产品差异化（例如通过其已形成的品牌产品线延伸）或利用媒体间和跨媒体的协同作用（集团内部合作，多重开发利用等）。

与报纸相比，新的杂志进入市场要更加容易；从新刊物出版（但也有停刊）这个角度来看，杂志市场非常活跃——每年平均有 130 种新杂志出现，但其中大约三分之二不能长期生存下来（参见 VDZ，2010，第 173 页）。与报纸一样，杂志也没有需要克服的机构性市场准入壁垒。即使是相对较小的杂志出版社也仍然可以在市场上进行有效的创新运作（Heinrich，2001，第 353 页），但规模经济和范围经济对大型出版商有利，他们也凭借自己的开发部门和"风险投资"而有着特别活跃的表现。因此，杂志市场的相对经济集中化程度比日报市场更高（至少如果将后者看作一个全国性市场的话），而反之，其在新闻集中化方面的威胁性似乎较小。供应商的绝对数量（出版社的绝对集中化）和较低的市场准入壁垒以及全国性的结构使得该市场比起以更高的市场准入壁垒和稳定的地方垄断为特征的日报市场更具多样性。

4.2.4.2.9 报刊发行领域的集中化

报刊业的集中化并不仅仅关系到报纸和杂志的出版商或编辑部门。其发行销售结构也是高度集中的。尤其是前面已经介绍过的报刊批发卡特尔，它以22.27亿的销售额占据了50%的市场份额（参见德国报刊批发商联合会，2016，第96页）。总市场份额为20%的全国性经销商的市场部分（参见Breyer-Mayländer等，2005年，第301页）也同样高度集中：一方面，三家最大的供应商拥有63%的市场份额，另一方面，这些都掌握在大型出版商的手中（垂直集中化）：阿克塞尔－施普林格发行服务有限公司（ASVS）隶属于同名出版社，德意志报刊发行公司（DPV）属于古纳雅尔公司；布尔达和冯克则主导着全国性发行公司MVZ（参见Vogel，2010，第303页和Vogel，2016，第341页）。报刊批发商有着卡特尔式的结构，即82个分销区域里的企业都是各自地区的垄断者。总体而言，由于对报刊需求（销售以及营业额）的下降，批发市场正在下滑；在过去的15年里，集中化程度大幅上升（1996年：96家公司，2011年：68家公司，2017年：49家公司）（德国报刊批发商联合会，2016，第96页；epd今日媒体，No.34a，2017.02.16）。报刊零售业在德国打造了一个极为密集的网络，平均每1000名居民拥有1.36名零售商，这在全世界都是独一无二的[①]。

4.2.4.3 市场发展动向[②]

由于人口结构的变化、媒体使用方式的改变和媒体之间的竞争，报纸和杂志的广告和读者市场正在经历着一个结构性的萎缩过程：总体而言，读者数量正在减少，特别是年轻的读者越来越多地使用在线产品，因此，（印刷）新闻媒体的覆盖范围、使用频率和使用时间将继续下降。广告市场上出现了给新闻报刊带来极大压力的结构性再分配。一方面，非媒体广告载体（户外广告、直接邮寄的广告等）的重要性在增加，另一方面，广播电视和网络媒体在媒体广告市场的份额在上升，也就是说，作为广告载体的媒体之间存在着部分激烈竞争：

- 对于本地商业广告（零售业、服务业）来说，本地和区域性订阅报纸长期以来一直处于与广告报纸（通常由同一出版商经营）和本地广播公司的竞争之中，有时也与小报竞争。

- 除家庭广告外，刊登在日报和周报上的典型分类广告已在很大程度上迁移到了对用户友好且免费的在线门户网站上面，许多新闻出版商都参与了这些网站的运营。

- 在全国性的品牌商品广告领域，大众杂志，从一定程度上来说还有全国性的周报，都需要与广播电视和网络媒体以及非媒体的广告载体竞争。

多年以来，日报一直承受着高于平均水平的广告收入损失，目前

[①] 参见德国报刊批发商联合会（2016，第 96 页）。即使在报纸与刊物大国英国，也仅为 1074 名居民拥有一名零售商，在法国，每家报刊销售网点甚至对应 1509 名居民（参见德国报刊批发商联合会，2011，第 81 页）。

[②] 关于 1995 年以来的市场发展回顾，也可参见 Pointner（2010，第 49-57 页）。

以 26.5 亿欧元排在第二位，仅次于电视（参见 Pasquay，2016，第 68 页）。广告报纸也损失了一些收入（-1.9%），但杂志的损失更大，降幅为 9.7%。专业杂志的广告收入增长了 21%（参见专业期刊统计，2015，第 16 页），而周报和周日报的广告收入从 2014 年到 2015 年仅有 0.2% 的微弱增长（参见 Pasquay，2016，第 68 页）。自 2000 年以来，日报的广告收入减少了一半（参见 Röper，2014，第 254 页）。在杂志方面，2010 年至 2015 年间，净广告收入下降了近三分之一，从 14.5 亿欧元降至 10.75 亿欧元（参见 Vogel，2016，第 322 页）。杂志最大的广告客户是杂志自身（"媒体"）（自己的广告和出版商的广告），甚至领先于医药和汽车制造商（参见 ZAW，2016，第 207 页）。

过去二十年间的经济危机以及由于媒体变化和人口变化造成的新闻报刊结构性危机已经引发了很多后果。在过去的 15 年里，需求显著下降：在过去的 25 年里，日报和周日报纸的发行量减少了近三分之一[1]，大众杂志自世纪之交以来的总发行量大约减少了四分之一[2]。截至目前，发行量下降的势头并未减缓，且对广告收入产生了负面影响。尽管报刊出版商开发了有吸引力的网络产品[3]，但由于多年来商业上的失败，仍然没有找到可持续的商业模式：虽然广告收入有所上升，但相对来说仍然较低[4]，分类广告市场（工作、房地产、

---

[1] 1990 年的总发行量为 2470 万份，2016 年仅为 1710 万份（参见媒体透视基本数据，2016，第 46 页）。
[2] 2000 年的总发行量为 1.244 亿份，2016 年只剩下 9320 万份（参见媒体透视基本数据，2016，第 46 页）。
[3] 2016 年，有 692 种德国报纸提供网络版本（参见 BDZV，2016，第 319 页）。
[4] 参见上文关于广告市场发展的内容，以及第 2.3 和 2.4 节。

汽车广告）则几乎不加抵抗地被拱手让给了网络竞争对手，或者转移到平台上来，这些平台会为参与的出版商带来收入，但并不会（直接）为新闻业的资金筹措作出贡献。直到最近几年才建立起了"付费墙"（Pay Walls），例如，重要的部分版本已作为电子报纸出售[①]。电子报纸形式的日报总发行量不足一百万份，而自从二十年前网络媒体建立以来，印刷版本的发行量损失已经超过七百万份。然而，线上收入不能弥补印刷市场的损失。对于低价位领域新细分市场的开发和提高经典印刷产品价格的战略也不是很成功。由于发行量的整体下降，价格在十年内上涨了近20%（参见 Röper，2010，第218页），却无法完全弥补销售额下降的损失。

大多数报刊出版商的战略应对方案是成本削减策略，而这最终则为进一步的新闻集中化和新闻多样性的丧失铺平了道路。地方版本的合并，如《西德意志汇报》（2007年），或者中央新闻平台的建立[②]、编辑合作、跨媒体新闻编辑室的设立，如古纳雅尔的若干份商业媒体（《德国金融时报》《资本》《证交所在线》《金融脉冲》），有时都是停刊的开始。编辑部门的合并，如杜蒙特出版集团（最开始是《法兰克福评论报》和《柏林人报》以及《中德意志报》和《科隆城市报》，现在还有《柏林人报》和《柏林信使报》）的情况，从企业管理的角度来看是可想而知的。马德萨克旗下的30家报纸也由一

[①] 2016年，这个数字在日报和周日报纸方面总共为90万份，周报则为10万份，大众杂志为70万份，参见媒体透视基本数据（2016，第46页）。

[②] 2008年，在埃森设立了一个新闻编辑室，为《西德意志汇报》、《新莱茵报》/《新鲁尔报》和《威斯特法伦评论报》提供新闻内容，并削减了三分之一的编辑岗位。2013年，《威斯特法伦评论报》在当地的编辑部门也被关闭，因此该报就不再拥有自己的编辑部。在接管了施普林格旗下的报纸《柏林晨邮报》和《汉堡晚报》后，2014/2015年在柏林成立了一个新闻编辑室，负责冯克集团12家报纸的全国性新闻报道（参见Kühte，2017，第64、67页）。

个"全德中央编辑网络"提供内容，2016年4月，《斯图加特报》和《斯图加特消息》组建了一个联合编辑办公室（参见Kühte，2017，第65页）。《新奥斯纳布吕克报》（NOZ）和北方传媒控股公司（mh:n，旗下有《什未林人民报》《弗伦斯堡日报》）的报业集团也共用一个头版的编辑团队，并在柏林、基尔、汉堡和汉诺威设有通讯记者。这个新组建的编辑团队为德国北部地区总发行量约为100万份的多家日报提供内容。NOZ和mh:n总共拥有33份日报和40多份广告报纸[①]。

因此，这些举措可能会导致新闻形象和新闻质量的损失，但最重要的是会导致整体产品结构多样性的降低（宏观层面）。而且质量和多样性的损失也是由于裁减编辑人员和通讯员造成的，因为这两件事都增加了报社对于新闻通讯社的依赖，减少了来源的多样性（参见Beck等人，2010；Röper，2010，第219-221页）。

除了成本削减策略之外，出版商还在寻找数字媒体环境下的替代收入模式：这包括在自己的网站上投放数字广告和付费内容营销，尤其是作为电子报纸，通过向门户网站或网络上的其他参与方出售新闻内容来进行多重开发，以及参与新的信息聚合平台，如Blendle，这些平台以一种数字报刊亭的形式提供各类新闻内容。大多数编辑部门还运营着自己的社交媒体分支（如Facebook的账号和内容），以扩大影响范围，许多报刊还向社交网络供应商提供新闻稿件，如在Facebook上提供当期文章。然而，在这种发行和收入模式下，出版社往往会失去与读者和订户的联系及忠诚度。

德国的报纸和杂志市场长期以来一直受到经济和新闻集中化进程

---

① 参见epd今日媒体，第17a号，2017.09.07。

的影响，这种集中化已经达到了极高的程度，并且不可逆转。新闻业的高度集中化，特别是在本地报刊方面，可以通过整体上多元自由的新闻理念得到一定缓解，但难以通过具有同样功能的等价物得到补偿，如广告或免费报纸、地方电台或网络产品等。这在未来也不可能发生，相反，经济和新闻的集中化程度可能会进一步上升。内部编辑团队合并、跨媒体合作、整合和集中化战略显然都指向了这个方向。

特别是由于出版商在开辟德国新媒体市场时犯下的战略错误，尤其是在为自己线上的优质产品建立付费内容机制时，除去集中化之外，还可以观察到新闻市场"界限消解"的现象：

• 这一点体现在国界上，许多资金雄厚的德国日报出版商已经跨越了国界，特别是在中欧和东南欧的方向，而大型杂志出版商还进入了西欧和美国（参见 4.4 节）。日报出版商的海外扩张所取得的成果大不相同：例如，《帕绍新报》出版社在捷克共和国的业务发展良好，但 WAZ 集团却已完全退出了保加利亚、罗马尼亚和塞尔维亚（参见 epd，2011.06.10，第 28 页）。

• 另一种形式的市场界限消融是新闻出版参与传媒之外的其他领域，即参与邮递投递或其他辅助业务。

鉴于报刊业传统商业模式的危机，出版商不仅越来越多地在寻找哪种内容付费的形式（订阅或包月模式、单独付费、自愿付费、免费访问和优质内容付费的混合形式等）能被证明是有市场的。同时，也在寻找出版模式的替代方案，即通过记者自行组织的平台筹集资金，如捐赠、众筹或基金会等。

4.2.5 总结：结构特点

定期出版的印刷媒体（狭义上的报刊）在德国有着悠久的传统，并且对于政治（幕后及本地）信息、分析和批评、公众舆论和意志的形成，以及在教育、娱乐和建议等方面都有很高的现实意义。尽管存在着来自广播电视和新闻网络传媒的媒体间竞争，但差异化的新闻报刊系统至今仍然发挥着关键性作用。虽然有着极高的受众范围、覆盖全国范供应能力，以及其媒体"产品"具备的可支配性、灵活性、连续性和以文本为基础的可讨论性等优点，印刷媒体和它过去的商业模式如今正经受着广播电视和网络媒体所引发的变革。但报刊在可预见的未来并不会失去其社会地位。然而，在广告和读者市场上也存在着明显的结构性问题。

在德国，地方和区域性的订阅报纸体系是日报的特征，而在全国范围内发行的高品质报纸和以地方性经营为主的小报则在不同方面发挥着互补的功能。从空间意义上来说，德国政治上具有重要地位的日报和周报并不集中在首都——这与英国或法国等国家大不相同。德国的杂志种类异常丰富；从刊物的数量、内容和主题的范围、目标群体的定位和销售来说都是如此。日报的订阅体系、极其密集的报刊销售网点网络、报刊邮递和报刊批发机构共同保障着可覆盖全国人口的全面供应。国家媒体政策仅限于对报刊业提供非歧视性的税收补贴及特权，因为它承担着公共职责。新闻政策自我定位为一种中立的、保持在宪法所要求的独立于国家干预之外的经济政策，因此，与广播电视政策相比，其监管密度要低得多。

除了协会刊物、教派刊物以及从新闻角度来看已经不再有什么重要性的党派报刊之外，德国的报刊业是以资本主义的方式组织构建起来的。从不受国家和其他政治力量影响的意义上来说，这强化了（外部的）新闻自由，但也引发该系统其他的典型问题。市场经济秩序和报刊这一耦合产品的联合生产导致了报刊对于广告市场的经济依赖，以及固定成本递减（规模经济），还有报刊业在市场上的经济和新闻集中化。全德范围内独立的日报完整编辑部门（新闻单位）的数量已大幅减少至约121个（参见HBI，2017，第12页），尽管在所谓的报纸危机之前，报刊总发行量甚至有过很大增长。在地方和区域报道方面，德国的许多地区只有垄断性报纸提供内容；从新闻角度来说，该领域在很大程度上存在着市场失灵，在广告报纸和广播电视领域方面也是同样。预计将来不会有新的报纸进入市场，而合作、中心化和集中化的进一步发展进程则已露出端倪。另一方面，在超区域范围内，尽管经济集中，但高质量的日报、周日和周报以及与政治相关的杂志细分市场提供了相当可观的新闻多样性。

表4.12归纳了德国报刊业在中观层面（报刊出版商）和宏观层面（报刊市场）组织结构最重要的一些特征。

表4.12 报刊业的组织特征

中观层面	编辑部门作为新闻工作的核心角色（主题的选取、介绍与评论）
	私营经济的商业出版社作为经济上的核心行为主体
	混合融资（耦合产品）作为主导商业模式
	首印成本和固定成本递减（发行量）
	横向和纵向一体化以及成本削减战略
	取得一定成功的跨媒体战略
	教派、党派和侨民报刊的补充功能

续表

宏观层面	地方和区域性日报市场 高度差异化的、充满活力的杂志市场 市场失灵：高度集中化的报纸和杂志市场（发行和出版集中化） 市场失灵：地方报刊垄断和跨媒体的地方新闻集中（广告报纸、广播） 正在经历结构性萎缩的读者和广告市场 覆盖全国的、中立的报刊发行（报刊批发） 报纸市场经济准入壁垒极高

从制度化的角度来看，即在新闻的行动指导规则和规范方面，可以总结出德国期刊的以下结构特征（参见表4.13）。

表4.13 报刊业的制度特征

中观层面	出版方式的周期性 话题的高度时效性和具有一定层级的广泛性 公共职责与出版商的私人及商业利益 作为新闻报刊业真正机构的编辑部门 独立于出版商和广告商的编辑工作（内部新闻自由，分离原则）。 订阅模式和读者—刊物忠诚度
宏观层面	受到宪法第5.1和5.3条及各州新闻法的保护 通过市场组织保证其不受国家干预的地位 报刊界的特殊规范地位：固定价格、营业税减免、控制集中化 BDZV和VDZ作为有影响力的媒体政策参与者 德国新闻委员会和新闻原则（新闻守则）

本章节重要数据来源及网址

•2017/2018年度报纸（德国报纸出版商协会年鉴，BDZV），或各条中的当前版本

•www.bdzv.de

•www.ivw.de

- 新闻研究和媒体咨询科学研究所：http://presseforschung.de/
- Pürer 和 Raabe（2007）

法律法规

- 《柏林新闻法》：1965 年 6 月 15 日颁布的《柏林新闻法》（GVBl. 第 744 页）；最后经 2016 年 4 月 4 日《第五修正案》（GVBl. 第 150 页）第 1 条修订。
- 《企业组织法》：2001 年 9 月 25 日颁布的《企业组织法》（联邦法律公报 I，第 2518 页），经 2016 年 12 月 23 日的法案（联邦法律公报 I，第 3234 页）第 19 条第 5 款修订。
- 《反限制竞争法》：2013 年 6 月 26 日颁布的《反限制竞争法》（GWB）（联邦法律公报 I，第 1750、3245 页），经 2016 年 10 月 13 日的法案第五条修正（联邦法律公报 I，第 2258 页）。
- 1976 年 8 月 18 日颁布的关于确保德国新闻委员会所设投诉委员会独立性的法案（联邦法律公报 I，第 2215 页）。
- 《勃兰登堡州新闻法》：1993 年 5 月 13 日颁布的勃兰登堡州新闻法（BbgPG），（GVBl.I/93，第 10 号，第 162 页），最后经 2012 年 6 月 21 日（GVBl.I/12，第 27 号）法案修订。

4.3 电影：影院和视频

重点一个多世纪以来，电影一直是一种很受欢迎的公共传播媒体。作为第三媒体，其复杂的信号结构和高度的技术化程度导致其生产和发行组织成本非常高昂，本章将借助价值链理论来对其进行详细描述。由于电影制作具有很高的经济风险，在电影史上，只有少数垂直整合的跨国电影集团在市场上得到了普遍认可，尤其是美国主流电影公司，它们也主导着德国市场。除了传统的中介渠道——影院之外，在过去几十年间，已经出现了借助不同存储媒体的视频营销，从经济角度来看它们在德国比影院放映更为重要。总体而言，电影和院线市场的集中化和商业化程度很高。

在德国，电影从一开始就是国家传播政策（内容审查和组织控制）的约束对象。如今，联邦政府和各州专注于在经济和文化上对电影进行资助，本章将对此作出介绍，同时也会对为了保护未成年人而建立的规范下的电影业自愿自律机构（FSK）做出介绍。

4.3.1 电影作为基于技术的符号系统

Film 一词既指（传统上）以薄、易弯曲、半透明胶片（最初是硝基胶片，然后是赛璐珞胶片条）为形态的技术载体介质，也指这一新闻媒体和艺术形式。从技术上讲，胶片作为载体材料提供了将运动图像分解成单个图像以摄影方式（即通过曝光）同步记录并存储，并在化学显影后借助于投影在不同时空下将其再次放映出来的可能性。最初的电影放映于 1895 年在柏林（斯科拉达诺夫斯基兄弟）和巴黎（卢米埃兄弟）举行。自从 1920 年代有声电影[①]和 1930 年代彩色电影发明以来，其表现的真实性程度得到了提高；电影是一种复杂的信号类型的视听设计装置：其基础是图形化的、标志性的、通过曝光感光胶片材料进行技术性记录的信号。在录制过程中分解而成的每秒 24 帧

[①] 第一部实验性有声电影出现于 1921 年；第一部美国有声电影（《爵士歌手》）出现于 1927 年；参见 Wilke（2009c，第 16-21 页）。

图像会在投影过程中产生与现实性的（或艺术设计的）运动幻象。特别是在艺术电影和虚构娱乐中，标志性信号在很大程度上被用作象征性符号，代表着引申含义上的意义，而不再仅仅是作为现实的拍摄片段的标签。此外，可以借助摄像机和剪辑技术创造出光学效果，使影片以一种特殊的方式凸显其效果：其中最基本的包括部分图像的选取（方形）、相机视角和镜头尺寸（从"全景"到"半全景"或"美国式"到近景和细节摄制）以及镜头长度和顺序。通过动画电影的动画制作技术，以及越来越多地通过数字图像处理技术，电影中形式和符号的范围类别已经得到扩大；同时，在没有真实模型的情况下由计算机辅助制作出看起来非常真实的合成图像及动作，也已经相当普遍。镜头和场景的蒙太奇及其与声音信号流之间的关联被认为是电影特有的一种创作手段，诚然，它也被用于电视：除了对话和从"外部"（即电影画面之外的人）说出的评论之外，原始声音一般会被用作真人电影的表达符号，而音乐则被用作一种强有力的戏剧手段。视觉和听觉符号在时间进程上的相互配合是通过蒙太奇创造出的，这赋予了影片一种特定的节奏。蒙太奇本身具有元符号的功能，因为电影的范畴始终远远大于对人们所发现或排演的现实的技术性记录。

然而，纪录片和故事片的侧重点有很大不同；长期以来，新闻学研究最多只会涉及纪录片形式，因为这些纪录片被推定为更接近新闻学对真实性的要求。反之，娱乐性的故事片和艺术片被认为是创造幻觉的（流行）艺术形式（"梦工厂"或"文化产业"的一部分）[①]。作为一种基于时间的媒介，电影与音乐以及文学具有亲缘关系，因为纪录片以及虚构的电影可以像文学一样实现叙事功能，作为对政治相关事件的客观报告，或者作为虚构的娱乐素材中引发紧张感的叙事。

虽然电影已经在很大程度上摆脱了模拟光化学技术，但其作为媒体的符号学基本属性并没有而此而改变；向电磁记录（磁带）和数字化记录、图像处理及存储转变的过程主要是减轻了创作手段的困难程度，也降低了成本。对于非专业人士来说更容易处理的载体介质的引入，如录像带和磁带、CD-ROM、DVD和蓝光光碟，也在经典的电影—影院—拷贝之外增加了另一种变化形态：电影过去是（现在也是）在公开放映的环境下被观众感知接受的；最初是作为令人大开眼界的短片在杂耍游艺表演或类似的场合放映，1913年左右，随着电影长片的普及，有了具备灯光可以变暗的观众席、专业放映技术和放映员等等的专门电影院或放映场所（参见Wulff，2006，第68-70页）。那些"新的"载体介质创造了一种新的媒体配置方式，因为它们允许在私人领域进行本地接收，并大幅改变了放映品质（用显示器替代银幕）以及时间上的使用可能性（暂停、重播等）。由于互联网常态化过程中的数字化与网络化，"载体介质"——以及某些情况下还有生产媒体——已经发生了根本性的变化，并增加了额外的接收形式：影音材料的存储仍然需要物理载体，但却是以内容中立的存储空间（芯片、硬盘、服

[①] 尤其是考虑到价值链和虚构性电视娱乐——它从电影剧目中汲取了尤其多的灵感——的主要作用，以及一系列混合类型的影片（电视片、电视电影，"定制电影"），这种决策性的划分在今天很难证明其合理性。如果根据对于舆论塑造可能的影响来衡量故事片的新闻意义，那么由于电影具有高度的参与感和感情上的媒介效应，其培养效果和态度变化（例如关于家庭、关系和性、社会融合、战争或恐怖主义）也应该纳入新闻角度来加以考虑。对于纪录片和新闻片（始于1909年的"一周速递"）而言，政治及新闻功能则是显而易见的。

务器等）为形式，并且几乎在每个数字设备上都可使用。对于发行来说，载体介质的物质运输已经不再必要，在网络中基于 IP 的获取（下载）或传输（流媒体）就已足够。移动分发和使用在此也成为可能，而且，自从智能手机获得成功以来这已经变得相当普遍。此外，可以使用大量移动终端设备或固定家用电脑自行制作数字视频并上传到视频平台（如 YouTube）。通过这样的大型平台或 Facebook 等社交网络服务中的推荐和转发，私人视频的影响范围已经大大超出了传统形式上的"家庭录像"。影院和电视的设置仍然存在，但它们会通过 PC、笔记本或智能手机的自发使用"在中间"得到补充。在所有这些情况下，电影和视频[①]都是三级媒体，因为其制作和接收两方面都需要技术媒体设备，这样电影传播才能成功。

4.3.2 电影业的组织和制度化

4.3.2.1 参与者与服务

从传播学的角度来看，创作型的电影制作者，即编剧和导演，可能也包括演员，是来源方的合作伙伴，而电影的受众，作为空间上共同在场的影院观众的一部分，或是作为"家庭娱乐"中组合图像载体及屏幕设备的用户，是传播的目标方伙伴。与书籍等其他媒体相比，电影尤为重要的一个特点在于它是一种集体性生产，即来源方合作伙伴通常不是一个人（作者），而是在一个联系密切的分工合作过程中进行的表达创作和介绍：没有表演者、摄像、导演和剪辑，就不会产

---

① 作为行业术语，视频还包括 CD、DVD、蓝光光碟等"家庭娱乐"的新载体介质。

生这一联系，至少就不会有故事片，最多只是一部实验电影。电影典型的专业化和分工组织清楚地表明，这是一个创造性的社会过程，而不仅仅是一个技术上的传输。与个人创作文本的印刷相比，电影容许创造力拥有更大的技术和符号学自由度，然而，这些自由度也必须被充分发挥出来，这样，一部电影才能诞生并得以传播。

在媒体技术和经济方面，可以将这一复杂的分工合作过程——其中不同的参与者通常只在有限的时间内为某一个特定项目与其他合作者产生关联——描述为与其传播过程基本平行的价值链。

除了价值链及其变体形式所描述的基本经济功能之外，想要对传媒体系作出分析，必须对参与者角色及其具体行动和战略模式作出更详细的描述。对此，可以设想不同的出发点：一部电影的创意可以系统地生成，也可以从叙事的文化积累之中获取，特别是从小说或真实的历史（传记、历史和当代事件）。编剧将这些想法写成剧本大纲，交代有关基本主题和问题、情节和人物关系的信息，如果制片人对它感兴趣，则将其具体完善为剧本原稿，最后形成分镜头脚本。这些创作步骤可以由自由职业者自行主动完成，或是接受电影制片人的委托创作。

4.3.2.2 电影制作

电影制片人在制作中具有核心功能，对于整部电影起着协调作用；他是最重要的项目管理者。他的关键能力（和核心资产）包括用于融资和制作的个人和商业网络，以及用于背书的获得成功的电影清单（参见 Wirtz，2006，第 260-261 页）。

在拍摄前（前期制作），制片人或制作公司要取得将素材和剧本拍成电影的权利，或委托他人撰写详细剧本，这是电影项目规划和成本计算的重要基础。由于严格的经济选择标准，大多数电影创意和剧本在这个阶段都会被淘汰。电影制片人决定电影团队的组成，也就是说，他通常是导演、演员和所有其他创作和技术服务提供者的委托人。能够吸引观众的创作人才和明星是一种稀缺商品，这体现在高昂的成本上，如数百万的明星片酬。建立和维护联系创作人员的商业和个人网络，以组建最好的项目团队的能力是一项核心竞争力；已经建立起来的网络构成了电影制片人的核心资产（参见 Wirtz，2006，第 280 页）。他决定演员阵容、拍摄地点和档期以及进一步的制作步骤，并计算和控制预算。

制片人的另一个重要管理职能是为电影项目融资。在极少数情况下，电影制作完全由制作公司的自有资本提供资金；通常，需要融合不同来源的资金。由于在国际上比较来看，德国制片人的资本特别薄弱，因此，这些电影制片人会尝试获取外部资金，例如将风险投资、银行担保贷款、公共补贴和开发公司的股份等用来为电影融资。

2011 年，德国出现了第一部用众筹资金，即电影爱好者的捐款拍摄的故事片，它筹集了 17 万欧元资金（参见 Myrrhe，2011，第 21 页）。从那时起，在最大的众筹平台 Startnext 的帮助下，总共有 800 个电影项目得到了资助（参见 HBI，2017，第 36 页）。

许多电影都是与国际合作伙伴，其中大多是与德国电视公司联合制作的：2015 年，只有 24% 的德国电影是由一个制片人独立制作，其余都是联合制作。电视公司在超过 40% 的电影中担任联合制片人（参见 SPIO，2016，第 15、21 页）[1]。对于大型制作来说，可以通过产品植入获得收入或者至少是节省成本。在这种法律允许的产品植入中，产品、服务、品牌甚至创意和（度假）地点都会被纳入到电影情节中，以收取费用或拥有货币价值的商品（汽车、酒店住宿、服装等）。为了给制作预算筹集资金，供应商的应付款项可以通过合同推迟到电影上映时，或者根据电影是否获来决定是否支付，而电影的开发权可以提前出售给发行、销售或视频和电视节目运营公司，以及从事周边商品销售的公司，即出售原声带、书籍或与电影有关的影迷周边商品和玩具等（参见 Hass，2009，第 362-364 页）。在这种预售的情况下，版权购买方和参与融资的第三方分担了一部分电影制作的高风险。这种高风险与影片的高品质息息相关：每部电影都是一个独一无二的项目，它能否在公众中获得成功是极其不确定的。即使是明星演员阵容、续集制作（007、终结者、哈利波特）和非常成功的书籍、舞台剧或电视系列的改编以及电影翻拍（金刚、超人），高技术投入和专业的营销也不能保证经济上的成功。电影制作的投资相当可观，而且是不可逆转的（"沉没成本"），也就是说，在失败的情况下无法再收回投资。甚至在能否于市场上获得成功的风险之前还存在着制作上的风险，即由于资金或人员原因（例如：主要演员的死亡），无法完成制作的危险；在这种情况下，已经投入的资金也同样会遭遇损失。如果制作顺利完成，但超出了预算，那么能否在市场上收回成本也会极其

---

[1] 自 1970 年代后期以来，在电视节目扩充和广播双轨制过程中，公共广播电视机构越来越多地将故事片作为吸引观众的节目资源。自 1974 年以来，他们不仅充当买家，还成为了电影的联合制作人。这同样适用于私营广播电视公司。2015 年，有 94 部德国电影在电视上首映，总共被播放了近 1500 次，其中包括 11 部仅在电视上播放的德国电影（参见 SPIO，2016，第 85 页）。

成问题（参见 Hass，2009，第 368-370 页；Duvvuri，2007，第 22-24 页）。

就这方面的信息而言，德国电影的平均制作预算为 230 万欧元，而在德国公司参与的国际合拍片中这一数字为 1130 万欧元（2015 年数据；参见 SPIO，2016，第 17 页）。这显示出国际化在制作方面能产生多么大的帮助，即使平均值的说服力较为有限。哥伦比亚、迪士尼、派拉蒙、索尼、二十世纪福克斯、环球和华纳兄弟等大型电影公司的平均预算比这些数值高出 45 倍（参见 Wirtz，2013，第 319 页），这使得德国制片人在制作对于大众具有吸引力的，乃至能够出口的流行电影时相对来说难以与之竞争。

实际制作阶段包括整个"现场"拍摄，即所有摄影棚和外景拍摄，直到制作出第一份电影负片素材为止，然而，这只是为在后期制作阶段才真正诞生的电影提供了一个基础：电影母带是从原始版本通过蒙太奇剪辑和必要的光学后期处理（特技效果等）以及配音（音乐、噪音、画外音等）制作完成的，它将作为电影院电影拷贝或制作 DVD 和蓝光光碟的模板使用[①]。

对制片人来说，后期制作或营销阶段中所各种开发窗口及开发形式的使用，以及市场营销和周边商品销售的高度相关性，意味着他们最终制作的不能只是一部电影，而必须是一整套产品（参见 Wirtz，2006，第 284 页）。

4.3.2.3 发行和销售

电影发行商一方面充当了制作方（制片人、制片厂）和电影院（"放映"）之间的纽带，另一方面常常也是电影制作的共同投资人：他会

[①] 关于电影制片人的基本职能，请参阅 Duvvuri（2007，第 11-13 页），关于以实践为导向的制作管理介绍，参见 Schmidt-Matthiesen 和 Clevé（2010）。

（通常提前）向电影制片人获取某些打包发行的电影或一整季电影在一个确定的区域和时间段内的影院发行权（整批预订制度）。发行商让拷贝制作厂生产实体的电影拷贝，从而决定电影的发行。现在，拷贝的数量已经上升到每部电影数百份，因为影片的放映要在很多块银幕上同时进行，以达到迅速营销的目的，同时也能利用好广告和个人推荐的正面效果。电影技术和发行的数字化（通过加密传输方式）可以节省将来的复制和运输成本，以及更改放映计划所需的时间（参见Sommer，2009）。

通常情况下，发行商可以获得影院净票房收入的14%（参见Wirtz，2013，第348页）。通过利润分红和批量预定制度，发行商会被迫获得观众数量少、经济上不具吸引力的影片的版权，间接分担了制作风险。电影发行不同于着眼于项目的电影制作，在这里，规模经济具有降低成本的作用，即一家发行商提供的影片越多，就越能有效和高效地推销单个影片。此外，大型发行公司通常会购买该电影的其他开发权，用于DVD或线上发行，也包括电视，并将其同样推向市场。

与院线发行不同的是，在国外市场上，发行商负责的是电影版权的销售，必要时也负责外语版本的制作。通常情况下，发行商会提前向制作方支付一笔固定的费用，或者给制作方一定的出口收益份额。然而，对于德国电影来说，由于缺乏国际需求，这种销售的经济意义相对较小（约占收入的10%），而美国制作的电影在国外市场的收入占其预算的82%（参见Duvvuri，2007，第18页），且由此产生的收入每年超过210亿美元（参见Wirtz，2013，第324页）。

对于电影的开发往往在影片上映之前就开始了，这时会提前销售电影原声带和影迷周边商品；电影节、庆典和颁奖典礼以及影展也发挥着重要作用。这是一部电影能引起媒体关注和达成交易的地方。在实际操作中，电影发行遵循着一个规定好的"开发窗口"（收益窗口）序列：最开始是影院放映，在票房最糟糕的情况下，放映档期会在72小时后结束，但如果电影在观众中获得巨大成功，则可以持续数周甚或长达六个月之久。下一个发行阶段在三到六个月后开始，以DVD和蓝光光碟的形式销售，现在则代之以在线流媒体和一次性付费下载，在此之后则是营业额急剧下降的通过实体店铺或邮购的录像租赁。与此同时，在院线上映大约18-24个月后，该影片会在付费电视或在基于订阅的下载平台上播放。（订阅视频点播，SVoD），最后是在由广告或电视费提供资金的电视上播放（参见Duvvuri，2007，第13-17页，以及Birkel等人，2017，第347页）。

在电影发行中，营销成本占据着相当重要的地位；现今，普遍认为它们是除了制作成本之外产品公关的另一个质量准则。一场时间设定精密、多媒体共同参与的宣传大战和试图通过数百份拷贝推出的"轰动大片"是流行和商业电影的营销特点。

4.3.2.4 院线上映和视频发售

电影院不是直接从制片人那里购买电影，而是从电影发行公司那里购买，但在许多情况下，电影发行公司是大型制作公司的子公司或垂直整合的，即涵盖价值链中所有环节的大型电影集团的一部分。因此，电影院的排片策略在很大程度上取决于发行商和受合同约束的密切关系，除非是以电影为导向的艺术院线或者小众电影院的档期安排。这些过程在很大程度上已经制度化：电影于周四上映，从上映起到周日晚上这个时间段内的票房结算将是决定性的。如果影院的收入超过了发行商规定的金额，这部电影就会保留在影院的排片表中（档期延长）。如果影片没有达到这些收入目标，电影院就会将其从排片表中删除。通过这个制度，电影院线公司就和发行商一样，分担了电影制作及能否成功的风险；此外，由于其几乎处于价值链的最末端，他们无法再对产品施加任何影响。因此，由于当期延长制度，一部电影经济上的"命运"在很短的时间内就会得到决定，尽管有时会涉及到极高的投资金额的摊销。在这样的背景下，电影在上映前的准备阶段就会产生高昂的营销费用似乎也就说得通了。

影院经营者从其票房收入中扣除法定的电影税（1.8%–3% 之间，视营业额而定）[①]，以及可能情况下还有当地征收的娱乐税[②]；他们要向发行商支付票房净收入的约 14% 作为影片租金。发行商会留下影院收入的 14%（或发行收入的 32%），其余的支付给制片人。大约 33% 的收入则留在影院方面（参见 Wirtz，2013，第 347–348 页）。

电影发行商为一部影片在同一时间发布 600 份或更多拷贝的策略，几乎废除了以前在首映影院和二轮影院间的重要区隔。独家放映和长期放映，如"邪典电影"的放映，是影院运营中的例外情况。

影院经营者作为个体企业家的活动空间受到了制片方和发行商前期决定的限制，并且从根本上来讲取决于电影院观众的喜好。除了影片之外，电影院的位置、设备或额外提供的服务以及门票的价格对此也有着一定影响。这些因素的优化对影院经营者来说需要很高的成本，这会使小型独资经营者处于不利地位。长期以来，中等规模影院的组织方式通常是以家庭企业的形式经营，拥有 1 至 3 块银幕（电影厅），但是由于市中心区域的租金、放映技术方面的投资需要、随着观众对

[①] 根据 FFG 的规定，年营业额低于 10 万欧元的影院经营企业，即电影院，无需缴纳电影税。
[②] 获得威斯巴登电影评定办公室评级的影片享有税收优惠或豁免。

电影体验质量的期望越来越高而导致的整体需求下降,以及由于发行商策略的影响,已基本让位于连锁影院和多厅影院的组织方式。这些连锁影院一方面可以利用成本方面的规模优势(削减放映和销售人员、广告费用等),另一方面,向重视体验的年轻观众提供更高水平的附加收益(从餐饮到保龄球馆)。

案例

自 1990 年代以来,用于多厅影院和电影中心的高额投资款项主要由大型电影集团及其子公司筹集。派拉蒙和环球影业联合成立了 UCI(联合国际电影院),Cinestar 连锁影业(Kieft & Kieft)和 Cinemaxx 集团(Flebbe 集团)也应运而生(参见 Wilke,2009c,第 30 页)。2015 年,共有 1356 家多厅影院,在全部影院中占 28.9%,但多厅影院创造了超过一半的上座率和更高的销售份额(50.4%)(参见 FFA,2016a,第 3-4 页)。

电影院还包括一些特殊形式,如汽车影院、露天影院、旅行影院(例如在度假区)、大学和俱乐部影院以及色情影院。它们在影厅中的份额至少为 12.3%,但在观众中的份额只有 4.2%,营业额中份额则只有 3.1%,尽管此处缺乏关于色情影院的数据(参见 FFA,2016b,第 2-4 页)。

电影院的数字化需要大量投资和实施统一的技术标准。自 2005 年以来,在好莱坞大型电影公司的努力之下,DCI(数字影院倡导组织)标准被逐渐接受,但影院经营者仍然缺乏实现快速转换的投资意愿或能力。虽然在 2009 年只有 28% 的影院(1131 个影厅)装配了新的数字技术设备(参见 BKM,2008,第 202 页;FFA,2011,第 58-59 页),但现在这个数字已经上升到 100%;46% 的银幕还可显示 3D

投影（SPIO，2016，第31页）。然而，数字化的真正赢家是发行格式，其发行成本已经降低了近90%[①]。

院线公司还可以从商业的影院广告中获得进一步的收入，在电影正片开始之前，会播放其他电影的预告片广告。过去占据重要份额的是本地和地区广告，但现在则是全国性品牌的广告短片占主导地位。过去10年里，在经历了几次下挫之后，影厅的广告投入最近再次大幅增加，现已超过9500万欧元（2015年）（参见SPIO，2016，第39页）。影院将独家运营权授予15家在德国经营的所谓"广告管理公司"中的一家；除了全国性投放的广告短片之外，当地的销售人员还会在区域市场上招揽广告客户（参见http://www.fdw.de [2011.09.12]）。

视频节目供应商和音像店是电影（除了电影院和电视之外）的主要发行渠道，在经济上甚至比院线发行更为重要。视频节目供应商会从制片方、发行商或国内外的电影版权商那里购入开发权，再向音像店和许多其他销售点，如书店、折扣超市、百货公司和网络邮购公司提供DVD和蓝光光碟，以转售给私人终端客户。其余的音像店则从他们那里获得于发行，即租赁的特定图像载体。年营业额在5万欧元以上的音像公司必须和影院老板一样，向联邦电影基金会（FFA）缴纳1.8%至2.3%的电影税，具体税率取决于其营业额[②]。

近年来，视频下载和流媒体平台已经加入到典型的播放和发行渠道之列（参见4.3.2和4.3.3节）。它们使得在付费条件下单独调取电影、电视剧和其他影音材料成为可能，从而部分地实现了替代功能，取代

[①] 一份35mm的电影拷贝成本约为800欧元，而且其运输也很昂贵。一份数字拷贝则只需100欧元（参见Castendyk等人，2015年，第352–353页）。

[②] 确切的比例和细节由电影基金法（FFG）第66a条规定。

了传统的音像店，并与电视台展开了竞争。

4.3.2.5 影院观众和视频用户

2015年，德国有近3000万人到影院观影；平均每年4.5次。影院的年覆盖率在所有10岁及以上人群中占44%。"传统"目标群体的影院观影数量正在下降：10-19岁（2900万人次）和20-29岁（2700万人次）年龄组在所有影院观影人群中占40%左右，而50岁以上的人群占比最近则有非常强劲的增长。不过，尽管电影观众总体上已经"老龄化"，但年轻人去电影院的平均频率更高（20-29岁：5.5次/年，50-59岁：3.8次/年）（参见SPIO，2016，第49-51页）。

三分之二的14岁以上人口拥有DVD播放器（参见《2015年媒体透视基本数据》，第63页），此外，几乎所有的个人电脑和许多笔记本电脑都有DVD和蓝光光碟驱动器。与进影院观影的人群相比，租借录像带的观众往往年龄较大，平均年龄为40岁；近一半的销售额来自40岁以上的顾客；40至49岁之间的年龄组也占了音像店租借量的约四分之一（BVV，2015，第22、32页）。在线观看的趋势不仅出现在年轻的影迷之中：2015年，大约四分之一的德国人使用在线视频渠道，12%的人至少偶尔使用流媒体视频服务（参见Egger和van Eimeren，2016，第112页）。

4.3.3 组织环境中的电影和院线市场

4.3.3.1 媒体治理：电影行业的规范性基础和促进工作

4.3.3.1.1 约束性电影政策

从诞生之初，德国当局就明显将电影视为一种强大的、在某种程度上来说相当危险的媒介，因而需要对其加以严格监管：过去，电影曾归属于地方警察当局审查，1908 年，预防性的警察审查制度开始实行，1912 年，电影审查办公室在柏林和慕尼黑设立。作为对协约国战争宣传的"回应"，1917 年，乌发电影公司（UFA）在极端保守的普鲁士将军鲁登道夫的强烈影响下成立，其资金来自于国家资金和德意志银行以及军火工业（参见 Kracauer，1984 第 42-46 页；Gregor 和 Patalas，1976，第 13 页；Duvvuri，2007，第 57 页）。甚至魏玛共和国的民主宪法也授予了国家对电影进行审查的权利，这在 1920 年的《帝国电影法》中得到了具体体现。1934 年，纳粹分子加强了审查制度，强行统一了整个电影行业，并将电影工业国有化。帝国电影协会和帝国电影指导处隶属于约瑟夫·戈培尔的宣传部。德国的电影公司被合并在乌发电影公司的旗下，并在 1937 年被收归国有（参见 Wilke，2009c，第 21-23 页）。电影成为纳粹独裁统治最为重要的宣传工具。新闻片和纪录片起到了传播虚假消息和煽动狂热的作用，就像莱尼·里芬斯塔尔的美学艺术电影对元首崇拜的宣传一样。最重要的是，这部至今在老年电视观众中享有很高人气的娱乐故事片，在战争期间曾被用来振奋士气，号召人们"坚持到底"[1]。

德国电影的中心是在东德的波茨坦–巴贝尔斯贝格（"UFA 之城"）。在这个地方，苏联人，以及 1949 年之后的民主德国迅速建立起了一个由社会统一党控制的集中制电影工业。这个于 1946 年成立的德国电影股份公司（DEFA），一直存在到东德结束。"二战"之后，西方同盟国也同样力求对德国人实行去纳粹化和再教育，以及

---

[1] 关于纳粹电影宣传的详细分析，参见 Hoffmann（1988）。

对电影业进行迅速和分散的重建，因而对电影业实施了严格的审查和人员筛选。在 1950 年代中期，其四个分集团公司被卖给了不同的银行。这四家公司中的两家，即全球电影股份公司和全球影院股份公司合并为一个新的 UFA，并于 1964 年被贝塔斯曼集团接手（参见 Wilke，2009c，第 24 页）。

与德意志联邦共和国所有的新闻媒体一样，《基本法》（GG）第五条是对于电影来说最重要的法律基础，因为它禁止了政府的预先审查，保障了基本的舆论和传播自由，并在法条中明确列出了电影属于这一媒体范畴，同时也规定其受到未成年人保护、个人荣誉权和一般法律规范的限制。和所有其他媒体相同，电影在行使宪法赋予的权利时受到的法律限制主要来自于《刑法典》（StGB），其中关于暴力和色情的表述与电影尤其相关。电影的媒体政策权限完全属于联邦各州（参见汉斯－布雷多研究所，2008，第 72 页）；但是，联邦政府会对经济问题以及青少年保护和版权问题进行监管。

4.3.3.1.2 电影监管和自律机构

借助于威斯巴登电影评定办公室，联邦各州建立了一个公共法律组织的机构，该机构自 1951 年以来一直在对电影进行评定，并在必要时授予某些影片"有价值"或"特别有价值"的评级。这些质量评级在免除市政娱乐税和未来的电影补贴申请方面具有经济上的影响（参见 Wilke，2009c，第 32-33 页）。

为了在同盟国施行的电影管制结束后抢在政府之先为（西）德国建立起统一的电影监管，1948 年，电影业自愿自律协会（FSK）成立了。自 2002 年以来，FSK 成为了创立于 1950 年的电影行业联合总会（SPIO）的子公司（有限责任公司）。作为来自各个领域的 16 个行业协会（制作公司、发行商、影院放映、电影贸易等）和1100多家公司的联合总会，SPIO成立于1950年，总部位于威斯巴登，代表着整个电影行业的利益。而FSK最初则负责审查电影中有关纳粹主义和军国主义的内容。直到1951年第一部《青少年保护法》生效后，青少年保护成为电影审查中的工作重点——这一点后来也适用于其他物质载体（视频、DVD、蓝光），并于2009年起同样适用于移动影像产品的在线平台——在此期间，已经有超过10万部影片接受了审查①。2015年，共有483部电影和1288部视频作品被提交给FSK进行年龄分级评定（参见SPIO，2016，第70页）。此外，FSK还对所谓的"假日安静时间"里可以放映的电影进行审核。根据《青少年保护法》（JuSchG），原则上由国家最高青少年管理局（OLJB）负责电影监管；但他们向FSK委派了三名全职常驻代表，并任命了大量的审查员。在这个程序中，实际上的法律行为是由当局的代表执行的，因此，"自律"的自主程度存在着争议。根据各州的协议，各州会统一采用FSK划分的年龄等级，该分级也用作电视自愿自律协会（FSF）的分级，作为确定节目播出时间的指导原则（参见第4.4.3.3.3节）。《青少年保护法》规定了年龄分级的标准和编辑要求：根据（假定的）媒体接受能力和心理发展阶段，时长至少为60分钟，且不是教育或信息片的电影，被划分为零岁、六岁、十二岁、十六岁或十八岁等年龄等级。未获得年龄分级的电影仍然可以由电影院经营者放映，但只能对成年人放映；除色情电影院经营者外，各家电影院均已承诺不放映任何未经FSK批准的电影。

---

① 更多信息参见：www.fsk.de。

审查标准由一个 21 名成员组成的政策委员会制定,其中包括 12 名行业代表,6 名来自联邦和州政府部门或行政机关的代表,以及教会和联邦青年委员会的代表。根据任务的不同,相关电影将交由 2 至 5 名成员组成的工作委员会或是由 7 人组成的首席委员会进行评估。申请人可以对年龄等级或其他决定提出上诉,然后由七名成员组成的上诉委员会进行审理[1]。关键性委员会中的大多数代表来自政府当局,这也再次导致了关于 FSC 审查性质的辩论(参见 Buchloh,2005,第 67-69、73 页)。

如果电影作品没有得到电影业自愿自律协会(FSK)的年龄评级,青少年有害媒体联邦审查处(BPJM)可以应青少年保护机构的要求将其列入封禁名单[2]。

4.3.3.1.3 电影著作权和版权许可

《版权法》(第 2 条第 1 款)赋予电影作品以自己的知识产权。在实践中,在制作电影的制片人、演员和导演以及发行商、影院经营者和视频营销者之间的开发权转让是需要复杂的合同来处理的课题。除了制作领域的工作合同以外,电影制片人和电影开发者之间的电影许可合同(开发合同)是最主要的。许可协议规定了期限和发行区域以及收益的分配。如果文学作品被拍成电影,必须从权利人(作者)或开发者(出版商)那里获得电影改编版权。

---

[1] 有关程序的详细信息和委员会的确切组成,请参阅 FSK 准则;在线网址:http://www.fsk.de/media_content/422.pdf [08.09.2011]。

[2] 2016 年,67 部电影或载体介质(视频/DVD/蓝光)遭到这一惩罚,截至 2017 年中,共有 1931 部电影及载体介质被列入该目录;参见:www.bundespruefstelle.de/RedaktionBM-FSFJ/RedaktionBPjM/PDFs/statistik-2016,property pdf,Bereich bpjm,sprache de,rwb true.pdf 及 http://www.bundespruefstelle.de/bpjm/Service/statistik.html [08.08.2017]。

除了合法的视频点播销售渠道外，电影的数字化为通过互联网非法传播盗版拷贝提供了便利。业界正通过技术复制保护措施以及合法的替代方案对此作出反应。版权侵权维权协会（GVU）由电影业和娱乐软件生产商共同资助；它开展教育宣传活动并向当局报告侵犯版权的行为。该协会也得到了德国联邦电影基金会（FFA）的赞助（BKM，2008，第204页）。

4.3.3.1.4 电影资助

对于德国电影来说，最重要的核心电影政策措施是国家或法定的电影资助基金，因为由于国际市场结构的影响（参见第4.3.3.2节），自20世纪50年代以来，如果没有国家或其他公共资金的支持措施，德国的电影制作只可能在极特殊情况的下取得经济上的成功（参见Duvvuri，2007，第62-72页）。公共资助补贴和来自政府的各项计划旨在补救或至少缓解双重市场失灵，因为除了德国电影业的（全国性）经济问题之外，文化政策方面的考虑和对电影艺术"美国化"及"商业化"的限制也有着重要意义。在电影资助话题下，必须区分经济资助和文化资助：

• 经济角度的电影资助有着明确的目标，即做强地区、国家或欧洲的电影业，通常仅以经济成功的标准来衡量，特别是投资效果（自有资金与资助补贴）、保护或创造的就业岗位、基础设施的加强以及财政效果。从组织结构方面来看，这种类型的电影资助通常发生在经济部门或专门成立的资助公司之中（通常为有限责任公司）。

• 与之相反，文化角度的电影资助主要是为了保护、加强或建设国家、地区或欧洲的电影文化，意在对身份认同、融合和反思——也包括在社会批判的意义上——做出贡献。

第四章 大众媒体

• 电影资助可以采取直接资助补贴的方式，即直接向电影工业提供资金转移，其形式可以是补助、津贴、（低息或无息、有条件或无条件偿还的）贷款或其他（通常是专项）奖金等。音像开发或制作的价值链中所有环节都可以直接获得资助：创意和剧本开发、制作、发行、影院上映、国际发行、视频或 DVD 开发，以及技术、组织和经济创新。

• 间接资助措施则可以（或多或少地）使得特定部门的成本降低，特别是通过税收减免（如降低营业税率）等方式。

此外，电影资助还可以划分为结构型、项目型和参考型电影资助：

• 结构型资助措施有助于建设、维护或扩展电影行业的基础设施，即相对持久的组织或机构（如公司、发行结构、技术创新，但也包括电影中心、支持协会等）、市场开发（经济角度）或"电影景观"（文化角度）。

• 项目型资助则是为一部尚未实际制作的影片提供资金，并根据影片本身的情况评估其是否有资格获得资助。

• 在发放参考型资助时，主要考虑的是以往完成的电影的艺术品质或商业上的成功，并将这些作为申请人进一步资格的证明（参考）。

• 德国每年的电影资助总额为 3.08 亿欧元这些资金由联邦州、联邦政府和欧盟提供[1]。

由于联邦政治体制的原因，联邦各州的电影资助是以非统一的方式组织和提供的。在过去的十年中，可以看到一个明显的趋势，即资助方式的实施从主权行政部门（文化部和经济部）转移到了根据私法组织的公司，并按区域共同管理各州的资金：经济实力最强的资助机

---

[1] 关于德国电影资助金额的基本信息，也可参见 Duvvuri（2007）、Castendyk（2008）、Knorr 和 Schulz（2009），以及 KPMG（2010）的资助机会。

构——巴登符腾堡传媒与电影公司（MFG Baden-Württemberg）、巴伐利亚电影电视基金会（FFF Bayern）、汉堡电影资助基金和北莱因－威斯特法伦电影基金会就是以有限责任公司的形式组织的，而多个联邦州的联合机构——柏林－勃兰登堡传媒理事会、德国中部地区电影资助基金（萨克森、萨克森－安哈尔特、图林根）和北方传媒（下萨克森和布莱梅）也是如此。这些电影和媒体资助基金主要被各州政府用作区域竞争中的产业和驻地商业环境政策的工具。除贷款外，还向电影业提供银行担保。此外，各州还设有文化性电影资助基金，这些资助基金通常以协会或基金会的形式运作。

联邦层面有四个资助机构及资助项目：位于柏林的德国联邦电影基金会（FFA），其法律根据是2016年12月23日修订的《电影资助法》（FFG），德国电影奖（亦称"德国电影劳拉奖"，"Lola"），联邦政府文化和媒体专员（BKM）和青年德国电影委员会（KjdF）的电影资助。

• 依照FFG的规定，德国联邦电影基金会（FFA）是一个公法组织的联邦机构，负责从经济层面进行电影资助。除了一个理事会和一个由九名成员组成的执行委员会外，它还有一个由36名成员组成的管理委员会，其成员来自联邦当局、电影行业协会和社会团体（教会、工会等）。对于制作、剧本、电影销售和放映（影院）、视频开发、电影专业进修培训、研究和创新等方面资助的具体决定，由三个专业颁发委员会（最多42名成员）作出。FFA的资助既有根据参考影片原则为一部新电影的投资提供的最高200万欧元的补贴，也有根据项目原则为电影制作提供的最高100万欧元的，在影片获得成功时需偿还的贷款。2015年，总共有超过6400万欧元的资助金获批：约

1450万欧元用于基于参考影片原则筛选出的电影的制作，近500万欧元用于制作资助补贴，约960万欧元用于销售补贴，约1300万欧元分配给各家影院；330万欧元资金流向视频节目供应商（参见FFA，2016a，第13页）。2015年，FFA从影院经营者支付的电影税中总共获得了2840万欧元的收入，从视频节目供应商（包括视频点播平台运营商）收取了约1590万欧元，另有1400万欧元来自公共电视台[①]和私营电视广播公司所交的费用（参见FFA，2016a，第13、11页）。ARD和ZDF为其播放的故事片支付制作成本的3.0%，私营供应商按照故事片在其节目中的份额支付其净广告收入的0.15%至0.95%，而付费电视供应商支付其订阅收入的0.25%。营业额超过50万欧元的视频节目供应商和视频点播供应商和影院经营者（年营业额10万欧元起）一样，需要缴纳电影税。

• 自2007年起，联邦政府文化和媒体专员（BKM）推动建立了德国电影资助基金（DFFF），该基金目前的年度预算为7500万欧元。对于其总预算中至少四分之一花费需要在德国支出的制作，可以提出申请，并由在DFFF报销在德国支出的费用的20%（但每部作品最多不超过400万欧元）。该基金自2017年起开始为大型国家级和国际项目提供资助。这种自动型资助，即既不与过去的成功作品（参考模式），也不与其他电影艺术质量标准（项目模式）挂钩的资助，被认为是成功的：在十年的时间里，有1087部作品得到了近6亿欧元的

[①] 自1974年以来，ARD和ZDF就已经在电影-电视协议中向电影业承诺，为其参与共同制作的影片负担相应的资金份额，这些影片会在为院线发行设置的两年保护期结束后，在公共电视台播放。从1994年起，VPRT也为私营电视节目广播公司签订了类似的协议（参见Wilke，2009c，第38-40页）。

资助[①]。在前五年中，有 2.935 亿欧元的资金流入业界，共引发 18 亿欧元的总投资[②]。

• 1951 年起设立的"联邦电影奖"最初由联邦内政部长颁发，自 1999 年以来，"联邦电影奖"改称为"德国电影'劳拉'奖"，由联邦政府文化和媒体专员（BKM）颁发。与美国电影学院奖——"奥斯卡"奖类似，"劳拉"奖的颁发由德国电影学院的 1200 名成员决定。它不仅仅是一场名流荟萃、星光熠熠的行业盛会，考虑到其高达 50 万欧元的大奖和总额 300 万的奖金，它也同样是一种电影资助的手段。此外，还有德国电影短片奖以及为电影发行、影院、剧本开发等设立的奖项。从参考电影原则的意义上来讲，奖金可以为获奖者的新电影提供资金。

• 青年德国电影委员会特别致力于为儿童电影和"天才电影"——即年轻导演和编剧的第一部或第二部作品——提供资助。该委员会的成立可以追溯到 1962 年的青年电影制作人运动和他们的《奥伯豪森宣言》；今天，委员会为开发、制作和发行提供项目成功时需偿还的小额贷款（最多 5 万欧元）[③]。

• 从 2016 年起，由联邦经济部提供资金，设立了每年资助金额为 1000 万欧元的德国电影基金（German Motion Picture Fund）[④]。其目的是通过向预算至少为 2500 万欧元（故事片）或 120 万欧元（连续剧）

---

① epd 今日媒体，2017.02.09，第 29a 期。
② "DFFF 五年——德国作为电影拍摄地竞争力不断加强的五年"，2011 年 12 月 21 日的新闻稿；在线网址：http://www.ffa.de/ [23.12.2011]。
③ 参见该款项提供的指导方针：http://www.kuratorium-junger-film.de/pdf/Richtlinien_KJDF.pdf [08.09.2011]。
④ http://www.bmwi.de/Redaktion/DE/Textsammlungen/Wirtschaft/german-motion-picture-fund.html [04.04.2017]。

的大型制作提供资助，支持德国成为（数字）电影的拍摄地。这笔基金是纯粹的补助资金，由 FFA 管理。

自 1991 年以来，欧盟（EU）在 MEDIA 计划框架内资助欧洲电影和电视电影、纪录片和动画片以及连续剧及多媒体项目的电影制作、发行和销售。还为电影培训和推广计划（包括电影节）以及项目开发提供资金。从 2007 年到 2013 年，MEDIA 计划总共提供了 7.55 亿欧元的资金，该计划现已到期[①]。后续计划"创意欧洲"（Creative Europe）[②] 将在其基础上加入对电影节、数字电影发行和电视制作等领域的资助。自 1989 年以来，欧洲委员会的欧洲影像（EURIMAGES）计划一直致力于从文化和经济角度资助欧洲国家共同制作的故事片、动画片和纪录片，也就是说，资金只能由 37 个参与的欧洲国家中的两个国家中至少两人或公司共同申请。每年共有 2500 万欧元的预算[③]。

4.3.3.2 市场结构与市场准入壁垒

德国电影行业有大约 16 万名从业人员，他们共同为国内生产总值贡献了 136 亿欧元（2014 年的数据；参见 Birkel 等人，2017，第 343 页）。在国际上比较来说，由于其民族语言的限制和资本市场的原因，电影市场也相对较小：观众需求和收入机会远远落后于美国或印度等大型国内市场，也没有可以与那些国家相比的出口成就。鉴于其显著的资本密集度以及生产和获得成功的高风险，在德国国内市场

---

① 更多信息参见：http://ec.europa.eu/culture/media/index_en.htm [08.09.2011].
② 参见 https://ec.europa.eu/programmes/creative-europe/media_en [03.04.2017].
③ 关于其组织和活动的报告，参见网站：http://www.coe.int/t/dg4/eurimages/About/default_en.asp [38.04.2017].（日期原书有误——译者）

进行经济上有利可图的生产和开发困难性很高。美国的故事片最终成为了通行于世界市场的国际性产品，在大约五十年的时间里因而也一直主导着欧洲和德国市场。许多精心制作的作品是以国际联合制作的方式实现的，以减轻再融资的难度。就此而言，要确定一部德国电影[①]究竟应该如何定义，从而确定市场份额，有时并不容易。

4.3.3.2.1 电影制作市场

五分之四的德国制片公司每年只制作一部电影，只有四家公司每年会生产四部以上的电影长片（参见 SPIO，2016，第 15 页），这是德国电影制片公司市场份额小和资金不足的结果。德国总共有约 800 至 900 家制作公司，但其中许多公司仅限于制作电视节目；故事片制作公司的数量约为 180 至 260 家（参见 Röper，2016b，第 512、522 页；SPIO，2016，第 20 页）。就地理来看，柏林是最主要的制作地点，无论是电影还是电视制作，都远远领先于其他地区。其后是巴伐利亚、北莱茵－威斯特法伦和汉堡（参见 Röper，2016b，第 512、523 页）。电影和电视制作公司通常会被纳入企业网络之中或者是媒体集团的一部分。此类制作公司的制作量（以分钟计）是独立制作人的四倍。十大制片集团创造了几乎一半的营业额；这些集团包括 MME、drefa、康斯坦丁影业（Constantin Film）、汉堡电影工作室（属于 NDR 传媒公司）、弗里曼陀传媒公司（Fremantle Media，属于贝塔斯曼）、恩德莫尚德国（Endemol Shine Germany，属于 21 世纪福克斯/阿波罗全球管理）、艾渥克斯（Eyeworks，属于华纳兄弟）（参见 Röper，

---

① 《电影资助法》将制片人的公司注册地、室内拍摄地点的选择和语言版本列为标准，参见 FFG，第 15 条。归根结底，问题仍然在于，那些在故事、明星，以及在全球观众中取得成功的美国电影实际上到底还有多么"美国"。

2016b，第 514-515 页）。营业额最高的 23 家公司（1%）创造了几乎一半的营业额，而年营业额不超过 100 万的小公司（占制作公司总数的 76%）加起来只占 12% 的份额（参见 Birkel 等人，2017，第 345 页）。市场准入壁垒相当之高，因为极高的制作风险和极高的投资成本一道，让小型制作公司处于严重劣势。从制作层面来看，规模经济，即由于系列化和大规模制作而导致的成本节约，并没有发挥很大作用，因为这里涉及的是以项目为基础的唯一性制作，且其中部分服务是通过关系网络购买的。

德国的电影制作市场具有区域性结构，集中在柏林-波茨坦、慕尼黑和汉堡等电影城市或地区，其原因主要是由于一些政治资助举措。如果采用联邦统计局更为严格的标准，那么 2015 年全德电影行业需要缴纳社会保险的从业人员人数总共为约 37000 人[①]，其中 22000 人从事影视制作，4000 多人从事后期技术制作，2200 人从事发行工作，8700 多人在电影院线工作。柏林和汉堡的电影行业从业者比例明显高于平均水平（参见 SPIO，2016，第 95-96 页）。

广播电视公司在电影制作中扮演着非常重要的角色：一半以上的产值来自于他们作为委托方或共同制作人而产生的需求（参见 Birkel 等人，2017 年，第 343 页）。

4.3.3.2.2 发行市场

在德国运营的有近 120 家发行公司，但其中许多家每年只营销一到两部电影，而 13 家较大的发行公司则发行了 12 部以上的电影（参见 SPIO，2016，第 30 页）；营业额的集中化程度也相应较高。2015 年，

---

① 然而，电影和电视行业工作者中很大一部分是以片酬和合同制工作为基础的，不需要缴纳社会保险。

德国的电影发行销售总额为4.343亿欧元（参见SPIO，2016，第23页）。美国大型影业公司——联合国际影业（UIP）、Buena Vista（迪士尼）、华纳哥伦比亚和福克斯的发行子公司的营业额占到了全德电影发行总收入的四分之三。对于德国来说，康斯坦丁电影公司和现在属于法国付费电视频道Canal+的Tobis公司也很重要。这个子市场的相对集中化程度因而也非常之高，市场准入壁垒也相当之大，尤其因为大公司的规模优势以及其与制片方的关联优势（参见Wirtz，2006，第262-264页）。

2015年，共有236部故事片（其中76部是德国电影）和91部纪录片在电影院首映（参见SPIO，2016，第14页）。目前（2016年），德国有1169家院线公司，在893个地点设有4739个影厅，总座位数近79万——呈下降趋势。经历了长期的下降趋势后，2015年，影院的总访问量为1.4亿次，来自约3000万名观影人，对应的总营业额为11.67亿欧元（参见SPIO，2016，第31-32页；FFA，2017）。德国电影所占市场份额波动相对较大，它取决于某一年是否有一部（或多部）热门的德国影片发行。2014年，以观众人数计算，德国影片的市场份额为27.5%，而美国影片则为54.5%（参见SPIO，2016，第44页）。美国影片在德国以及在整个欧盟的市场销售份额相对稳定，占票房收入的三分之二到四分之三；2015年，这一数字在整个欧盟范围内为64%（参见SPIO，2016，第77页）。

4.3.3.2.3 院线和视频市场

与发行市场相同，院线市场集中化程度也相当之高：最大的四家公司在多厅影院这个重要的子市场上占了90%的份额。由于对观众具有吸引力的电影院需要很高的投资和固定成本，市场准入壁垒也就相当之高，这一点从最近几十年的所谓"影院已死"中就可以看出（参见 Wirtz，2006，第 266-268 页）。

长期以来，视频、DVD 和蓝光光碟的开发对电影业的营收具有更为重要的意义，因为其约三分之二的收入都来自"家庭娱乐"部门；2016 年，超过一半的总收入是在那里实现的，为 14.41 亿欧元。销售市场以 85% 的占比（12.24 亿欧元）对租赁市场形成了绝对优势。DVD 销售仍然以 7.15 亿欧元的数字占据了总营业额的近一半，其次是蓝光光碟销售（27%）和占 8% 的个人下载零售（电子销售，EST）。与之相反的是，在租赁市场上，在线形式占主导地位：通过流媒体的单次观看计费（TVoD= 交易型视频点播，如 iTunes）实现了超过 1 亿欧元的营业额，另外，还有经由 Maxdome、Netflix、Watchever、Amazon 和 YouTube 等平台实现的包月型流媒体订阅（SVoD= 订阅型视频点播）以及非法的故事片观看。当前仅存的 1186 家实体音像店（比较数据：2010 年，2795 家）通过 DVD 租赁（7900 万欧元）和 DVD 售卖（4300 万欧元）实现的收入正在急剧下降（参见 GfK，2017，第 14 页；Turecek 和 Roters，2016，第 383-384 页）。德国市场上总共有 170 多家供应商：其中使用人数最多的仍是亚马逊视频（32%），排在 Netflix（17%）之前（参见 KEK，2016，第 162-163 页）。

4.3.3.3 市场发展趋势

影院在电影的公开发行和经济开发方面发挥着重要的作用，但其景气状况低迷，而实体和邮购的音像店在中期内最多只能形成一个小众市场。流媒体（47%）和网络下载（19%）仍将是未来最重要的子市场（参见 BVV，2016，第 20 页）。

尽管德国有着数量众多的电影院，但影院行业集中化程度仍然很高，即极少几家连锁电影院在观众市场上占据了统治地位。在视频租赁领域，在经历了"音像店死亡"的阶段之后，近几年来可以观察到市场状态已经稳定下来，但数字订购和越来越多的下载购买渠道可能会在中长期内主导市场。关于这一点，部分原因也在于美国大型制作公司的前向整合策略，未来，最早在影院上映的两个月之后，这些公司就会将影片在自己的网络平台上线开发（参见 Turecek 和 Roters，2011，第 316 页）。在整个价值链上对于价值创造过程施行协作及战略协调，特别是能够在同一集团内实现对于发行部门的掌控，以及由此产生的进入连锁院线及电视版权和视频开发的便利，是巨大的竞争优势，无论怎么高估都不为过。因此，这种电影经济的逻辑导致了市场的高度集中化以及美国电影在德国的主导地位。在绝大多数情况下，德国的电影制作只能依靠从州、联邦或欧盟的电影资助下拨的政府补贴才能实现。

进一步的数字化以及——在开发方面的——网络化，很可能会使已经很高的市场集中化程度进一步升高。

4.3.4 总结：结构特点

电影的技术和符号复杂性及其非凡的创作潜力需要高度专业化的分工合作的组织。电影传播基于不同参与者之间的合作网络，他们以项目的形式制作电影，资本投入高，成功风险大。电影传播和电影的经济开发是通过几个渠道进行的：在经济上比传统的院线渠道重要性更高的开发渠道之一是作为家庭娱乐的个性化电影观看（在线流媒体和下载，DVD 和蓝光光碟的销售和租赁），另一种则是电视播放。理想情况下，不同的开发形式将作为时间轴上的一连串利用窗口环环相扣接力传递。垂直整合的公司在电影传播的组织方面享有相当大的关联优势和规模优势。为创作人员、电影版权、明星演员和电影美学效果而投入高额资金，且同时需负担较高的制作和市场风险，是大众电影的基本特征。

电影的经济特性造成了在几乎所有层面上的相对市场集中化程度都十分之高。院线电影的制作主要都是由资本和发行实力雄厚的国际传媒集团主导的。在德国，只有少数电影制作公司能够每年负担几部电影的制作费用；与电视台和国际合作伙伴合作的联合制作发挥了重要作用。发行市场也是同样高度集中，特别是美国大型影业集团的子公司将市场瓜分殆尽。院线市场越来越多地被多厅影院和连锁影院所主导；即将到来的对于数字化和 3D 技术的投资可能会进一步加剧这一趋势。音像店市场正面临着一个结构性的变化：本地音像店在销售市场上越来越多地被其他零售商所取代。在租赁市场上，在线订购的音像商店或下载平台可能会在中长期内胜出。除少数艺术影院外，大型电影和多媒体集团通过发行和大型连锁影院以及整批预订制度，能够对影院的排片施加很大的影响。通过这种方式，电影制作的高风险就可以由各部门共同承担，但一部电影是否能在观众中和市场上取得成功仍然很难预计。

从组织的角度来看，表 4.14 总结了德国电影和录像在中观和宏观层面主要的基本特征：

表 4.14 电影和视频的组织特征

中观层面	电影和视频行业里的私营商业电影公司 编剧和导演的核心新闻作用 制片人作为融资、项目和营销管理者的核心经济作用 影片的项目组织方式 电影极高的制作和成功风险 横向风险最小化策略（共同制作） 纵向一体化策略 关系网络作为核心资产
宏观层面	生产、发行、放映和视频销售的市场高度集中 资本和品牌力量薄弱、依赖公共资助的制作市场 由美国主导的国际化的市场 市场增长停滞 视频和电视营销的高度重要性

电影监管在德国有着悠久的约束性传统。《基本法》中保障的电影自由首先在未成年人保护方面受到限制。为了保证这一点，电影业自愿自律协会（FSK）与政府青少年保护机构密切合作，以年龄分级为基础确立了其核心机构的地位。

由于电影属于资本密集型行业，以及全球竞争结构，德国的电影制作依赖于大量的国家补贴，这些补贴是以各州、联邦政府和欧盟的经济补贴或者——在较小程度上——文化资助的形式实现的，其目的是为了减轻德国或欧洲电影文化上的市场失灵，以及产业和就业市场政策方面的考虑。在这种从传播政策角度上反复遭受批判讨论的"资助文化"中，电影作为艺术和商品的双重属性及其作为公共物品的地位得到了体现。

国际传媒前沿研究报告译丛
黄晓新　刘建华　/主　编

DAS MEDIENSYSTEM DEUTSCHLANDS:
STRUKTUREN, MÄRKTE, REGULIERUNG（2. AUFLAGE）

德国传媒体系
结构、市场、管理（第二版·下）

〔德〕克劳斯·贝克／著
任　蕾　汪剑影　潘睿明　傅　烨／译

中国书籍出版社
China Book Press

表 4.15 总结了电影传播的制度性特征。

中观层面	团队、项目和关系网络导向：在一个有限的参与者网络内进行限期合作，在信任和经验的基础上建立明确的角色结构 影片作为独一无二的集体艺术作品 在"取景／置景地"进行共同创作
宏观层面	受宪法第 5.1 条和第 5.3 条的保护，且根据版权法拥有知识产权 电影作为艺术和商品的双重特性 电影资助作为一项法定任务（州、联邦政府、欧盟／欧洲委员会） 电影资助网络：FFA 和 DFFF 以及各州级电影资助机构 国家监管机构（BPJM）和主要为非政府性质的自律机构（FSK）组成的监管网络 SPIO 作为整合各部门参与者的综合组织

本章节重要数据来源及网址

• Duvvuri（2007）

• Hülsmann 和 Grapp（2009）

• 年度出版、资料丰富的电影相关数据汇编：SPIO 电影行业联合总会（2016）：电影统计年鉴，2016，由 Wilfried Berauer 汇总编辑。巴登-巴登：Nomos 出版社。

• 联邦电影基金会（FFA）的网站也提供了大量关于电影的统计数据和研究：www.ffa.de

• 有关视频行业的信息可以在德国音像媒体协会 BVV 的网站上找到：www.bvv-medien.de

• 电影业自愿自律协会 FSK 在其网站 www.fsk.de 上提供关于其活动情况的报告

法律法规

• 《电影资助法》：经 2016 年 12 月 23 日公告修订的《德国电影

资助措施法》(《电影资助法》,FFG)(联邦法律公报 I,第 3413 页);在线查阅:http://www.gesetze-im-internet.de/ffg_2017/ index.html [04.04.2017]。

•《青少年保护法》:2002 年 7 月 23 日颁布的《青少年保护法》(JuSchG)(联邦法律公报 I,第 2730 页,2003 I,第 476 页),最后经 2017 年 3 月 10 日的法案第 11 条修订(联邦法律公报 I,第 420 页);在线查阅:https://www.gesetze-im-internet.de/juschg/ BJNR273000002.html [04.04.2017]。

•《版权法》:1965 年 9 月 9 日颁布的版权法(联邦法律公报 I 第 1273 页),经 2016 年 4 月 4 日法案第 7 条修正(联邦法律公报 I,第 558 页);在线查阅:https://www.gesetze-im-internet.de/bundesrecht/urhg/gesamt.pdf [03.04.2017]。

4.4 电台:广播和电视

重点 广播和电视是德国使用频率最高、时间最长的媒体之一;因此,广播电视被认为在民主公共领域具有一种特殊的新闻功能。在本节中,我们会研究德国广播和电视的复杂结构:作为第三媒体,广播电视技术复杂成本高昂,因此,电台传播是以分工合作的公司式组织结构为前提的,我们将沿着价值链(广播电视内容的制作与采购、节目编排及融资、节目发行)方向对该组织结构进行说明描述。

今天的广播电(视)台的结构,一方面是关于传播政策的争执和谈判过程的作用结果,另一方面是市场机制的产物。因此,本节不仅会描述公共和私营广播电(视)台的不同结构、组织和运作方式。为

第四章 大众传媒

了更好地理解所谓的双轨制广播电视系统，还将概述自魏玛共和国以来的广播政策的主要特点。并通过对部分耦合的观（听）众及广告市场的研究，以及对市场和节目监管的详细讨论，完善这一系统性分析。对此，我们将特别对作为核心规范基础的广播电视国家条约和联邦宪法法院的裁决，以及媒体监管机构（广播委员会、各州媒体管理局、电视自愿自律组织）做出介绍。

在此，我们将电台的两种形式——广播和电视——放在同一节中进行分析，因为就公共电台而言，许多法律和结构基础直到组织层面都是一致的，或者仅在某些方面有所不同。在介绍完这些基础知识之后，我们会在各个小节中对每一种情况进行必要的区分，按照惯例，会先介绍广播的具体情况，然后再介绍电视的具体情况。在这些章节中，也会讨论到公共和私营广播电视机构组织形式之间的差异。

4.4.1 广播和电视作为基于技术的符号系统

在广播电视传媒中，会使用特定的符号组合进行通信传播：

• 历史上那种老式无线电广播完全基于我们的听觉。它是作为符号性信号的口语、音乐和歌唱等可以调节音量和音调的声音的结合，某些情况下还包括其他噪音。它们经常被用作自然录音环境（报告的原始声音）或（广播剧中）舞台情况的标志（索引）。

• 与电影一样（参见第 3.3 节），电视播送中还加入了视觉类型的符号，尤其是作为图像（图标符号）的运动或静止图片，它们表现着真实或舞台世界，或表征着超越性的语境和含义。此外，还有从信息图表到动画模拟再到书面文字等等完全人工生成的符号标志。再与广播的整个声学频谱相结合，电视就拥有了非常丰富和复杂的符号库，具有丰富的新闻表达的可能性，从以事实为导向的纪录片和新闻报道，到虚构的娱乐、表演和游戏等形态，以及艺术电影和前卫的艺术性视频。

从"无线电广播"（德语：Rundfunk，本书中多翻译为"广播电视"或"电台"）一词中，已经可以看出该媒体的两个特点：通过电磁频谱无线电波的技术方式传播，以及信号的非定向、同心扩散。电磁波频谱的频率既用于广播的有线传播（铜同轴电缆或光纤电缆），也用于无线、"地面"广播和卫星广播。与定向无线电（也用于广播领域的桥接）相比，无线电广播意味着向公众进行非定向的空间"全方位"传播[1]。

广播电视还有一个突出特点，即具有特别鲜明的时代印记：用语音和动态图像进行实况新闻报道——即同时进行记录、传输和接收——从技术上来讲是可行的，且在许多情况下也有着新闻上的优势。因此，与电影和期刊相比，广播报道的速度更快，并且往往是最新的，因为电影和期刊是物质性的，因此受生产周期的约束。广播电视媒体可以使用自己摄录的录音录像，也可以使用第三方的声音和图像载体，并且通常会将现场实况部分与录制好的素材结合起来使用，形成一个节目。因此，广播电视的传媒逻辑是基于时间的。这些单独的节目不像印刷媒体那样以空间方式排列，而是作为时间上的各种灵活选择呈现给观众。广播电视的编排制作目的是在于传播一系列连续的、按时

---

[1] 在无线电广播作为一种新闻媒体被制度化之前，用于无线传输的无线电技术曾被用在电信（电报和电话）的针对性信息传输领域中。在无线电广播中，会使用定向无线电来连接广播室、转播车和实际的无线电广播发射台。

第四章 大众传媒

间排序的,(现在多为)永久性的节目。尽管其接收者可以选择决定退出节目流程,但他们仍要做出进一步的技术操作,如技术性录制和选择性播放,才能拥有随时收听/观看广播电视节目的时间自主权。技术和组织上的创新,如视频点播(在线提供的媒体库)以及一些视频和有线电视文本现在使得更灵活地处理节目内容在某种程度上成为可能,尽管这些内容会因此而脱离其节目背景。

广播、电视以及广播文本服务(视频文本、有线电视文本、远程数据服务等)属于第三媒体,因为在这里,传播的前提是播送方和接收方两端都具有技术设备。与电影院相比,接收行为通常不以观众聚集的形式进行(例外:公开观看),而是在私人家庭里或者在路上,例如车里,进行个性化的接收。

从组织的角度来看,广播电视传播和所有的第三媒体一样,也有电台之外的参与者加入,在此,他们构成了一个从媒体经济角度来讲不容小觑的市场,即广播/电视的接收器和各种设备的制造商。由于对第三媒体来说非常典型的极高的技术化程度和个性化接收方式,不同的传播渠道(地面、有线、卫星、网络)以及规范和标准(历史上:单声道与立体声、黑白与彩色、NTSC 制式与 PAL 和 SECAM 制式的色彩编码;当前:模拟与数字,高分辨率格式之间的竞争,如 HD,未来可能是 3D)发挥的作用非常重要,并对整个传播过程和市场结构产生着影响。

广播和电视是相对年轻的媒体:广播技术的技术基础可以追溯到 19 世纪的后三十年。然而,作为一种新闻媒体,广播仅存在了 90 年,而电视仅存在了 60 年。第一个广播电台于 1920 年在美国开播,在德国则是 1923 年(参见 Wersig, 2000, 第 104-110 页)。如果不算上在纳粹分子主持下进行的几次电视实地试验，那么直到1950年11月，常规性试播节目"德国西北电视服务"才开始播出。1952年12月25日，常规电视节目开始播出，该节目于1954年成为西德国家广播公司的联合节目，名为"德国电视"；在民主德国，试播节目于1954年开播，常规电视节目于1956年开播。1967年，西德引入了基于PAL制式的彩色电视，而在民主德国则按照法国SECAM标准播出（参见Beck，2003，第332页）[①]。

广播电视作为一种基于技术的符号系统，在此仅对其特点作出概述，这些特点也塑造了广播电视的（宪法）法律概念。

在欧盟相关视听媒体指令的背景下，德国广播电视和电信媒体国家条约（§2 RStV）中规定："电台是一种线性的信息和通信服务；它使用电磁波，依照广播播送计划，向公众提供可同步接收的特定内容，并播送以动态图像或声音为形式的节目。"

向公众播送的节目也包括付费节目或加密节目（在德国只有付费电视），前提是在技术上至少可以送达500个用户。在设计上不属于新闻编辑范畴的动态图像产品、监控摄像系统或主要用于单独付费访问的系统（如酒店的视频点播）或用于私人目的的产品被认为不属于广播电视。

大多数广播电（视）台提供的非线性电信媒体最初仍以电视和广播技术为基础，现在则越来越多地以互联网为基础。其中包括自1977

[①] 彩色电视的推行背后是德国电子工业的利益，特别是在黑白电视市场已基本饱和的背景下。AEG电器集团利用其与德国西北电（视）台（NWDR）的联系，确立了完全采用PAL标准的彩色电视（参见Dussel，1999，第236-237页），并在（很快就大幅提高的）广播费的帮助下对电视台进行大量投资，不仅实现了技术进步，而且也使国家出口的一个关键行业获得了补贴。

年以来与电视信号平行传输的视频或有线电视文本服务，以及自 1988 年以来的携带当前节目元信息的无线电数据系统 RDS 的文本。其中提供的有节目信息、为听力障碍者制作的字幕、电台标识和音乐曲目名称以及当前的编辑性新闻（例如汽车收音机上的交通信息）；可以对电视文本进行有限的导航和有针对性的选择[①]。基于互联网的电信媒体使得人们能够通过广播公司的网站有选择地、在任何时间都能自主地使用部分为补充性的、部分独立的编辑内容，并在媒体库或点播平台上有选择地访问单独某个节目。电子节目指南（EPG）作为为节目提供补充的媒体服务，从仅仅是在视频字幕中为自己的电视节目发布预告获得发生了极大扩展，其重要性也日益增加。它们降低了在数量越来越多的节目中进行导航和按主题选择节目的难度，并与数字硬盘录像机相结合，实现了电视节目的自动录制和延时访问[②]。

4.4.2 广播电视的组织与制度化

4.4.2.1 广播电视的传播、价值创造过程和机构的类型

沿着广播电视的传播过程，我们可以划分出广播电视价值创造的具体阶段：

- 位于价值链起始端的是节目制作或以其他方式获取可供播出的

[①] 在逐行编制的所谓电视画面消隐空白中，视频文本面板被持续稳定地传送出去，并由视频文本解码器解码，再并使其可被选择地访问。因此，这不是一种狭义的访问，如对互联网服务器的访问；关于其技术原理及其发展，参见 Wersig, 2000, 第 104–118 页。

[②] 在媒体经济学方面，重要的是要知道随硬件提供的 EPG 是否是中立的，或者其设计是否明显受到某些广播电（视）台的影响，因为这可能会对覆盖范围和广告收入产生影响。硬盘录像机允许"跳过"广告，因而可能会对电视节目从广告方面获取资金构成一定威胁。

稿件和放送内容（内容），如果是依赖广告和混合融资赞助的节目，则是获取广告。

• 在第二阶段中，这些单独的稿件和放送内容将会被编排成为一个节目，也就是说，一个各元素间带有连接内容（如主持词、片头）且具备可识别结构的连续的线性序列。在这里，新闻"程序"（格式、功能分配）和企业战略的考虑（目标群体、广告市场、竞争对手等）起着决定性的作用。

• 最后，节目需要以技术方式进行传播，送达到听众和观众面前。

从媒体经济学的角度来看，价值链并不以接受者为终点，至少在通过广告筹资的节目中是如此，因为在受众和广告市场之间需要有一个反馈。对于商业电（视）台来说，受众并非直接用钱支付，而是首先用他的注意力支付。所累积的观众（而非节目）关注度才是这种由商业广告赞助的广播电视节目的真正成果，而卖给广告主的正是这种成果。

因此，价值链最终描述的是一个循环，因为节目制作公司必须通过标准化的媒体研究，向广告业清楚地表明为节目制作投入的广告资金是值得的。因此，以广告营销为目的而进行的商业媒体研究可以理解为价值创造的一部分，隶属于节目制作者和策划者的职责范围之内。

由广告赞助的节目的实际融资是间接进行的，即通过对投放广播电视广告的商品和服务的消费——由所有消费者——来实现，无论是否是该广告所赞助的节目的受众（即受益人）。就此而言，免费电视和强制缴纳的广播费等媒体政策争议概念对于公共节目几乎没有什么助益：即使是由广告赞助的电视也不是免费的，而是事实上通过日常消费强制筹资的。

第四章　大众传媒

在电话购物节目和电话媒体服务这里，广播，特别是电视节目的资金来源也是同样间接的：一些观众和听众为其获取的商品（电话购物）或服务——即电话增值服务，如竞猜、投票或色情服务（电话媒体）——付费。而这些销售收入或按比例提取的销售佣金则被用来资助电视和广播节目。

这种"曲线资助"是必要的，因为与所有的"公共物品"一样，对于广播电视的支付意愿相当之低。只能通过非常困难的方式，即以很高的成本，把消费者排除在消费之外，例如通过加密技术。消费者明白，只有花费可观的费用才能阻止他们的消费，而他们个人的消费事实上并不会给提供者带来任何额外的费用。因此，他们非常倾向于跳上已经"开动的列车"，"毫无负罪感地"成为一个"免费搭车者"。

上述说法不适用于付费电视、公民媒体和公共服务的无广告部分：在付费电视这里，节目本身付费销售的，也就是说，反馈是以通常的市场供需模式发生的。而对于付费广播而言，付款则是自愿的，是为了在订阅程序中某个特定服务的使用。或者，像无广告或仅靠少量广告赞助的公共广播电视机构那样，创造的价值体现在实现一个具有社会价值、经济福利的目标：通过信息、教育、娱乐和指导提升公共利益。事实上，由广告和收费提供资金的商业广播电视节目也会提供有社会价值的，即社会所需要的服务。然而，它们的实际业务目标并不在于此，这毋宁说是它在金融（即可以以货币价值衡量的）价值之外额外创造的外部效应。

在广播电视用户的日常生活中，以及在专业文献中，广播电视传播领域中的机构角色并不总是会被明确区分，虽然从新闻学的角度来看需要做出这些区分：

重点

• 广播电（视）台或节目制作公司是将单个放送内容编制为广播电视节目的法人实体。他们"编程制作"着一个经过编辑设计和时间线性构制的音频或音像流，作为新闻、娱乐和可能的广告稿件与放送内容的组合。他们的机构传播角色相当于新闻出版商，但已经发展形成了三种不同的组织类型：公共、私营商业和非商业广播电视机构（见下文）。

• 节目制作方为广播和电视制作节目单独的组成部分，这些节目在日益国际化的节目市场上进行交易，或根据广播电（视）台的特定委托进行策划、制作和交付。这些制作方中大部分是私营电影和电视制作公司以及广播的制作人和代理机构。最重要的是，公共广播电视公司自身同时也是节目制作方，因为他们大部分自行制作的节目都会与委托制作的节目一同播出。

• 播放权的所有者可以是广播电视节目制作者，也可以是其他传媒企业。对广播而言，音乐的录音版权发挥着尤为重要的核心作用；对整个广播电视行业而言，则有国内和国际体育赛事转播的播放权等。

• 广播发射台或放送平台：狭义上来讲，广播发射台是指通过地面方式传播节目的技术设备。它们并非由广播电（视）台自行运营，而是在传统上由国家邮政或电信管理部门，现在由私营电信公司运营。其中德国公共广播联盟（ARD）是一个例外，根据西方同盟国的意愿，ARD不应依赖于国家邮政，而应拥有自己的放送网络。

有线和卫星传播渠道也不属于广播公司运营，而是由独立的公司，如德国有线或欧洲卫星公司（SES ASTRA）经营。他们将节目打包在一起，有时也将其与其他媒体产品和通信服务组合起来。通过地面电视的数字化（供应商为媒体广播公司 / Media Broadast GmbH）和高清标准的引入，事实上已经为整个电视部门建立了平台，该平台在经济和新闻方面的重要性正在增加（参见 KEK，2016，第 69—81 页）。

由于德国广播电视的历史和传播政策的结构决策（参见 4.4.3.1 节）的影响，德国有着三种不同组织类型的广播电视机构，它们在法律形式、资金来源、规范的功能规格和所播出的节目方面都有所不同：

• 公共广播电台和电视台是广播电视秩序和供应的基础：德国电视一台（ARD）、德国电视二台（ZDF）和德意志广播电台等九个国家电（视）台以及作为面向国外的国家广播电台的德国之声都是依据公法组织的非营利机构。

• 根据私法组织的商业广播和电视公司，如 RTL 或 Sat.1，它们的资金主要来自广告收入，或者像 Sky 电视台那样，主要来自于收费（付费电视）。这些公司，也被简称为"私营"广播或电视公司，它们通常被称为"免费电视"——按照上文的讲解，从媒体经济学的角度来看，这是不准确的。

• 这个所谓双轨制系统中的第三个，也是明显不够强壮的支柱是非商业广播电（视）台，这些公司在各个联邦州的组织方式有所不同，但最终都由各州媒体管理局资助和负责。公开频道、公民电台和大学广播以及开发和测试频道旨在传达积极的媒体设计职能，并为公民参与公共传播服务，特别是在本地和地方范围内。

对广播电视传播中的价值链的认识表明，这些过程是依其组织方式而不同的，即根据公司类型和企业目标而选取不同的组织方式。组织和功能上的差异首先体现在节目安排和资金来源上（参见 4.4.2.3 节），但也体现在广播电视监管的规范性框架上。此外，还有一些广播和电视的具体特点，也将在后面的章节中加以说明。

4.4.2.2 节目制作和版权交易

由于私营广播公司的设立使得广播和电视节目成倍增加，广播，特别是电视节目的采购变得越来越重要。在市场放开之前，广播和电视节目通常是由公共广播公司自行制作，或者通过一个由固定制作人和权利人组成的明确的圈子提供。有吸引力，可以保证获得高收视率的电视节目，已经成为一种稀缺商品，要么必须由广播公司自行制作，要么必须在日益国际化的节目市场上采购。在这个过程中，广播电（视）台会求助于邻近的或"上游"的媒体市场：对于广播电台来说，最重要的是音乐和唱片市场，对于电视来说，最重要的是电影制作（二级和三级使用权），在这两种情形中，很大程度上都是外国产品。此外，还有部分体育项目的国际转播权和报道权，如足球、F1赛车、拳击、冬季运动以及重大赛事，如欧洲杯和世界杯还有奥运会。

4.4.2.2.1 广播

因为今天的广播节目主要是为日常陪伴和移动使用而设计的，所以音乐就发挥了重要作用。其中只有可以忽略的一小部分是由广播公司在录音棚或演播室自行制作的；更常见的是由广播公司参与共同制作的音乐会的转播。然而在绝大多数情况下，核心的节目资源是由音乐和唱片业提供的音乐。为了播放外部制作的音乐，广播公司必须根据其节目记录（播放列表）和其放送区域内技术上可送达的接收设备数量，向版权征收协会 GEMA（音乐作品表演权与机械复制权协会）支付费用（参见 Wirtz，2006，第 434 页）[1]。在这里，

---

[1] 经过长达七年的争议，Youtube 也于 2016 年同意支付 GEMA 费用（参见 Rabe，2016）。

广播公司拥有着"广播特权"制度，允许他们不经作者事先许可，就可随意使用所有已发行的音乐录音，只是需支付附属版权的费用（参见 Böckelmann，2006，第63页）。编辑性内容也会被广播公司购买：其范围从系列广播喜剧到完整的头版节目，如北威州广播电台（NRW），其内容几乎被那里所有的地方电台采用（参见 Wirtz，2006，第426页）。

某些广播节目和节目元素最好由广播公司自行制作：对于私营广播公司来说，主要是与形象和品牌相关的节目和稿件，以及主持部分。制作成本随内容的不同有着很大差异：2012年，公共广播每分钟的平均成本为112欧元（"音乐与文字"首播，参见 KEF 2014，第280页）；对于大多数私营广播节目而言，该成本可能会低得多。按照总广播时长计算，公共广播一分钟的费用平均为37欧元（KEF，2014，第281页）[①]。

4.4.2.2.2 电视

电视播出的费用则要贵很多倍：主要的公共电视台每分钟的播出费用平均在3768欧元（ARD）和4400欧元（ZDF）之间；故事片的费用甚至还要再高出几百欧元（参见 KEF，2014，第293页；2011年的数据）。电视台在电视节目内容的采购方面有着多种可能性：在此，必须对重大事件和已制作完成的节目的转播和播放权的获取与自制、委托及共同制作的放送材料进行区分：

- 自制的成本相对较高，其具体数额根据内容和类型的不同存在

[①] 最新的可用数据来自KEF的第19次报告（2014年），其数据指涉时间为2011和2012年。而KEF的第20次报告显示，广播公司认为"每分钟平均成本并不适合作为基准"（KEF 2016，第278页），因此不再公布相应的信息。

很大差异：例如，艺术品质较高的电视剧和电影，还有需要做大量调查的杂志型电视节目被认为是比较昂贵的，而小报型的谈话节目则相对便宜一些。像"Plusminus"这样的杂志型节目（30分钟）大约需要60000欧元[①]。为了履行其职能任务和满足由此产生的节目质量方面的要求，公共广播电视公司更喜欢内部开发的素材，然后通过自制或委托制作将其制作完成——通常会委托给子公司制作。编辑室里产生的，特别是其他编剧提出的构想和情节，首先会在节目大纲中进行概述，通过了初步审查后，在决定编写剧本和对项目进行更详细的初步成本计算之前，会制定一个较长的拍摄方案。这时才会开始委托制作。

- 对于电视台来说，委托制作的优点是成功风险和资金筹措在最初阶段由制片方来承担；不过，电视公司对于制作品质的控制就会相应减弱。与电视台相比，制作公司通常能够以更低的成本进行制作，因为他们专门从事制作，有时甚至是从事某些特定类型的制作，并且可以通过应对不同委托人积累经验，来更好地利用其技术能力。电视制作公司也可以承担构想、大纲和拍摄方案的开发工作，并将其作为一个项目提供给电视台；编剧有时也会向制作人或电视台提交完整的剧本。不过只有极小部分的构想和剧本最终会得以实现：对于电视电影来说，机会是1:100，电视连续剧的机会是1:10。然而，至准备好拍摄为止的开发阶段已经产生了大约5万欧元的成本；为了测试能否在观众中获取成功而制作的试播节目，还要再产生约25万欧元的费用（参见 Zabel，2009，第70页）。与单部的电视电影相比，电视

[①] 参见 epd 今日媒体，第175a号，2017.09.11。

剧的制作成本会更低，因为规模经济可以发挥功效。一个经验丰富的团队可以按照固定的模式，在同一个摄影棚里用相同的演员连续拍摄若干剧集①。《犯罪现场》和《匪警110》作为ARD的"样板电视剧"，每集成本为140万欧元；同等长度的电视电影成本则为160万欧元②。

在德国，电视节目广播公司只自行制作一部分节目；大部分是作为委托制作的节目由其子公司或（按照需求结构或多或少）由独立制作人制作的。

通过Degeto影视有限公司，ARD经营着一家重要的电视制作公司，该公司每年制作约60个首播节目。Degeto公司为ARD从事国内和国际版权购买的工作，它还进行联合制作和共同制作，完成共同融资和配音工作，并拥有一个影片库，即一个可播放材料及其必要许可的档案馆，ARD的大部分电视节目都来源于此；2015年，共占据了近10300个播出时段，总播出时间相当于537天的节目③。ARD，或者说Degeto公司与德国影视制作人联盟这一行业协会达成了一项关于二次开发权的协议，该协议确保制作人可以从DVD和付费电视、电影院及点播中获得一半的收入（参见Tieschky，2009，第15页）。

私营商业电视台也依赖制作公司的网络，由于成本原因，私营电视台自己制作的节目比公共电视台更少。然而，由于德国制作的成功和品牌的形象塑造效果，与购入的国际节目相比，自制和委托制作对

---

① 对于节目编排来说，电视剧也有很大的优势，因为它们有着可重复识别的播出时段，有助于形成清晰的节目结构，这往往会提高观众的忠诚度。
② 参见epd今日媒体，第175a号，2017.09.11。
③ 来源：Degeto; www.degeto.de/ueber-uns [02.01.2017]。

于两个拥有若干频道的电视台（SAT.1 和 RTL）下属的旗舰节目来说正在变得越来越重要。

• 除了自制和委托制作之外，还有一种联合制作（通常是国际联合）的混合形式，即由电视台、制作公司以及必要情况下包括电影发行商共同进行融资和制作。通过这种方式可以更好地分担成本和风险，并通过额外的发行渠道（电影院、DVD）和销售市场（国外）增加收入机会（参见 Wirtz，2006，第 381-386 页）。

• 所有的德国电视台都必须借助于国际节目版权市场来采购对观众有吸引力的节目。在院线电影、专门为（美国有线）电视制作的故事片和电视剧的版权（许可）交易方面，已经形成了典型的合同制度，其中放送次数（播放）、放送区域（通常根据语言区域）和权利期限都会作出约定。为此类权利进行协商谈判的交易成本相对较高，因此，将节目整体打包的交易变得越来越多（一揽子交易），例如十部故事片，可能的话还包括其他一些连续剧。这种打包交易也可以提前采购（批量交易／预售），即广播电视台或中间商在无法准确评估其质量的情况下，完整采购某制片公司未来三年、五年或十年中所有电影和电视的播放权（输出协议）。在这种情况下，制作成本的全部或部分都由买方预付。作为回报，电视台的采购问题在中期内以可计算的成本得到了解决。打包交易也使制作方销售其低品质商品变得更加容易，并且通过预售大大降低了财务风险。另一方面，节目交易商和电视台也可以将打包的节目重新拆解，并将其中高品质的影片在其综合频道中播放，将次一级的在其所有频道中的第二和第三频道播出。德国电视台的大部分采购份额都是买自美国，而从法国和英国购买的份额则小得多；除此之外，只有公共电视台还会从国际上的其他国家购买版权。

用于交易的主要是虚构类娱乐节目，纪录片只有公共电视台以及专题频道和付费电视会播放。在非虚构类娱乐领域交易的则是节目模式（游戏、选秀或脱口秀、真人秀等）（参见 Lantzsch，2008），即这里出售的不是已经制作完成的节目，而是根据某些特定模式在某个国家制作和播放节目的权利。模式的规定必须保持不变，但细节设计，当然还有参与的候选人，都可以根据本国（电视）文化做出调整。除了电视台自己的采购部门之外，中间商和国际博览会以及电影/电视节也发挥着重要的中介作用（参见 Karstens 和 Schütte，1999，第 239-266 页；Wirtz，2006，第 372-377 页）。

• 能够吸引观众的"观赏性运动"的电视版权正在变得越来越重要；除了奥运会和足球世界杯以外，还有拳击和 F1 赛车。对于公共电视台而言，体育节目产生的成本最高，甚至高于电视剧和电视电影（参见 KEK，2016，第 47 页）。ARD 和 ZDF 每年平均花费 2.4 至 2.5 亿欧元用于体育转播权。除此之外，还有部分知名专家和评论员的费用[1]。德国足球联赛协会（DFL）作为德甲比赛的营销商，截至 2021/22 赛季，平均每个赛季将从 ARD 和 Sky 电视台获得 6.28 亿欧元[2]。数额如此大的收入对于职业足球（和类似的体育项目）的再融资做出了很大贡献；这些昂贵的，且由于竞争的存在而变得更加昂贵的体育转播权，对于电视台来说非常重要，但很难再融资[3]。

---

[1] 2015/2016 年，ARD 的 8 位专家的费用为 120 万欧元；21 位主持人的费用为 190 万欧元。参见 epd 今日媒体，第 175a 号，2017.09.11。
[2] http://www.spiegel.de/sport/fussball/bundesliga-sky-und-ard-sichern-sich-fernsehrechte-a-828087.html [02.01.2017]。
[3] 反过来，俱乐部和协会对媒体、广告和赞助收入的依赖也越来越高，没有这些，他们就很难在争夺足球明星的国际竞争中生存下来。

4.4.2.3 频道节目安排

频道节目安排的起始点是战略性节目规划，它面向公司的目标和资源，以及节目的类型和任务。因此，在开始讨论频道节目安排的具体组织形式及目标以及由此产生的节目策略之前，我们将首先对频道节目的类型作出介绍。

4.4.2.3.1 频道节目类型

将每个单独稿件单个播放内容制作成连续性线性节目被称为节目编排，是电视台的核心任务。广播和电视频道节目都要遵循一个时间结构模式，这个模式必须是可识别和可靠的，并且适合各自用户群体的日常生活程序。基本上，不同类型的频道节目之间存在着一些基本区别：

重点

• 综合频道要求具有着普遍性，提供娱乐、信息、教育和指导类节目。

• 专题频道播出的是围绕某个主题，针对其目标群体编排的同质化节目。这方面的例子是体育或新闻频道。在无线电广播中，所谓的格式化广播已经大行其道，其主要特点是音乐的选择和面向听众讲话方式的调性。目标群体导向在商业广播中尤为明显，但大多数公共广播电台或"频道"也显示出格式化的特征。

• 窗口节目是在综合频道的框架内播放的限定时段的节目，其中部分是由于传播政策的要求，为了保障多样性（如明镜TV）和报道地区新闻（SAT.1台的17:30直播，RTL台的晚间新闻）而必须播出的。在ARD的融合任务范畴内，还为移民目标群体设置了外语节目窗口。

• 地方和区域性频道因其地域覆盖范围而与全国性综合频道或者

ARD 州级广播电（视）台不同：他们的新闻报道和技术传播在地理上是受限的，广告市场也是同样。

• 德国之声广播和德国之声电视台的国外频道是针对的是德国之外的观众；它们在很大程度上都是外语节目。

• 跨国频道是与法国（ARTE）、奥地利和瑞士（3sat）等邻国的广播电视台合作播出的，其节目部分由这些供应商的现有节目资源提供。

• 外语节目或是从国外（同时）向德国播放，或是拥有德国国家媒体管理局的许可证。

4.4.2.3.2 电（视）台频道的组织与目标

组织机构都遵循一些具体的，相互制约相互依存的目的和目标，且这些目的和目标会因组织类型不同而不同。这也同样适用于广播电（视）台及其各种组织形式（参见 4.4.2.3.2）：

重点 私营广播电（视）台是根据民法组织设立的商业公司，形式为有限责任公司、股份公司、欧洲股份公司（SE）；作为一个组织，它们无需受任何特别的社会监控，通常也很少受到党派政治的影响。在双轨制广播电视系统的框架内，对于私营广播电（视）台节目的规范性要求低于公共广播电（视）台，但高于印刷媒体等。与出版社一样，其企业目标是获取利润和高投资回报；并以此来衡量成功与否，因此，它们的节目策略也主要面向与广告有关的受众范围或具有购买力的订户的需求。

广播电（视）台的核心资产包括具备专业能力和创造力的员工、树立起来的"电台"品牌、技术与社会意义上的受众范围，以及联结上下游市场参与者的关系网络。而最重要的是被视为其核心能力的创造性节目开发和战略性节目设计的技能,也就是对格式的匹配能力和对趋势的识别能力(参见 Wirtz,2006,第 425、356-357 页)。以最大限度地降低成本和风险,利用范围和规模经济,广播电(视)台的战略都是基于纵向和横向的整合(集中化)。具体来说,这可能意味着自行制作部分节目或广告短片,但最重要的是建立跨区域和全国性的广播电台网络,或对电视而言的频道家族,以及广播中的各地区广播频道家族,这样就能在采购、播放权的多次利用和广告营销中加强其竞争地位(参见 Wirtz,2006,第 367-369、431-433 页)。此外,还有多元化战略,例如,当一个广播电台也同时营销音乐会和音乐唱片时。

公共广播电(视)台是根据公法组织起来的机构,享有自我管理的特权,这主要是为了保证其独立于国家和专业性节目自主权。作为非商业性广播,公共服务广播对于社会公益肩负着责任;其目标不是赚取盈利和回报,而是在经济上合理地,即有效和高效地履行其职能任务。并以此阐述了整个社会的价值收益,该收益在市场经济中是无法实现的,因为它还涉及对于特殊规范要求的满足。

案例

《广播电视国家条约》第 11 条给公共广播电视的使命作出了定义:

1. 公共广播电(视)台的任务是通过其节目的制作和传播,在公开的个人观点和公众舆论形成过程中起到媒介和因素的作用,从而满足社会的民主、公益和文化需求。公共广播电视台必须在其节目中对于所有重要生活领域里的国际、欧洲、国家和地区性事件做出全面的总结介绍。应借此促进国际理解、欧洲一体化和联邦及各州层面的社会团结。其节目应有益于教育、信息、指导和娱乐。特别是在文化方面,应做出一定贡献。娱乐内容也应与其公共服务的形象相称。

2. 在履行其职责时，公共广播电（视）台应考虑到报道的客观性和公正性、观点的多样性以及其内容的平衡性等原则。

宪法规定的基本服务节目的播送任务，以及因此而产生的广播电（视）台的职能任务，指的不仅是以最低限度的节目形式向民众提供广播电视的全面技术服务，而且还意味着全景式的信息、娱乐、教育和指导。公共广播电（视）台必须在其节目和电信媒体服务中保障观点的多样性和向公民提供全面的信息（内部多元化）。至于规范性目标以及相对较高的质量标准则在各州的广播电视法以及国家条约中做出了进一步规定。

这些职能任务在各个广播电视台的规章中得到了具体说明，例如，德国电视二台（ZDF）的国家条约（第五条）中描述了其电视节目和在线服务的正面目标与目的；德意志广播电台（DLR）的国家条约则制定了具体的报道质量要求（第7条）：

案例

ZDF 国家条约（第五条）：

在 ZDF 的节目中，应向德国的电视观众提供对于世界大事客观的全景介绍，特别是对于德国现实情况的全面描述……ZDF 的节目应以适当的方式介绍各个（联邦）州的新闻事件和德国的文化多样性。这些节目首先应促进对于统一的德国的共同归属感，并为整个社会在和平与自由中的融合以及各族群之间的理解服务……

DLR 国家条约（第7条）：

1. 报道应全面、如实且客观。应仔细检查拟所发布的报道的来源和内容。

2.新闻和评论必须分开；评论应被标注为个人见解。

因此，除了对基本价值（人的尊严、自由权利等）和质量要求（严谨义务）的一般性指示外，阐述中还包含对每个机构和节目领域的具体要求。广播电（视）台自身必须在其章程和节目准则中对于这一点作出明确的说明，并通过每两年一次的书面报告来证明其节目任务的完成情况（《广播电视国家条约》，第11e条）。为了履行这一职能任务，公共广播电（视）台可以开设多套节目，使用新的播放技术（有线、卫星、数字技术），并要求获得充足的资金。公共广播电（视）台的节目要遵守特殊的节目制作原则与方针，特别是在儿童和青少年保护、暴力表现、广告和赞助等方面。这些方针和原则是由广播电（视）台的委员会决定的（参见ARD，2011，第410–414页）。

为了能够自主地——即在不受国家和市场操控的情况下——完成这一要求颇高的节目任务，所有公共广播电（视）台都享有自我监管的权利，行使这一权利的是以下三个机构：台长、电台委员会和管理委员会。台长由各电台委员会（电视委员会/广播委员会）选举产生，具有行政职能，而电台委员会和管理委员会则履行节目和经济方面的监督职能。台长作为该组织的负责人，在法律上和经济上对节目负责；他的职能与一个新闻出版人最为接近。例如，在ZDF，他可以在与管理委员会达成一致的前提下，任命节目总监、总编辑和行政总监（ZDF国家条约，第27条）。公共广播电（视）台属于中型企业，其中有些拥有几千名员工（NDR：超过3400人，WDR超过4200人）[①]，

[①] 2015年的数据；参见 http://www.ndr.de/der_ndr/unternehmen/ bericht186.pdf; http://www1.wdr.de/company/der-wdr/service-offer/services/infomaterial/geschaeftsbericht-106. pdf [02.01.2017]。

以及复杂的流程和差异化的结构,需要通过台长及其他领导人员进行专业管理。

案例

例如,负责战略管理的重要职位,即负责企业传播/公关、国外活动、企业规划和媒体政策的"主要部门"以及法律部门,就直接隶属于德国第二电视台(ZDF)的台长。在 ZDF,台长之下的管理层由节目总监、制作总监、行政总监以及总编辑和一名欧洲卫星节目总监组成;除了最后这个职位之外,该结构与大多数其他大型电台相当,不过那些机构中还要加上广播总监。这些总监们分别隶属于主要部门或主要编辑部门:例如,ZDF 节目总监下辖七个文化与科学、儿童与青少年、电视剧、故事片、综艺、娱乐访谈、系列剧及连续剧(晚间)七个主要编辑部门,以及音乐节目领域和节目策划主要部门。除主编外,ZDF 总编辑还负责五个主要编辑部:新媒体、时事、国内、社会和教育政治、对外政策、经济、法律、社会与环境,以及体育的主要编辑部门。此外,还有新闻报道和当代历史/时事等节目领域。这些部门之下是各个节目的编辑室,以及跨节目的专业编辑室[①]。

4.4.2.3.3 广播节目

除音乐外,公共广播电台的大部分节目都是自己制作的,特别是当涉及文字类节目(如德意志广播电台)以及文化和信息频道时。拥有规模较大,其记者仍然自行做调查的编辑团队、本台通讯员和编辑,自行编写稿件或节目内容的提纲,并对自由撰稿人提供的稿件做出编辑处理,是公共广播电台的典型特征。大多数公共广播节目不再是对

---

① 参见 ZDF 的完整组织结构图:https://www.zdf.de/assets/zdf-organigramm-100~original?cb=1483525401271 [02.01.2017]。

于某个节目进行针对性收听的"开机节目",而是着眼于目标群体的日常陪伴式收听。标准化和格式化元素在这里发挥了重要作用,即使与私营的格式化广播相比,这些节目中的音乐频谱更为宽泛,文字性内容和信息的比例也更高。由于其资金来源是不依赖市场的广播费,节目的整体组合也更加多样化。除了青年和服务频道外,还有文化和古典频道,以及面向移民的节目。

私营广播电台在很大程度上依赖于其节目的可识别性,在音乐的选择方面,它们与其竞争者之间的差别非常细微。这使得通过受欢迎的主播、某种特定的主持风格和特别的音色或主要是本地或区域性的特定服务建立听众的忠诚度变得更加重要。铃声,即简短的声学电台识别呼号,也起到了核心作用。在德国,私营广播电台(一些面向目标群体的公共广播电台也有这样的趋势)往往遵循格式化广播的概念:

广播格式主要指的是音乐类型,而音乐类型又对应的是预期中目标听众群体的喜好。对于依赖广告筹资的广播电台来说,主流的,有购买力的目标听众群体是最有吸引力的,因为在这些人身上产生的影响力可以最好地用来营销。

因此,许多节目供应商将他们的节目定位在14-49岁的所谓核心目标群体上,并播放"成人时代"(AC)音乐,即目前当红的、旋律优美的流行和摇滚音乐,并混合以简短的主持词、服务信息和竞猜游戏。其他受欢迎的格式有"当代热门广播"("当代最佳";目标群体为14-29岁)、老歌、摇滚、古典、乡村、爵士、流行等格式,或者为35-55岁的人提供的较少从音乐方面定义的路况和信息格式(参见Goldhammer,1995,第160-189页;Böckelmann,2006,第110-115页)。针对大型目标听众群体的格式比起专门的音乐格式更为常用。因此，市场往往不会产生较高的内容多样性：为 40% 的大型目标听众群体开办第二或第三个类似形式的节目，比为爵士乐或古典音乐爱好者开办一个节目更有吸引力，因为后两个群体可能各自仅占人口的 5% 至 8%[①]。

在格式化广播中，节目策划和广播流程都基于"节目时间表"，它规定了哪些节目元素（音乐、天气、交通、喜剧、铃声、自我宣传、听众来电、广告、竞猜游戏、体育、名人和本地新闻）各占据多少时长，以及彼此间如何衔接。音乐的选择本身是由计算机根据市场和媒体使用数据以及格式规范和已经播出的节目自动生成的。其曲库仅有几百首乐曲，以事先计算好的频率"轮流"播放。为单独某个节目选择曲目，或者在可能的情况下与其他编辑进行内容方面的讨论，或是按照自己的音乐新闻标准选曲，并在主持时介绍这些曲目的音乐编辑在这里没有任何存在意义。格式化广播供应商的目的是以低成本播放全天都"可收听"的，拥有广泛的受众范围及较高听众忠诚度的节目（也被蔑称为"废话喇叭"）。媒体市场研究和市场营销是节目的决定性因素（参见 Goldhammer，1995，第 142 页）。

4.4.2.3.4 电视节目

与广播一样，电视节目的编排也要根据节目类型遵守不同的规范要求与特殊要求。然而，对所有的电视节目来说，最重要的还是每天、每周和每季的结构，这使得观众更容易对节目产生了解，并方便传播者制定节目规划。各个电视台用以编制放送表的节目编排策略各不相同，但在德国电视中也存在一些基本结构可以被描画出来。

[①] 这种复制节目的策略，在由广告赞助的电视中也可以观察到（参见 Owen 等人 1974 年），它导致了主流化和新闻多样性方面的市场失灵。

电视节目的日程编排是基于各主要用户群体不同的每日生活流程而做出的。从早上六点到下午晚些时候（白天），主要是不工作或从事兼职工作的人（儿童、青少年、妇女、退休人士）在看电视；傍晚五点到八点之前，许多员工在回家之后打开了电视（启动时间）；晚上八点到十一点的黄金时间是电视的主要使用时间（覆盖面最广，混合了各种各样的社会人群），其次是深夜（晚上十一点到凌晨一点）（Karstens 和 Schütte，1999，第 161-164 页）。ARD 晚上 8 点到 8 点 15 分的每日新闻（Tagesschau）仍然是德国电视的一个核心支点，另一个则是几乎所有电视节目都普遍采用的 15 分钟网格。德国的各家电视台（在某种程度上也包括公共电视台）采用了美国商业电视的节目策略：在许多情况下，所有工作日的同一时间段（放送时段）都被同一部电视剧或每日肥皂剧的新一集，或是同一档杂志节目或谈话节目所占据。这就导致节目时间表中出现了一个横向条状结构，也是为什么这种形式也被称为"带状固定节目"的原因。特别是在私营电视中，常常会锁定同样的类型甚至同一系列中的某几集，从而使目标群体继续追看这个节目（及广告）（封锁，堆叠）。公共电视台在制作"主题之夜"时也遵循类似的策略，但倾向于交替使用不同的类型（故事片、纪录片、讨论会等）。在每天的节目表安排中，电视台还试图依靠观众的惯性来增加不太吸引人的节目的收视率。收视较弱的节目被放在两个受欢迎的节目之间播出（吊床），或者用两个较弱的节目把"收视率带动者"框住（夹心）。为了在缺乏连续结构的地方也能给人留下至少外表上的连续性印象，并鼓励人们定期收看，彼此独立制作的故事片通过"贴标签"的方式被编入播放序列（周四电影、电视短剧、夏夜梦幻剧场）（参见 Karstens 和 Schütte，1999，第 168-

173 页）。除了节目计划表的时间性结构外，它还要服务于目标群体的内容偏好。节目编排不仅要面向用户，还要面向竞争对手。这既适用于关于节目形象和通过其实现的市场份额的基本决定——该决定通向对于最大的目标群体的定位和节目的主流效果——也适用于战术层面的节目编排：反向编排的目的旨在吸引那部分在某个播出时段没有被竞争对手服务的观众；一个典型的例子是：在欧洲冠军联赛的球赛时段播放一部罗莎蒙德·皮尔彻的电影来打对台。另一个替代方案则是"钝化"，即为了与一部好莱坞故事大片打对台而播放另一部"热门电影"（参见 Karstens 和 Schütte，1999，第 174-177 页）。

除了制作上的成本优势外，具有情节性的连续剧和自产的系列娱乐综艺（真人秀、谈话节目、选秀节目、游戏节目）特别适合用"带状固定节目"的模式来培养观众的收看习惯。此外还存在通过周边销售（带有剧集标志或剧中英雄的物品；DVD 和书籍）以及观众忠诚度或电话媒体获得收入（通过电话或短信发布该剧的新闻或错过的一集）的机会。而另一方面，故事片和体育赛事转播则具有事件性，可以促使观众有针对性的收看。这尤其适用于制作和接收同时进行的"现场"报道[①]。

在编辑部门和节目管理部门，不仅要对购买的节目进行评估，还要做出采购和节目制作的决定。这也关系到主持人的选择和设置，他们不仅充当了观众忠诚度的"锚定人物"，还要为目标群体提供信息、娱乐或建议。以主持人的名字为节目命名，现在在公共电视台里也很常见，就是对这一点的证明。演播室的设计、标志和字样都会为单体

[①] 参见关于节目结构和播放用途的介绍，Beck（1994 年，第 313-325 页）。

节目和整个频道的品牌塑造带来影响。在信息和娱乐节目中，还有谈话节目嘉宾和采访伙伴的选择，也同样在新闻标准之外遵循商业上的名人和轰动性逻辑（参见 Karstens 和 Schütte，1999，第 193-220 页，267-293 页）。

私营电视台购买故事片或体育赛事转播权，将其排入节目中，并将它们与从广告市场上获得的具体预期收入关联起来。通过这种方式，就可以用单个播放时段（节目档口）或某一节目时段（如晚上 8 点至 11 点的整个黄金时段）的广告收入来抵消成本。因此，从美国廉价购买的每日肥皂剧最好在收视率和广告吸纳能力较低的白天时段播出。不过，出于树立形象的战略考虑，也可以在个别情况下购买不能直接再融资的播放权，例如对品牌定位非常重要的重大体育赛事或热门电影。对于公共电视节目来说，除了晚间的电视广告节目之外，这种逻辑不能发挥任何作用；在这里，对节目的投资完全是为了完成其职能任务。

因为不需要履行高要求的职能任务，私营广播公司可以更容易地在国际市场上购买商业节目来满足需求，与这些私营电视台相比，公共电视台更依赖内部制作和委托制作。在 ARD 和 ZDF，播出节目中自制、委托和联合制作的比例几乎占到了 90%，而私营电视台的主频道只有约 50%，在副频道则只占首播节目的 17% 至 30%；在私营电视台，为了节约成本而在短期内重播的节目比例也明显更高，在 RTL 占了四分之一以上的节目时间（参见 Trebbe 和 Beier，2016，第 39、42 页）。作为 ARD 各州电视台的联合节目，德国电视一台是一个特例，因为它是由不同的来源组成的：节目稿件由各个电视台独立制作，或根据 ARD 的电视合同密钥购买和引进：不莱梅广播公司只提供 ARD

节目的0.4%，巴伐利亚广播公司提供5.5%，而西德意志广播公司提供的节目甚至占到了电视一台节目的11.6%。总体而言，各个电视台一共贡献了40%的节目，另60%的节目是作为联合节目制作[1]，或者通过Degeto采购，又或者由一家州级电视台代表所有州电视台制作：例如北德意志广播公司（NDR）负责新闻节目，西德意志广播公司（WDR）负责体育节目，黑森广播公司（HR）负责天气预报。ARD的第三套节目也是合作节目，它拥有一个联合节目库（参见ARD，2011，第362–363页）。

案例

ARD第一套节目的结构组成见表4.16：

表4.16 ARD第一套电视节目的结构，2015

（来源:ARD-电视统计2015，第3页；http://www.ard.de/download/329318/ ARD_Fernsehstatistik.pdf [05.05.2017]）

节目来源	节目占比（%）
内部制作	27,3
联合—内部制作	2,8
联合制作	12,0
委托制作	5,0
采购影片	8,1
重播	37,3
收购	7,6

公共电视台现在也显示出许多商业台所展现的结构，这可以理解

---

[1] 资料来源：ARD电视统计（2015年，第3页）；http://www.ard.de/download/329318/ARD_Fernsehstatistik.pdf [05.05.2017]。

为节目融合和对于不断变化的观众期望的适应结果。然而，由于其职能任务的缘故，公共电视台在更大程度上维持着其具备一定新闻质量要求的新闻编辑团队，这些新闻质量要求并不仅仅限于主要的新闻节目。在受各州媒体管理局委托而做的内容分析研究中也经常能表现出这一点来。

案例

公共电视台的电视新闻（新闻、资讯节目等）所占份额（ARD：45%；ZDF：47%）明显高于RTL（22%）或Sat.1（14%），与此同时，公共电视台的娱乐节目份额则比大型私营电视台略低。ARD第一套节目的娱乐节目份额是49%，ZDF是47%。而RTL的数字是58%，Sat.1甚至是66%（参见ALM，2016第36–40页）。

尽管部分节目存在同化现象（趋同），但公共和私营商业电视台仍然呈现出不同的结构与内容：这一方面是由于广告的作用，在RTL和Sat.1的一个平均播出日里，广告占据了大约3.5个小时，但在公共电视台则只占15至20分钟。接下来是节目预告（自我宣传），在私营电视台占了70分钟（Sat.1：72，RTL：68），每日时长大约是公共电视台的两倍，不过，公共电视台该数字也在33（ZDF）和35分钟（ARD）之间（《媒体管理局》，2016，第208页），因此这些公共电视台给人的印象中会与VOX、RTL II或有线一台等频道类似。不过，ARD和ZDF播放的德国作品明显更多；份额为73%，Sat.1和RTL则在48%至55%之间，而那些小型商业频道有时甚至还会明显更低（参见《媒体管理局》，2016，第217页）。各台的主要新闻节目也会因组织类型而有所不同：

案例

在公共电视台主频道（电视一台，ZDF）的新闻节目中，来自政治、经济和社会等领域的争议性话题占据着主导地位，分别为66%和65%，而在RTL和Sat.1台，这一比例分别只有48%和42%。而说到新闻中的"软性话题"（人情味、娱乐等），那就完全不同了：在这里，RTL和Sat.1分别为19%和24%，远远领先于ARD（7.4%）和ZDF（9.0%）。只有在体育方面，电视新闻节目的整体形象在各个系统中都相对接近——份额在8.3%和9.6%之间。那些会引起分歧的主题在杂志型节目中表现得尤为强烈：争议性主题在ARD和ZDF的杂志型节目中占三分之一左右，但在私营电台的主频道中只占约10%（参见《媒体管理局》，2016，第235至236页）。

4.4.2.3.5 技术层面的节目制作

在根据战略规划完成节目采购之后，广播电（视）台还必须尽可能无差错地从技术方面制作可供播出的节目流。这需要精确的、分工合作的流程组织以及广泛的技术支持。总体上看，广播电台的放送过程是自动化和数字化的，以至于日常广播可以由一两个人在主持人工作室里完成。对于私营电台来说，由于成本原因，这种"自驾运营"本来就已经是惯例，但公共电台的音乐和青年频道也同样是在自驾运营式的演播室中制作的。电视的流程则要更为复杂：现在必须根据节目规划的时间表向权利人和制片人，必要时还要向内部供应部门（档案馆、制作部门）申请材料载体（影片、模拟或数字视频存储媒体），并检查其播放质量，必要时进行编辑剪辑。另外还需要广告以及节目预告片、电台标识和播放推广等。这些材料必须以电子方式剪辑，广告、预告片等必须插在戏剧性的合适的位置上（制造悬念）。放送管理部门会协调直播元素和播放情况，监控实际的播放信号（即传递给技术上的发射台或服务提供商的信号），记录播放过程，并确保广播节目的存档（参见 Karstens 和 Schütte，1999，第 380–403 页）。

4.4.2.3.6 电信媒体

在线性广播或电视节目之外，或者作为其补充，广播电（视）台可以提供电信媒体，这些媒体或多或少地以广播电视节目为基础，或旨在为广播电视节目引流。除了经典的网络节目之外，主要是媒体库和视频点播平台，用于对节目的进一步开发。在传播政策方面，这类由公共电（视）台提供的电信媒体服务已经引起了冲突，一些出版商也根据竞争法提出了申诉。同时，一项新的国家条约规定（参见第4.5.3.1.1 节）也已经达成；这些公共电（视）台的服务中有很多项目已经被删除（"取消发布"）。2016 年，公共电（视）台用于电信媒体服务的财政支出略低于 1.8 亿欧元（参见 KEF，2016，第 58 页）。

4.4.2.4 广播电视的融资与节目营销

除节目制作外，广播电视节目的融资是广播公司的主要任务之一，原则上可以通过广告、电视购物、广播费或捐款（捐税）、付费、基金会捐助、国家（税收）以及其他收入（节目交易和商品销售以及电话媒体）或以混合形式实现。在德国，国家资助是被禁止的，因为这违背了宪法规定的媒体自由。私人基金会在事实上并没有发挥什么作用，而收费融资在德国被认为是一种相对次要的收入形式，因为这里只有一家占主导地位的付费电视供应商。因此，在下文中，我们将集中讨论捐款和广告融资这两种主要的形式，然后看一下不同类型的广播电（视）台的成本—收入结构。

4.4.2.4.1 公共广播电（视）台的混合型融资

第四章 大众传媒

公共广播电（视）台的资金来自几种不同来源（混合融资），其中它们有专属权利获取的捐款（或，2012年前属于收费性质）显然占主导地位。所有广播电视的收听/收看者都有支付广播费的义务，包括所有拥有相应设备的人，无论其实际媒体使用情况如何。从2013年1月起，广播费改为捐献性质，目前金额统一为17.50欧元[1]，根据《广播电视国家条约修订条约》（目前版本为19. RfÄStV），对所有家庭（租户家庭征费）和商业场所以及作商业使用的机动车征收该费用，且既不考虑公共服务媒体服务的实际使用情况，也不考虑接收设备的数量和类型。因为它并非针对特定服务的付款，也不是自愿支付，所以其性质与缴费或付费不同。

直到1976年，该费用的收款工作在西德是由国有的联邦邮政负责的。随后，这个位置被"广播电视费收款中心（GEZ）"取代，这是一个公共广播电视公司的联合机构，总部设在科隆，有1100名工作人员[2]。由于其成问题的工作方式，特别是在数据保护[3]和调查他们认为的"非法观众"的外勤工作方面，GEZ多次成为头条新闻的话题。现在，广播费由ARD、ZDF和德意志广播电台的"收费服务中心"收取，它取代了GEZ的地位，在全德范围内的人口登记核对的基础上开展征收工作。超过1000名员工（主要是属于前GEZ的员工）在这里工作，管理着超过4400万个缴费账户。这个缴费系统每年产生的费用约为1.7

---

[1] 直到2014年为止，该金额为17.98欧元，因此，2015年4月，在德国广播电视历史上首次出现了费用的降低；目前这个金额将保持不变，直到2020年。
[2] 参见 http://www.kef-online.de/ 及 http://www.gez.de/die_gez/organisation/index_ger.html [30.06.2011]。
[3] 例如，参见勃兰登堡州数据保护局的报告；LDA（2005，第70-74页）。

亿欧元①。

低收入家庭可以申请豁免缴费义务；残疾人可以申请减免。2016年，广播费收入达到 79.8 亿欧元。

该程序和收费金额的法律依据是《广播电视融资国家条约》及《广播电视捐款国家条约》（作为《广播电视国家条约》/ RStV 的一部分）②；其协商过程曾一再成为引发广播电视政策方面冲突的诱因（参见 4.4.3.1.2 节）。这些批评一方面是针对其程序，因为它是一种"强制收费"，而不是自愿捐款。人们还批评说，其向大约 40 万家企业和 20 万辆机动车征收的费用是不公平的：一家在一个地点拥有 9000 名员工的公司总共要支付约 1400 欧元的款额；然而一家拥有 200 个分支机构、每个分支机构有 45 名员工的公司却要多支付十倍以上的金额（将近 18000 欧元）③。另一方面，收费的基础数额也被诟病，参照国外的情况也能得出同样的结论：BBC 以其高质量的，独立于政治的节目而闻名，其预算为 52 亿，因此每年的费用应该能够大幅降低至大约 160 欧元④。

在德国，广播费金额的确定分为几个阶段：广播电台和电视台每两年一次报告其预估的需求并说明理由，自 1975 年以来，这些需求会交由广播电视机构财政需求调查委员会（KEF）审查。该专家委员会由联邦各州委派的 16 名专家组成：其中包括三名审计师或企业

---

① 参见 epd 今日媒体 117a，2017.06.21。
② 《广播电视融资国家条约》主要通过广播电视机构财政需求调查委员会规定了广播费定价的原则和程序；《广播电视费国家条约》主要通过 GEZ 规定了缴费义务、费用收取和豁免；从 2013 年 1 月 1 日起，《广播电视捐款国家条约》取代了前条约。
③ 这也是律师 Geuer（2012）的论点，他向巴伐利亚州宪法法院提起了诉讼。
④ 例如，可参考 Zaschke（2016）的论证。

第四章 大众传媒

管理顾问，两名商业经济学家，两名广播法专家，三名传媒经济学和传媒学领域的专家，一名广播技术专家和五名州审计局的代表。在根据经济节约[1]以及维护机构的节目自主权的标准进行审查后，KEF会向各联邦州提出捐款建议。只有当所有16个州的议会都同意时，各州州长才能通过国家条约规定收费或缴费的金额。他们只能在有充分根据的情况下，并在与广播机构和KEF再次协商之后，才能做出与KEF的建议不一致的决定[2]。

2016年，在近80亿欧元的广播费中，ZDF得到的金额最多，为19.7亿欧元，而ARD下属的各个广播电台由于缴费区域的规模不同（家庭和商业场所的数量），彼此间份额差异极大：WDR可得到11.8亿欧元，萨尔广播电视公司（SR）只有6700万欧元。因此，ARD的两家小型广播电视公司——萨尔广播电视公司和不来梅广播电视公司每年会从ARD的款项中获得总额约为8000万欧元的补偿，以便使其能够支付那些极高的固定成本和制作成本，特别是电视节目的制作成本。这些广播费还为全国性广播电台——德意志广播电台（DLF）提供了2.17亿欧元的资金，并为负责监督和资助私营广播电视台的14个州级媒体管理局提供了1.51亿欧元的资金，相当于广播费总额的1.9%[3]。

广播费是德国公共广播联盟（ARD）的主要资金来源（ARD财务报告，2016，第18页），其份额为85%。公共电（视）台的其他

---

[1] 允许这些电台/电视台设立可产生利息的储备金，但不允许通过储备金盈利。
[2] 参见：从法律角度看广播电视融资模式的收费、捐款和（作为替代形式的）赋税（Terschüren，2013）。
[3] 参见epd今日媒体，第117a号，2017.06.21，以及KEF（2016，第290–295页）。

混合资金来源为广告、赞助和节目权益交易（参见下文）。《广播电视国家条约》(RStV)准许两个综合电视频道——德国电视一台(ARD)和 ZDF 每个工作日播放 25 分钟或年度平均每天播放 20 分钟广告，直到晚上 8 点，广播电台则可以每个工作日最多播放 90 分钟广告。ARD 的 30 多个广播频道和两个电视综合频道都播放广告；平均而言，广告只占播放时间的 1.0%（参见媒体透视基本数据，2016，第 8 页），而私营的格式化广播电台高达 12% 的播放时间都在播放广告（参见 Böckelmann，2006，第 101 页）。所有其他公共广播电视台的电视节目以及德意志广播电台和德国之声的节目都不含广告。

4.4.2.4.2 广告融资

在德国，通过广告收入为广播电视融资在私营广播电视台这里发挥着主要作用，但对公共广播电视台来说只是次要作用。广播电视节目在广告市场上的营销是以覆盖范围和目标群体因素为基础：众所周知，广告业会为接触潜在消费者的机会付费。

广播的覆盖范围，即可触达的听众数量，会定期通过 AG.MA 的电话调查来确定，而电视则通过 GfK 收视率调查仪这种技术监测手段来进行持续调查。广告的价格取决于它们的时长，必要的话也取决于它们在一个广告时段中的位置和播放时段的典型收视率。通过这种方式，可以在不同的广播电视台之间计算并比较与 1000 名听众或观众的接触成本（千次印象费用 TKP，或千名听众/观众价格）。

2016 年，德国电视上共播放了近 436 万条广告；千次印象费用略低于17欧元①。广播和电视节目的广告营销是广播电视的第二个核心任务，特别是对于私营广播电视台或其子公司来说。为此，市场营销部门需要关于频道或单独某个节目的使用情况以及用户群体构成的媒体研究数据，并根据与消费相关的社会人口统计标准加以区分。电视台通常每年都会向广告和传媒机构介绍下一年度的节目安排和亮点，并公布广告资费（广告片价格、折扣）。几个广播电视频道的联合营销，例如ARD广播电视集团或私营电视台的频道家族，或者与同一传媒集团的报刊媒体一起进行跨媒体营销，与给予各种折扣一样普遍。广告需求在9月至圣诞节和2月至5月之间最高，因此在其他月份通常会有季节性折扣；此外还有数量折扣、早鸟或最后一分钟的折扣。广告营销人员的谈判伙伴通常是广告和传媒机构（参见第2.4节），它们会要求获得投放费用中15%的份额（Karstens和Schütte，1999年，第306–318页）。

ARD旗下的各州级广播电视台共同使用ARD广告销售与服务公司，该公司负责德国电视一台的广告营销，并拥有九家以私营方式组建的所谓广告公司的子公司（参见ARD，2011，第301–303页）。这些"广告子公司"制作和营销广播电视广告，并将其利润转移给ARD；它们还向广播公司支付所获得的服务的费用。RTL集团和ProSiebenSat.1传媒股份公司拥有自己的广告营销子公司，分别是德国IP有限责任公司和SevenOne传媒有限责任公司。

---

① https://de.statista.com/statistik/daten/studie/4771/umfrage/anzahl-der-tv-werbespots-in-deutschland-seit-2000/ 及 https://de.statista.com/statistik/daten/studie/156710/umfrage/entwicklung-des-tkp-fuer-tv-advertising/ [06.07.2017].

4.4.2.4.3 成本和收入结构

广播费是 ARD 的主要资金来源（ARD 财务报告，2016，第 18 页），其份额为 85%。而从节目和版权许可的进一步开发中，ARD 只能获得少量收入，其数额可能还低于来自广告的 1.15 亿收入（参见 KEF，2016，第 213 页）。广告收入仅占 ARD 总收入的 6%（ARD 财务报告，2016，第 18 页）。公共广播电（视）台的赞助收入数额也非常清晰明了：ARD 每年收入约 2900 万欧元（2016 年，2013-2016 年平均：28%），ZDF 为 1550 万欧元（2016 年，2013-2016 年平均：16%；参见 KEF，2016，第 218、220 页）。广告对公共广播电视的经济意义相对较小：如果完全放弃 ARD 和 ZDF 所有广播和电视节目中的广告及赞助，将导致广播费金额每月增加 1.23 欧元（参见 KEF，2016，第 221 页）——或迫使电（视）台节约 6% 的成本。

公共广播电（视）台成本结构的特点是其分散的组织结构、基于其职能任务的新闻质量要求和独立于市场的融资方式。ARD 全部资金中近三分之一用于员工的工资和养老金，数额为足足 17 亿欧元。用于节目的制作和联合制作、播放权及许可购买的资金每年约为 37.5 亿欧元；2016 年节目发行费用约为 1.69 亿欧元（参见 KEF，2016，第 93、70-72、81 页）。

私营商业广播电（视）台的成本和收入结构各不相同，盈利能力也是如此：全国性的广播电台大多是通过卫星向听众播放的专题频道，覆盖面相对较低，这在广告市场上是不利的。因此，这些电台总共只有 49.5% 的收入是通过广告和赞助获得的。全国性的频道现在可以实现盈利（成本回收率 107%），其原因主要是由于大幅裁员。不过，几乎 90% 的资金来自于广告的州级广播频道的盈利能力要高得多。

对这些电台来说，全国性和地区性的广告同样重要，各占收入的41%左右；赞助提供的资金占比为6.9%（参见 S. BLM，2016，第88-95页）。在整个广播行业中，节目成本占47.8%，人员成本占31.9%（另外还有5.7%的自由职业者）。这也是运营者推行成本削减战略时会从这里入手的原因（参见 BLM，2016，第88页）。

地方电台也有86.5%的资金来自广告和赞助，但它们利用的更多的是地方和区域广告市场，这一市场带来了总收入的近60%（2014年：59.8%）。最大一块成本则是总共约3710名的员工（2014年），占44.5（37.6%的人员成本，6.9%的自由职业者）以及节目成本，特别是音乐版权和委托制作的费用（参见 BLM，2016，第89、98页）。

有盈利能力的全国性电视台（参见图4.10）的总收入的60%来自（几乎全部为全国性的）广告，另外3%来自赞助和网络广告。然而，必须注意的是，这一统计数字包括了付费电视，而付费电视通过订阅获得的收入占所有商业电视总收入的约四分之一。在付费电视这里，广告收入几乎没有任何重要性可言，而在对于依靠广告获取资金的节目来说，广告收入约占其总收入的90%（参见 BLM，2016，第49页）。私营广播电（视）台的成本结构与公共广播电（视）台的不同之处主要在于，所有商业广播电（视）台雇佣的员工总数加起来只有约13000人。它们播放的节目不是自己制作的，而是从制作公司或版权经销商那里购买的，这也反映在其高占比（68.6%）的非人力成本上面（参见 BLM，2016，第51-52页）。

地方电视台和都市电视台的资金主要来自地区性广告（广告收入的74%，约占总收入的37%），全国性的广告片只占广告收入的10%，相对来说低于赞助（14.8%）的重要性。与其他广播电视台相比，节目销售和第三方委托制作，以及平均占比为 16.7% 的公共补贴显得更为重要，如果没有这些补贴，大部分都处于亏损状态的地方电视台可能根本就无法运营。在成本方面，最重要的是公司自己的人员成本，其次才是节目购买（参见 BLM，2016，第 78 页）。

2014 年，总共 20 个电视购物频道（如 QVC、HSE）实现的营业额全部来自其商品销售，总额约为 17 亿欧元，其利润则非常之低（参见 BLM，2016，第 63-64 页）。

4.4.2.5 节目传播

广播节目的传播可以通过不同的技术路径实现，它们的组织方式也不同（参见 2.5 节）。除了少数历史条件下的特例之外，广播电视网络的所有权和运营从组织上看是与广播电视节目服务分离的。这样就尽可能地确保了网络的中立性，也就是说，本媒体集团的节目不会得到优先分配。

4.4.2.5.1 广播

在德国，地面无线电广播[①]仍然通过模拟超短波来传送[②]，而短波、中波和长波则只在全国和国际广播中发挥有限的作用。在可预见的未来，共有 1446 个模拟发射台用于 ARD 的超短波广播，每个发射台的空间覆盖范围都较为有限。因此，同一个超短波频率可以分配给各个地区的不同节目。公共电台的部分任务是覆盖全国人口的广播服务供应；因此，比起同样通过超短波进行模拟广播的私营电台，公共

[①] "地面"指的是通过地球上的发射和天线装置进行广播（即不是使用卫星的"地外"广播）。

[②] 超短波（UKW）指的是 30-300 兆赫（MHz）的电磁频谱，在地区和国内无线电广播中，它可以比中波发射器（530-1720 千赫/kHz）实现更好的传输质量；由于其物理传播特性，长波（148.5-283.5kHz）和短波（2300-26100kHz）主要用于国际广播。

电台拥有的发射台数量更多,功率更强。德国之声则通过在线(也用于移动接收)、卫星以及凭借其与4500个外国电台的合作播放其国际节目。

地面广播的数字化在德国进展缓慢,原因有很多:一方面,即使把那些数量庞大的固定和移动收音机也纳入考量,模拟超短波收音也几乎没有任何值得诟病之处。另一方面,长期以来一直存在一个疑问,就是数字广播是否应该始终按照数字音频广播程序(DAB)运行,还是作为用于电视的DVB-T框架内的一部分;另外,还有几个州的媒体管理局推广的是数字多媒体广播标准(DMB)[1]。同样引起讨论的,还有为了节约针对专用DAB+基础设施的额外投资,是否不应借助移动互联网播放广播节目的问题:这总共涉及数亿欧元[2]。然而,为了使接受范围可以覆盖全国,扩建提升包括乡村地区在内的移动宽带服务范围,当然也是非常必要的。DAB+的支持者提到的还有更高的数字广播标准的能源效率以及根据收听区域定制交通信息的可能性[3]。原计划于2010年实现的停用超短波广播,先是被推迟到2015年,现在又被推迟到了2025年,而联邦政府最新的一个行动计划则不再提及调整日期[4]。自2011年8月起,地面数字广播节目开始以价格较为低廉的DAB+[5]标准在全国范围内进行播放。开始的时候,除了ARD和

---

[1] DAB标准建立于1995年,自1999年以来一直存在正常运行,但仅有公共广播电台使用(参见汉斯–布雷多研究所,2008,第81–82页,以及Böckelmann,2006,第181–193页)。
[2] 例如,社会民主党媒体政治家Eumann和北威州媒体管理局局长Brautmeier就是这么认为的;参见Brautmeier和Eumann(2016)。
[3] 这是联邦交通和数字基础建设部的议会国务秘书Bär(CSU)的论点;参见Bär(2016)。
[4] 参见epd今日媒体,第37a号,2017.02.21。
[5] DAB+不能向后兼容,也就是说,旧的数字广播标准的收音机将变得毫无用处;现在销售的是可以同时接收超短波和DAB+的收音机;参见epd,2011.07.25,第1页。

德意志广播电台以外，只有一些私营的专题频道供应商参与其中[①]。从超短波到数字标准的全面转换首先是符合收音机行业的经济利益；仅在德国就有多达 3 亿台收音机需要被替换。目前，22% 的德国家庭拥有 DAB+ 收音机[②]，953 万人至少会同时使用 DAB+（参见 Kors，2016，第 57 页）。线性广播的传播可以在全球范围内以极其低廉的价格在线（网络广播）进行，因此有数千个节目可供使用。在德国，34% 的人至少偶尔会使用这种网络广播，通常是通过智能手机（参见 Kors，2016，第 57–58 页）。单独某个节目和稿件也可以在网上做出有针对性的选择，并在收听时间上非常灵活（以流媒体或播客形式）。

4.4.2.5.2 电视

电视也同样是通过各种不同的网络传达到观众那里：有 130 万户家庭是通过天线接收地面信号，1790 万户通过卫星接收，1580 万户通过有线电视接收，还有约 320 万户通过互联网（IP-TV）接收（参见媒体透视基本数据，2016，第 4 页）。

从 2009 年开始，德国的地面电视广播全面采用了数字化模式，即地面数字视频广播（DVB-T）。这种模式自 2017 年以来已经采用了新的 DVB-T2 标准为形式，该标准也支持实现高清画质，但需要家庭用户每月另外缴费。其容量有 40 个频道（节目占位），大大高于模拟广播，而且 DVB-T 也可以在移动设备上接收。播送像 ZDF 这样的全国性电视节目，只需要 145 个发射台，而使用模拟广播时，仅为了播送 ZDF 的节目就需要大约 100 个高功率的超短波发射台和 2900 多个较小的"中继发射台"，特别是在山区的阴影区域；对于全部电

[①] 有关数字广播的收听和节目提供情况的最新信息，参见：www.digitalradio.de。
[②] 参见 epd 今日媒体，第 37a 号，2017.02.21。

视节目服务来说，则需要多达 300 个大型超短波发射台和约 10000 个较小的中继发射台（参见 ZDF 年鉴，2009[①] 以及 Dussel，1999，第 264 页）。对于消费者来说，与有线或卫星接收相比，数字地面电视具有所需投资及运行成本更低的优点。

广播卫星的商业使用早在 1980 年代就启动了，但最初只是将节目传送到各个"进料站"，然后通过电缆（或地面广播）传送到各个接收装置。直到后来发射功率提升，才能通过较小型的抛物面天线（"卫星天线"）接收。这些直播卫星（DBS）现在也以数字方式运营，该市场的主导者为卢森堡私营公司 SES-ASTRA。模拟卫星运营已经大大增加了节目频道的数量，如今通常会提供数百个电视节目频道，来自接收区域的许多不同国家。卫星电视接收以 47.1% 的占比排在有线电视（43.4%）之前，而 DVB-T 和 IP-TV 则处于次要地位，各占 5% 左右（参见 ASTRA，2016，第 2 页）。

在德国，电视和广播也通过宽带电缆网络（铜同轴电缆或光纤电缆）传播，在大多数情况下（82.1%）是以数字方式传播的（参见 Kunow，2016b，第 38 页）；迄今为止，模拟电缆传播还没有确定的停用日期。

4.4.2.5.3 电信媒体

在数字化和基于数字化的节目激增的过程中，用户选择的问题正在变得越来越尖锐，尤其是在电视方面。传统印刷版的节目指南已经远远无法显示所有的节目，尤其是对于当前内容来说。因此，为数字电视提供了电子或交互式节目指南（电子节目指南，EPG；交互式节

[①] 该统计数据可在网上查询：www.zdf-jahrbuch.de/dokumentation/sender.php [18.07.2011].

313

目指南，IPG），形式从基于解码器软件提供基本导航功能的简单表格式节目清单到使用元数据精心编辑设计的程序不等。然后，观众会得到一个概要介绍，比如说在所有节目中，某一时间是否有某个类型的节目播放。这种"独立的"EPG 和 IPG 属于电信媒体服务；它们对实际的节目选择的影响，以及与之关联的问题，即它们在市场上是否能取得关键地位，目前仍不清楚。

基于网络的电信媒体服务，特别是广播电视节目供应商的媒体库和其他点播数据库，使用的是 IP 协议，主要以有线方式连接，并且越来越多地通过移动设备使用。

4.4.2.6 听众与观众

广播和电视属于德国覆盖面最广、使用频率最高的媒体：分别有 96% 和 98% 的人口至少拥有一台收音机和一台电视机。因此，其家庭拥有量多年来一直保持稳定，并有轻微的下降趋势。这究竟是出于调查的影响，还是说明出现了越来越多的网络使用者"拒绝"了广播电视，目前尚不清楚[1]。就全德国平均水平（所有年龄段）而言，人们对于广播和电视的忠诚度要高过互联网（40%）和日报（36%）：分别有 50% 的人群觉得自己会"想念"广播或电视（参见 Breunig 和 van Eimeren，2015，第 518、520 页）。

广播的日覆盖率为 74%，即四分之三的人每天收听广播。平均来说，德国人每天收听广播的时间为 173 分钟，相当于每日媒体总使用时间的 31%，但在年龄和其他社会人口学因素方面存在着很大差异（参见 Breunig 和 van Eimeren，2015，第 507 页）。广播是一种日常

---

[1] 也存在这样的可能性，即许多受访者在 PC 或笔记本电脑上使用广播电视服务，但不认为它们是广播或电视设备。

第四章 大众传媒

陪伴型媒体,与家庭、工作或汽车中的其他活动一起使用,可以供人们在家中、工作中或者在车里从事其他活动时同时使用,也可以与其他媒体(报刊、网络媒体)结合使用。广播听众很少换台;每天收听的频道平均为 1.6 个,两周内平均只收听四个不同的广播频道(参见 Gattringer 和 Klingler,2017,第 466 页)。

广播和电视最重要的使用动机同样都是信息、放松和娱乐;对于电视来说,获得资讯的动机比收听广播更为重要一些(参见 Engel 和 Mai,2015,第 431 页)。

看电视是最受德国人欢迎的休闲活动。它以 96.5% 的比例占据了 51 个调查选项中的首位[①],排在与朋友共度时光之前。德国的电视用户平均可以在 74 个频道中进行选择,但实际上每月观看时间超过 10 分钟的频道只有 14 个。尽管(与报刊不同)可以方便且免费地切换频道,但观众会习惯性地从所谓"重要组合"中选择仅仅几个频道观看,这几乎与可供观看的频道数量无关。因此,八个综合频道获得了 60% 的观众市场份额(参见 Trebbe 和 Beier,2017,第 25 页)。

电视的日覆盖率为 80%,比广播还高。每日媒体总使用时间的 37% 用于电视,电视也是使用时间最长的媒体,平均使用时长为 208 分钟。在此处,不同社会群体间的差异也相当大;例如,东德人每天看电视的时间平均比西德人多大约 66 分钟(参见 Breunig 和 van Eimeren,2015,第 507-510 页;媒体透视基本数据,2016,第 70 页)。与广播一样,电视正日益发展成为一种日常伴随性的媒体,它并不能总是占据观众的全部注意力。电视的平均使用时间停滞不前,这也可

[①] 该数字为"经常"(78.9%)和"偶尔"(17.6%)的回答之和,与"很少"和"从不"相对;数据来自市场媒体研究"最佳规划",参见 B?rsenverein(2016,第 33 页)。

以归因于来自网络产品的跨媒体竞争，至少在年轻观众群体中是这样。广播的使用时长则正在下降，这表明人们越来越多地使用点播式的音频媒体（音乐下载和播客）。

4.4.3 政治和组织环境下的广播电视

只有看清多变的广播政策的诞生史以及在很大程度上由此而产生的市场状况，才能理解德国广播电视的复杂环境。这两点都会将在下面的章节中得到讨论，我们会首先追踪德国和同盟国广播政策的结构性和规范性遗产，以及所谓双轨制广播电视系统的发展。随后，在探讨广播监管的机构和措施之前，我们会对广播监管的核心规范进行概述。只有在这样的背景下，才能更好地理解对于广播电视市场及其结构所做的分析。

4.4.3.1 德国的广播电视政策

4.4.3.1.1 德国和同盟国广播政策的遗产

从一开始，广播在德国就是国家政策和官方影响控制的对象。与1920年商业电台就开始了广播运营的的美国不同，1920年代初期，在德国，私营参与者如德律风根和洛伦茨等电气公司没能在广播领域确立自己的位置。德国外交部与专门负责电信业务的国家垄断机构德意志帝国邮政一起，成立了"德国时刻"无线电训导与娱乐有限公司。这家公司获得了娱乐广播的国家许可，因此，技术性网络运营和节目内容制作没有做到完全分开。帝国邮政的强势地位不仅建立在其特权垄断地位上，而且还建立在其面向所有接收者征收的广播费上。帝国内政部还通过公益性股份公司——书籍与出版股份公司，以及无线电

第四章 大众传媒

服务股份公司（DRADAG）对广播电台的政治新闻施加重大影响。随着1923年10月29日无线电广播在柏林的开播，一系列在媒体政策方面维系时间颇久，但存在很大问题的结构性决定落定尘埃：广播电台的组织及广播费收取方式与国家关系密切[1]；关键职位由邮政和内政部们派人担任。德国广播的另一个结构性特征也奠定于其创始时期：由于联邦-地区制度，以及由于一方面由于各州的政治野心，另一方面由于中央政府对于主导权的争夺而产生的紧张关系，在这里，最初显然是帝国占据了主导地位。1920年代，在私营公司的参与下，成立了9家地区广播公司，而各州则在政治层面上为广播设立了咨询委员会和监督委员会。尽管如此，帝国仍然保持了强大的影响力，因为从1926年起，由帝国邮政持有多数股权的帝国广播公司（RRG）开始行使作为各地区公司控股公司的职能，并通过了各地方电台要在不做更改的条件下播放DRADAG新闻的要求（参见Dussel，1999，第19-39页）[2]。作为中央广播电台，德国之声成立于1926年，其节目在全德国播放（参见Lerg，1980，第124、168-176页）。事实证明，魏玛共和国的广播结构是灾难性的，因为在内政部里，早在1932年就组织构建好的中央集中化和最终的国有化为广播后来变成纳粹分子的"管理工具"铺平了道路。广播电台被置于约瑟夫·戈培尔领导的国民教育与宣传部以及帝国广播协会之下；从那时起，它就成为纳粹统治下极权主义和好战的德意志帝国的重要宣传和娱乐媒介（参见Dussel，1999，第79-89页）。最早的公共电视播出也出现在这一时期；

---

[1] 广播费被邮政部门视为设备费，直到1970年全额都是2马克；1930年，其资金来源中广告的份额仅为0.3%，参见Dussel（1999，第40-43页）。
[2] 51%的股份属于帝国内政部，其余部分属于报刊出版界；参见Dussel（1999，第36页）。

然而，由于战争的原因，直到 1940 年代末，这一媒介才逐渐开始发展起来（参见 Hickethier，1998）。魏玛共和国广播宪法的结构性和规范性弱点，大大加速了广播自由的终结[1]。

在广播被纳粹分子极权主义政治工具化的背景下，从 1945 年开始，同盟国确立了从根本上就完全不同的组织形式和标准：美国、英国和法国作出了尝试，顶着战后来自德国政客的各种阻力，试图在社会（而不是国家或政党政治）的控制下建立起一种民主的广播，这种广播应该以分散和自由的方式组织建立，即在体制上脱离单方面的权力利益自治。

时至今日，西德大多数公共广播电台的区域布局都是由盟国的广播政策造成的：例如巴伐利亚广播公司、黑森广播公司以及不来梅广播公司是由美国创建的（当时为慕尼黑广播电台、法兰克福广播电台、不来梅广播电台），而北德意志广播公司（NDR）和西德意志广播公司（WDR）则是英国创立的西北德广播电台（NWDR）的"拆分产物"，它成立于 1955 年，遵循英国 BBC 的公共广播范式，其广播大楼设在汉堡和科隆，也就是今天广播公司的所在地。在联邦德国西南部，美国建立的斯图加特广播电台最初更名为南德意志广播电台（又称斯图加特电台），1998 年与法国人 1948 年跨国创办的，位于巴登－巴登（法国军管政府原驻地）的西南德意志无线电台（SWF）合并，组成了西南德意志广播公司（SWR）。萨尔广播公司的区域划分也是法国政治的产物。在 1955 年的全民公投过程中，萨尔州的大多数居民决定归属于联邦德国；因此，萨尔广播电台（SR）于 1957 年成立。在西柏林，

---

[1] 参见魏玛共和国的广播史：Lerg（1965），Lerg（1980）；以及纳粹时期：Diller（1980）；Winker（1994）。

第四章 大众传媒

直到1953年才通过了一项州法律，决定根据德国法律建立了一个独立的广播电台。1954年，自由柏林广播电台开始了广播运营。在此之前一直播放西北德广播电台以及东德为东部地区制作的节目。根据美国法律，美国人在美国占领区运营着一家德语广播公司（美国占领区广播电台，RIAS），该电台直到1992年才关停（且被私有化）[①]。

联邦制度在德国有着悠久的传统，特别是在文化方面，而在广播领域，它还得到了西方同盟国的推动。在德国，广播被视为一种文化资产；联邦宪法法院通过其第一次广播裁决（参见下文）明确确认了联邦各州对于广播的权限。只有技术基础设施方面的权限属于联邦政府的电信权限。1990年代初期，东德广播电（视）台的重组也是建立在联邦州的权限之上：《统一条约》第36条规定，截止到1991年底，应在东德建立一个由一名广播专员领导的广播"机构"。其最终目标是从根本上裁撤人员，并将技术资源按照西德的模式转移到公共广播电视的结构中。在建立一个东德各州的联合广播电台的想法失败后，萨克森州、萨克森-安哈尔特州和图林根州通过一项国家条约（1991年5月30日）建立了多州联合广播公司——中德意志广播电视公司（mdr），总部设在莱比锡（广播）和德累斯顿（电视），并在埃尔福特和哈勒设有州级演播室。勃兰登堡州最初（1991年）成立了总部位于州府波茨坦的勃兰登堡东德广播电视公司（orb），这个主意在媒体经济方面不太可行，而且考虑到该州在政治和人口方面都与柏林非常接近，它在传播政策方面的可行度也很低。根据2002年6月25

[①] 在冷战和彼此间宣传攻防的背景之下，柏林四个占领区的广播形势呈现出了一个在广播史上极为有趣、有时是甚至荒谬离奇的篇章，遗憾的是这里无法展开深入讨论。参见 Bausch（1980a，第127–133、187–203页）。

日签署的国家条约，该台与西柏林成立于1953年的自由柏林广播电台合并，建立了柏林－勃兰登堡广播电视公司（rbb），于2003年创建了一个可持续的、东西德融合的结构。最后，梅克伦堡－前波莫瑞州决定不加入名字十分响亮的NORA（东北德意志广播电视公司，与勃兰登堡和柏林共同组建）项目，而是在1992年加入了多州联合广播公司——北德意志广播电视公司（NDR：汉堡、石勒苏益格－荷尔斯泰因、下萨克森）（参见Streul，1999）。

除了联邦制结构以外，以公共宪法保障广播电视不受国家操控的理念也是西方同盟国政策的结果：英国广播政策的遗产——尽管在随后的若干年里该遗产被德国政客大打折扣——是公共服务的理念。而美国广播政策的遗产则是联邦制结构[①]。传统上，德国盛行的规范理念是，国家应凭借其在使用武力和行使主权方面拥有的垄断权，作为社会和公共利益的托管人发挥作用。在魏玛共和国和纳粹统治期间，这种中央集权的政治文化在广播领域已经一败涂地，给人留下很深的印象，但在"二战"之后，它反而继续被证明是有效的。开始时，邮政部门再度成为广播政策的一个核心角色，它试图再次通过接管广播费收取工作来继续其技术和财务角色。与之相对的是，西方同盟国强化了各州广播电视公司的地位，并将技术方面的广播放送业务也移交给了它们。直到1976年为止，邮局都被限制在广播费收取及打击非法听众／观众的范围内。直到随后的几年，德国联邦邮政才再次接

[①] 英国人更喜欢一个中央广播组织，而美国人大体上则倾向于一个依靠广告资助的商业电台；然而，由于战后德国缺乏广告需求，开始的时候这是无法建立的。法国的广播政策一度追求的是国家文化和语言政策的目标，但并没有成功。在结构和组织方面，法国人并未成功设立任何显著或者持久的动力，参见Bausch（1980a，第13-159页）。

管了其他广播和电视节目技术方面的广播放送业务（参见 Bausch，1980，第 24-43 页；Bausch，1980b，第 673-683 页）。

除邮政部门外，德国各州的政客们也从一开始就对广播电视大感兴趣，将其视为政府的重要权力手段以及党派政治的舆论塑造工具。这一点在 1945 年以后关于广播电视新的规范性基本决策中表现得非常明显。美国人曾委托德国南部各州制定州广播法。这些德国式的设计草案在部分程度上形成了国家广播电视的雏形，在该模式中，节目制作由联邦州政府当局负责实行（斯图加特电台/南德意志广播电台）。在一次长达数月的冲突中，同盟国最终建立了一种独立于国家的组织形式，来对抗德国方面的阻力（参见 Bausch，1980a，第 93-105 页；Dussel，1999，第 188-189 页）。在之后的时期里，对于公共广播电视施加政治影响的尝试也同样没有减弱。广播和管理委员会本来是为社会利益而设计的监督机构，现在却成为政党施加影响的门户，主要是可以借助人事和财务决策来进行控制。虽然盟国更喜好政治影响力有限的小型机构，但在德国的影响下，广播委员会却迅速发展成为按照其组成来说受政党政治影响很深的大型机构（参见 4.4.3.3 节）。

4.4.3.1.2 广播政策的争议和联邦宪法法院的裁决

广播电视广告的作用在规范上一直存在争议，尤其是在公共广播电视节目中。广告与公共服务理念格格不入，至少在 BBC 的模式中是如此。虽然英国很早就建立了双轨制广播电视系统，但德国的发展却走上了一条不同的道路。尽管广播电视被视为一种文化资产，各州的权限也正是来源于此，但巴伐利亚广播电视公司在 1956 年成为第一家引入电视广告的公共广播电视公司。这一策略旨在满足广告业的利益，同时又不承受来自私营商业广播电视公司的竞争。因此，在最开始的时候，这样做与其说是为了改善广播电视的财政状况，倒不如说是为了抵御竞争：应该将广告收入用于文化目的（参见 Dussel，1999，第 195、226 页）。但 ARD 的这一战略并未获得成功，因为商业利益与政治利益被捆绑在一起。

广播，尤其是电视，曾经（现在也是）被许多政客认为是一种影响力强大、对于舆论甚至是选举可以起到决定性影响的媒体。由于德国广播电视的组织方式，对节目内容直接施加影响是不可能的。这使得通过选择新闻管理人员和使用资源以及改变组织结构施加间接影响变得更加重要。只有在这种背景下，才能理解20世纪50年代至90年代的广播政策冲突，其中一些对广播电视结构产生了长远的影响。在这里，政治性控制手段和"调节螺丝"是广播费的增加、各州广播法或国家条约中所规定的委员会的组成、乃至于各州广播电视公司的重组[①]。

康拉德·阿登纳认为电视是一种政治上影响力强大的"管理工具"，他领导下的联邦政府也试图对广播电视大规模施加来自政党和权力政治的影响。阿登纳总理企图建立一个替代 ARD 电视台的机构，这样，联邦政府（而不是各州）一方面可以对该台的节目制作施加强有力的影响，另一方面，私营企业家，特别是电视制作人和广告业的经济利益，也可以在这里起到支柱作用。

[①] 参见 Bausch（1980b，第 851-870 页）。Dussel（1999，第 198-201 页）描述了 1980 年两位基民盟州长因为关于反对核电站示威的报道被认为有偏见而终止 NDR 国家条约；其他的例子还有 WDR 和 NDR 的广播委员会人员组成的变化及其合并的讨论。另见 Diller（1999）关于战后头几十年广播政策冲突的介绍。

第四章 大众传媒

案例

　　为此，联邦政府于1960年成立了私营的德意志电视有限责任公司，该公司51%的股份由联邦政府拥有，49%属于各联邦州；三分之二的监事会成员由联邦政府任命。德意志电视有限责任公司将筹办第二个全国性的电视频道，并在此过程中特别借鉴"自由电视公司"的节目。早在1958年，这家公司就已经由名牌商品行业的工作人员和报刊出版商共同建立了，主要以信贷融资的方式制作电视节目准备播放。阿登纳政府以一种在政治、经济和法律上都非常可疑的方式，用联邦资金担保制作风险，在整个项目失败之后，由联邦财政预算承担了约1.2亿马克的负债（参见 Bausch，1980a，第425–428页；Steinmetz，1999，第168–174页，Dussel，1999，第229页）。1960年，联邦政府向各联邦州发出了最后通牒，要求他们加入德意志电视有限责任公司，但未被各州接受。相反，社民党执政的汉堡、黑森、不莱梅和下萨克森等联邦州向联邦宪法法院起诉联邦政府的越权行为，坚持自己的管辖权。

　　在一条临时命令，以及联邦宪法法院最终于1961年通过的第一次广播裁决（电视裁决），也就是所谓"广播大宪章"的帮助下，中央集权式的联邦电视被终止了。根据这一判决，广播权，被视为一种文化资产，其权限明确归属于各联邦州。只有技术性的广播放送是受联邦政府的监管权限约束。广播电视被赋予了重要的作用，这对其组织方式产生了很大影响：根据联邦宪法法院的说法，广播"不仅仅是公众舆论的形成媒介；其本身也是一个不容忽视的要素"，也就是说，它不仅（如同一个技术性的电信媒介那样）传达新闻和观点，而且还通过其编辑和新闻活动（包括明确提到的"广播剧"和"音乐演出"）

积极促进新闻和观点的传播，例如通过主题设置、选择和评论。鉴于这种突出的重要性，联邦宪法法院要求"应特别采取预见性措施，以实现宪法第五条保障的广播自由"。这种自由可以通过不同的组织形式来实现，且明确规定可以通过私营公司的形式来实现，但在任何情况下，广播电视的控制权都不能交付给国家或社会团体。现有的公共组织形式并不是唯一的可能形式，但它符合这种严格的宪法要求（参见 Bausch，1980a，第 305-438 页）。按照联邦宪法法院的说法，广播电视行业不同于报刊业，普遍存在着一种特殊情况：这不仅仅是由于技术资源的稀缺，也由于"财政支出数额巨大"，这使得媒体自由和多样性的维护不可能单单通过市场来完成。而批准一个真正独立于国家的私营广播电视公司则需要"类似于银行或保险监督的国家监督"（参见德国联邦宪法法院，12，第 205 页）。

除了这些规范方面的澄清之外，这场冲突还有另外三个具有长远意义的后果：首先就是德国电视二台（ZDF）的成立，作为一个总部设在美因茨的公共电视台，ZDF 的成立是基于一项当时所有 11 个联邦州于 1961 年 6 月 6 日共同签署的国家条约，它标志着电视节目的第一次"多元化"，这最初是通过 ARD 的第二套节目，从 1963 年开始则是通过 ZDF 的节目实现的[①]。其次，已经在 NDR 和 WDR 开始的广播政治化，随着 ZDF 电视委员会的成立得以继续发展：除了 14 名政府代表外，还有 12 名政党代表被纳入监督委员会；而社会团体的代表也是由政府任命的（参见 Bausch，1980a，第 476-481 页）。最后，第三点，广播电视和媒体政策的参与者网络因此而发生了变化。

---

① 在 1962 年至 1969 年期间，ARD 的第三套节目也开通了，最初的构想为学校和教育电视节目，后来扩展为地区性或面向各地区的综合频道；参见 Dussel（1999 年，第 233 页）。

第四章　大众传媒

作为德国广播政策的核心参与者，联邦宪法法院甚至没有在相关的广播电视法和国家条约中被提及。然而，自 1961 年以来，该法院的这个裁决对德意志联邦共和国的广播电视状况产生了根本性影响。各联邦州使用了其立法的权限，来使其对于公共广播电视的组织方式以及关于私营广播的许可和监管的宗旨得到确立，这些宗旨因政党的政治倾向而不同。但是，各州的法律必须与《德意志联邦共和国基本法》相一致，特别是与第五条所保障的传播自由相一致。然而，因为对于这一点的阐述非常笼统，事实上，联邦宪法法院作为司法制度的一部分，通过其解释权对于立法机构拥有非常大的影响：广播电视法在很大程度上属于司法法，各州的立法屡屡与之发生冲突。除了第一次广播裁决"大宪章"之外，以下各判决对于德国广播电视结构的产生形成[①]也有着决定性的意义：

1968 年 3 月，针对联邦和各州之间关于职权的争议，联邦行政法院在一项判决中本着电视裁决的精神作出了决定，这也决定了广播费收取的主权问题。该判决认定，各州（而不是联邦邮政）有权规定（及增加）广播费的金额。从 1973 年起，各州广播公司只需向邮局支付技术服务费，从 1976 年起，各州还通过 GEZ 接管了收款工作（参见 Bausch，1980a，第 447 页）。

1971 年，联邦宪法法院的第二次广播裁决（增值税裁决）确认了广播的非商业性质，该裁决认为广播是一项公共职责，由履行公共管理任务的 ARD 和 ZDF 等广播电视公司来完成，"不具有商业或业务性质"，因此无需缴纳增值税。在提到广播特殊的经济和技术情况及

[①] 以下介绍忽略了各参与者、利益方和战略在传播政策上有趣的方面，只要它们看上去对于理解当前的广播电视结构并非绝对必要，参见 Tonnemacher（2003）的介绍。

其高覆盖率和影响力时，法官们承认广播具有"对于整个国家的整合功能"。广播不应被交给市场，任凭其进行"力量博弈"，而必须在内部以多元化的方式组织起来，并需要通过其成员能够代表公众利益的委员会进行社会监控（参见 Bausch，1980a，第 438-443 页）。

同年，柏林的联邦行政法院根据柏林日报出版社提起的一项要求强制执行电视许可证制度的诉讼，裁定由于技术资源的稀缺和所需的资本投入极高，纯粹的市场经济体制不适用于广播电视部门。该裁决认为，私营电视台可以获得许可，但是不是一定要被许可，特别是由于仅仅依赖广告的融资方式会对公众舆论产生片面的影响，这与民主国家的信息自由并不相符（参见 Bausch，1980a，第 443-446 页）。

1981 年，经过持续了大约十年之久的法律争论，联邦宪法法院应"筹建中的自由广播股份公司"（FRAG）的申请，宣布了关于萨尔州私营广播许可的第三次广播裁决（FRAG 裁决）。根据这一裁决，私人广播得到了明确的许可，但前提是它必须受到法律的监管，使其不会落入个别社会团体手中。只要不出现一家广播公司的舆论力量居于统治地位的情况，外部多元化作为一项组织原则基本上是可以想象的。另外，在外部多元化的组织状况下，立法者（萨尔州）也必须确保节目供应的"平衡多样性"。因此，与报刊业不同，私营广播电视台需要许可和监管（参见 Bausch，1980b，第 615-629 页）。

广播电视制度的双轨制以及随之而来的私营广播电视台的准入，并非是由 1970 年代的技术创新所引发的，但是这些技术创新却加速了它的发展。除了主管广播问题的各联邦州以外，联邦政府也同样以传播政策参与者的角色粉墨登场，尽管其最初目标更多的是以创新和经济政策方面：1973 年，社会自由主义的联邦政府设立了技术传播系

第四章 大众传媒

统发展委员会（KtK），该委员会的专家们从产业政策及传播政策的角度分析了当时的"新媒体"。在1976年提交的最终报告中（KtK，1976），专家们提出了包括进行可收回的现场试验——即所谓的有线电视试点项目——在内的建议，以测试有线电视技术以及新的广播电视供应和组织形式，同时完成关于相应经济和社会后果的研究。直到1980年，各州州长才达成一致（克龙贝格决议），同意为在柏林、慕尼黑、多特蒙德和路德维希港－曼海姆实施的以不同规格设置的有线电视试点项目提供资金。在柏林、慕尼黑和路德维希港[1]，私营广播电视得到了准入许可，并在多特蒙德测试了一种新型的双支柱模式及本地广播服务。而基民盟执政的莱茵兰－普法尔茨州则在州长赫尔穆特·科尔的领导下，在引进私营广播方面发挥了事实上的先驱作用，特别是因为当时尚未证明有线电视试点项目是可收回的试验。1982年，一项关于宽带有线电视和卫星广播试验的州法律获得了通过，并在路德维希港成立了有线传播公共电视机构（AKK），作为后来州媒体管理局的前身，从1984年1月1日起，该机构接管了这一项目的实施。那些旧有以及新兴的公共电视台，还有一系列新建的私营电视台——通过电信卫星，这些电视频道很快就得到了接入——为"媒体实验室的宇宙大爆炸"（Ory和Staps，1987）的产生提供了基础[2]。SAT.1电视台的前身，主要由报刊出版商参股的有线与卫星电视节目公司（PKS）也在路德维希港开始了播出。

---

[1] 在巴登－符腾堡州的曼海姆市试点项目没有开展，即使是在本州新媒体专家委员会（EKM）已做出结论的背景下；参见 EKM（1981，第23页）。
[2] 由于传输和接收技术（天线直径）的原因，还没有像今天ASTRA这样能够直接接收的"直接广播卫星（DBS）"可用。

作为一个政治行为体，尽管没有明确的授权，国有的联邦邮政事实上也充当了电信垄断者的角色：从1980年代中期开始，在看不见任何短期回报的情况下，投资了数十亿资金用于德国境内的电缆铺设，这也同样促进了私营电视节目的传播和市场建立，或者说间接补贴那些广播电视台。

1980年代，所谓的试点项目试验阶段结束后，在为私营电视台发放长期许可的过程中，最早的几部州级媒体法得到了通过，其中意义最为重大的是下萨克森州媒体法。在州议会中败北的社民党党团向联邦宪法法院提出诉讼，1986年，联邦宪法法院宣布了第四次广播裁决（下萨克森裁决）。

其中首次勾勒了双轨制广播电视系统的基本结构：公共广播电视公司的任务是提供基本服务，即播放技术上可以覆盖全国的内容广泛的节目，以履行文化、社会和民主使命。立法者必须使公共广播电视在技术上和财政上都有能力完成其基本服务的任务。只有在这一点得到保证之后，额外的私营广播电视才可以得到许可，而对于私营广播电视的品质要求也可以略低：由此可见，在双轨制系统中，私营广播电视公司的存在与公共广播电视台的存续息息相关，而且在双轨制下，可以有两套衡量标准。私营电视节目虽然不能随意取消，但它们不必达到像ARD和ZDF那样高的质量和多样性标准：在私营电视台商业运作方式的背景下，这看上去似乎很切合实际；不过尽管如此，对于私营电视节目仍然有着最低或者"基本标准"的要求。在这些电视节目中，也必须让不同的观点，包括少数人的观点得以表达；必须防止形成压倒性的舆论力量，就像联邦行政法院根据其早期判例作出的延续性说明中阐述的那样。为此，广播电视领域的媒体集中化也必须成为国家监管的对象。

在广播电视双轨制的进程中，公共和私营电视台之间出现了竞争，在这场竞争中，即使是ARD电视台也要为新的市场和市场份额而战。南德意志广播电视公司和西南广播电台对《巴登－符腾堡州媒体法》中拟定的禁止公共电视台提供地方和区域公共电视节目及点播服务的禁令提起了诉讼。1987年，这场冲突再次以联邦宪法法院通过第五次广播裁决的方式得到了结束，该裁决对于巴符州之外的公共广播电视也具有重要意义。在竞争性结构和新型传播技术的背景下，联邦宪法法院为公共广播电视确立了一个"生存及发展"的保障，并明确了对于基本服务的理解：根据该裁决，基本服务并不意味着最低限度的、急需的或剩余的、不能以私营或商业方式获利的内容供应，而是向民众全面地提供包括各个领域的内容，在信息、教育、咨询和娱乐方面对观众有所裨益的广播电视。文化使命不应将文化使命解释为精英主义的高雅文化任务，因为与"广大观众"一样，少数群体的需要也应该被照顾到。公共广播电视公司可以提供超出其基本服务任务的服务，但此时它不再享有相较于私营广播电视公司的特权（例如，在使用稀缺的频率和有线电视频道进行技术传播时）。除了生存之外，公共广播电视的发展也必须得到保障，这包括新的新闻形式和格式，新的制作、展示和传播技术，并且不得因比如各州的广播费政策等阻碍公共广播电视的发展。对于广播电视结构来说，这一点迄今为止都很重要，未来也将继续如此：从本质上来说，数字电视与广播、电信媒体（在线服务）、媒体库等点播服务、高清标准、卫星传播，将来也许还有"交互"或"3D"电视，都处于受宪法保障的发展范围内，这样也就保证了ARD和ZDF的发展不会成为一种"减速发展模式"。

1991年，联邦宪法法院的第六次裁决，即所谓的北莱茵－威斯特法伦裁决，也是在一部州级媒体法计划对双轨制系统做出特殊设计的情况下宣布的。作为缓解常见市场失灵的新闻后果的尝试，地方广播电视的双支柱模式一方面保证了一定的独立性（新闻的内部自由），尽管在经济上依赖广告市场，另一方面则允许本州的报刊出版商从广播电视的广告收入中获得收益。在组织方面，这是通过将负责节目制作播出的各家广播电视公司和在广告市场上进行节目开发的运营公司分离开来实现的①。在该裁决中，联邦宪法法院不仅许可了这种模式，而且还重申了应保障其存在和发展，并作出了阐述说明，表示公共广播电视机构也可以出版与其节目有关的印刷媒体，并与私营广播电视公司在广播领域开展合作。

仅仅一年之后，联邦宪法法院确认了黑森广播电视公司第三套电视节目中的电视广告禁令，该公司希望以此与私营电视台竞争。

作为广播政策的重要工具，广播费一而再地引发冲突，也引发了随之而来的联邦宪法法院的决定性裁决。除了1968年联邦行政法院的裁决之外，这里还应该提到1994年联邦宪法法院的第八次广播裁决，也称为广播费裁决。为了保障广播电视不受国家操控的自由，防止节目受到政治方面的影响，确定收费金额的程序必须非政治化，即主要是基于专家及论据的判断，而不是基于州政府或政党的权力考量。因此，财政需求调查委员会（KEF）在确保资金供应与需求相符方面发挥了重要作用；相应地，该委员会的组成必须具有独立性。除此之

---

① 该模型实际上成功或失败与否，在这里无法详细讨论。然而，由于其运作方式是收购某家报纸的头版内容，以及当地报刊出版商的大量参与（WDR等电视台），从多样性的角度来看，其提升价值可能相当低。

外，联邦宪法法院还指出，广播费不是使用费或订阅费，而是无论是否实际使用该公共广播电视服务都必须支付。因此，广播费获得了整个双轨制系统"系统费"的地位。由于通过私营电视台播放的广播电视节目在这些条件之下也与ARD和ZDF的存在及其功相关联，因此，所有广播电视的收听／观看者都必须支付该费用，不论其个人的使用情况如何。此外，广播费中的一小部分也被用于向各州媒体管理局提供经费，以及对私营广播电视的资助。

1995年的第九次广播裁决指的是欧盟的电视指令，欧盟已经成为一个新兴的、最终甚至是决定性的广播电视政策行为者。这里的核心问题依旧还是联邦政府和各州之间的广播权限划分；对于各州的起诉，联邦宪法法院作出了如下裁决，即联邦政府作为各联邦州利益的"代理人"，在欧盟面前代表着各联邦州，而各州的广播权限并没有因此转让给联邦政府。

1998年的第十次广播裁决确认，电视有权对普遍开放性事件和公众感兴趣的事件做出简要报道。从本质上讲，这涉及版权和使用权的平衡及其商业交易与共同利益。至少在新闻层面，要防止个别广播电视公司的信息垄断。同时，《广播电视国家条约》（RStV）规定，在报道的时候（通常为90小时）必须免费提供相应的，包括图片在内的简短新闻报道。

第十一次广播裁决仅与巴伐利亚州的私营广播电视台有关，但第十二次广播裁决又再度涉及广播费问题。2007年，联邦宪法法院在其第二次广播费裁决中澄清，各州议会可以偏离KEF关于收费金额的建议，但必须根据经济状况和广播费支付者的经济负担详细说明理由。与此同时，广播费的合法性再次得到确认，特别是考虑到私营广播的结构性市场失灵。联邦宪法法院在此指出，经济竞争并不会自动导向高品质的新闻，依靠广告融资往往会导向"供应产品的标准化"。即使是新技术与市场发展，也不能使任何制度转变或进一步去监管合法化，相反，为了实现其职能任务，必须保持通过广播费筹资的模式。

2008年的第13次广播裁决是关于政党是否可以通过企业间接参与广播电视活动的问题。联邦宪法法院裁定，不能绝对禁止政党的活动，但必须确保它们不会对节目造成决定性影响。联邦宪法法院的第14次广播裁决也涉及政党对公共广播电视的政治影响。引发诉讼的具体原因是，2009年，由基民盟主导的ZDF管理委员会不同意与主编尼古拉斯·布伦德续约。于是，社民党执政的莱茵兰-法尔茨州和汉堡市于2010年向联邦宪法法院针对ZDF国家条约提出诉讼——该条约已经得到承认几十年之久——旨在借此审查监督委员会中的政治党派影响。于是，2014年3月，联邦宪法法院做出了一个对于政党广播电视政策的批评者来说并不意外的判决，即ZDF电视委员会的组成与国家关系过于紧密，因此需要进行改革。该法院的核心论点是保障多样性和广播电视独立于国家的规定。有批评说，代表社会多样性的不仅仅只有大型利益集团。今后，联邦和州政府的代表不应再对监督委员会的成员选择或任命产生决定性影响[①]。国家代表的比例必须从超过40%减少到最多三分之一，参与本案的法官中的一位认为，考虑到广播电视应远离国家干预的规定，目前这样看上去还远远不

---

① 参见2014年3月25日第一判决委员会所作判决的指导原则——1BvF 1/11 - 1 BvF 4/11；在线查阅：http://www.zjs-online.com/dat/artikel/2014_4_826.pdf [07.07.2017]。

第四章 大众传媒

够[1]。依据这项裁决，除了政府代表外，民选官员和地方当局代表以及政党代表也被视为委员会中"国家席位"的成员。此外，法院还规定，今后各州州长将不再能够决定哪些非政府成员可以得到委派。最后，应该考虑到社会变化，使电视委员会的组成更具活力，也就是说，不应总是由同一组织来委派代表。社会相关团体的代表也不允许同时隶属于联邦或州政府的立法或行政部门。此外，还引入了任期限制（参见 Speck，2014 以及 Dörr，2016，第 322-325 页）。联邦各州不得不根据这项裁决修订《ZDF 国家条约》，并在 2015 年《广播电视国家条约第 17 次修正案》中根据基本法律规定对于电视委员会的组成进行了调整（参见 4.4.3.2 节）。因此，某些联邦州的广播电视法以及《德意志广播电台国家条约》也不得不进行修改，以使委员会中国家代表的比例与《基本法》相符。

表 4.17 整理汇总了德国最高法院这些关于广播电视最重要的结论陈述。

除了各州、联邦政府和联邦宪法法院这些国家行为主体之外，一些社会行为主体，如政党、工会、天主教与新教教会，以及对此感兴趣的媒体组织，也参与到了这些关于广播政策的争议之中。除了 ARD、ZDF 以及那些报刊出版商之外，在此还应该提到私营广播电视公司和电信服务提供商的行业代表：私营广播电视和电信媒体联合会（VPRT）[2]在柏林设有办事处，并在欧盟总部布鲁塞尔设有分支机

---

[1] 参照 Paulus 法官在 epd 媒体文献汇编，第 18 号，2014.02.18，第 26-29 页，反对意见的理由陈述。

[2] 该会最初——直到 2006 年仍然如此——被称为私营广播和电信联合会（VPRT），2018 年，VPRT 决定将其名称改为"私营媒体联合会（VAUNET）"。

构；该联合会代表着140家传媒公司的利益，参与了自律机构的建立（参见第4.4.3.3节），并与版权管理组织 GEMA、GVL 和 VG Wort 共同协商制定了框架协议。颇具影响力的 VPRT（私营媒体联合会，VAUNET）多次在媒体政策方面采取立场，在这件事情上，它为了其成员公司的利益，推行对私营广播电视市场放松监管，同时限制其竞争对手——公共广播电视公司活动的政策。与出版商联合会类似，VPRT（VAUNET）认为，ARD 和 ZDF 的节目和网络服务可以从广播费中得到资助，或从欧盟意义上说从补助金中得到资助，另外它们还在频率和有线电视频道分配方面拥有特权，这会引起竞争的扭曲[①]。

技术创新一再为质疑传统的广播电视法规提供机会，有时也会对公共广播电视的特殊体系提出质疑。在此，一个反复出现的重要出发点是，由于技术进步导致地面广播频率的稀缺性不再是一个有效的论点。这种对于 ARD 和 ZDF 特殊地位的抗议，在当时关于有线电视和卫星等"新媒体"的讨论中已经为人们所熟悉，在宽带电信网络的数字化和网络媒体的发展过程中又重新活跃起来。播送能力的稀缺性无疑已经消除，然而，联邦宪法法院从一开始就用作论据的其他稀缺性（观众的注意力、广告市场需求、用户的支付意愿）和市场准入壁垒（参见4.4.3.4.11节）也不能被忽视。另一个由技术支撑的论点是，通过使用加密程序对所有销售渠道的广播信号进行数字化，大大降低排除没有支付意愿的消费者的交易成本。由此一来，非排他性导致市场失灵的经典经济学论点确实已经过于陈旧（参见 Haucap 等人，2015，第33–34页，以及 DIW ECON，2016，第3页）。然而，这并不能自

[①] 参见 http://www.vprt.de/verband/%C3%BCber-den-vprt/ziele-und-aufgaben?c=4 [19.08.2011]，以及 VPRT（2006）.

动推导出，以自愿收费为基础的"公共付费电视"的形式在现实中能够实现强制性收费筹款所承诺的给全社会带来好处。至少，这种以有支付能力的消费者自愿付费为基础的付费电视，其节目形象到目前为止与公共广播电视台的节目形象有很大区别。

表 4.17 联邦宪法法院广播裁决的核心陈述

广播裁决	核心陈述
1. 电视裁决 1961	权限属于各联邦州 媒介及要素 经济上及技术上的特殊情形 可设想其他组织形式
联邦行政法院裁决 1968	广播费主权属于各联邦州
2. 增值税裁决 1971	整合功能 内部多元化 公共职责
3. FRAG 裁决 1981	国家监管和许可制度下的外部多元化（各州媒体法彼此间存在差异） 平衡多样性 双轨制系统成为可能
4. 下萨克森裁决 1986	两根支柱不平等的双轨制系统：以公共广播电视提供基本服务为条件，私营广播电视接受监管，需要申请许可证并满足基本标准 对集中化的控制
5. 第五次广播裁决（巴登－符腾堡）1987	全方位覆盖的基础供应职责 公共广播电视台的生存及发展保障
6. 北莱茵－威斯特法伦－裁决 1991	对于生存及发展保障的详细和进一步解释

续表

广播裁决	核心陈述
7. 针对电视广告的黑森-裁决 1992	广播费筹资的优先权 禁止第三方节目中的电视广告
8.（第一次）广播费裁决 1994	广播费金额的确定不应受国家控制 广播费作为与实际使用情况无关的"系统费"
9. 关于欧盟电视指令的第九次广播裁决 1995	各州广播电视权限
10. 关于简短新闻报道的裁决 1998	进行简短新闻报道的权利（比赛） 体育新闻作为基本服务的一部分
11. 关于巴伐利亚州私营广播电视台的决定 1998	
12.（第二次）广播费裁决 2007	应适当地确定广播费金额 因市场失灵而再次确认广播费的合法性 ARD 和 ZDF 的职能任务
13. 第十三次广播裁决 2008	对于政党在私营电视台的影响力的限制
14. ZDF-裁决 2014	对于国家及政党在公共广播电视台的影响力的限制 保障社会多样性

然而，关于广播电视制度的争论仍在继续，特别是对公共广播电视公司的一些具体行为的批评在某些方面似乎非常合理：一个核心问题是广播费金额（以及总收入）与支出方式和节目绩效之间的关系。批评的焦点是成本相对过高的行政机构[1]、未加利用的协同机会（例

---

[1] KEF 指出，广播电（视）台总支出中超过 40% 被用于该节目（参见 KEF, 2016, 第 64 页）。反之，这意味着 60% 的资金被用于其他目的，而这些目的对于节目任务的完成只有间接性的作用。

如在 IT 领域[①]）、员工的高薪和养老金福利以及购买昂贵的体育赛事播放权（参见 Haucap 等人，2015 年，第 23 页）和相应的电视明星出场费。大型体育赛事无疑也可以由私营电视台在全国范围内进行专业转播；而这是否可以一直依赖广告来资助（或只在付费电视上观看），则是第二个问题。公共广播电视台用体育作为吸引观众的内容，并以此为那些真正的公共节目内容赢得观众。这样的成功在多大程度上可以得到经验性证明，必须持保留意见。

另一个批评的焦点是广播公司缺乏透明度，从法律角度来看，这被认为是有问题的，特别是在公共资金的使用、为数众多的商业子公司和控股企业、合同的授予以及广播委员会成员组成的公示方面（参见 Schoch，2013）。特别是在公共广播电视腐败案件的背景之下，（来自竞争对手的新闻媒体的）媒体批评辩论要求管理层进行反思或改变其传统思维。同样值得注意的是，ARD 和 ZDF 在研究数据方面的透明度有限，尽管这些对于节目和观看情况的高质量研究是由政府资助的，但其数据的发布是却有选择性，并且明显以企业的战略利益为导向。

如果不考虑那些从根本上反对公共广播电视体系的意见，则可以针对现有机构的改革或对于这些维护公共利益（具有"公共价值"）的节目的替代提供方式进行讨论。例如，可以建议通过公开招标制作具有社会效益，且受社会各界欢迎的节目，并由不同的竞争方（包括私营广播电视公司）轮流以市场方式提供。这可能有助于降低成本，但会消耗行政精力（调查需求、招标、评估等），以及此类供应的连

[①] KEF 认为，ARD 电视台在信息技术方面每年可以产生 4000 万欧元的节约潜力（参见 KEF，2016，第 284 页）。

续性问题（参见 DIW ECON，2016，第 4 页）。

但在媒体变革的背景之下，新一轮政治辩论的主题不再仅仅限于广播规则。几年来，在"融合"或数字"颠覆"的口号下，人们一直在讨论数字化和网络化是否已经使得我们熟知的媒体逻辑被彻底打破（"颠覆"），或者至少很快就将导致数字广播电视和网络媒体之间界限的模糊化，以及它们的共同发展（融合）。在这种情况下，引入针对特定媒体的法规（在专门的单部法律或国家条约中）将变得没有多大意义，特别是因为有时它所涉及的是完全相同的媒体内容，而且通常处理的也是传媒公司的问题。于是就有了"平台中立"的法规这一说法，例如在青少年保护、分离要求、媒体集中化控制等问题上（参见 KEK，2015）。当然，未来的媒体监管，即使要在所谓技术上进一步放松监管，也必须考虑到技术变革及其对媒体的影响，但它仍然是一个在巨大的经济利益背景下需要民主合法化的政治决策问题——而不是一个技术引发的自动控制。

2016 年 6 月，联邦及各州媒体融合委员会提交了其总结报告：除对 JuschG 的青少年媒体保护进行改革（跨媒体，即对电信媒体等传媒载体的内容进行统一的年龄分级）之外，立法中或在欧盟层面需要进一步解决的核心监管议题是对于不同平台进行监管的必要性。今后，将对技术平台（如电视的有线网络）、内容平台（内容捆绑及营销）和接入平台（电子节目指南）进行区分。监管目标是产品的透明度、用户的自主权（对消费者而言）、非歧视性（平台上的自有和第三方产品）和机会平等，特别是在涉及对舆论有重大影响的平台产品时（参见联邦及各州媒体委员会，2016 年，第 9-30 页，及 4.4.3.4.9 节）。

4.4.3.2 "双轨制广播电视系统"的规范基础

第四章 大众传媒

正如联邦宪法法院所阐明的那样，在德国，广播法属于各州的管辖权限，然而由于欧洲一体化，广播电视传播在很大程度上早已被跨国政治行为体，特别是欧盟和欧洲委员会所主导（Holtz-Bacha，2006，2011）。

根据德国的广播政策传统，广播属于一种文化资产；因此它受到各州广播电视法、各州媒体法以及各州的广播电视国家条约的管辖。广播结构的联邦原则也适用于全国性的公共广播电视公司——德国电视二台（ZDF）和德意志广播电台（DLR）[①]，其基础为所有16个联邦州的国家条约。而且这一点也适用于私营广播电视公司，它们同样受各州法律和各州国家条约的管辖。只有德国之声自1953年起作为ARD广播电视公司的联合机构（参见Dussel，1999，第194页），并且自1962年起作为设在科隆（电视部分：柏林）的独立机构，一直是根据联邦法律播放其广播，现在也播放其电视节目，以及越来越多的在线节目。

如果不考虑广播频率的国际协调的话，上文中提到的1989年"电视无国界"欧盟电视指令，以及1989年5月15日的欧洲委员会公约——《欧洲跨境电视公约》，就是欧洲广播电视监管的开端。在去监管和实施新自由主义经济政策的过程中，欧盟是广播模式变革的决定性角色：从欧盟的角度来看，广播首先是一种经济商品，因此要受制于欧洲内部市场的理念和欧盟的权限。而在德国的传统概念里，广播被认为是一种文化资产，这也为联邦各州的权限奠定了基础，但随着广播的去监管和双轨化，这种概念正逐渐退居幕后。在监管政策方

[①] 参见Steininger（1977）；德国广播电台是今天德意志广播电台（1993年签署的国家条约）在西德的前身，它于1962年1月1日开播；ZDF于1963年4月1日开始广播放送。

面，市场现在是最受青睐的模式，而试图对可观察到的市场失灵（集中化、多样性和质量问题）做出应对的监管尝试并没有被完全摒弃，但需要有充分的法律依据。因此，从欧盟的角度来看，广播费是一种竞争发生扭曲的国家补助（补助指令），即使它并非从各州或联邦税收中获得的补贴。尽管这种补助在市场竞争的法规下是允许的，但只有在定义明确的公共职能任务（公共服务）得到更准确界定，并且其产出可以被持续证明的情况下，这种补助才是合法的（根据欧盟法律也同样合法）。

与教育政策一样，将权限转移至欧盟导致了成本高昂的官僚化：公共广播电视公司必须拟定指令、准则以及电信媒体纲领，必须不断撰写职能任务的具体实施计划，并提交关于其履行的报告。新的电信媒体服务在推出前必须通过"三步测试"，商业活动必须在组织上和会计上与由广播费资助的组织部分区分开来（《公共企业透明度指令》2000/52/EG）。广播和电信网络的技术方面也在很大程度上受到了欧盟的监管（参见 2.5 节以及 5.4 和 5.5 节）。

在东德各州加入联邦后，为适应 1989 年欧盟电视指令[①]中具有约束力的欧洲法律要求，于 1991 年缔结了新的《统一德国关于广播电视的国家条约》（RStV）。该条约在经过大约五年的谈判之后，于 1987 年首次缔结（参见 Glotz 和 Kopp，1987），并被认为是德国广播电视双轨制的核心文件。它经过多次修改，自 2017 年 9 月起，《广播电视国家条约第 20 次修订案》（RÄStV）开始生效，其中包括以下变更：与 ZDF 类似，国家对德意志广播电台的广播委员会的

---

① 欧盟理事会 1989 年 10 月 3 日指令，关于协调各成员国有关从事电视广播活动的法律规定或行政规定的指令（89/552/EEC）及其 1997 年修订的版本：指令 97/36/EC。

影响将被降低到宪法规定的水平。然而，这是通过委员会的扩充来实现的。今后，广播委员会将有45名成员（以前是40名），行政委员会则有12名（以前是8名）。除了天主教和新教教会以及犹太中央委员会之外，联邦移民和融合委员会以及男女同性恋者协会也将派代表参加广播委员会。德意志广播电台文化频道和德意志广播电台知识频道将分别更名为德国无线电台文化频道和德国无线电台新星频道（Deutschlandfunk Nova）[1]。《广播电视国家条约第21次修正案》已在同步准备中。对此，该法案的草案扩展了电信媒体的任务和许可的公共电信媒体服务。广播内容的调用时限将大大延长，不仅是"与广播有关的"服务，而且其他电信媒体服务也会得到许可，尽管它们不属于"新闻类"的范畴[2]。

《广播电视国家条约》采用了联邦宪法法院制定的双轨制广播系统的逻辑（此处特别参见序言）。公共广播电视台被赋予了一项特殊的职能，作为回报，也给予了它们生存和发展的保障，在新媒体技术和供应形式方面也是如此。私营广播电视公司则得到承诺，可以获得足够的播放容量，以便在竞争中拥有更好的机会获取观众的青睐。也就是说，双轨制的两个"支柱"在许多方面受到的是有针对性的不同监管（见下文）。

这部内容丰富的条约最早将广播定义为一种线性信息和传播服务，以区别于非线性电信媒体（供单独调用的新闻编辑服务）和电信

---

[1] https://www.berlin.de/rbmskzl/aktuelles/pressemitteilungen/2017/pressemitteilung.565802.php[07.08.2017]，以及epd今日媒体，第9a号，2017.01.12。

[2] 参见https://medien.sachsen-anhalt.de/fileadmin/Bibliothek/Politik_und_Verwaltung/StK/Medien/documents/consultation_procedure_telemedia_offer/telemedia_order_annex_2_20170517_flowtext.pdf [08.08.2017]。

服务（各种数据和信号的传输）。广播（广播和电视）面向大众，时间上"按照广播时间表"来组织，为了同时接收而设计；加密形式和付费服务也包括在这一定义之下。非新闻－编辑形式的产品，例如视频监控设备，或潜在用户少于500人的服务，不属于广播的定义（参见第2节）。表4.18、4.19和4.20对最这些重要的广播法规进行了概述。

除了《广播电视和电信媒体国家条约》（RStV）、关于德国公共广播联盟（ARD）、德国电视公司（ZDF）和德意志广播电台（DLR）的三个国家条约以及《广播电视融资国家条约》和《广播电视捐款国家条约》之外，《保护人的尊严国家条约》和《广播电视中的未成年人保护条约》（《青少年媒体保护国家条约》，JMStV）为广播内容设计构建了一个重要的规范基础；下面的章节将对其进行更为详细的介绍。

4.4.3.3 "双轨制"系统中的机构性广播电视监管

双轨制系统中的广播监督也同样由两个机构子系统组成，因为公共广播电视台会按照更严格的规范准则由这些机构自己的委员会进行监管，但这些委员会是由外部人员组成的。而另一方面，私营广播公司则完全由外部组织机构依据相对不那么严格。

表4.18　广播电视国家条约的一般监管规定（部分）

监管对象	监管规定	RÄStV
新闻报道	特定的重大体育赛事也同样能够在免费电视上转播	§4
	可免费对公共事件进行简短新闻报道（90秒）	§5
节目	以德国和欧洲的制作作为节目的"主体部分"	§6

续表

监管对象	监管规定	RÄStV
广告	维护人的尊严，杜绝误导	§7
	做出标记，与节目明确区分	
	允许连续播放广告、虚拟和分屏广告以及电话购物	
	禁止软性广告（付费投放、不做标示）以及酒精和意识形态或政治广告	
	通常情况下设有广告时段	
赞助	在做出标示的情况下可以获得允许	
	但禁止来自烟草和药品的赞助，也禁止资讯和新闻节目接受赞助	§8

4.4.3.3.1 公共广播电视台的监督委员会

公共广播电视台由一名台长领导，台长受两个监督委员会的监管，并由这两个委员会选择任命。

广播电视委员会（ZDF：电视委员会，德意志广播电台：广播委员会）是一个负责节目监管和社会监督的机构。广播委员会采取等级制组成方式，根据机构和法律规定，设有19至60名社会相关团体的代表，这些代表通常并非广播电视方面的专家，而是广大公众利益的代表。

在传播政策方面，关于哪个社会相关团体有权派遣代表，谁将最终决定他们的任命，是协会还是州政府或议会，总是存在许多争议。对一个团体的"社会相关性"的争议，会导致根据政治权力关系纳入额外的代表，以扩大自己的权力基础。由于人们通常不愿意将以前可以派遣代表的群体排除在外，就导致了委员会规模的扩大（例如，

ZDF 的委员会到 2015 年将增加到 77 名成员）。在德国，发展出了不同的制度模式，如多元 – 等级模式（主要起源于德国南部）和德国北部的国家 – 政治或议会模式，以及混合模式（参见 Verheugen，1999，第 117-120 页）。

表 4.19　广播电视国家条约对于公共广播电视的特殊监管规定

监管对象	监管规定	RÄStV
节目任务	自由的个人观点和舆论形成的媒介和因素；服务于民主、社会和文化需求 对于国际、欧洲、国家、地区的教育、信息、咨询和娱乐，特别是文化等生活各领域进行报道 国际间的谅解、欧洲和社会融合 客观性、公正性、观点多样性和平衡性	§ 11
电视节目频道	综合频道：德国电视一台（ARD），ZDF "地区频道"：七个 ARD 第三套节目[a] （教育）专题频道：ARD — alpha 5 个附属频道：每日新闻 24（tagesschau24），one (EinsFestival), ZDF 资讯，ZDF 文化，ZDFneo 2 个国际联合制作的综合频道（3SAT，ARTE） 2 个联合制作的专题频道（KIKA，PHOENIX）	§ 11b
广播节目频道	ARD：将数量限制在 2004 年 4 月 1 日的状态； DLR：德意志广播电台，德意志广播电台文化频道，德意志广播电台新星频道（数字广播专题频道—知识频道）	§ 11c
青少年节目	ARD 和 ZDF："funk"[b] 通过 Youtube、Facebook、Snapchat 和本公司的应用程序等在线平台，为 14 至 29 岁的年轻人提供广播电视和电信媒体	§ 11f

续表

监管对象	监管规定	RÄStV
电信媒体	只有编辑式的新闻报道 没有本地新闻报道，禁止播放广告和赞助 根据电信媒体的概念，有期限限制的在线调取广播电视节目（档案） 对新兴的和变革中的电信媒体进行"三步测试"（社会需求、新闻竞争、财政支出） 有时只有限时读取的选项（重大事件的时限为24小时或7天，之后大多数会被删除） 负面清单：禁止与节目和放送没有直接关系的门户网站与服务	§ 11d § 11f.
筹资方式	生存和发展的保障 优先使用广播费提供资金，允许广播电视广告，禁止收费 经济性和节约原则	§ 12 § 13 § 14
植入式广告	仅适用于第三方制作或无偿使用 仅限工作日晚上8点之前；例外：体育赛事	§ 15
广告	仅针对德国电视一台和ZDF的电视广告，每个工作日最多20分钟（年平均值，最多为25分钟/天），直到晚上8点 时段式插入广告；每45分钟的播放时间可以有一次中断 电台广告，每个工作日最多90分钟 禁止电话购物	§ 16 § 18
商业活动	允许，包括子公司形式，但需公开透明 需要接受监管，在市场条件下，并且与由广播费资助的职能任务分离	§ 16a–d

a 特别是在傍晚的节目中，多州联合广播电视公司（rbb、NDR、

续表

mdr、SWR）的第三套电视节目被划分为各联邦州相关节目

b 这个"内容平台"于 2016 年 10 月 10 日推出，拥有 4500 万欧元的豪华预算，然而可能只能触达目标群体的 3%（参见 Riehl，2016）。为资助该项目，数字专门频道 Eins Plus 和 ZDF 文化频道被停播

表 4.20　广播电视国家条约对于私营广播电视的特殊监管规定

监管对象	监管规定	RÄStV
许可	广播电视节目的必须申请许可 网络广播无需获得许可 政治团体不能获得许可	§ 20–20b
观点多样性	基本上保证观点的多样性得以表达 让重要的政治、意识形态和社会力量及团体在综合频道中拥有适当的发言权 顾及少数族群	§ 25
	个别电视节目不得对公众舆论的形成产生大规模的失衡影响	
	保护人的尊严，尊重道德、宗教、意识形态的信念 促进社会融合和国际间的谅解 资讯、教育和文化等各占据合适的份额；教会的播放时间	§ 41
	全国性电视综合频道要设立独立的地区报道时段	§ 25
	观众份额占总市场（包括公共服务节目）的 30%（跨媒体供应商为 25%），证明了舆论主导力量和确保多样性的措施（为独立第三方留有每周 260 分钟的播放时间，出售公司股份，节目咨询委员会）的合理性。	§ § 26–32

续表

监管对象	监管规定	RÄStV
广告	每小时最高可占20%（12分钟） 每20或每45分钟（电影）插播一次	§ 45 § 44
植入式广告	允许，但需无偿播出，且不可在儿童节目中植入 必须做出标记	§ 44
电信媒体	无需许可	§ 54

案例

被称为电视委员会的ZDF的广播电视委员会是混合模式的一个很好的例子，尽管它仍然带有很强的国家-政治影响（参见上文中讲解的联邦宪法法院对ZDF的裁决）：在广播电视委员会的60名成员中，两名是由联邦政府委派的，16名是由联邦各州委派的，两名是由地方当局委派的。16名社会相关群体的代表由各州任命（按照州法律的规定）。不再有直接的政党代表（2015年之前曾是这样），教会、工会、记者协会和大型社会相关联合会的代表也由这些组织直接任命，而不再按照州政府和议会的政党与权力政治考量来任命（参见ZDF国家条约，§21d）。这是否会给几十年来人们早已习以为常的"圈子"式党派政治的模式带来持久的变化，还有待观察。除了20名国家代表之外，电视委员会的成员还有：新教和天主教教会的各两名代表以及德国犹太中央委员会的一名代表、工会的三名代表和雇主联合会的四名代表，德国报纸出版商协会（BDZV）和德国记者协会（DJV）的各一名代表，各福利组织的四名代表以及体育联合会（DOSB）、欧盟、自然保护协会（BUND）、被驱逐者联盟和斯大林主义受害人联合会的各一名代表。另外还有16位来自不同社会相关领域（如消费者保护、学术与研究、电影业、"互联网"等）的代表，分别由一个主管的联邦州委派。

与之相反，黑森广播电视公司的广播电视委员会不仅规模较小，而且更倾向于等级–多元的模式。作为一个单一州级广播电视台，其广播电视委员会不必按照各州的比例委任代表（像 NDR、MDR 或 rbb 那样），因此仅需 26 名代表，其中只有 6 名是国家代表。该委员会的另外 20 名成员明文规定不是作为其组织的代表进入广播委员会，也不是由议会选择产生的，而是直接派遣的（参见《黑森广播电视法》第五条；2010 年 6 月 24 日）。

广播电视委员会决定广播电视公司的章程和节目准则，首先是批准预算并选择任命台长。所有的席位，无论是广播电视行政委员会还是台长，都有四到七年的固定任期。

公共广播电视台的行政委员会通常由七至九名成员组成，他们主要在经济、技术以及人事问题上向台长提供建议和监督。

案例

ZDF 的行政委员会由 12 名成员组成，包括由各州州长联合任命的 4 名各州代表和 8 名行政委员会成员，他们必须由电视委员会以五分之三的多数票选出（ZDF 国家条约，§24）。

4.4.3.3.2 私营广播电视的监管机构

各州的媒体管理局（LMA）是私营广播监控及促进的公共机构，它们独立于国家，也不从属于那些广播电视公司。其任务包括确保观点的多样性和青少年保护、节目准则和广告条例的维护，以及确保广播和数字技术的非歧视性获取。最初，LMA 的目标主要包括在本州为广播电视公司发放许可、落地安置和发展促进（驻地政策）。现在，

第四章 大众传媒

重点已转移到节目和市场监督。目的是"确保多样性的结构控制"（Eifert 和 Hoffmann-Riem，1999，第 68 页）。

应该通过相对多样的不同节目和节目制作方来保证观点和信息的多样性（外部多元化）。各州 LMA 发起并资助传播学的研究项目，通过深造培训措施以及公民媒体和"开放频道"提升媒体技能，通过试点项目为新技术的测试作出贡献。在受监督的自我监管或共同监管的框架内，它们还负责自律机构的认证和程序标准的维护。

各州 LMA 的资金由广播费中大约 2% 的金额提供[①]，因此它们拥有非常好的财政资源，随着广播费的升高而动态增长。所有的 LMA 都拥有两个机构：

• 一个负责准则制定、节目相关问题和许可证的授予或撤销以及制裁措施的主体机构。这些州级媒体管理局是按照大会或理事会的模式组织的，因此，其主体机构要么是以社会相关团体代表大会的形式活动（按照广播委员会的模式，最多有 50 名成员），要么以成员数量较少的理事会形式活动。大会模式与广播委员会相似，因为这里也是由最多 41 名成员的社会相关团体代表组成（北威州媒体管理局 LfM 的媒体委员会）。与之相反，理事会模式则以少数传媒专家为基础，这些专家与宪法法官一样，必须在州议会中以绝对多数达成跨党派一致而选举产生。柏林-勃兰登堡媒体理事会（mabb）只有七名委员的做法，说明了小型监管机构的优势，它可以迅速采取行动，并具有充分的专业知识（参见 Stuiber，1998，第 770–773 页）。

• LMA 的第二个机构是董事或一个三至四名成员组成的董事会。

---

① 详见《广播电视融资国家条约》第 10 条。

这些执行机构拥有很大的权力，特别是因为他们可以接触到机构的全体员工，并专职履行其职能。他们可以对机构做出有效领导，制定决策并控制其与广播电视公司以及其他州级媒体管理局的合作。

对于私营广播电视的监管是按照联邦制通过各州的媒体法组织建构的。因此，每个联邦州都有自己的州级媒体管理局，负责管理其许可经营的广播电视公司；只有柏林和勃兰登堡（mabb，1992年起）以及汉堡和石勒苏益格-荷尔斯泰因（MA HSH，2007年起）拥有联合的州级媒体管理局。广播监管的联邦制结构很快就达到了其性能极限，因为广播电视公司知道如何利用各联邦州之间的驻地竞争。在实践中——与不受国家干预的规定相反——州长办公厅会参与决定许可证的发放（参见Jarren和Schulz，1999，第131页）。因此，在节目监管方面制定统一的最低要求，并在市场监督方面开展全国性合作是必不可少的。《广播电视国家条约》是一个共同的基础，但其监管的深度不足以满足LMA的实际运作需要。因此，各州媒体管理局发布了一系列关于未成年人保护、广告和赞助的联合准则，并设立了联合机构，以便在节目监管中履行这些原则（参见Holgerson，1995）。由于结构性原因（调查权受限、法律条款模糊、节目监控后置），外部广播监管对于私营广播电视的控制效果总体来说比较有限。不过，最新版本的广播电视国家条约包含了更具体的公司信息公开义务（RStV，第22-23条），以及一份约60项的违反规章行为目录，可处以最高50万欧元的罚款（RStV，第49条）。LMA有一套分级的制裁措施目录（从投诉到罚款到临时或永久吊销许可证），然而已经形成了一种非正式的监管风格。

各州媒体管理局在全国范围内的合作是高度制度化的：自2010

第四章　大众传媒

年起，媒体管理局工作联合会（ALM）根据一项规章组建为民法公司；同时，它也使用"媒体管理局–ALM"的名称，并在柏林设有自己的办事处。它首先服务于跨州的信息和协调、联合节目及媒体研究以及国际代理，除非在《广播电视国家条约》（RStV）中规定要单独设立特别委员会——《广播电视国家条约》第35条（13. RÄStV）中共规定了四个中央机构（许可和监督委员会/ZAK、媒体部门集中化程度调查委员会/KEK、青少年媒体保护委员会/KJM 和委员会主席会议/GVK）的构成和工作方式：

重点 KEK 由各州媒体管理局的六名成员和六名广播电视和商业法方面的外部专家组成，而 ZAK 和 GVK 则由各州媒体管理局根据州法律各委派一名代表负责。

ZAK 负责向全国的广播电视公司发放许可并分配转播能力，以及对广播电视播放平台进行监督；它也是对全国性节目进行广播监督的核心角色。

在经济和新闻集中化的背景下，KEK 则在确保全德范围内电视的观点多样性方面扮演了同样的角色。

如果 KEK 确定存在某种"压倒性的舆论力量"，州媒体管理局就必须实施 RStV 规定的措施以确保观点多样性。如果"归属于一家公司的节目频道在一年内平均占到30%的观众份额"，或同一家公司在其他媒体相关市场占据支配地位（观众市场份额模型），就属于是这种情况。只有公司控股份额至少达到25%的频道才能被计入市场份额——结果就是到目前为止（可能也包括可预见的未来），没有一家私营电视广播公司超过这一关键的市场份额界限：即使是像 RTL 或 ARD 这样的市场领导者，其年平均份额也不超过15%（参见

KEK，2010，第96页）。KEK会提交年度报告，提供有关各电视公司的许可、公司股权变化、节目供应和观众份额的信息。这些报告会公开出版，除了本身是每隔几年出版一次的媒体集中化程度报告之外，也是新闻和传播学研究的重要资料来源。KEK每半年都会公开一份"节目清单"（也可在线查阅），其中提供了关于节目制作者及其公司结构的信息[①]。

尽管KEK在透明度创造方面做出了这些贡献，但在广播电视集中化控制方面也可以看到监管的失败，就像报刊业的情况一样（参见Eifert和Hoffmann-Riem，1999，第88页及以下）。最初的想法是迫使本来相互竞争的传媒公司加入广播电视联合会，并通过供应商的结构来创造多样性，但这个想法并没有奏效，很快就被放弃了。市场份额模型——在该模型中，控制广播电视集中化程度时要考虑到其在其他媒体领域的市场力量——提出了一个问题，即在新闻方面有很大差异的各类媒体的受众市场份额是否以及如何能够有意义地相互换算。因此，自2012年起，巴伐利亚州媒体管理局委托编制了"媒体多样性监测器"，另外，自2016年起，联邦州媒体管理局主任会议（DLM）编制了"媒体融合性监测器"[②]。在调查的基础上，不同报刊、广播电视和网络媒体对用户的重要性以跨媒体的方式进行了加权，并与覆盖范围和市场份额以及供应商和参与结构互相换算。目的是弄清楚各

---

① 参见：http://www.kek-online.de/information/publikationen/jahresberichte.html；http://www.kek-on-line.de/information/publications/media-concentration-reports.html；http://www.kek-online.de/ information/publications/programme-list.html [08.08.2017]。
② 在此，各个媒体类型在舆论形成中的权重是通过一个多阶段程序累积而成的，即从前一天的覆盖率、信息使用和市场份额以及用户对媒体重要性评估中汇总的。例如，2013年的媒体权重结果如下：电视36.9%，广播18.9%，日报22.7%，"互联网"17.9%，杂志3.6%。然后可以计算出各个传媒公司的所谓"舆论市场份额"（参见KEK，2015，第56页）。

第四章 大众传媒

传媒公司在"舆论市场"中的份额[1]。即使从传播理论上来看舆论市场的比喻看上去存在着问题[2]，但它至少考虑到了一个基本问题，即在德国，许多大型媒体集团（贝塔斯曼、布尔达、冯克、施普林格、鲍尔）和中型报刊出版商都是以多媒体的方式在运作，也就是说存在斜向（或跨媒体）的经济和新闻集中化（参见第5.3节）。而人们即使使用不同的媒体，也是在使用着同一个媒体库，从而也使用着同一个潜在的观点库的假设当然也是正确的。在任何情况下，对各媒体部门的集中化程度的控制和多样性的保障的重要性可能会继续增加，尽管它目前整体上仍与特定领域的媒体监管存在着矛盾。

重点

• 委员会主席会议（GVK）负责传输容量分配方面的选择决策。为了更好地进行跨州协调，州级媒体管理局局长会议设立了节目和广告专员（BPW）、平台监管和数字访问专员（BPDZ）以及一个技术会议（TKLM）；此外，为各州媒体管理局工作的还有欧洲专员、预算专员、广播专员、媒体权限和公民媒体专员以及法律专员。

• 儿童和青少年保护是（除了广告规则维护之外）节目监管最重要的目标，青少年媒体保护委员会（KJM）作为各州媒体管理局中的一个机构，负责这项工作。

---

[1] 参见 https://www.blm.de/files/pdf1/alm_vielfaltsmonitor_1-halbjahr-2016-1.pdf，第4页[08.08.2017]。
[2] 一方面，以经验的方式可能很难将平衡价格、分配功能等等的出现有说服力地移植到"舆论"上。另一方面，关于舆论是否应该以市场的形式进行"谈判"，也提出了一个民主理论的问题，因为市场不是按照平均主义的原则运转的，但这也不仅仅是因为购买力不同的原因。

4.4.3.3.3 广播电视和电信媒体中的青少年保护

在 2002 年 9 月通过的《关于在广播电视和电信媒体中保护人的尊严及未成年人的国家条约》（2016 年 10 月起生效的版本）中对于青少年保护问题做出了专门适用于媒体领域的规定（即超出了一般的《联邦青少年保护法》）。在这部《青少年媒体保护国家条约》（JMStV）中还设立了青少年媒体保护委员会（KJM）。它由 12 名"专家"组成，其中六人是各州媒体管理局的主管。两名成员由负责青少年保护的联邦最高当局委任，另外四名成员由相应的联邦州当局委任。这样，负责广播电视的各州和负责电信的联邦政府都派出了代表；独立于国家的要求则通过各州媒体管理局的参与得到了确保。KJM 还与青少年有害媒体联邦审查处（BPJM）以及 jugendschutz.net 展开合作，后两者负责的是载体媒介（文章、声音载体、电影、电脑游戏、CD、DVD 等）和电信媒体（网络媒体）。在保护未成年人方面，独立于国家和禁止审查的规定需要通过间接控制模式来实现。除了基本法第五条中已经提到的相关刑事犯罪事实以外，监督工作主要转移至自律组织处，当然，这些组织需要得到 KJM 的认可。

在德国，青少年保护问题方面的非国有媒体监督自律机构有：自 2003 年起的电视自愿自律协会（FSF）、自 2005 年起的多媒体自愿自律协会（FSM），以及电影业自愿自律协会（FSK，对网络媒体有部分权限）[①]。电台方面则没有类似的机构。KJM 收到公民对于电视节目的投诉后，会交给主管的州媒体管理局或 Jugendschutz.net 处理，并由一个 KJM 审查小组最终决定。在这种投诉管理的框架下，

---

① 得到 KJM 认可的还有娱乐软件自愿自律协会（USK），它主要负责电脑游戏。

自愿自律机构可能存在的失败也能够公开显露出来。必要情况下，也可以与危害青少年媒体联邦审查所合作，根据投诉共同采取法律措施（编入禁播目录），甚至可启动刑事诉讼程序（另见 KJM，2017，第21–27 页）。

《青少年媒体保护国家条约》（JMStV）对"不能容许的"和"损害青少年成长的"产品做出了区分。根据第 4 条的规定，以下广播电视和电信媒体产品是不被允许的：

- 政治煽动宣传材料，
- 违宪组织的标志（具体来说，主要是纳粹标志）
- 以民族、种族、宗教或族裔归属为由，煽动针对部分人口的仇恨、暴力或胁迫的产品，
- 否认或淡化纳粹罪行（特别是：大屠杀、侵略战争、对于持不同政见者的迫害），
- 淡化或美化暴力、战争、非人道行为，
- 侵犯人的尊严，
- 煽动实施刑事犯罪，
- "以不自然地强调性特征的方式展示儿童和青少年的体态"或者是描写色情，根据《刑法》第 184 条，后者已构成一种刑事犯罪，
- 或被青少年有害媒体联邦审查处（BPjM）[①]列入"禁止播出名录"，

[①] 2016 年，危害青少年媒体联邦审查所共执行了 513 次封禁目录编入，其中 343 次是针对网络产品（电信媒体），但也有 67 次是针对文档，83 次是针对音频载体。共有 1931 部电影（或其载体媒体）被编入该目录（截至 2017 年年中，参见 www.bundespruefstelle.de/RedaktionBMFSFJ/RedaktionBPjM/PDFs/statistik-2016,property=pdf,Bereich=bpjm,sprache=de,rwb=true.pdf 或 http://www.bundespruefstelle.de/bpjm/Service/ statistik.html [08.08.2017].），这些电影中的大部分内容也会在广播电视（或网络）中公开发布。根据以相同方式评价相同内容的原则，没有必要对其在广播电视领域进行再次审查。

即"编入索引"。对于电信媒体来说，此处有一个例外情况，即如果设置了有效的年龄验证系统①，则可以在封闭的用户群中访问这类内容（参见 4.4.3.3.3 节）。

损害成长的产品会"损害儿童和青少年的成长，妨害独立自主且富有社会能力的人格的形成"（JMStV，第五条）。它们不会被禁止，但不应该让儿童和青少年接触到，或者只能根据年龄组以受限制的方式得以接触。在广播电视方面，这主要是通过特定的放送时间或适当的技术屏障（对于电信媒体和色情节目来说）实现。可能会对儿童和 16 岁以下青少年产生危害的节目只能在晚上 10 点至凌晨 6 点之间播出；对 16 至 18 岁的青少年产生危害的节目只能在晚上 11 点之后播出——这也同样适用于这些节目的广告。酒类广告不得面向儿童和青少年播放；其他广告不得直接鼓励他们进行购买。因此，广播电视中一般也都采用 FSK（针对院线电影）的年龄限制。不过在特殊情况下，如果年龄分级评定时间已经超过十年，则可在提出申请后做出不同的分级（JMStV，第 9 条）。这是考虑到道德观念的社会变化而做出的。

全国性电视节目的播出机构必须聘任一名专业的青少年保护专员。鉴于在一定程度内不守规矩的行为显然对观众有着很强的吸引力，而且可以由此获得广告收入，因此该专员的作用在各个广播电视公司内很可能相当薄弱。所有其他的电视广播公司都可以完全不用设置青少年保护专员，而是参加一个被 KJM 认可的自律机构。这种认可的先决条件是，该机构——如电视自愿自律协会（FSF）——具有独立性、专业性、充足的资源以及流程规定，并有社会团体的代表参与其中。

---

① 此处另参见：www.bundespruefstelle.de/bpjm/Jugendmedienschutz/Internet/jugendschutz-programmes.html[08.08.2017]。

第四章　大众传媒

此外，还必须设立一个投诉办公室，让观众（或在线用户）可以报告具体的问题，然后以有序和专业的方式进行处理。尽管公共广播电视公司也适用（至少）同等的要求，但其监控和措施的执行是这些广播电视公司自己的监督委员会或其法律监督者的责任。为此，各机构都制定了自己的指导准则。

电视自愿自律协会（FSF）[1]成立于1993/1994年，其背景是加强国家监管的政治要求，该组织是一个协会，在柏林设有办事处，成员有38家私营电视台或节目制作商。FSF或者说其委托的专业审查员将依据电影业自愿自律协会（FSK）制定的青少年保护的标准，评估那些由广播电视公司在播出前为了审查而自愿提交的虚构电视节目。

FSF的审查条例规定，所有并非明显没有任何问题的节目均须由广播电视公司提交。然而，一部分从媒体道德和青少年保护角度来看应该归类为有问题的节目并没有受到来自广播公司外部的全面自律监管：一方面是，如果广播电视公司愿意承担法律风险，就不必提交节目。直播节目自然不需要做播出前的审查，而连续剧则以单集为基础进行审查，其他重复性的播送形式由于其概念的原因，只能在示范性样片的基础上审查。对于已经完成审查的连续剧的后续剧集，可以由某个审查员单独决定。对于特别有争议的类型如选秀节目等，FSF则制定了指导原则和标准，它还资助了媒体教育项目及行动。对于具体节目的评估会在FSF框架内由五人委员会来实行，在该委员会内，媒体教育学家、媒体心理学家和其他媒体学者以及青少年保护专家将作出审查，决定电影、连续剧和真人秀节目中的暴力和性描写是否可以不加

---

[1]　参见FSF的历史：fsf.de/die-fsf/geschichte/，以及当前信息：fsf.de [08.08.2017]。

改动或经过删减播出，或是根本不能播出，以及该节目应在什么时间段播出。

案例

如果是已经经由FSK审查过的电影材料，则通常会将年龄等级"翻译"成电视播放时段（22点以后，23点以后，0点以后）。FSF会按照以下模式处理：在6点到20点之间播放的内容必须对12岁以下的人完全安全，22点之前播放的所有节目必须适合15岁以下的人，23点之前播放的节目必须适合18岁以下的人观看。广播电视公司可以对审查员的鉴定意见提出上诉，这样就会由七名成员组成的上诉委员会重新作出决定。程序上的细节由一套审查规则来管理[1]，其中复述了JMStV在内容方面的标准。自1994年成立以来，FSF已经审查了约25000部作品；其中大约三分之一并未按照节目组织者的申请作出决定。这些审查中的大部分是电视剧（37%）和已经通过审查的院线或DVD电影（28%）[2]。真人秀和纪录片形式在审查量中的份额为17%[3]。

无线电广播则没有进展到在受监管的自律框架内制度化的程度：广播业没有可以与FSF相提并论的自律机构，由于其主要的节目模式是音乐节目，大多数私营广播公司和无线电传播公司也不认为有什么这样做的必要（参见Beck等人，2006，第155页）。2010年夏天，联邦政治教育中心的一个"广播项目小组"提出了一份简洁的广播守

---

[1] 参见fsf.de/data/user/Documents/Downloads/FSF_PrO.pdf [08.08.2017].
[2] 对于FSK划为12岁以下的影片来说，其内容无需再审查；大多数情况下，需要审查的是早期电视播放时为了"脱敏"删减掉的片段，或者关于是否可以取消FSK在十几年前所做的限制。
[3] 参见fsf.de/programmpruefung/statistics/ [08.08.2017].

则,要求在来源、责任和透明度方面尊重听众、公平公正、真实可信(参见 epd 2010.06.09,第 27–28 页),但并没有在行业内引起广泛的反响,也没有形成制度化形式的自我监管。只有公共广播才遵守节目准则;不过,广播节目在其中发挥的作用也无足轻重。

4.4.3.4 市场结构与市场准入壁垒

由于广播电视制度以"双轨制"制度为规范,且有着完全不同类型的广播组织并存,也由于联邦广播电视政策以及受众市场和广告市场的部分性耦合,因而广播市场显示出了一种复杂的结构。在下文中,我们将逐步研究这些结构。从部门和空间结构开始对受众和广告市场进行研究,然后通过最重要的几个例子来介绍企业集团结构和广播市场的集中化。此外再对发行和采购市场做出概述。

4.4.3.4.1 广播电视市场的具体特点

与期刊报纸类似,广播和电视也同时在多个市场上运作。然而,由于"双轨制"的规范性要求,各个公司之间的竞争只在有限的范围内进行:

虽然公共广播电视台和私营广播电视台在采购市场上处于激烈的竞争之中,即根据节目情况在制作和版权方面竞争,但在广告和观众市场上的竞争程度却很有限。

在受众市场上,公共广播电视台是依靠广告筹资的私营广播电视台的竞争对手,但在与之耦合的广告市场上,其参与竞争的程度却非常有限。它们的主要资金来源——广播费是强制缴纳的,而非像付费电视市场一样遵照市场模式收取。同时,ARD 和 ZDF 在广告范围和投放方面也受到了更严格的限制,因此它们在广告市场上并不具备充分的竞争力。正如前面对于广播电视政策及其规范基础的论述(参见

4.4.3.2节）所表明的那样，广播电视系统只能部分地被描述为一个市场。相较其他新闻媒体而言，广播电视更应该作为一种公共物品和公益产品进行评估，因为出于可以理解的原因，必须考虑到市场失灵的问题，因此这一领域仅在部分程度上是以市场形式组织起来的。尽管如此，仅仅基于传播政策而做的分析也存在不足，因为广播电视的市场因素同样影响巨大，而且最晚从1980年代中期，广播电视双轨制开始后，市场的影响就变得越来越重要。

与印刷媒体相比，广播是一种非物质商品，人们对其使用的支付意愿相对较低，这也是因为（与一份报纸或一本书不同）这种使用不产生额外的成本[①]。将没有支付意愿或不具备支付能力的用户排除在消费之外会产生成本，例如加密和解码系统。因此，到目前为止，市场和间接收入模式的耦合已经确立了自己在市场和收入模式中的主导地位。

广播市场的空间结构，就像双轨制监管逻辑一样，是德国广播电视政策和各州——它们在媒体驻地发展方面相互竞争——广播权限作用的具体结果。这关系到税收收入和劳动力市场的影响：作为受青睐的传媒城市和地区，慕尼黑、科隆、柏林和汉堡当地已经有成型的热点区域，尤其是大型广播电视公司附近。

• 广播市场的主要结构是联邦州一级的地区性广播，以及——根据各联邦州不同——本地的私营广播。全国性广播市场在收听人数方

[①] 在（媒体）经济学中，这被称为消费的非竞争性：与私人物品（实际上是所有的物质产品和个人服务）不同，公共物品无论有多少其他消费者，都始终可被使用。有需求的人并不会忽视这一点，如果他们更倾向于在不付费的情况下使用非物质服务，他们就会做出经济上合理的决定。

面处于边缘地位，仅限于无广告的公共广播和一些由卫星播送的私营专题频道，未来可能会有数字地面广播节目（DAB+）作为补充。广播的广告市场最初是遵循各个广播公司的播送区域划分的，但通过所谓的广告联合体（参见下文），跨区域和全国性的广播广告也成为可能。在这方面，广播的听众市场和广告市场在空间上是不一致的。

• 而电视市场则具有不同的地理结构：虽然这里也有单个的本地市场，但它们的特点是只有私营商业化的城市频道和非商业的公开频道，在经济上普遍处于边缘地位。而地区性电视结构则只存在于公共电视台方面的第三套节目，其中（也）包含地区新闻和资讯节目。不论是在大型私营、依赖广告及广播费获得资金的各综合及专题频道中，还是在以联邦制方式制作的 ARD 第一套节目，还有 ZDF 这里，全国性电视台都占据了主导地位。在这个全国性的市场上，各家电视台为争夺观众和（在有限程度上）广告收入而竞争。

就业和增值结构也同样不仅仅是由市场机制造成的。这是政治决定的结果，只有在公共广播电视公司的特殊职能任务的背景下才能理解：2014 年，大约有 48000 名员工在广播电视行业工作，其中公共广播电视台约有 25000 人，商业广播电视台 23000 人。此外，私营广播电视台还有 5000 多名自由从业人员，公共广播电视台有 8200 多名自由从业人员。私营部门的雇员人数正在显著增加，而公共广播电视的雇员人数则有轻微下降的趋势（参见 BLM，2016，第 39–40 页）。广播电视部门创造的价值（2014 年）共计 126.3 亿欧元，相当于德国国内生产总值的 0.21%。从每名雇员创造的价值来看，人均 12.6 万欧元的生产力几乎是所有行业平均水平的两倍。公共广播电视在广播电视行业总增加值中所占份额为 58.4%，高于私营广播电视（BLM，

2016，第42、45页）。

4.4.3.4.2 电台节目供应

当前，公共广播公司ARD和德意志广播电台提供了数量可观的广播节目——有62套之多。同时，所有的州级广播公司也至少有四套（不来梅电台），大多则有五到七套（WDR、HR、SWR、BR、MDR、rbb、SR）节目，而多州联合广播公司NDR甚至有十个"波段"（广播频道）[①]。在多州联合广播公司NDR和MDR这里，第一套节目被分成三个州级频道（针对各自的联邦州）；在巴登－符腾堡州、莱茵兰－普法尔茨州和巴伐利亚州以及北莱茵－威斯特法伦州，地区或本地窗口节目按时段开放。各州的广播公司更喜欢播放所谓"旋律性突出"的节目、资讯和服务频道、文字比例较高的文化节目以及青少年特别频道。2014年，ARD和DLR节目中文字所占份额总计近40%[②]，明显高于私营的格式化广播（见下文）。WDR、RB和RBB联合制作播放了《Cosmo》节目（直到2016年底的原名：欧洲电台之家）以及土耳其语、俄语、波兰语、意大利语、西班牙语、希腊语、塞尔维亚－克罗地亚语、库尔德语、阿拉伯语和德语的杂志节目[③]。

德国之声（DW）目前则是通过卫星和互联网，以及在外国合作伙伴电台的帮助下，向国外，即面向对德国感兴趣的外国人以及在国外的德国人和德裔族群播放1个德语和29个外语广播节目。

在德国，大约有268个私营广播节目通过地面播出，另外还有20

---

① 参见www.ard.de/home/radio/ARD_Radios_im_Ueberblick/109996/index.html [09.08.2017].
② 参见KEF（2016，第42页）。
③ www1.wdr.de/radio/cosmo/programm/sendungen/livestreams-sprachensendungen-100.html[17.08.2017].

个主要通过卫星或 DAB+ 播出的全国性节目。由于各州媒体法的结构要求不同，大多数节目都是本地节目，例如巴伐利亚（69 个）、北莱茵－威斯特法伦（45 个）或巴登－符腾堡（19 个），而在其余各联邦州，往往是全州性的频道占据主导地位。有个特例是柏林和勃兰登堡的广播市场，那里有 20 个全州性的和 7 个本地性的私人电台与 6 个公共电台竞争（参见 ALM 2017，第 136–137 页）。私营电台几乎都是格式化广播（参见 4.4.2.3.1 节），主要是成人时代音乐（177 家）和当代热门（49 家）音乐（参见 ALM，2016，第 140 页）。由于各州媒体法的缘故，联邦各州的广播格局有着很大的不同：

• 在大多数联邦州，都有一个或多个全州性的私人广播节目。

• 在巴伐利亚、巴登－符腾堡、北莱茵－威斯特法伦和萨克森州，私营广播是按地方或地区来构建的，并在必要时以全州性的节目作为补充。

• 全国性的私营电台（如 Klassik 电台、RTL 电台、JAM FM 或折扣广播站 Point-of-Sale Radio）通常可以通过卫星和有线以及 DAB+ 方式接收，它们只有在一些地区才可使用额外的地面超短波频率。

此外，广播节目可以作为网络广播在网上播出，无需各州媒体管理局的许可。2016 年，有近 2500 个这样的在线音频服务，以及 7600 个由用户生成的广播流或"经过编辑的播放列表"（参见 HBI，2017，第 42 页）。

4.4.3.4.3 广播市场的集中化

公共广播频道总共占听众市场的一半多一点（参见媒体管理局，2016，第 19 页）。在广播行业里，地方和区域性电台的结构性经济问题导致 1990 年代期间地方广播电台大幅减少。这些为数众多的地方和区域性电台——特别是在巴伐利亚州和巴登-符腾堡州曾有大量地方电台获得播放许可——本来应按照外部多元化的模式确保其多样性。

案例

事实上，在德国，主要是大型传媒集团和来自报刊界的地区性传媒企业在运营商业电台，有时也会开展合作，通常是同时播送几个地区的节目。由于来自音乐下载平台（iTunes、Google Play、Amazon）、音频门户网站（Soundcloud）、播客，特别是音乐流媒体服务（如 Spotify、Deezer 或 Napster）的竞争日益激烈，进一步集中化似乎已经成为广播公司的战略（参见 ALM，2016，第 170-172 页），然而，从多样性的角度来看，这似乎并不是没有问题的：

• 布尔达传媒集团直接或间接持有 21 家广播公司的股份。

• RTL 集团（贝塔斯曼）则参股 18 家

• 阿克塞尔·施普林格集团参股 12 家

• 冯克集团在北莱茵-威斯特法伦州参股了 20 家地方电台（参见媒体透视基本数据，2016，第 41 页）。

• 作为区域性新闻出版机构，《西北日报》参股了 13 家，而

• 马德萨克传媒集团参股了 8 家电台。

• 私营广播市场最重要的参与者是奥施曼集团（36 家控股公司）和无线电控股公司 Studio Gong（23 家）、Regiocast 和 Moira 广播电台（各 16 家）（参见 ALM，2016，第 171-175 页）。

因此，作为市场运行的结果，出现了许多双重垄断，在这种情况下，地方政治信息的两个主要来源，即地方报纸和地方电台，属于同一家公司。为了降低地方电台的节目成本，许多广播公司还使用了德

新社的子公司 Rufa 的服务。一些广播公司在全国性广播协会——即所谓的广播网络中——开展合作,这些广播网络会提供节目的基本部分,如全国新闻广播。这种广播政策和对市场规律的信任浪费了创造更丰富的多样性和更好的信息供应的传播政策机会——即使是在只有一份地方或区域性报纸和一家州级公共广播电台的地区也是如此。在通常情况下,这个独家新闻提供方不会是小型的、独立的,可以提供一些不同新闻内容的地方或区域广播电台,而是提供依靠广告赞助的低成本格式化广播的"独占者"。

在北莱茵-威斯特法伦州,私营电台实行的是"双支柱模式"(不要与双轨制系统相混淆),在这个模式下,一个运营公司主要负责广告营销,一个独立的广播委员会(其中包含社会相关团体的代表)负责组织编辑工作。因此,这些运营公司被有意识地移交在地方或区域性报纸出版商手中,以确保其在当地广告市场的份额(从而保护地区媒体的多样性)。而为了限制他们对内容的影响,编辑工作的构建和责任并不在他们的职责之列[①]。公共广播公司 WDR 也参与了北威州电台框架节目的制作。

案例

"如果我们仔细查看 RTL 集团(RTL Group S.A.),就可以看出私营广播市场的股权关系是多么错综复杂,结构是多么叠床架屋。RTL 集团总部位于卢森堡,持有 RTL 德国广播有限责任公司(RTL Radio Deutschland GmbH)100% 的股份,该公司拥有汉堡电台(Radio

---

① 参见 2002 年 7 月 2 日的《北莱茵-威斯特法伦州媒体法》,该法最后经 2013 年 12 月 19 日的《反腐败法和其他法案修正法案》第 3 条修正,于 2013 年 12 月 30 日生效,特别是第 52 条 70 款。

Hamburg）29.2% 的股份，并通过 Ufa 广播节目公司（Ufa Radio Programmgesellschaft）拥有巴伐利亚无线电台（Antenne Bayern）和摇滚无线电台（Rock Antenne）各 16% 的股份，还通过 AVE 广播控股公司（AVE Gesellschaft für Hörfunkbeteiligungen）拥有萨克森流行电台（Hitradio RTL Sachsen）86.5% 的股份和下萨克森无线电台（Antenne Niedersachsen）49.9% 的股份。RTL 德国广播有限责任公司还通过柏林 RTL 广播中心有限公司（RTL Radio Center Berlin GmbH）持有柏林广播电台 104.6 RTL（Berliner Sendern 104.6 RTL）和 105.5 施普雷广播电台（105.5 Spreeradio）各 100% 的股份，自 2014 年 4 月起，还持有 93.6 JamFM10% 的股份。此外，还持有彩虹广播电台（Radio Regenbogen）、曼海姆广播电台、北威州广播电台、Radio 21（下萨克森）和海尔布隆的 Radio Ton 广播电台的股份。

然而，这些参股情况并不能完全说明 RTL 集团对德国私营广播业的影响。因为除了持有上述电台的股份之外，该集团还在其他电台拥有大量间接持股。

总的来说，RTL 集团直接、间接地参股了 30 多家在德国通过超短波广播的私营电台。如果把北威州广播电台旗下的的 44 家电台单独列出，RTL 德国在理论上可以对其施加影响的电台数量将上升到约 70 家"（van Rinsum，2015，第 225 页）。

4.4.3.4.4 电视节目供应

公共广播电视公司提供 21 套事实上的全国性电视节目，其中一部分是与欧洲合作伙伴合作的：

• ARD 的联合频道"德国电视一台"自 1954 年以来一直作为全国性的电视节目全面播出。

- ARD的各州级电视台共制作了9种"第三套电视节目",这些频道从1960年代中期开始建立,并从少数族群和教育频道发展成为地区性导向的综合频道(新闻、体育报道)。这些都是24小时播放的频道,通过有线电视和卫星,以及ARD数字服务在全国范围内播出。对于多州联合广播电视公司来说,则会在傍晚的节目中制作播出几套不同的节目,以播送与各联邦州相关的资讯(地区新闻)。

- 自1998年以来,巴伐利亚广播电视公司开发并大力打造了ARD-alpha频道(2014年后用名),作为教育领域的专题频道。

- 德国电视二台(ZDF)主办了一个全国性的电视综合频道,并参股了其他几家电视台:

- 与瑞士广播电视集团(SRG)、奥地利广播集团(ORF)和ARD一起参股了3sat电视台,并与ARD共同参股了事件和纪录片频道Phoenix以及儿童频道(KI.KA)。与ARD一样,ZDF在德法联合频道ARTE(法语:Association Relative à la Télévision Européene,直译为欧洲电视协会)中拥有25%的份额,这是一个与法国广播电视公司La Sept合作举办的双语文化频道。

- 此外,公共广播电视公司总共拥有五个额外的数字频道:每日新闻24小时(tagesschau24)、one(原名EinsFestival)、ZDF资讯、ZDF文化、ZDFneo。

德国之声在全球范围内播出DW-TV,这是一个用德语、英语、阿拉伯语和西班牙语播出的国际电视频道。

虽然公共电视台的数量——这一数字在国际上已经很高——可能不会继续增加,但私营"支柱"并不会受到这个法律限制的影响。在德国,总共有397个私营电视频道:

•2017年，共有19个私营综合频道得到了各州媒体管理局的许可，这些频道通过有线电视和卫星播送，在一些地区也以地面方式播送，其中包括8个在全国范围内播出或具有重要意义的频道：RTL Televion、RTL II、VOX、Sat.1、ProSieben、kabel eins 以及德国 ServusTV 和 DMAX。

• 总共约有60个免费专题频道提供从占星术（Astro TV）到宗教（Bible TV）、卡通（迪士尼频道）或儿童节目（Nickelodeon）和娱乐（Tele 5）以及体育（Eurosport）和新闻节目（如 n-tv 和 N24）等各种各样的内容。有些频道还面向土耳其（Kanal Avrupa）、俄罗斯（Detski Mir）或伊朗（Khaterev TV）移民。在德国，共有9个免费频道和15个付费外语电视频道获得许可并播出（参见 KEK，2016，第68–69页）。

•89个频道以付费电视的形式提供，并收取订阅费，其中包括25个来自 sky 电视台的专题频道（故事片、体育等）以及主要由广告资助的电视台的付费衍生频道（ProSieben FUN、RTL 探案、Sat.1 情感频道）和色情节目（Beate Uhse TV）。

• 此外，还有20个电视购物频道（如 HSE、QVC）[1]。

• 除此之外，还可以收到17个全国性的和111个地区性和地方性电视频道[2]。

4.4.3.4.5 公民电台

重点 在这两个"双轨制支柱"以外，各州还建立了不同类型的公

---

[1] 来源：http://www.die-medienanstalten.de/service/datenbanken/tv-senderdatenbank.html [09.08.2017] 及 ALM（2016，第73页）。

[2] 参见 ALM（2016，第119页）。

民广播，它们具有改善媒体多样性和媒体准入性的职能。在全国范围内，大约有180个地方有公民媒体（参见表4.21），根据各州的法律，这些媒体有着不同的组织方式：

"有一些经典的公民电视，它们有时称为开放频道（如在柏林、黑森、梅克伦堡－前波美拉尼亚、莱茵兰－普法尔茨、萨克森－安哈尔特和石勒苏益格－荷尔斯泰因），有时称为公民广播（如在不来梅和下萨克森）。有经典的公民电台，就是在巴登－符腾堡、巴伐利亚、柏林、汉堡、黑森、梅克伦堡－前波美拉尼亚、萨克森、萨克森－安哈尔特和图林根被称为公民广播电台的。有知识电台——它们在巴登－符腾堡叫做知识广播电台，在巴伐利亚和萨克森州叫做教育和培训频道，在北莱茵－威斯特法伦和图林根州则是电视知识电台。而在巴伐利亚、北莱茵－威斯特法伦、萨克森和图林根州都有校园电视。最后还有北莱茵－威斯特法伦州的公民广播服务站"（Jaenicke，2017，第5-6页）。

这些频道之间差异很大；它们往往并不符合专业性的标准以及观众的收听和收视习惯；所提供的节目通常不太为人所知，具体的每日节目也没有收录在报刊的节目概览中。这些频道每天总共为150万观众和听众播放共计1500小时的节目（参见Jaenicke，2017，第6页）。对于这些公民媒体的高度政治期望很少能得到实现，因此，将它们废除或改造就反复被人们讨论。

表4.21 德国的公民媒体（来源：ALM，2016，第57页）

联邦州	公民媒体
巴登－符腾堡	12家非商业地方广播和电视台，4家知识广播电台、大学广播，1家教育和培训电视台

续表

联邦州	公民媒体
巴伐利亚	3家非商业地方广播和电视台，13家知识广播电台、大学广播，3家教育和培训电视台
柏林/勃兰登堡	1家非商业地方广播和电视台，1家电视及广播的开放频道
不来梅	1家公民电台（电视和广播）
汉堡	2家非商业地方广播和电视台，2家教育和培训频道
黑森	4家电视及广播的开放频道
梅克伦堡－前波美拉尼亚	5家电视及广播的开放频道
下萨克森	15家公民电台（电视和广播）
北莱茵－威斯特法伦	13家知识广播电台、大学广播，1家教育和培训电视台，44家公民电台
莱茵兰－普法尔茨	20家电视及广播的开放频道
萨克森	3家非商业广播和电视台，2家知识广播电台、大学广播，1家教育和培训广播及电视台
萨克森－安哈尔特	2家非商业广播，7家电视及广播的开放频道
石勒苏益格－荷尔斯泰因	7家电视及广播的开放频道
图林根	1家教育和培训广播及电视台，3家知识广播电台、大学广播，6家公民电台（电视和广播）

4.4.3.4.6 观众市场的集中化

不能让极高的电视节目总数混淆了实际的市场结构，这一点主要是因为"功能等价物"——即从观众的角度来看可以互换的竞争节目——的数量是有限的。

使用数据清楚地表明，电视在德国首先是作为一个全国性的媒体起作用，然后还有着区域性的补充：全国性的综合频道和专题频道获得了超过80%的总收视，ARD电视台的地区性频道拥有约12%的收视，但其中包括大量没有地区指向性的节目（正是因为这个原因才会在全国范围内受到欢迎），仅2.2%的观众市场是由跨国（不过仍是德语）频道arte和3sat占有。地方和城市电视台的份额则可能为2%到3%。

事实上，一段时间以来，德国电视一台、ZDF和RTL一直在观众中轮流担任市场领导者，各自拥有10%至13%的市场份额[1]，而Sat.1则一直处于第四位。位于这个全国性综合频道的领先群体之后的，是两个"频道家族"RTL和ProSiebenSat.1、ProSieben、VOX、有线一台、RTL II和Super RTL等较小的频道，市场份额在1%到5%之间。ARD电视台的各个第三套节目在全国范围内的市场份额在1%到2.4%之间（参见媒体管理局，2016，第16页）。

因此，一个双重的"双寡头垄断"已经在观众市场上建立了稳定的秩序。市场几乎在公共和私营电台之间平分，而在这两个"支柱"中，又在两个主导性的电视台及其"频道家族"之间平分秋色。公共电视频道共获得约45%的观众市场份额，市场的另一半由RTL集团主导，共占23.2%，而ProSiebenSat.1集团则占18.9%的市场份额。

4.4.3.4.7 "频道家族"与传媒集团

自20世纪90年代以来，由综合频道和专题频道组成的两个"频

---

[1] 在一定时期内所有电视观众中的份额；与收视份额不同，它是在所有拥有电视的家庭总数中的份额（即使当前没有人看电视）。

道家族"已经得到了长足的发展，并在事实上成为进入市场的高壁垒，因为它们代表了大型传媒集团的战略竞争优势。而主办方的战略优势不仅在于占领市场以防止竞争，还在于能够为广告客户提供完整的目标群体组合。此外，这些节目还起到了在"家族"内部相互促进的作用，近几年来还得到了来自同一电视台的付费电视节目的补充。

案例

• RTL 集团由全球最大的媒体集团之一的贝塔斯曼集团（2016 年收入 170 亿欧元，利润 11.4 亿欧元，员工 11.7 万人）[①] 控股 75.1%，旗下频道有 RTL 电视台、RTL II、RTL Nitro、Super RTL、VOX 和新闻节目 n-tv，以及其他五个专题频道（其中部分是收费频道），在德国电视市场的观众份额达到近四分之一。

• ProSiebenSat.1 传媒集团运营着 Sat.1、ProSieben、有线一台、Sat.1 Gold、Sixx 和 ProSieben MAXX 等频道以及其他 7 个专题频道（部分为付费电视），总份额占所有观众的五分之一。该公司股份处于自由流通状态——即有着许多不同的所有者（参见 KEK，2016，第 120 页）。

所有其他广播电视集团的市场份额明显较低，2013 年最高为 6.1%，来自世界第二大传媒集团沃尔特 – 迪士尼（迪士尼频道以及参股 Super RTL 和 RTL II），慕尼黑电信集团（Tele 5，参股 RTL II）为 5.1%，以及 Sky（1.9%），康斯坦丁传媒集团（0.9%）和 NBC 环球（0.6%）（参见 KEK，2015，第 73 页）。媒体部门集中化程度调查委员会（KEK）会定期提供一个概览（参见表 4.22）。

---

① 参见 epd 今日媒体，第 62a 号，2017.03.28。

第四章 大众传媒

总体而言，由于存在着众多的子公司和控股关系，广播电视公司以及整个媒体集团的所有权结构非常复杂，透明度不高，而且变化也很迅速。值得注意的是，大多数广播电视公司也活跃在其他传媒领域，如广播、电影和报刊以及连锁院线、节目制作甚至游乐园（迪士尼）。在数字产品方面投资的重要性也日益增长，这在未来可以帮助弥补对停滞甚至下降的电视广告收入的依赖（参见 van Rinsum，2016）。

• 市场领导者 RTL 德国（参见图 4.13）2016 年的营业额为 22 亿欧元，是业务遍及全球的 RTL 集团的一部分，该集团拥有 31 个广播频道和 60 个电视频道的股份，以及全国范围内的区域窗口节目。此外，RTL 还通过 UFA、Grundy Light 娱乐公司和 Teamworx 与世界上最大的电视节目制作公司弗里曼陀传媒公司（Fremantle Media）紧密联结（参见 ALM，2017，第 94、109 页；KEK，2015，第 85 页）。

• ProSiebenSat.1 集团（参见图 4.14）营业额为 37.9 亿欧元，其中 22 亿欧元是在德国电视市场获得的（2016 年），它还活跃在奥地利和瑞士，经营着用于电影和电视作品二次开发的视频门户网站 maxdome。通过红箭公司（Red Arrow）的子公司，积极从事版权交易和制作（参见 ALM，2017，第 109 页；KEK，2015，第 103 页）。然而，该公司近一半的收入并非来自电视广告，而是来自各种网络娱乐，从约会到价格比较到航空旅行等门户网站（Parship、Elite-Partner、Verivox、extraveli）。ProSiebenSat.1 依靠的是跨媒体的协同效应，即通过跨媒体广告和网络相互激活带动业务。在此该集团显然取得了成功，因为 2016 年其利润达到了 5.13 亿欧元[①]。

[①] 参见 epd 今日媒体，第 39a 号，2017.02.23。

• 隶属于全球运营的默多克集团二十一世纪福克斯公司的付费电视台 sky 德国在德国付费电视市场占据主导地位，拥有 460 万订阅用户，2015/2016 财年总营业额 20.2 亿欧元，利润 500 万欧元[①]。2016 年，该公司拥有 89 个频道和视频流频道（如 Netflix、Maxdome）的付费电视总收入达到了 27 亿欧元（其中付费电视 22 亿），订阅用户的用户数量增长到 760 万[②]。

案例

在这方面，KEK 公布的组织结构图都是快照式的简单介绍；尽管如此，这两家大型商业电视广播公司的结构还是很值得一看。

表 4.22 频道的归属（来源：ALM 年鉴 2016，第 87 页）

电视集团	所属频道	观众份额（总计）2015 (%)[a]
RTL 集团/贝塔斯曼集团	RTL Television, RTL Crime, RTL Living, RTL Nitro, RTL Passion, GEO Television, RTL II, Super RTL, n-tv, VOX, 赛车和运动频道	22,9
ProSieben Sat.1 传媒集团	SAT.1, ProSieben, kabel eins, Sixx, SAT.1 Gold, ProSieben MAXX, ProSie-ben FUN, kabel eins CLASSICS, SAT.1 emotions, Sportdeutschland, TV, ProSiebenSat.1 Family[b], ProSiebenSat.1 Fiction[b], ProSiebenSat.1 Favorites[b], ProSiebenSat.1 Facts[b]	19,9
迪士尼公司	Disney Channel, Disney Junior, Disney XD, Super RTL, RTL II, History, A & E, Crime & Investigation Network[b], Disney Cinemagic[c]	6,6

---

① 参见 epd 今日媒体，第 144a 号，2016.07.28。
② 参见 epd 今日媒体，第 141a 号，2017.07.25。2017 年上半年，德语广播电视的收入进一步增加到 11 亿欧元；参见 epd 今日媒体，第 148a 号，2017.08.03。

续表

电视集团	所属频道	观众份额（总计）2015 (%)[a]
慕尼黑电信集团	RTL II, Tele 5	4,6
Viacom 集团	MTV, MTV Brand New, Nickelodeon, Nick Jr., nicktoons, VIVA, MTV Dan-ce[c], MTV Hits[c], MTV Live HD[c], MTV Music 24[c], MTV ROCKS[c], VH-1[c], VH-1 Classic[c]	1,0
Sky 德国电视公司/二十一世纪福克斯	Sky 3D, Sky Action, Sky Atlantic, Sky Atlantic + 1, Sky Cinema, Sky Cinema + 1, Sky Cinema + 24, Sky Comedy, Sky Emotion, Sky Event, Sky Fanzone, Sky Fußball Bundesliga, Sky Hits, Sky Info, Sky Krimi, Sky News, Sky Nostalgie, Sky Sport 1, Sky Sport 2, Sky Sport HD 2[b], Sky Sport HD Extra[b], Sky Sport News, Sky.de, Fox Channel, National Geographic Channel, NAT GEO WILD, NAT GEO PEOPLE, Sky News[c], BabyTV[c] 以及由第三方主办并在 Sky 平台上播出，归属于 Sky 的节目[d]	2,0
康斯坦丁传媒集团	SPORT1, SPORT1+, SPORT1 US, SPORT1 Livestream	0,9
NBC 环球/历史频道	13th Street, Syfy, Universal Channel, E! Entertainment, History, A & E, Crime & Investigation Network[b]	0,6

a 需由 AGF/GfK 统计证实

b 目前不再播出。

c 可以根据外国许可证在德国接收的频道。

d Junior, Classica, GoldStar TV, 家乡频道, Romance TV, SPIEGEL 历史, MotorVision TV, A & E, History。

4.4.3.4.8 广播电视广告市场的集中化

不同于依靠广播费筹资的公共广播电视公司和付费电视，广告市场是私营广播电视公司的主要经济市场；而相反的是，观众市场的发展则作为成本因素被纳入到商业计算之中。

联邦反垄断局将德国电视广告市场描述为寡头垄断，因为两家商业广播电视集团的市场份额加起来几乎占到了78%：2015年，两大营销商 SevenOne Media（ProSiebenSat.1）和 IP-Deutschland（RTL）的总收入约为110亿欧元（参见 ALM，2016，第84页），而 ARD 和 ZDF 的电视广告收入约为5.3亿欧元（参见媒体透视基本数据，2016，第7、12页）。

然而，由于实际上几乎所有的广播电视公司都（必须）给出折扣，（基于价格表的）广告总收入与实际的净广告收入之间存在着很大的偏差。对于节目融资具有决定性作用的是净收入额：2015年，电视的净广告收入共计44.2亿欧元（在收入总额为115亿的情况下），广播的净广告收入为7.43亿欧元（参见 ALM，2016，第82页）。两家公共电视台的广告市场份额合计7%，3.13亿欧元（参见 ZAW，2016，第142页）。

近三分之一的广播广告市场被德国公共广播联盟（ARD）瓜分；在私营广播电台中，占主导地位的营销商是广播营销服务公司（RMS），它作为16家私营广播运营商共同组建的合作社在全国范围内从事广告时段的销售（参见 ALM，2011，第205-206页）。因此，广播的广告营销也具有很高的市场集中化程度：这里首先应该提到的是

ARD广告销售与服务公司（ARD Werbung & Sales，营业额2.43亿欧元）和广播营销服务公司（RMS）（2015年营业额4.09亿欧元），作为全国性的营销商，它们总共占有近88%的市场份额；在私营广播市场上，RMS所占份额为85%（参见ZAW，2016，第214页；另外还有三个在全国范围内经营的较小的广告营销商以及20个地区广告营销商（参见ALM，2011，第292-293页）。

4.4.3.4.9 节目发行市场及平台

随着可用于广播电视的技术分发渠道的倍增，地面、有线和卫星传播之间的竞争已经形成，而由于数字化的电信网络和互联网协议，这一竞争的势头正在变得更加强劲。随着电信行业旧有的国家垄断得以放松管制，各个发行市场上也出现了一定限度的竞争。发行渠道、产品、收视选择和收入模式的倍增导致了平台的出现，它们作为新的中介机构在经济和新闻方面发挥着越来越重要的作用。这些平台会预先选择节目，并可在比如电子节目指南（EPG）中对其进行优选排序，将其打包成节目包或集锦，通过各种附加服务（例如，虚拟录像机、点播媒体库、高速互联网或电话）来丰富它们等等（参见Kunow，2016a，第10页）。

广播电视的分发传播由大型电信公司完成，因为除了成本优势（规模经济）之外，政治传统也在这里产生着影响。

• 德国的直播卫星电视是由ASTRA德国有限公司（HD+平台）控制的，该公司是卢森堡SES公司的全资子公司。SES ASTRA的业务遍及全球，可以通过56颗卫星在技术上覆盖世界上99%的人口。德国有超过1800万个家庭由ASTRA卫星提供电视节目，其中一半是高清格式。共有约480个德语频道和几百个外语频道播出，包括付费电视和其他的广播节目（参见 KEK，2015，第 398-399 页及 www.astra.de）。

此外，卫星也被用于节目的引入，然后再将其输入有线电视网络或通过互联网进一步传播；这方面的一个重要供应商是以前称为"有线电视亭"（Kabelkiosk），由 Eutelsat 运营的平台——m7 德国（参见 https://www.m7deutschland.de/）。

- （基于铜同轴电缆或光纤电缆的）数字有线电视主要由两大有线网络运营商和电信公司，即德国有线（Kabel Deutschland，沃达丰的子公司）和 Unitymedia（Liberty Global 的子公司），以及三家较小的供应商（M7 Eviso、PrimaCom、Telecolumbus）分发传播。德国有线为 13 个联邦州的总共 840 万户家庭提供服务，Unity 则在黑森州、巴登－符腾堡州和北莱茵－威斯特法伦州拥有 710 万户用户——这两家公司市场份额合计为 75.5%（参见 KEK，2015，第 401-406 页）。因此，这个领域是一个以区域性垄断为主的全国性寡头垄断市场（参见 Kunow，2016a，第 11 页）。有线网络运营商的关键地位还表现在：观众为使用付费，与此同时，广播公司还要为入网付费[①]。此外，网络运营商自身也开设了较小型的专题频道，并通过提供这些节目完善其平台的产品组合（参见 KEK，2015，第 406 页）。

- 约有 40 个数字电视频道也按照 DVB-T2 标准在地面发行；该市场在城市地区尤为重要。然而，自 2017 年年中以来，340 万户家庭每

[①] 这也同样适用于公共广播电视公司，他们每年要向德国有线支付数千万（最多为 6 千万）的费用。除了 2012 年的一桩关于解除合同的有效性的法律纠纷外，目前还在就公共电视节目是否必须通过有线电视免费播放寻求法律解释，因为存在一条法律上或国家条约中规定的"必须传输"的义务；参见 epd 今日媒体，第 137a 号，2017.07.19，以及 HBI（2017，第 56-57 页）。

第四章 大众传媒

年需支付69欧元才能获得高清质量的收讯，而私营电视节目仅以此标准提供。这样一来，所谓的"免费电视"全面（通过有线电视和卫星的地面接收）转变为付费电视，特别是因为那些"免费电视"广播公司，如Media Broadcast广播公司，将新产生的费用中的一部分转嫁给了电视台（参见Hege，2016以及Kunow，2016a，第11页）。

• 在德国,基于互联网的电视（IPTV）目前只有三家公司可以提供：德国电信股份公司（"T-Home-Entertain"）拥有100多个电视频道，包括对于公众有着极高吸引力的德甲足球转播，以及视频点播，可供其向220万用户销售。沃达丰TV拥有大约20万名用户，其提供的可选择的节目略少于德国电信。沃达丰TV也同样从事IPTV的发行，1&1也提供类似的平台，但本身并不从事网络运营（即转售）；此外，还有区域性供应商NEtTV Netcologne。在IPTV模式下，终端用户还会因接收依靠广告资助的电视和广播费资助的电视的附加费用而产生费用。这些平台还提供媒体库以及付费电视节目（参见KEK，2015，第409页）。大约有6%的家庭（至少同时也）在使用IPTV（Kunow，2016b，第42页）。

• 在点播平台和媒体库之外，广播电视公司还有基于网络浏览器——即通过下载或流媒体——建立的更多的点播和直播电视平台：如果我们不考虑YouTube（Alphabet谷歌集团的一部分）上的大约8000个频道（通过这些频道同样可以访问全球线性电视节目），在德国共有大约1400家网络电视供应商：大约三分之一的网络电视供应商专门为互联网制作节目，但有近一半是由广播或报刊行业的传统媒体公司经营的，大多是作为其子品牌运营。而我们可以按照以下标准区分这些平台：一种实际上是通过流媒体方式提供线性的节目传播

（如 Zattoo、Magine TV 和 TV Spielfilm live），另一种则是提供单个电影或电视剧供观看（流媒体或下载）的点播平台，通常需由付费（单独付费或订阅）。Magine 或 zattoo 等供应商通过额外的广告插入（或收费关闭广告）来营销它们旗下的 70 多个频道。另一方面，点播平台的运营商，要么像 Maxdome 那样对（自家的）电视作品进行非线性的二次销售，要么像 Netflix 一样，制作自己的剧集和电影[①]，然后与第三方制作的产品一起通过流媒体向用户进行有偿分发（参见 4.3.3.2 和 4.3.3.3 节）。当前，这一市场正在迅速发展，通过支持互联网功能的电视机（智能电视），混合式的使用方式和产品形态正变得越来越重要。在某些情况下，来自其他完全不同行业的新兴供应商也在入局，例如来自 IT 和硬件行业的苹果和三星，或者来自在线零售业的亚马逊（Amazon Prime）。不拥有自己的网络（如 Telekom、德国有线/Vodafone 或 Media Broadcast），但通过"开放"的互联网分发其产品的平台也称为"云上平台"（over-the-top，简称 OTT）（参见 Kunow，2016a，第 12 页）。从用户的角度来看，各种使用方式或产品形式之间的界限正变得越来越模糊，这也被称为杂交或融合。另外，供应商也在变得多样化，因为那些线性电视节目广播公司现在也同样提供媒体库和流媒体门户，或者与它们合作（参见 Schmider，2017）。

在传播政策方面，与在报刊批发商那里已经发生的现象一样，网络中立性问题在数字媒体条件下变得更加尖锐，如果说平台运营商或网络运营商，例如德国电信，本身也提供内容或附加服务的话。

---

① 根据一份刊物报道，2017 年，Netflix 计划为"自制内容"投资 60 亿美元（参见 Schmieder，2017）。

4.4.3.4.10 广播电视采购市场

广播的采购有三种实施方式。对于商业私营广播电台以及公共电台的日常陪伴型节目来说，占据主导地位的是外部制作的音乐，其使用权是通过 GEMA 支付的。在这里，所有电台运营商都在同一个上游音乐市场上运作，该市场在相同的市场条件下对他们开放。此外，还有公共广播电台自行制作的，或是从其他广播公司接收的广播节目（播音稿件和新闻、音乐会和体育转播、广播剧），这些节目并不拥有真正意义上的市场。私营广播电台也自行制作此类节目元素，但必要时它们也购买格式化广播的标准模块，如广播喜剧或全国新闻等。

电视的采购市场特点是一方面参与者多为中小型企业，另一方面则受到公司关系网络和集中化的影响[1]——主要是大型广播公司的后向整合战略的结果：对于德国来说，估计约有 1600 至 1800 家电视制作公司，它们主要位于北威州和巴伐利亚州（参见 Lantzsch，2008，第 92-93 页）。不过，KEK 只统计了约 600 家实际上活跃的制作商（参见 KEK，2015，第 309 页），其中最大的 10 家制作商的销售额占比约为 40%，最大的 3 家则为 17%。规模最大的制作商有 RTL 旗下的 UFA、公共广播电视公司的几家子公司（汉堡工作室、巴伐利亚影业公司）、MME、Janus TV 有限公司和 Endemol 德国（参见 KEK，2015，第 311 页）。与大型广播电视公司相比，独立制作人处于弱势市场地位（买方市场），因为这里往往存在着需求的寡头垄断，原因是存在着数量众多的节目制作公司，而实力强大的广播电视公司相对而言却为数极少。2015 年，ARD 共投资了 7.11 亿欧元用于制作或购

---

[1] Rau 和 Hennecke（2016）对德国电视台与制作公司的义务进行了详细分析。特别是关于公共机构间紧密交织的关系的研究成果，引发了一场关于媒体政策的讨论。

买电视节目（委托制作、联合制作和混合制作），其中的 72.3% 流向了独立制作人。剩下的约 1.97 亿欧元则进了关联制作公司的账户（参见 ARD，2016，第 11 页），因为公共广播电视公司也通过在上游市场参股及设立子公司拥有着类似于集团化的结构：制作公司网络影片股份有限公司（Network Movie GmbH & Co. KG）是 ZDF 企业有限公司（ZDF Enterprises GmbH）的全资子公司，该公司还全资拥有 ZDF 传媒项目发展公司（ZDF Medienprojekte-Entwicklungsgesellschaft）、ZDF 数字传媒制作（ZDF Digital Medienproduktion）和 doc.station 媒体制作公司。ZDF 企业有限公司还持有 Gruppe 5 影片制作、乐音嘹亮企业（Enterprises Sonor Musik）和 Studio.Tv.Film、Doclights 以及 Spark 这些制作公司的大量股份，以及主流网络控股公司（Mainstream Networks Holding）的少量股份。最后，ZDF 还拥有巴伐利亚电视制作公司的一半股份，而后者又是巴伐利亚电影公司的子公司，该公司的多数股份由 ARD 广播电视公司、WDR、SWR 和 MDR 持有[1]。西南广播公司是巴登－巴登的制作公司 Maran Film 的大股东；该公司其余股份则属于巴伐利亚电影公司。科洛尼亚传媒（Colonia Media）也是巴伐利亚电影公司的一个子公司（参见 Gangloff，2011，第 6-7 页）。汉堡工作室集团及其旗下的约 30 家子公司由 NDR 全资持有，但这些公司也同样为私营电视台制作节目[2]。据广播电视机构财政需求调查委员会估算，公共广播电视公司总共持有大约 200 个其他公司的股份（总营业额近 16 亿欧元）（参见 KEF，2016，第 306、308 页）。

---

[1] 参见 zdf-enterprises.de/companies/shareholdings/ [15.08.2017]。
[2] 参见：www.studio-hamburg.de/studio-hamburg-gruppe/；www.studio-hamburg.de/wp-content/uploads/2017/01/InterweavingPlan_31.12.16.pdf [15.08.2017]。

第四章　大众传媒

ARD 和 ZDF 共同运营一家自有的体育播放权代理公司 SportA，该公司负责处理与各体育协会或国际体育版权机构之间的播放权谈判事宜[①]。

私营广播电视公司和制作公司之间的关联盘根错节，十分复杂，且大多有国际背景，而 ARD 和 ZDF 的关联企业仅限于德国之内，通常是几个广播电视公司共同参股制作公司（参见 Rau 和 Hennecke，2016，第 197-203 页）。在经济上，纵向一体化战略，即企业或企业网络从节目播放"向后"扩展到上游的价值创造阶段，可以保证企业能够得到一些优势，例如收益增加或风险最小化（参见 Rau 和 Hennecke，2016，第 12-15 页）。

在影视版权交易领域，占据主导地位的是寡头垄断结构和电视台与版权经销商之间的紧密关联关系。对于德国市场来说，除了公共广播电视公司之外，还应该提到拥有 8000 部电影作品的 Kinos GmbH（前身为 Leo Kirch）和拥有 2300 部电影以及 7000 部（集）电视剧版权的慕尼黑电信集团（参见 KEK，2015，第 318 页）；而对于国际电视节目市场而言，市场关系则可以说是单向的：主要是国际化经营的美国大型制作公司，如好莱坞大公司，以及虚构娱乐行业的电影版权经销商，向德国出售他们的节目和版权。此外，还有大型体育联合会和体育版权代理机构提供更多对于观众有吸引力的内容。节目模式的国际贸易由少数几家公司主导；其中包括恩德莫尚（Endemol）、弗里曼陀传媒以及英国 BBC（参见 Lantzsch，2008，第 129-131 页）。好莱坞巨头索尼影业、米高梅/联艺、环球、华纳兄弟、20 世纪福克

---

① www.sporta.de/de/unternehmen/ [15.08.2017].

斯、派拉蒙、梦工厂和布纳维斯塔（迪士尼）与两大商业电视集团、付费电视 sky 和公共广播电视公司都签订了供应协议（参见 KEK，2010，第 253-256 页）。德甲比赛的电视体育转播权或整体开发权由德国足球职业联盟（DFL）直接负责谈判。然而，大多数体育赛事转播权是通过少数国际体育转播权代理机构进行交易的：Sportfive（巴黎）是最大的代理公司，Infront（楚格）和 SportA 作为 ARD 和 ZDF 的子公司也有着非常高的重要性。RTL 集团和康斯坦丁传媒集团也分别通过 UFA Sports 和 TEAM 公司处理体育版权代理事宜（参见 KEK，2015，第 497 页）。

4.4.3.4.11 市场准入壁垒

广播和电视的市场准入壁垒相当之高，这与所有其他新闻媒体大不相同。广播电视行业这个早在 1961 年就已经被联邦宪法法院描述过的"特殊情况"，如今在经济和制度性壁垒中得到了体现，因为广播（尤其是电视）是一个相对来说资本密集、风险较高的活动，规模经济和成本递减效应以及根据目标群体对节目元素进行差异化多次利用意味着巨大的优势。因为广播电视也是一个经验和信任的商品，拥有成熟品牌和习惯性核心受众的广播电视公司具有结构性优势。

频道家族和广播链的集团优势也会在很大程度上成为广告市场上的竞争优势。

广播电视公司（尤其是公共广播电视公司）在节目和广告方面受到相对严格的监管，这往往会使成本增加（由于节目品质）收入（来自广告）受到限制。而最重要的是，私营广播电视台需要由各州媒体管理局颁发的国家许可证。因此，在德国，并非所有的收入和商业模式都是可行的。此外，公共广播电视公司还提供大量通过广播费筹资的节目频道，包括专题频道。公共广播职能任务的履行和其战略行为（节目扩展和差异化、目标群体定位、采购市场上的主动竞争）导致了针对新兴节目供应商的市场壁垒的建立（参见 Wirtz，2006，第 333-334 页；411-412 页），而在发行渠道重组和用户习惯改变的过程中，这些壁垒可能会逐渐失去其重要性。

德国的广播电视市场由德国公司主导，这不仅是因为公共广播电视占据了很高的市场份额。私营广播和电视的主要参与者也是德国公司，尽管它们像贝塔斯曼集团一样长期在全球范围内经营其业务。而国际媒体集团沃尔特–迪士尼公司（Super RTL、RTL II、付费电视）、二十一世纪福克斯（sky）、维亚康姆、NBC 环球、Discovery 和时代华纳公司（CNN）在某些专题领域和付费电视领域尤为重要（参见 KEK，2015，第 118-158 页）。

4.4.3.4.12 市场发展

随着通过广告筹资的私人广播电视的建立，公共广播和电视频道在受众和广告这两个市场中的份额都在下降，尽管总体需求不断增长。

在广播方面，能够立足的首先是全国性的商业格式化广播电台，它们占领了部分听众和广告市场。地方性私营电台和全国性频道总体上来说不是特别成功，因此，这一领域发生了持续性的集中化过程。从节目质量角度来看，以音乐为重点的格式化广播在新闻方面的成就及其对地方媒体多样性的贡献似乎相当可疑；普遍存在的双重垄断（即地方报纸和广播电台被同一个所有者掌握）以及事实上的关系网构成使得新闻多样性在结构上成为不可能。尽管存在着私营竞争者，公共广播仍然继续着其差异化进程，并在这一过程中将更多面向目标群体的节目推向市场，有时还带有格式化广播的元素。

综合电视频道（ARD 和 ZDF 与 Sat.1、RTL 和 ProSieben）之间激烈竞争的第一阶段在 1992 年左右结束[①]。随之而来的是一个碎片化阶段，在这个阶段里，面向较小的目标群体的频道和专题频道，如有线频道（Kabel 1）、RTL 2、德国体育电视台（Deutsches Sportfernsehen, DSF）、新闻频道 n-tv、音乐电视频道 VIVA 和 VOX（作为一个资讯导向的综合频道）都赢得了市场份额，于是，在大约五年时间里，公共电视台的累计市场份额和私营电视台的累计市场份额大致相等。自 1980 年代后半期以来，频道数量一直在增加，每个频道的播送时间也在增加。早餐时段电视和上午时段节目的引入，以及最后 24 小时播放运营带来了市场的扩张，双轨制系统的双方都参与其中（参见 Donsbach, 2009, 第 633-634; 637-644 页）。相应地，高要求的电视节目和权利作为一种经济商品变得稀缺；由于竞争的原因，一些广播电视公司致力于在成本方面取得领先，也就是说，人们制作着廉价的"垃圾电视"（真人秀、有剧本的真人秀等等）。

此外，广播电视市场上的竞争正在造成节目的趋同，其中公共广播电视台明显在根据他们的私营竞争对手受众的节目偏好调整其主要节目和黄金时段，而那些要求较高的格式和节目中一部分时长被缩短，并被转移到没有吸引力的播出时段（如政治和文化杂志节目），一部分被外包给数字精品频道的专题和目标群体节目。公共广播电视公司的节目政策一再引发对于媒体的批评性辩论：早在私营电视台进入市场之前，公共广播电视公司就开始更多地播放故事片，这些影片的制作部分是由他们补贴的（第一份电影电视协议于 1974 年达成）；

[①] 另参见 Pointner（2010, 第 43-49 页）对 80 年代末以来市场发展的回顾。

1970年代，首先是开始播放英国连续剧，1980年代初，开始播放更多的商业性美国连续剧，如《家族风云》（Dallas）和《豪门恩怨》（Denver Clan）（参见 Dussel，1999，第259-260页；Hickethier，1998，第344页），这些剧集并不具备可识别的公共服务形象。大量的脱口秀和连续剧，以及不断增长的体育比赛播放权支出和明星费用在今天依然引发着争议；公共广播电视的合法性危机可能会进一步加剧这种情况。节目趋同的经验性证据说服力仍然较为有限，因为 ARD 和 ZDF 的资讯比重仍然明显高于他们的私营竞争对手[1]。此外，这些也是政治上的大多数人所希望的放松广播管制的影响。随着广播电视系统进一步的"市场化"，市场机制也对公共广播电视产生着更大的影响：成本竞争、消费者导向、覆盖面最大化、市场营销以及编辑内容中稿件的自我引用可能需要很长时间才会暴露其负面影响，但最终这些都会作为危及生存的管理错误显露出来。

由于有着大量的节目选择，德国付费广播电视的发展十分孱弱，即使在国际上比较来说也是如此：广播方面没有付费节目，电视领域的市场领导者在经历了长达数年的初创期亏损以及所有权变更之后，仍然无法实现长期盈利。另一方面，依赖广告筹资的私营广播电视公司高度依赖经济景气程度，并面临着广告市场的结构性变化——尽管不像报刊出版商那样剧烈。这一方面可能意味着以后还将延续下去的是成本竞争，而非品质竞争，另一方面，它也可能给电视行业带来中长期的变化，特别是在数字化的背景下：通过广告筹资的电视广播公司开始在数字电视上推销更多面向目标群体的产品，并在视频点播平

---

[1] 详细的节目分析请参阅各州媒体管理局的节目报告或内容报告中的 ALM 研究，以及 IFEM 受公共机构委托定期发表在《媒体透视》上的研究；最近的研究来自 Krüger（2011）。

台上对其版权进行收费的二次开发。"频道家族"的战略作用应该能够保证大型传媒集团在采购和营销方面继续维持竞争优势；广播电视行业的高度集中化似乎是不可逆转的（参见 Wolf，2006，第 358 页）。而广播电视公司不仅在电视领域展开多样化的经营，还越来越多地开发更多的数字媒体产品，并希望从中获得协同效应及收入。在所有广播电视发行渠道的数字化、高清标准的实施和新媒体平台的建立过程中，所谓的免费电视供应商也在为其节目开辟新的收入来源。

总体来看，私营电视市场是相当有利可图的，其成本回收率为 107%（2014 年），然而，只有全国性的频道才能达到这个数字，而州级窗口节目只能达到 103%，地方性电视台则为 93%，也就是说，他们做的是"亏本生意"（参见 BLM，2016，第 307、313、315 页）。对于广播来说，产生利润的主要是州级节目，成本回收率为 123%，而地方广播和全国性广播的表现较差，为 106-107%（参见 BLM，2016，第 299、301、303 页）。

在技术条件发生变化的情况下，企业沿着价值链进行纵向整合（前向和后向整合）的趋势将继续下去，甚至得到加强。而基于数字媒体技术的融合也将在组织层面上得到体现，即企业会用他们的节目或服务（导航、传播、收款）"玩转"不同的平台。当这些网络的运营商自己通过电信网络提供非线性服务时，广播电视行业的形象已经开始变得模糊不清。电信公司（如德国电信）过去与广播电视公司（如 ProSiebenSat.1）有着明显的区别，而当有线电视网络运营商或 DSL 网络运营商自身开始提供节目集锦和点播服务时，它们往往会倾向于合并，共同发展。

这个增值过程是由第三方供应商（如作为开放网络平台的

第四章 大众传媒

YouTube)、新媒体平台（德国有线/Vodafone、Telekom、Media Broadcast、ASTRA）还是由广播电视公司自己或以合作形式组织，目前看来是开放的。考虑到人们对电视和广播的使用习惯以及节目的时间结构功能，以个体化、选择性和时间自主的点播服务在大规模范围内甚至完全取代线性广播电视节目仍属不可能。

4.4.4 总结：结构特点

在德国，广播电视是最重要的媒体，甚至超过了报刊以及互联网中的网络新闻媒体；特别是电视，可以被认为是我们社会中的"主导媒体"。广播电视的听/观众收听/观看广播和电视比起使用任何其他媒体都更加频繁，时间也更长：大约五分之四的人每天收听/观看广播电视，广播的使用时间大多是在白天，平均3小时，电视则大多在晚上使用，大约为3小时[①]。然而，为广播电视这种无形的公共产品付费的意愿很低，因此，受众要通过一种以国家条约的形式确定的广播费为这个"双规制系统"，特别是为公共广播电视节目付费，而私营广播电视则主要是通过广告间接融资（付费电视除外）。广播电视公司在新兴的附加费用中取得的份额以及商品销售、节目交易、电话媒体服务等仅能作为额外的资金来源。

广播电视的播出是一个在技术上和经济上要求都很高的过程，涉及了沿价值链方向的组织和企业网络中的分工：在这个过程中，制作公司、版权交易和版权管理协会与广播电视公司共同协作，从新闻研

---

① 参见媒体透视基本数据（2016，第69-70页）。这些数据指的是时间预算；那些真正看电视的人平均花在屏幕前的平时间甚至达到了221分钟。

究的角度来看，这些机构就是关注的焦点。他们把具体的综合频道及专题频道统一编排起来，并最终决定实际发布的内容。公共和私营商业电台与电视广播公司追求的是不同的商业目标和收入模式：公共广播电视有助于履行全面的社会职能任务，因此有权分润广播费。它必须满足一些对于节目内容和质量的特殊要求，这些要求由其准则规定下来，并由广播委员会对其遵守情况进行社会监督。私营广播电视是以商业公司的形式组织建立的，其节目主要追求的是利润最大化的目标。不过，即使在这里来自规范方面的要求较低，私营广播电视的组织也需要许可证，并接受各州媒体管理局的外部监督。私营节目以高收视率为导向，从而实现广告市场上的收入，或满足对于某些节目的购买力需求（付费电视）。而虽然广播电视节目通过卫星、地面发射台、有线电视和互联网 DSL（VDSL）的传播在组织上通常是与广播电视台分离的，但它们与制作公司、广告营销商和报刊行业的其他传媒公司之间存在着千丝万缕的联系。ARD 和 ZDF 以及 RTL 集团和 ProSiebenSat.1 集团都拥有"频道家族"，提供综合频道以及专题频道，在电视市场上占据着主导地位。

广播方面，ARD 的各州级广播电台和私营广播电台瓜分了市场，在这件事情上，虽然私营的地方性和地区性电台数目众多，却无法掩盖大型供应商——主要是报刊出版商——统治市场的事实。广播公司在横向（频道家族和广播链）、沿价值链纵向（制作公司的后向整合、节目营销商和利用方的前向整合）及斜向（跨媒体联合和国际活动）层面上追求整合和集中化战略。数字平台为线性广播带来了新的竞争：尤其是 Spotify、Deezer、Soundcloud 和 Apple Music 等流媒体服务的覆盖面正变得越来越大，而且不同于传统广播电台，它们手中握有适合个性化定向广告的用户数据。此外，这些供应商不再把个性化的播放列表选择局限于音乐范畴内，而是自行制作或采购典型广播式的播音稿件（参见 BLM，2016，第 21-25 页）。2014 年，私营和公共广播公司共同创建了 radioplayer.de 平台，共有 400 个广播节目直播播出，可通过固定或移动设备收听（参见 BLM，2016，第 24 页）。

德国广播市场是按地区组织划分的，共有 62 个公共广播频道和 268 个私营广播频道。除了德意志广播电台的节目和德国之声的国际节目外，公共广播电台的节目都是面向各州的，私营广播电台则是面向各州或地区一级。全国性私营广播节目的数量，尤其是其覆盖范围是否会增长，取决于 DAB+ 数字标准能否在市场上取得成功。在电视领域，ARD 和 ZDF 总共拥有 19 个频道，其观众份额约为 50%。在私营电视频道方面，全德国大约有 390 个频道（包括 89 个付费频道），RTL 集团（贝塔斯曼）和 ProSiebenSat.1 这两大频道家族组成了双头垄断形式，其份额合计约为 40%。电视市场的结构则是全国性的，地区性和地方性的节目要么作为窗口节目，要么作为经济上较为不稳定的"城市电视"供应市场。与其他传媒体系相比，付费电视的角色在德国正在变得越来越重要，但在国际上比较而言，其重要性仍然相对较低。

除了公共和私营节目的二元制之外，市场的高度纵向和横向集中化以及私营广播电视公司与其他媒体部门间千头万绪的联系也是广播电视行业基本的结构特征。

从组织结构的角度来看，德国广播电视行业在中观和宏观层面上的主要特点（参见表 4.23）可以归纳如下：

公共和私营广播电视机构的共存、对立和合作是当今德国广播电视结构的核心特征。它是一个担负了很多规范要求，且极易发生冲突的政治过程的作用结果，这个过程早在1950年代就已开始，并且受到了党派政治权力利益、联邦和各州政府之间关于广播权限的争议以及经济利益，特别是报刊出版商的利益的影响。在广播电视政策的发展过程中，以及在这些围绕着广播费问题反复出现的冲突中，联邦宪法法院通过一系列的广播裁决确立了自己在广播政策中核心行为者的地位。关于建立私营广播的争议在1980年代中期落下了帷幕，并最终形成了事实上的和以宪法为保障的"双轨制广播系统"。以非商业公民媒体的形式建立可持续发展的"第三支柱"并没有获得成功，于是，按照许多批评者的说法，广播普遍商业化，"侵蚀了其对于公共利益的导向"（参见Jarren, 1994; Eifert和Hoffmann-Riem, 1999, 第83页），并且由于公共和私营节目的同化（节目趋同）而使得节目质量受损，同时在新闻多样性方面也没有看到明显提高。

表4.23 广播电视的组织特征

中观层面	依靠广播费筹资或混合融资，自我管理的公共广播电视公司 依靠广告筹资的，作为综合性广播电视及传媒集团的一部分的商业广播电视公司 战略性的联合优势与规模经济 发展程度较低：商业付费电视 边缘化：非商业性公民媒体
宏观层面	为数众多的广播电视节目 按区域和部门形成差异的频道节目 双轨制市场，竞争有限且不平等 部分耦合的受众和广告市场 市场失灵：高度集中化（双头垄断）和高准入壁垒

1991年，当时最新版本的《广播电视国家条约》（RStV）（现为：

第四章 大众传媒

2016年10月《广播电视国家条约》第十九次修正案），以及青少年媒体保护方面的《青少年媒体保护国家条约》（JMStV）确定了"双轨制系统"的基本特征以及公共和私营广播电视的具体规则。除青少年保护外，对于广告的监管以及防止新闻权利的集中化也是广播电视监督的主要目标，对于私营广播电视来说，这是通过14个州级媒体管理局及其联合委员会和机构（KJM、KEK、ZAK、GVK）实现的。此外，电视自愿自律协会（FSF）作为行业内部机构，对私营电视进行节目监督。"双轨"一词表明，在这里，两个支柱是相同的，或者至少是有着相同价值的基础组成部分；"系统"一词表明，它是仅以解决事实问题为导向的周密计划的结果。然而，正如其政治渊源和现状所显示的那样，"双轨制广播电视系统"的实际情况却并非如此：两个组成部分在其职能任务及商业目标、收入模式、节目、规范要求和广播监管方面都存在很大不同；私营广播电视公司的存在可能性与公共广播电视台方面的存在和发展紧密相关。

在德国，除了依据宪法应该对广播电视负责的各联邦州之外，自1980年代末期以来，欧盟已经日益成为广播电视的一股影响力量。对广播电视的放松管制和节目监管（广告、青少年保护）的主要动力可以追溯到1989年的《欧盟电视指令》及其1997年的修正案。2007年12月，《欧盟电视指令》被一项关于视听媒体服务指令所取代，即所谓的欧盟AVMD指令，该指令考虑到了融合的发展，并于2010年在《德国广播电视国家条约》第13次修正案中实行。欧盟委员会已经多次处理了媒体集中化的问题，以及公共广播电视是否可以使用广播费或捐款筹资的问题（国家资助问题），并很可能在未来获得对于双轨制广播结构来说更加重要的地位。

因此，从制度化的角度来看，可以捕捉到广播电视的以下结构特征（参见表 4.24）。

表 4.24 广播电视的制度特征

中观层面	基础供应和职能任务 (ÖR)[a] 内部多元化 (ÖR) 合作 (ÖR) 在最低质量标准下达到覆盖面和利润的最大化 (PR)[b] 竞争与集中化 (PR)
宏观层面	宪法第五条规定的广播自由 各州的权限和联邦制结构 国家条约与联邦宪法法院的裁决 舆论形成的媒介和因素 广播电视作为一种公共物品（公共价值）抑或文化和经济物品（欧盟的观点）。 以不受国家控制的市场和节目监管作为媒体管理 "双轨制系统"和双重监管：内部委员会和外部的州级媒体管理局及自律机构

a ÖR：公共广播电视公司
b PR：私营广播电视公司

本章节重要数据来源及网址

两份年度出版物提供了关于电视节目的发展和各州媒体管理局当前广播电视节目研究的信息：

• 《媒体管理局》年鉴 2016/2017. 德国各州媒体管理局及私营广播电视机构。柏林：Vistas 2016，及在线版：www.die-medienanstalten.de/fileadmin/Download/Publikationen/ALM-Jahrbuch/Jahrbuch_2017/Medienan-stalten_Jahrbuch_2016-17_Web-PDF.pdf

• 《媒体管理局》(Hrsg.)：2016 内容报告，研究、事实与趋势。

莱比锡：Vistas 2016; 及在线版：www.die-medienanstalten.de/fileadmin/Download/Pub- likationen/Programmbericht/2016/Content-Bericht_2016_web.pdf

•KEK 的分析提供了关于媒体集中化的信息，特别是在广播电视领域，在线查阅：www.die-medienanstalten.de/fileadmin/Download/ Publikationen/KEK_Konzentrationsberichte/Fuenfter_Medienkonzentrationsbericht_ KEK_2015.pdf; 除此之外，还有 KEK 的年度报告，在线查阅：http://www.kek-online.de/fileadmin/Download_KEK/Informationen_Publikationen/Cover_18._JB_KEK_web.jpg

•KJM 的报告提供了关于广播电视和在线媒体领域中儿童和青少年保护的信息，在线查阅：www.kjm-online.de/fileadmin/Download_KJM/Service/Berichte/Siebter-Taetigkeitsbericht_der_KJM_2015-2017_web.pdf

ARD 和 ZDF 通过其网站及可在线阅读的年鉴和信息手册提供有关其组织和财务的信息：

•www.ard.de/home/intern/fakten/Transparenz_Die_ARD_in_Zahlen_Ueber- sichtsseite/307850/index.html

•https://www.zdf.de/zdfunternehmen/zdf-jahrbuch-100.html

关于公共广播电视在经济方面的更多信息，可以在广播电视机构财政需求调查委员会（KEF）的两年期报告中获取，最近一次发布是2016年出版的 KEF 第 20 期报告：kef-online.de/fileadmin/KEF/Dateien/Berichte/20._Bericht.pdf

关于 1980 年之前的德国广播电视历史和政策的标准著作：

•《德国广播电视》. Hrsg. v. Hans Bausch, 5. 第二卷，慕尼黑：dtv

1980.

以下这部文集论述了双轨制系统下广播电视政策的发展

•《德国的广播电视政策，竞争与公众》. Hrsg. v. Dietrich Schwarzkopf. 慕尼黑：dtv 1999.

关于组织、活动和广播政策立场的信息可以在电视自愿自律协会（FSF）和行业协会 VPRT 和 VAUNET 的网站上找到：

•http://www.fsf.de/

•http://www.vprt.de/

所有联邦州的国家条约：

•《广播电视国家条约》（RstV）：1991 年 8 月 31 日签订的广播电视及电信媒体国家条约（广播电视国家条约 — RStV —），2016 年 10 月 1 日生效的《关于广播电视的国家条约第十九次修正案》(《广播电视国家条约第十九次修正案》) 文本；在线查阅：www.die-medienanstalten.de/fileadmin/Download/Rechtsgrundlagen/Gesetze_aktuell/19_RfAendStV_medienanstalten_Layout_final.pdf [07.05.2017]。

•1991 年 8 月 31 日签订的《广播电视和电信媒体国家条约》(《广播电视国家条约》- RStV)，2017 年 9 月 1 日生效的《关于广播电视的国家条约第二十次修正案》(《广播电视国家条约第二十次修正案》) 文本；在线查阅：https://www.die-medienanstalten.de/fileadmin/user_upload/ Rechtsgrundlagen/Gesetze_Staatsvertraege/Rundfunkstaatsvertrag_RStV.pdf [7.3.2018]。

•《青少年媒体保护国家条约》：关于在广播和电视媒体中保护人的尊严和保护未成年人的国家条约（青少年媒体保护国家条约 -JMStV）在关于广播电视的国家条约第十九次修正案（《广播电

视国家条约第十九次修正案》）文本；在线查阅：http://fsf.de/service/downloads/jmstv/ [07.05.2017]。

•ZDF-国家条约：1991年8月31日签订的ZDF国家条约，自2016年6月1日起生效的《关于广播电视的国家条约第十七次修正案》（《广播电视国家条约第十七次修正案》）文本；在线查阅：www.zdf-werbefernsehen.de/fileadmin/user_upload/zdfwerb/pdf/sonstiges/20161_ ZDF-Staatsvertrag.pdf [07.05.2017]。

•DLR-国家条约：1993年6月17日签订的关于公共的"德意志广播电台"的公司组织的国家条约（德意志广播电台国家条约-DLR-StV-），经2015年12月3日签署的协议第3条最后修订（GVBl. 2016，第2页）；在线查阅：www.gesetze-bayern.de/Content/Document/BayDLR_StV [07.05.2017]。

•《广播电视融资国家条约》：1996年8月26日至9月11日签订的《广播电视融资国家条约》，经自2015年4月1日起生效的（第14条自2017年1月1日起生效）《广播电视国家条约第十六次修正案》最后修订；在线查阅：www.die-medienanstalten.de/fileadmin/Download/Rechtsgrundlagen/Gesetze_ aktuell/RundfunkfinanzierungsStV_01.04.2015.pdf [16.08.2017]。

•《广播电视捐款国家条约》：2010年12月15日签订的《广播捐款条约》，经2017年1月1日起生效的第十九次《广播电视国家条约第十九次修正案》最后修订，在线查阅：http://www.mdr.de/unternehmen/organisation/doku- mente/download3344-downloadFile.pdf [16.08.2017]。

欧盟指令：

•AVMD-指令：2010年3月10日欧洲议会和理事会第2010/13/EU号指令，关于协调各成员国在提供视听媒体服务方面的某些法律和行政规定的指令（视听媒体服务指令）；在线查阅：eur-lex.europa.eu/legal-content/DE/TXT/HTML/?uri=LEGISSUM:am0005&from=DE [16.08.2017]。

•1989年电视指令：1989年10月3日欧盟理事会第89/552/EEC号指令，关于协调各成员国在开展电视广播活动的某些法律、法规或行政规定方面的指令（"电视无国界指令"）（Abl. L 298，1989.10.17，第23页）；在线查阅：eur-lex.europa.eu/legal-content/DE/TXT/PDF/?uri=CELEX:31989L0552&from=DE [16.08.2017]。

4.5 在线媒体

重要　在接下来的章节中，首先从新闻学的角度将与传媒体系相关的在线媒体确定为至少有可能为公众传播服务的网络媒体。随后，作为"互联网"的关键组成部分，将对万维网上的大众传媒产品的结构进行更详细的分析。在此过程中，我们首先跟踪从源信息发出者（著作权人）到在线用户的传播和增值过程，以描述关键参与者及其角色：访问、服务和内容供应商以及元媒体、搜索引擎和社交媒体平台的运营商在在线新闻传播中协同工作。一方面，对于用户来说，在知名媒体或广播组织的传统传媒产品和服务之上，通过新的媒介（搜索引擎、社交媒体网络）提供的部分由算法聚合的产品，从而有了新的、选择性的使用或访问的可能性，以及自助发布的新机会。

纵观市场，在实践中，公共在线交流在理论上市场准入门槛非常低，但却并没有导致"网络公民"之间平等的以点对点传播为主导的情况，而是除了大型传媒集团外，出现了如谷歌或脸书等新的商业供应商。尽管供应商数量众多，但用户和广告市场高度集中。对于那些独立于既有新闻媒体的、真正的高质量的公共传播在线媒体，德国目前并不存在有效的商业模式：只有12个"面向全国的专业新闻互联网服务和门户网站"2014年在德国运营，提供实时和全面（即没有侧重主题的）报道。另一方面，既有的媒体拥有139个在线分支机构（参见 Neuberger et al. 2014，第36-40页）。

在线传播的监管，由专门的监管机构共同进行：公共在线传播的核心权限在于各联邦州，其他权限在于联邦政府，全面统管的是欧盟。技术规范和标准以及许多行为规范由用户自己协商，内容监管问题主要由青少年媒体保护委员会（联邦州媒体管理局）认证的多媒体服务提供商自愿自律协会来规范。由于其强大的市场力量，大型平台运营商也自行制定标准，例如以一般条款和条件、使用规则的形式或通过实施某些技术结构（默认设置、算法等）。互联网和在线传播绝不是法律真空之地，但由于其国际性和创新性，对国家监管机构来说是一个挑战。

4.5.1 在线媒体作为建基于技术的符号系统

在公开辩论中（不幸的是也延伸到专业文献中），"互联网"通常被称为"媒介"，并且通常被称为"新"，尽管已经使用超过40年。如果运用基于新闻学和传播科学的媒体概念，即不仅着眼于技术媒体，还考虑到符号的使用、组织和制度化，则人们会得出一幅不同的画面——"互联网"变成应用形式多样的技术基础（一种数据传输协议），其中只有一些可以理解为传播媒介。

互联网是由互连电信网络组成的技术基础设施，数字数据在其中以数据包的形式通过互联网协议（IP）分组交换传输，或更准确地说是可被服务器计算机通过客户端计算机（台式个人电脑、笔记本电脑或其他移动设备）进行检索。[①] 从技术社会学的角度来看，互联网只是一种一级媒介，但它并不能满足传播科学意义上的媒介的所有要求。数据的数字化形式使得不同符号系统更容易在同一平台上进行组合；与目前讨论的媒体不同，符号类型不是由互联网协议（IP）定义的。这些数据的具体用途，如何将其解码为人类可感知的符号，人们可能从中获得什么信息，以及传播伙伴根据哪些规则使用这种媒体技术，即制度化和组织形式，并不由一级媒介这个技术基础决定。我们在前面的章节中已经看到，互联网长期以来一直被知名媒体机构用作销售书籍、报纸和杂志（电子书、电子纸）、广播节目或电影优惠的技术基础设施。这些创新在媒体经济（成本优势、市场变化等）方面产生了影响，在某些情况下也产生了新闻影响（供应产品的高产、可用性、及可能的多样性）。本章现在更关注分析那些可以被理解为二级媒介的网络媒体的结构和新闻意义。

因此，传媒体系分析将网络媒体理解为二级媒介，以考察具体的符号系统、制度化和组织方法，因为网络媒体在传播功能和社会参照

---

① 互联网被定义为通过物理基础设施（服务器、客户端、代理计算机以及线路、无线电和卫星连接），以特定协议（如 IP、TCP 等）的形式进行的数字数据传输。其他显示和应用协议如 FTP（文件传输）、SMTP（邮件）或 HTTP（超文本/WWW）以及编程语言（如 HTML 或 VRML）构成了各种在线通信模式的技术基础。

方面存在显著差异:

例子

相比起电子邮件主要基于文本、以非实时的对话(二元组)或小组形式,用作私人或商务的交流,社交网络服务整合了一系列私人、半公共和公共的传播形式,而万维网的网站不仅可以公开访问,而且(至少潜在地)服务于公共传播。

除了这种复杂的社会性和功能性多层次结构外,在线传播媒介还具有其他特点:

多模态:数字媒体允许不同符号系统的多样性和组合,这通常用流行语"多媒体"来进行描述。基本上,我们已经从印刷媒体(书面文本、图像、照片)以及电影和电视(静止图像、运动图像、书面文本、口语文本、音乐)认识了不同符号系统的组合。从符号学理论的角度来看,这并非关乎多种媒体,而是关乎不同编码数据的组合或"多码"(Doelker 1998,第37页):视觉、听觉、已经组合的文本及书面文本要么被添加进去并列放置,要么联网("超链接")到一个新的、非线性的整体文本。

超文本性:只有当编码不同的数据和不同的符号系统如此紧密地联系在一起时,以至于在使用中产生了语义附加值,超文本[1]就出现了。诸如万维网之类的在线媒介通过全球网络、高存储容量、标准化格式和多码性极大地扩展了互文参考的可能性。

媒体整合(融合):互联网作为一阶媒介,为不同的二阶媒介提供了技术基础设施或平台。借助相同的硬件(终端设备、网络)和越

---

[1] 非线性阅读的文本并不是什么新鲜事,正如本书所示:评论、脚注、索引、交叉引用、题外话、旁注,以及引用其他文本的文本(二手文献、评论等)。

来越多的多功能软件，可通过相同的浏览器软件（界面），特别是通过万维网的图形用户界面，人们几乎可以无缝地访问和使用不同的媒体。使用过程中出现的媒体断裂越来越不明显；在这方面，互联网充当了媒体整合的媒介，通过该媒介，诸如电子邮件、短信或语音电话等远程通讯媒体及广播、电视和新闻媒体等等大众媒体共同成长（融合）。

交互性：超文本和超媒体环境简化并要求一种个性化和选择性的使用方式，以及用户通过评论、引用和跳转（通过链接）的积极参与。因此，在线传播的另一个重要特征是交互性，这是所有电信交换网络都包含的潜力：电话沟通是众所周知且广泛使用的同步对话沟通范式。其中，说话者的角色会发生交替。数字在线媒介令这种远程对话变得容易，特别是价格便宜、跨越远距离、同步或异步、尤其是可组合所有符号类型。

用户生成的内容和"社交媒体"：原则上，至少自从万维网[①]成立以来，由于使用方便的软件和电信网络，即使是外行也能够随意组合语音、文本、静止和移动图像等并进行在线传播。因此，他们可以比以往任何时候都更轻松地，不需要更改媒介（媒体断裂）或切换到其他在线媒介，就可以参与半公开或公开的交流。[②] 其中，沟通伙伴使用特定的在线媒体，即他们依靠制度化的规则并使用有组织的媒体服务。一方面是传播角色（源信息发出者和目标参与者），另一方面

---

① 内容管理系统（CMS）的引入，特别是被流行语称为"Web 2.0"的用户友好的软件，进一步降低了非专业用户的参与门槛。
② 是否真正有公共传播以及传播到何种程度并不取决于媒体技术，这只是一个必要的先决条件。公开可见的传播必须首先被接收并成为后续传播的参考，然后才能传播成功。发布程序被简化，这种可能性就急剧下降。

是中介角色（专业记者）之间的传统划分变得更加灵活；通信的生产和使用（Usage）角色在"生产性使用（Produsage）"过程中融合（Bruns 2008）。脸书、推特、Youtube、Whatsapp、Instagram 等社交媒体网络服务或平台的建立显著改变了在线传播：与有限公众（朋友、熟人、亲戚、同事）的个人交流、用户生成内容的提供和推荐、专业媒体的新闻内容、广告和公关作为公共交流的组成部分，在这里以一种新的方式混合在一起。通信流并非仅由用户构成（正如"社交媒体"所暗示的误导性归因），而是由商业平台运营商及其数据驱动的商业模式构成。

各种基于互联网的在线媒体具有不同的功能，在个人、群体和公共传播之间并没有形成一个可以与书籍、新闻或广播等"经典"媒体相媲美的封闭单元。此外，技术和经济的融合过程正在使在线媒体和"离线媒体"之间的界限越来越过时（参见 Beck 2006，第 12-39 页）。

4.5.2 在线媒体的组织与制度化

4.5.2.1 行为主体及其服务

在展示德国传媒体系时，在线媒体的新闻相关形式和市场是关注的焦点。基于网络的个人交流无疑具有重大的社会和经济重要性，但这里没有将其与信件或电话沟通作为可比较的社会沟通形式进行研究。处于边界值的是基于网络的半公开群体交流的变体，特别是"Web 2.0"中所谓的新"社交媒体"。撇开从传播研究的角度来看具有误导性的不幸的称谓不谈，^①这里产生一个问题：至少通过博客和微博，是否以及在多大程度上有助于形成超出个人用途的公众舆论。就目前的情况而言，无论是在主题方面还是在范围方面，德国的博客圈中只有极小一部分与新闻业相关，^②并且通常只是间接的：博客中的主题和观点要么作为新闻和想法的来源，要么在社会传播的渐进过程中服务于新闻媒体产品的后续传播。搜索引擎，尤其是社交网络服务（社交网络）对于公共传播变得越来越重要；主要不是因为他们自行提供研究和展示意义上的编辑服务，而更多是因为他们凭借其庞大的用户数量和选择逻辑而成为聚合器和过滤器，并影响了人们（可以）感知到的主题、消息和观点。当然，在当前的辩论中，这一重要性往往被高估了（参见 Die Medienanstalten 2016，第 28-37 页）。

因此，在下文中，我们专注于那些作为大众传媒体系一部分，向广大受众提供以资讯、娱乐、教育和建议等媒体内容（"内容"）为目的的网络媒体；只要与数字新闻在线媒体内容的营销无关，则不进行特定服务（电子政务、电子学习等）的分析或进行商务交流（"企业对企业"或"b2b"）和电子商务（网上购物、网上银行、网上预订）的展示。^③

---

① 社交媒体的称谓暗示，其他传播形式并不展现社会交流。加上"Web 2.0"的市场营销比喻，则共同假定了一种网络传播的革命性变化。但从新闻组（Usenet）、公告板系统、邮件列表、互联网中继聊天、即时消息和电子邮件以及个人网站等甚至部分已有数十年历史的服务可以看出，事实并非如此。确实，用户友好软件极大地令网上发布、参与式使用和点对点传播变得更加容易。除了个别案例（维基百科、维基解密、Ebay）外，只有在经过较长时间的媒体适应之后，人们才有可能就新闻和社会后果做出可靠的决定。
② 对于没有新闻和广播媒体自由的威权和极权国家，博客和微博以及脸书的存在可以为反对派成员的自我理解发挥重要的政治和新闻功能，至少暂时作为（但不可靠的）外国媒体的来源。
③ 电子商务和在线邮购以及非数字媒体产品的租赁在书籍或电影的相应章节中处理。

第四章 大众传媒

当然，这里必须指出至少两个可能对媒体行业产生深远影响的网络细节：

"长尾效应"：数字媒体产品的在线提供和分销成本非常低，以至于现在除了畅销书和热门产品之外，还值得提供需求低的利基产品。虽然在有实体商品的模拟市场中，只有少数"头部"需求的产品获得了最多的销售额，但销售排名靠后的产品的"长尾"在数量上也带来了可观的销售额，其数字存储和营销成本不会令它们变得无利可图。因此，在数字市场中，产品的范围和潜在的多样性都趋于增加，这也适用于媒体市场。这种所谓的长尾效应（参见 Anderson 2007）理论上也适用于媒体服务，但到目前为止，公众的兴趣主要集中在少数供应（主要是知名和值得信赖的品牌）上，这一事实几乎没有改变——也许正是因为由于供应扩大，因此定位很困难。

网络效应：许多在线媒体的个体用户随着其他用户的数量而增加，即与电话一样，例如成为拥有大量其他成员的社交网络的成员，是有利的。或者，由于被许多其他人使用，一些搜索引擎的算法最好，因此使用它们也是有利的。这种影响称为（积极和直接的）网络效应，往往会导致最大的供应商继续成长，而较小的供应商则从市场上消失。

去中介化和再中介化：数字运营帮助那些将产品放在网上的生产商更简便地进行直接营销。这意味着价值链中的传统环节，如图书出版商和唱片公司、视频节目供应商和零售商（书店、唱片店、音像店）可以被淘汰。由于没有中介（中间人），因此也叫去中介化（参见 Dogruel and Katzenbach 2010，115-118 页）。另一方面，新的中介机构正在建立，它们主要提供定位、导航和选择服务，或在平台上提供捆绑服务，以此建立新的权利地位。因此，举个例子，如果电视广

405

播公司和观众之间出现一个数字广播平台的运营商,那么它就可以共同决定可用的供应服务。

尽管这里涉及最重要的媒体经济学发展,但在这里无法系统地进行考虑。

(大众的)在线传播的制度化和组织分析主要基于媒体经济价值链。其中,可以将其区分为简单的增值链和扩展的增值链,后者还包括从新闻的角度看来不太相关的服务器、路由器、电源线和客户端计算机的制造商。我们仅专注于狭义的在线交流过程的价值链,以对主要的参与者和功能进行描述。除了私营的个体供应商之外,通过在线服务追求截然不同的目标的商业和非商业组织也可以被视为传播过程中的源信息发出者和价值创造的第一个来源:

第一种,寻找一种个人的、可能是艺术的自我表达,以期产生交流共鸣。

第二种,努力争取公众对政治进程的认知和影响,例如作为利益集团、政党、民间社会的非政府组织(NGO)或政府。

第三种,商业公司,使用在线传播作为各种产品的广告和销售渠道,作为其企业公关范围内的企业交流工具,或者遵循自己的在线商业模式(例如通过经纪或拍卖师职能)。

对大众传媒体系分析的最重要的在线传播者群体是在(新旧)媒体组织中为网络制作数字"内容"的专业记者。

价值创造的第二阶段由中介参与者(内容提供者)组成,他们评估、选择和聚合他们自己的或从第三方采购的数字媒体内容,并将捆绑包作为产品,通过网址(URL)提供用于检索(即将其托管在网站服务器上)。当然,只有在同时提供技术传输服务的情况下,新闻传递才能在网络媒体中成功进行。这需要第三个价值链中的在线访问和服务提供商的参与。为所有在线传播参与者创建技术网络访问（接入），以及运营（基于 IP 的双向数据传播的）主要宽带交换网络的，主要是电信服务提供商（参见第 3.4 节）或其他代表狭义上属于非媒体组织的专业公司。

没有第四个增值阶段，传播过程也无法成功。这里包含软件支持的导航服务，即连接访问内容的浏览器软件和搜索引擎；还有社交媒体网络和平台，它们不仅托管内容，还通过推荐、链接（喜欢、分享等）和配置文件控制的预选（算法选择）分发内容。此外，从经济角度来看，还包含网络媒体支付和融资流动的组织主体：除了电信网络运营商之外，还有广告营销商（如基于媒体研究的广播），以及为电子商务和媒体提供微支付和社交支付（例如 PayPal 或 Flattr）的专门在线支付系统。

4.5.2.2 在线访问（提供互联网访问）

所有主要的电信公司通常也运营固定、移动电话网络或有线电视网络，在德国提供互联网接入，并提供有线或无线运营网络。在德国，首先是从原来的国家垄断中崛起并因此仍竞争力强大的德国电信公司（DTAG），以及包含不同品牌的两个国际电信集团沃达丰和西班牙电信；此外还有一些地区性的供应商，例如 NetCologne。对终端客户很重要的互联网接入供应商还包括 1&1 和 ecotel 等买卖容量的"经销商"；还有非商业供应商，如大学数据中心。

宽带网络接入（DSL 或 VDSL）已经确立为标准，可传输运动图像；计费通常以"统一费率"进行，即与实际使用的时间和数据量无关。通过无线局域网（W-LAN、WiFi）、智能手机、笔记本电脑和平板电脑（UMTS 或 LTE 或 4G）[1]，移动访问已被广泛使用。DSL 的接入份额正在下降，让步于移动网络和有线电视运营商；只有 11% 和 7% 的在线用户通过 ISDN 和调制解调器上网（参见 HBI 2017，第 70 页）。

与广播一样，在线媒体属于第三层级，即完全自动化的媒体。内容供应商（比广播更甚）依赖于技术基础设施的扩展和技术服务质量。传输路径的带宽以及传输速度是成功的要素，尤其是对于复杂的运动图像产品和移动应用。在这方面，电信公司以及国家资金政策发挥着重要作用，因为它们决定了例如宽带扩容等事务。

4.5.2.3 服务和应用程序（互联网服务提供）

与数字化和日益宽带化的电信网络的物理连接对在线传播来说并不足够。互联网运营及其各种服务（邮件、聊天、网络等），则必须（尤其是）计算机寻址和按照国际定义的电子邮件、聊天和网站协议来处理服务器的运行。在"计算机和电缆"的物理层之上，是由特殊协议定义的服务层，例如服务器租用和托管：服务器租用（Hosting）是指存储文件并使其可供检索（下载），包括 HTML 网站或电子邮件。托管（Housing）是受第三方（例如大公司或组织）委托的整体服务器结构和网络连接的"收容"。还有其他服务，例如获取域名(URL)和电子邮件地址。此类产品的技术和经济努力是相当可观的，因为必须对"服务器群"进行设置、运营、冷却和联网。许多私人用户，从个性化音乐和视频产品到个人或共享"网盘"的云应用程序，也须访问此类服务器场的存储空间。

4.5.2.4 媒体内容的创建和采购（互联网内容采购）

---

[1] 这些是不同性能的手机标准。GSM 标准之后是通用移动电信标准 (UMTS)；自 2010 年左右起，逐步出现长期演进 (LTE) 或第四代 (4G)。

第四章　大众传媒

新闻在线媒体不断需要新的内容，这些内容要么是内部创建的，要么是从供应商处获得的。除非是所谓的业余或公民新闻，否则新闻网络内容的内部制作需要以编辑和创意资源及技能为前提[1]，新闻的时效性和其呈现的多重性尤其有新闻的要求。除了文本和静止图像，剪辑视频也是新闻在线媒体的标配，尽管后者来自传统的印刷媒体。取决于对质量的要求，内容制作过程中会产生编辑成本，这与其他媒体的成本相当，因为数字化可决定性地降低成本，其来源是免除物质复制和极端降低分销成本。但是，第一副本成本是由人员和办公室成本以及机构、通讯员等的费用来衡量的（参见 Dogruel 和 Katzenbach 2010，第 110–111 页）。

在德国，一般内容收费获利（"付费内容"）的模式还未能够全面确立，尽管其份额的重要性已越来越高。电子"版本"的发展、付费溢价和免费增值服务的发展（例如《图片报》和《明镜周报》），以及视频点播和音乐流媒体服务的成功都证明了这一点。事实证明，广告融资的帮助有限，因为经典在线广告（横幅等）等比例适度的广告很容易鉴别其成功度，价格因此也相对较低。此外，广告拦截器的广泛使用也有影响，有30%到50%的用户使用它来逃避在线广告（参见 Bund-Länder-Commission 2016，第 20 页）。当然，一些新的在线特定形式的广告（行为广告、重定向广告）建基于对个人行为、档案数据以及大数据实践的评估，也提供了更多的可能性。

因此，除了经典的媒体商业模式（广告和付费）之外，新闻在线

---

[1] 无论个人供稿的质量如何，这些名称都具有误导性，因为它们（记者的博客除外）不是专业出品，因此不以本质上定义新闻业的质量标准和道德规范为导向。在某种程度上，目标恰恰在于否定新闻调研标准和分离要求，以让步于意见表达的乐趣等。

产品在经济上还基于不同的组件：

公司内部的交叉融资具有一定的重要性。媒体为了出现在网络上，并赢得主要付费产品的用户，因此生产了在线产品，并从其他盈利媒介的收益中对其进行"补贴"，尝试尽可能将成本保持在最低水平。

一个重要的组成部分是对已经存在的（和再融资的）编辑内容的多次使用。媒体试图不作修改或针对网络进行优化，直接使用印刷或广播产品的内容，以实现所谓的"协同"效应。

已经制作并可能已经使用的编辑内容可以通过将其出售给第三方（联卖）而再次使用。由于时事新闻是吸引公众并能确保网站经常被使用（流量）的媒体内容，因此几乎所有的互联网接入、互联网服务和网络邮件提供商（T-Online、Web.de、GMX等）都会在其主页添加新闻内容或滚动新闻。他们要么从新闻代理和专业新闻媒体那里付费获取编辑内容，要么链接到制作媒体公司的网站，从而增加其流量和广告收入。或者他们自己设立拥有专业记者的编辑办公室，例如T-Online（70个职位，甚至比《明镜在线》还多）、Web.de 和 GMX（参见 Frank 2017）。

最后，个人作者的自我剥削，在没有合适报酬的情况下从事新闻或编辑工作，也为在线产品做出贡献。动机可能是理想主义的，也可能属于一种战略，通过增加市场价值以最终获得合适的报酬（或工作岗位）。[①] 使用（或剥削）他人的作品被社交媒体供应商转化为一种商业模式。因为在这里，虽然用户自己创建内容得不到报酬，但其他用户（同侪）则投入时间、注意力和个人数据，这些数据由平台运营

---

① 在某些情况下，如果作者在带薪工作时间而不是在其雇佣合同的含义范围内工作，这也可能是雇主的间接（和无意的）补贴。

商卖给广告客户。

尽管对时效性和媒体设计的要求很高,但大多数在线编辑部的资源有限,所以在线内容有时是在新闻编辑室的框架下由新闻或广播媒体的编辑共同创建的。在线编辑部更多、尤其是更直接地以用户反馈和使用统计数据为导向(参见 Beck 等人,2012,第 94-97 页;Trappel 2007,第 90-94 页)。

非由经典媒体制作的原创网络内容的重要性是有限的。内容意义上的网络专有的新闻附加值,仅限于独特的产品和用户生成内容。

互联网上的额外的内容往往倾向于"大同小异……从主题选择多样性来看,传统大众媒体与互联网之间没有显著差异"(KEK 2010,43 页),直到今天也没有发生根本性的变化,尤其是因为知名媒体供应商现在在网上更活跃(参见 KEK 2015,第 238-240 页)。

一些传统媒体公司现在正在使用网络媒体来弥补互联网对传统媒体业务造成的损失,但不处理新闻产品。然后,他们充当服务供应商或电子商务供应商,或者运营除了媒体网站外的其他门户和平台。

4.5.2.5 内容提供与聚合

在提供内容方面拥有许多关键能力,即采购或制作适合媒体的内容,将其捆绑成对公众有吸引力的产品并进行营销的,主要是新闻和广播公司(参见 Wirtz 2006,第 584-590 页和 604-609)。另一项重要的能力是内容策划和存储的技术能力以及广告营销的使用研究。记者使用内容管理系统(CMS)以节省成本并报道最新消息。该系统与新闻的编辑系统类似,预设了所有基本参数和选项。使用数据会自动记录在日志文件中,并且可以使用专门的软件进行评估,以进行市场研究。

内容供应商在服务器上提供自己或第三方制作的媒体内容，以供在万维网上检索，无论是否收费。在德国首先建立的在线付费产品是各种不同类型的特定兴趣产品；从专业数据库和档案到专业期刊，再到视频和音乐下载（iTunes、Google Play、亚马逊等）或色情产品。销售电子纸版的尤其要数报纸和杂志出版商，即提供印刷版的在线下载文件版本，并在移动互联网市场（智能手机和平板电脑的应用程序）上提供部分由广告资助的付费内容。针对移动和固定产品，有不同的支付模式进行测试并投入使用：除了硬性"付费墙"之外，还有免费的基本产品和付费内容（免费增值）或按一定数量或频率（"计量"）开始收费，以及为人熟知的订阅。公共服务广播机构发布与节目相关的在线服务，包含最新消息和用于下载节目的媒体库。此外，他们还提供特定在线格式（例如短消息）的应用程序，并以"广播"为年轻人提供特别产品。他们的电信媒体产品受联邦州国家条约限制（参见第4.4.3.2节），但未来几年可能会拓展。

门户网站和新闻聚合器（例如谷歌新闻或带有新闻提要的社交网络服务）也充当内容提供者，它们主要根据特定的选择标准进行筛选、提供或传播外部制作的内容。它们要么专门与源头的内容制作者合作（第4.5.2.4节），例如在脸书上的"即时文章"的框架中，要么使用在网络上找到的新闻内容。然而，后者同时提出了法律和制度解决的版权和附属版权问题，这是谷歌和德国出版商之间争论的主题。

YouTube等网络平台的广泛使用导致了Studio71、Mediakraft或Maker Studios等多渠道网络的出现。这些网络通常为整个YouTube频道提供内容并进行营销。这些聚合器购买用户生成的内容，系统地制造所谓的YouTube明星，主要通过社交媒体让他们出名，定期进行制作并宣传节目。它们主要通过广告收入或交叉营销来为自己融资，例如针对电视广播公司。

媒体组织的内容被第三方在线使用，为了将媒体的附属版权保护制度化，媒体著作权集体管理协会（VG Media）作为一个新的参与者成立了。所有私人广播节目的组织者和200家新闻出版商的在线分支机构都通过它来组织针对新闻聚合器的追款。①

4.5.2.5.1 在线广告、联盟计划和数据挖掘

横幅广告区别于报刊上的其他形式的广告，主要在两个方面：显示可以根据现有的用户个人资料而变化，即超出目标群体定位进行个性化（"定位"）。横幅最重要的，是鼓励用户点击广告，即主动选择广告并仔细查看产品，并甚至促成交易。因此，横幅广告为广告商提供了技术上可衡量的成功检查（参见 Siegert 2010，第 442–447 页）。然而，横幅和按钮的广告效果很小（1000 个横幅中大约只有两个被点击），② 这就是为什么大画幅和动画形式，尤其是广告视频的形式，被越来越多地使用。当然，用户也可以借助浏览器、广告拦截器和过滤软件来限制或阻止广告显示。万维网典型的广告形式是基于上下文的文本广告或显示为"搜索结果"的链接，有的被标记为"广告"（"付费收录"），或者（在法律和道德上是可疑的）没有清楚地作出此类标识。网络上最成功的广告媒体是谷歌（作为搜索引擎和广告营销商）和脸书；在移动广告方面，它们的市场份额合计约为四分之三。③ 紧

---

① 参见 vg-media.de/de/daten-fakten.html [24.08.2017]。
② 参见 o. v. (2011): Mad men are watching you. *Economist* 07. 25. 2011, S. 59.
③ 参见 https://de.statista.com/infografik/1410/marktanteile-bei-mobiler-werbung/[23.08.2017] sowie HBI (2017, S. 78)。

413

随其后的是其他平台和门户网站，如 T-Online、Web.de、雅虎、GMX 以及知名大众媒体的网站。

个性化广告和重新定位，即一个广告可能会在一段时间内追踪用户到各种其他网站，利用的是线上独特的精确分配用户和行为的可能性。为了代理和销售这类广告空间，出现了新类型的代理和平台（或实时拍卖）。如果广告最终促成交易（购买、预订、提供地址等），广告所在网站上的内容提供者通常会收到佣金。这种逻辑也适用于联属网络营销计划：如果用户点击进入电子商务提供商的网站并购买商品，则客户"来源"的网站的运营商会获得购买营业额一定百分比的佣金。

最后，供应商可以从用户那里收集数据并将其出售给第三方。服务供应商、内容供应商及广告供应商可以使用日志文件、cookie 和其他日志记录技术来了解用户使用过哪些网站。由此，商户可以重组用户的消费和兴趣概况，并部分地与个人数据相关联（数据挖掘）。然后，以这种方式获得的数据记录将出售或在有限的时间内出租，就像以前用于直接营销的邮政地址和电话号码一样。[1]

4.5.2.6 门户、元媒体与媒体平台

万维网的特定超链接结构、大量的内容以及易于复制和编辑的文本，产生了新的媒体产品形式，由于其整体庞大且不透明，因此对它们的使用是有意义且必要的：搜索引擎、网络邮件门户和社交媒体平台或服务在在线传播中发挥着关键作用，因为它们通常作为使用的常规起点，并对进一步的使用决策做出重大贡献。一方面，这产生了高

---

[1] 从数据和消费者保护的角度来看，这种技术潜力导致了对监管的巨大需求。

覆盖率，有利于广告销售；另一方面，这些网站引导了很大一部分用户流量，即它们分散了注意力。因此，对于（几乎）所有其他争夺用户注意力的内容供应商而言，它们有着战略性的功用。德国媒体集中化调查委员会（KEK）特别将信息中介的核心作用划拨给搜索引擎和社交网络服务，尤其是占有很高市场份额的谷歌和脸书，并将它们评价为"公共舆论形成过程的重要组成部分"（KEK 2015，第 268 页）或作为"舆论形成的媒介和要素"（KEK 2015，第 270 页），尽管由于涉及其主要的私人通信功能，这仅在有限程度上适用于脸书和其他网络服务（参见 KEK 2015，第 241-282 页）。

与电视节目指南一样，定向和导航服务可以限制为一个经编辑加工的可用媒体产品概述，还包含编辑推荐。这种元媒体也可以借助复杂且不透明的搜索算法，以电子方式与广告混合后合并显示。谷歌正是使用这种模式取得了巨大的成功。此外，元媒体还提供已经提到过的对已编译的第三方内容的访问，如谷歌新闻 (http://news.google.de) 和文化杂志 Perlentaucher (www.Perlentaucher.de) 所示。

所谓的用户生成内容（UGC）是通过作者自己的网站、社交网络服务（脸书、LinkedIn 等）中的个人页面或 YouTube、Flickr、推特或博客等商业门户网站发布的。被称为"生产性使用"（参见 Bruns 2008）的，在看似平等的"同辈"之间的"参与式"公共传播形式，在很大程度上发生在商业环境中：由企业组织并通常由广告资助的门户运营商从根本上降低了采购成本，获得了对免费发布材料的广泛使用权并对这些内容进行聚合，有时会对其进行技术或编辑方面的检查和准备，上传以数字方式提供的文件（即保存在联网的服务器上）并推销整体产品。原则上，广告费、数据交易费和使用费（个人费用、订阅费）是可能的；目前，广告融资还是占主导地位。

必须这些商业门户和那些允许非法下载受版权保护的媒体产品，特别是音乐和电影的门户或网络进行区分。一方面，这不是用户生成的内容，而是第三方的非法盗版作品（"用户窃取的内容"），另一方面，它们通常不是商业供应商。

数据挖掘、广告以及针对某些高级内容的订阅费或会员费是社交网络服务和博客最重要的收入来源。

这类传播和社区平台的运营商——从网络邮件和聊天论坛到博客、视频平台和社交网络服务——不仅托管用户生成的内容，还向用户推销沟通服务以增加流量。这类网站使用率高，时间停留长，通常还是用户的主页（例如，用于访问网络邮件），有助于在广告市场上进行营销。此外，还会产生网络效应，即个人用户对一个社交网络的使用会随着用户总数的增加而增加，因为潜在联系人（可访问性）的数量及相应的联网（连接性）的数量增加（参见Dogruel和Katzenbach 2010，第112页）。脸书作为覆盖面最广的网络占据德国市场（以及除俄罗斯和中国以外的大多数其他大型市场），代价是牺牲那些较小型的、不占据利基市场的网络。对某些社会群体（根据职业、地区等）的限制保证了排他性，并且更多地关注联系人的质量而不是他们的（潜在）数量。社交网络服务也可以提供不同质量的版本，例如具有专有使用权的高级版本。

4.5.2.7 在线媒体用户

网络媒体的用户必须从一个庞大且相对令人困惑的产品中进行选择，因为大多数网络媒体——初时与期刊相似——是选择式的或"拉动媒体"。与基于时间的电影和广播媒体相比，网媒需要不断选择和作出导航决策，才能持续接收。此外，从一种在线交流模式顺利切换到另一种模式也是可能的，例如从网站切换到电子邮件、聊天、博客和或甚至发布（上传）内容。推送媒体对拉动媒体进行了补充，尤其是在移动使用中。一旦订阅，推送媒体就会告知用户最新消息或与他们兴趣相关的其他主题。事实上，私人电子邮件仍然是迄今为止大比数领先的最流行的在线交流方式，只有在年轻人（14–29岁）中，聊天、Whatsapp、"脸书"及搜索引擎和视频的使用更靠前（参见 Media Perspectives Basic Data 2016, 第82页）。交流角色的转变（从主动接受到互动交流）主要发生在私人或有限的群体中，在新闻领域中只有少数例外：四分之一的人在网上阅读最新消息，约30%的人每天使用脸书、Whatsapp 和电子邮件等服务，但只有4%的人将文本、照片、视频或音乐上传到社交媒体平台（参见 Frey-Vor 和 Mohr 2016, 第407页）。

4.5.3 在线媒体市场与组织环境

4.5.3.1 互联网和网络媒体治理：网络媒体的规范基础

在线交流已经产生了自有的监管形式和参与者（网络治理），占主导的是非正式和非政府的机构，至少在最初是这样。在互联网的早期，技术问题和行为规范是在一个较小的、相对同质的小组内进行协商，并在常见问题（FAQ）列表中可供所有用户访问。1990年代开始，1994年制定出网络礼仪的表述，现在已经针对电子邮件、聊天、论坛和博客等个人服务进行了区分。直到今天，技术标准和问题主要由有兴趣的专家在线"讨论得出"，尤其是互联网工程任务组（IETF）和私营的万维网联盟(W3C)。自20世纪90年代中期以来,在网络商业化的过程中,域的管理,即商业相关网址的分配,变得更加专业。在国际层面,互联网名称与数字地址分配机构(ICANN)根据加州私法进行非商业运营,自1998年起负责IP地址的分配、域名系统(DNS)的管理并对作为基础设施的根服务器负责。值得注意的是,他们全球公认的权限是基于与美国商务部签订的合同。德国全国范围内的顶级域(即德国的*.de)的分配是通过互联网行业支持的合作机构DENIC进行的,而不是国家或公共机构。

"互联网"从来都不是许多人担心和希望的"法律真空",因为在"虚拟网络世界"和现在一样,"现实世界"的所有法律都适用。但是,网络媒体的发展显然压倒了德国的传播和媒体政策,至少在最初看来是这样。除了国际传播外,私人远程通信与大众媒体的混合特征,以及在不同部门受到不同监管的媒体的融合(媒体整合),也提出了各种问题:

甚至是在联邦政府(由电信引申)和联邦州(由新闻媒体引申,尤其是广播)之间的权限问题,最初也要进行讨论,直到1997年才找到了一种双重解决方案:一方面是各联邦州针对公众的媒体服务的国家条约(MDStV),另一方面是一揽子三项联邦法律(IuKDG)。其中,后者规范了个人的准入和注册自由、可调取的信息和交流服务(远程服务)、电子签名的法律效力以及数据保护等事项。

随着网络媒体的发展,除了面临媒体内容监管的经典问题,如未成年人保护、分离要求和维护多样性或媒体集中控制等经典问题外,传播政策还面临许多新问题:

确保网络接入和全面覆盖,以防止社会出现数字鸿沟(Digital

Divide），所有网络供应商的市场准入和公平使用条款（网络中立）[①]，发展具有全球竞争力的产业结构，版权保护，同时考虑成本低且不损失质量的可复制性及近乎匿名交流的可能性，保护隐私和个人数据，它们几乎是自动生成的，至今为止的新闻参与者和竞争的角色，特别是公共服务广播的角色和职能任务，新的具有战略地位的市场参与者的角色，特别是市场地位和搜索引擎的程序透明度。

有效监管的另一个交叉问题是在线传播的国际特性：如果可以从适用其他标准的国家/地区获得在线产品，则在青年保护、个人荣誉等媒体特定问题上执行德国标准和法律似乎没有多大帮助。国际制度，即全球统一的法规，很难执行；如果有的话，也只能在长期内执行；对国家监管规定执行不足的忧虑相应也很大。因此，来自电信领域（国际电信联盟）、著作权法（世界知识产权组织）和世界贸易组织（WTO）的国际政治组织也声称拥有监管权，而联合国教科文组织也试图通过信息社会世界峰会来消除全球数字鸿沟。（参见Donges和Puppis 2010，第85–89页和Berghofer 2017）。

对德国在线媒体监管影响更大、更重要的是欧盟，它已经在电信行业的全面放松管制、媒体内部市场的集中控制和广播政策方面发挥了关键作用，并成功取得在网络媒体方面的权限：2001年发布了电子商务指令，2007年将原电视指令扩大和修订为视听媒体服务指令（AVMS指令），已生效。自2016年以来，计划在欧洲层面进一步放宽电视广告的规定：广告时间不再限制每小时20%（12分钟），而是改为从早上7点到晚上11点的总播放时间的20%，最多不超过

[①] 该术语是在2002年创造的，且显得越来越重要，因为一些运营商希望令自己的内容产品（并阻止竞争）享受特权，或根据连接速度调整价格。相关辩论，请参见Scheithauer（2016）。

320分钟,但可以自由安排时段。此外,允许节目每 20 分钟(以前为 30 分钟)中断一次,用以播放广告。基于互联网的视频点播平台应提供至少 30% 的欧洲作品。[①] 成员国的国家法律必须执行这些要求。新版欧盟指令预计在 2017 年或 2018 年发布。

受德国联邦议院所托,一个由议员和专家组成的"互联网和数字社会"调查委员会在 2010 年到 2013 年间开展工作,并提出了一些监管问题及建议,包括"文化、媒体和公共领域"的主题(参见 Deutscher Bundestag 2013)。除了上述问题之外,调查委员会还指出,在趋同的条件下,联邦和州政府目前在部门媒体监管方面的权限分配存在问题,并且至少需要一个联合协调办公室(在联邦网络局、联邦卡特尔办公室和联邦州媒体管理局之间),即一个新的机构。2013 年提出的建议是摆脱媒体集中法以广播为中心的性质,而是考虑到与公众舆论的相关性,更多地考虑门户、平台和网络媒介,除了搜索引擎和社交网络服务外,还包括电子市场(如 ebay)、博客、应用程序门户(iTunes、Google Play)以及预订、评级、价格比较门户和特定主题社区等。调查委员会倾向于支持加强新闻自由,例如保护新闻博客的线人以及匿名和匿名在线交流的可能性。关于仇恨言论的监管,专家们认为现有的刑法规定已经足够,这与 2017 年通过的 NetzDG 特别法形成鲜明对比(见下文)。公法机构的作用也是一个有争议的话题,特别是电信媒体授权的范围和角色,以及订阅媒体档案的强制删除内容相关的事项(参见 die Dokumentation der

---

[①] 参见 epdmedienaktuellNr.99a,25.05.2016;www.heise.de/newsticker/meldung/Video-Streaming-EU-Ministerrat-beschliesst-30-Prozent-Quote-fuer-Netflix-Co-3725337.html[14.08.2017] 及 HBI(2017,S.56,67)。

Projektgruppenempfehlungen in epd 2013，30–37页）。

4.5.3.1.1 核心法律依据

德国现行的关于在线媒体的核心法律基础是《广播和电信国家条约》、《青少年媒体保护国家条约》和2007年取代《信息和通信服务法》或《电信服务法》的《电信媒体法》[1]。这三项法律行为都将欧盟的要求纳入了考虑。

《电信媒体法》主要规范技术和经济问题，而各联邦州的国家条约则为（线性呈现的）广播和非线性的互联网媒体服务制定了与内容相关的要求。电信媒体（以前的传媒服务）被立法者消极地定义为不属于广播（在编辑策划的线性演示的意义上）或远程沟通（在个人通信的意义上，例如通过电话、传真或电子邮件）的产品。与广播相反，电信媒体供应商不需要许可证或注册。然而，根据德国《电信媒体法》（TMG），提供服务的商业运营商有透明度和信息义务（类似于新闻界的信息公开义务），搜索引擎也包括在其中；广告必须是可识别的，《电信媒体法》也规定了第三方内容的责任：与信件类似，如果电信服务供应商不知道该内容的非法性，即使他出于技术原因暂时存储了该内容（缓存），电信服务提供商不需对传输的数据负责。

当前第19版(2017年1月1日)的《广播和电信国家条约》(RStV；第Ⅵ节)也包含关于"不仅限于服务于个人或家庭目的……的新闻编辑策划的产品"的规定（第54-55条），即新闻在线媒体。除了信息公开义务之外，还进一步规定了新闻法律的标准，例如新闻注意义务、回应报道的权利、编辑数据保护、广告和编辑内容的分离以及对

---

[1] 电子签名法作为单独的法律仍然有效。

潜意识广告的禁令等。与保护未成年人一样，这些问题的监督权在于联邦州媒体管理局。特殊规定适用于公共服务广播公司的电信媒体产品：它们只能提供新闻编辑产品，其中不得包含全面的区域性本地报道或任何广告或赞助。明确禁止的，包括分类门户、产品评级和社交联系门户或婚介门户、商业登记、投注和路线规划。音乐、照片和视频下载，以及游戏、聊天和论坛，必须与节目有具体的联系，并附上编辑说明（第11条和附件RStV）。在线媒体库提供的广播节目和内容也受到监管：节目和相关的补充内容可以保留7天使用，或者某些体育赛事只能提供24小时使用。只有当代和文化历史内容才能无限期在线（§11d）。公共部门的所有其他电信媒体产品必须首先通过所谓的三阶段测试，由外部专家检查产品是否"满足社会的民主、社会和文化需求"，是否"在质量方面对新闻竞争作出贡献"及"所需哪些必要的财务支持"（§11 f RStV）。根据报告和广播公司采用的电信媒体概念，广播委员会决定在线产品的可接受性。有了这个复杂的法规，出版商的利益和欧盟的要求（国家援助法和职能授权）在传播政策方面都得到了考虑。

在线和广播传播的平台和中介拥有特殊的重要性，因此RfStV（第2,52条）规定：作为平台的组织，不仅转发数字广播节目或类似的、与新闻相关的电信媒体产品，而且还将它们捆绑成数据束、数据包等。尤其是在封闭的数字网络（平台运营商可单独决定产品）中，这些服务被认为与意见相关。因此，立法机构可以使用"必须进行"或"必须提供"的规定来确保必须提供某些节目（例如公法的），并且不得进行没有根据的产品歧视（例如由于竞争原因的）。开放式的平台几乎允许所有人提供基于网络的内容（例如YouTube），因此需要限制

第四章 大众传媒

较小的监管。在媒体法中，中介机构越来越多地被理解为通过算法选择、聚合和营销内容的机构，例如搜索引擎。[1]

根据《青少年媒体保护州际协议》(JMStV)，如果电信媒体是极端主义宣传工具，煽动仇恨、暴力、歧视和刑事犯罪，或者如果它们轻视或颂扬纳粹罪行、暴力、战争和不人道，或以其他方式伤害人类尊严，则这些媒体"不被允许"。网络媒体不得向儿童和青少年"展示不自然的性别敏感的姿势"，也不得包含已被青少年有害媒体联邦审查处 (BPJM) "列入索引"的媒体内容。"妨碍发展"的电信媒体可以"妨碍儿童和青少年发展成为自立的和有社会能力的人"。它们没有被禁止，但儿童和年轻人不准访问，即仅可在具有密码和年龄验证系统的封闭用户组中使用。自律机构的任务是检查此类年龄验证系统的功能。

电信媒体的提供者，如果提供可能会损害发展并因此受到年龄限制的内容，可以根据电影电视自愿自律控制处或《青少年保护法》公布的年龄组（6、12、16、18 岁）进行发布，或也可按 FSK 的具体的年龄分组（对于类似电视的在线节目，FSF 也有提供）进行标记。青少年媒体保护委员会认可的青少年保护程序，即用户安装的过滤软件，其中一些也带有所谓的白名单和黑名单[2]，可以识别这些内容，然后根据设置的年龄组不在电脑显示。

由于联邦法院（2013 年）和欧洲法院（2014 年）的判决，搜索引擎运营商必须保护人格权，尽管它们仅和在网上可用的内容有关：

---

[1] 关于在相应的联邦及联邦州委员会或联邦州广播小组圈子内尚未完成的概念形成和监管讨论，另请参阅 Seufert 和 Gundlach（2017 年，第 266–267 页）。
[2] 即无害列表（白名单）或问题列表（黑名单）的内容。

德国联邦最高法院的裁决涉及自动联想功能。用户在搜索字段中键入时会弹出填充建议，例如为生成损害相关人士名誉的上下文。欧洲法院的裁决涉及被遗忘的权利，该权利在2016年欧盟通用数据保护条例（GDPR第17条）中也发挥了作用。[1] 人们可以提交申请，阻止搜索引擎列出指向对其声誉有害的内容的链接。这里与链接内容的真实性的审查无关，法院不按新闻法程序的规定进行权衡。判决和实施取决于搜索引擎运营商（参见 HBI 2017，第80-81页。）

在2017年联邦竞选活动的背景下，由于社交网络媒体上一场关于右翼民粹主义和排外情绪的激烈公开讨论，德国联邦政府非常匆忙地推出了备受争议的《网络执行法》（NetzDG）。所谓的假新闻和仇恨言论（后者根据刑法和《电信媒体法》（§10 TMG）无论如何都是相关的）应该由社交网络媒体（例如脸书）的运营商从互联网上删除。这样，国家正在将对（可能的）犯罪内容的事后审查转移给私营公司，后者由于受到高额罚款的威胁，将在有疑问的情况下执行更严格的，但有很大的法律不确定性（因为没有宪法程序来进行内容评估）的审查。许多人认为这种对通信自由的限制是有问题的，并且可能会违反宪法和欧洲法律。[2]

4.5.3.1.2 共同监管机构

青少年媒体保护委员会（KJM）由联邦州媒体管理局的代表和各

---

[1] 参见 Verordnung (EU) 2016/679 des Europäischen Parlaments und des Rates vom 27. April 2016 zum Schutz natürlicher Personen bei der Verarbeitung personenbezogener Daten, zum freien Datenverkehr und zur Aufhebung der Richtlinie 95/46/EG; http://eur-lex.europa.eu/legal-content/DE/TXT/PDF/?uriOJ:L:2016:119:FULL&fromDE [28.08.2017]。这项基本规定也将在2018年生效后直接成为国家法律，因此不必像欧盟指令那样转化为国家法律。

[2] 参见 Schulz (2017) 及 epd medien aktuell, Nr 20, 19.05.2017。

第四章 大众传媒

州和联邦政府提名的专家组成。根据《青少年媒体保护州际协议》，该委员会也对网络媒体负责（参见第4.4.3节）。KJM将多媒体服务提供商自愿自律协会（FSM）视为自律机构。该协会成立于1997年，由成员企业资助，补充了国家机构jugendschutz.net（各联邦州的青年部、联邦州媒体管理局及KJM），开展媒体教育培训课程，提升媒体能力，并有助于实际实施JMStV的通常非常抽象的法律和国家条约规范。自我监管的要素首先在于投诉程序，因为FSM不是国家机构，而是调解用户和提供者之间利益的机构。通过其投诉办公室和投诉委员会，它提供了一个用于庭外澄清和补救（反应性程序）的联络点，并通过其专家委员会向供应商就当前的青少年保护问题提供建议。这些问题因应媒体的动态发展而变化，通常快于立法者的理解速度。JMStV规定（第七条），远程媒体运营商原则上有义务任命一名青少年保护受托人，并为其工作提供资金。较小的远程媒体供应商（50名员工以下或每月少于1000万用户）如果是FSM等公认的自我监管机构的成员，则可豁免。

自2005年起，针对搜索引擎供应商的行为准则生效；自2007年起，也针对聊天供应商；自2009年起，针对社交社区供应商的行为准则生效，约束协会成员：[1] 搜索引擎应提供有关其工作方法的透明信息，标记赞助网站或链接，不显示任何被BPjM（青少年有害媒体联邦审查处）索引登记的网络链接，并"谨慎"处理用户数据。上午10点至晚上10点之间的聊天应进行规范，并应通过"脏话"列表排除淫秽语言。

---

[1] 参见 www.fsm.de/de/selbstverpflichtungen#A4_1[24.08.2017]。

2016年，多媒体服务提供商自愿自律协会（FSM）共收到4644起投诉，其中评估约有1300起涉及儿童色情，另外100起涉及青少年色情。内容不仅托管在德国，而且也托管在美国、俄罗斯和荷兰，因此FSM通过其国际网络(INHOPE)开展工作。右翼极端主义内容占据了6%的投诉（参见FSM 2017，第33-35页）。尽管FSM的建议和决议仅对成员企业具有约束力，但其补救措施要求的影响力超出这个范围之外。毕竟，大型服务和内容供应商，例如德国电信、德国有线/沃达丰、雅虎、谷歌、脸书、微软及私营广播和电信媒体协会（VPRT或VAUNET）都是成员。[①] 只要不展示色情内容，对青少年有害的内容不会在互联网上禁止，但不得让青少年和儿童访问。因此，最重要的是对产品进行分级，尤其是引入年龄分级系统，有效防止18岁以下用户访问此类内容。自2011年起，由电影业组织的FSK也为网站运营商提供青少年保护检查和建议（参见epd 25.10.2011，第3-4页），"fsk.online"现在也得到了KJM的认证。

行业协会BITKOM、eco及BVDW在网络媒体领域扮演着进一步的治理角色：

BITKOM代表IT、电信和新媒体领域的2400多家公司，涵盖从跨国公司到中型公司。根据其自述，成员企业生产1400亿欧元，出口商品价值500亿欧元。[②]

联邦数字经济协会(BVDW)代表广告和营销机构的企业利益。

作为德国互联网行业的行业协会，eco e. V. 对政客代表互联网

[①] 列表参见：www.fsm.de/de/mitgliedschaft#A2_2 [24.08.2017].
[②] 参见 www.bitkom.org/Bitkom/Organisation/Die-Bitkom-Gruppe/[24.08.2017].

服务和内容供应商以及电子商务供应商的利益。[1] 该协会与多媒体服务提供商自愿自律协会（FSM）共同使用联合投诉处 (http://www.internet-beschwerdestelle.de/)，所有在线媒体用户都可以使用。

4.5.3.2 市场结构和市场准入壁垒

在线媒体市场在技术上是一个全球市场，也就是说，产品供应原则上可以在国际范围内获取，除非像伊朗这类国家出于政治原因而明确阻止，或者由于经济状况（以及相关的基础设施不足）导致技术上无法获取。与此同时，对发展和经济政策的希望往往与"互联网"联系在一起，而这在经验上似乎并不总是十分有效：互联网行业在德国的年销售额为1110亿欧元，其直接经济重要性估计占价值创造（国内生产总值）的4.7%（参见BMWi 2016，第7页），但几乎所有经济部门的数字化所带来的间接影响，以及其增长动力，却要高得多。

有时被称为"地球村"，或在意识形态上被夸大为参与机会均等的民主世界社会的全球市场，实际上却是区域集中非常明显。这既影响了供应商结构，也影响了用户一方：在发达或富裕的工业社会和服务社会，尤其是美国，大多数互联网提供商的主机都在这里注册，并且用户数量相对最多。在全球范围内，由于经济和基础设施的不平等，存在"数字鸿沟"（Digital Divide），因为在线媒体基于高效的电信结构，需要有广告或其他来源的融资。德国拥有大约1.23亿个IP地址，排名第五，仅次于英国，而人口众多且经济实力雄厚的国家美国（46亿个地址）、中国和日本处于领先地位。尤其是非洲国家和一些中亚国家，它们拥有的地址数量明显少于其人口的比例。[2] 就互联网接入

---

[1] 参见 www.eco.de/about.html [06.06.2017].
[2] 来源：http://research.domaintools.com/statistics/ip-addresses/ [24.08.2017].

的相对普及率（人均）而言，德国在欧洲仅处于中上游，但它代表了欧洲最大的子市场：约84%的14岁以上的德国人至少很少使用在线媒体，4510万人或65.1%每天使用，而60岁以上的人使用在线媒体的频率明显降低（参见 Media Perspectives Basic Data 2016，第81页）。

4.5.3.2.1 在线传播子市场

互联网基础设施、接入和服务提供（包括租用和托管）市场的特点是垂直整合战略。互联网基础设施、接入和服务提供（包括托管和住房）市场的特点是垂直整合战略。互联网基础设施、接入和服务提供（包括托管和住房）市场的特点是垂直整合战略。这导致了垂直集中结果，即主要互联网连接（骨干网）的大型电信集团和运营商也提供互联网接入和服务提供。德国的移动宽带接入也由移动电话运营商德国电信、沃达丰和西班牙电信主导（参见 eco 2015，第28页），与固定网络运营商和互联网服务提供商的重叠和相互关系非常明显。

除了音乐、游戏以及（某种程度上）视频之外，大众媒体产品主要是基于文本的，或者说，只有接收者至少能够经过外语学习而理解其语言，才能充分发挥其传播效用。这在事实上导致了新闻在线媒体的区域和国家细分市场。从新闻的角度来看，核心问题是内容提供商的市场是如何构成的，以及它是否为多元化的产品提供了先决条件。进入市场的技术和经济壁垒是革命性地低微，因为几乎任何人都可以开设脸书页面或进行博客交流，而无需特殊的技术专长或重大投资。事实上，数十万人开设了博客，数量多不胜数，也因为一些"死文件"根本没有流量。估计并往多里预测，目前德国博客在50000到200000

之间，[1] 其中还包括媒体编辑或记者的个人博客以及公司和组织的博客（企业博客）。大量博客服务于特殊或私人利益，即与新闻媒体相比，它们不追求新闻价值。因此，意见的形成是否真的存在显著的"长尾"效应值得怀疑，即内容（主题和意见）的多样性实际上随着供应的增加而增加。

实际情况可以用注意力经济性的"新闻悖论"来描述：发表越容易，则被发表的越多。然而，由于人类的注意力和可信度不能无限地产生和增加，所以发表的内容被公众注意到的机会急剧下降。孤立的接收可能性已经相对很小了，就更不可能导致公开的后续沟通了。

表 4.25 德国的万维网使用情况

（来源：http://ausweisung.ivw-online.de/[24.08.2017]）

（来源：http://ausweisung.ivw-online.de/index.php?i=116&mz_szm=201707&az_filter=0&kat1=9&kat2=0&-kat3=0&kat4=0&-kat5=0&kat6=0&kat7=0&-kat8=0&sort=kvd&suche= [24.08.2017]）

网站服务	来源	访问量，百万 (04/2017)
T-OnlineContent	门户	182
Bild.de	媒体	160
ebay	门户	142
SpiegelOnline	媒体	90
ebay Kleinanzeigen	门户	89
wetter.com	天气	78

---

[1] 参见 www.deutschlandfunk.de/blogger-in-deutschland-publizistisch-meist-kaum-relevant.761.de.html?dram:article_id=327760; buggisch.wordpress.com/2016/02/23/wie-viele-blogs-gibt-es-in-deutschland/ [24.08.2017].

续表

网站服务	来源	访问量，百万 (04/2017)
Focusonline	媒体	64
Weltonline	社交媒体	50
Wetteronline	社交媒体	42
wetter.de	社交媒体	41

从新闻媒体经济学中，我们早就知道，大量的供应商和供给并不能保证新闻的多样性；这是一个有用但并非充分的条件。这也适用于在线媒体和博客圈，它们对公共传播的直接贡献可能小于其间接贡献——例如通过在新闻搜索时使用博客。如果对足够大的受众范围和参与公众舆论形成的结构定一个常见的标准，那么博客只扮演一个边缘角色。看看专业的网络供给，则发现大量供给反映了大型媒体集团的跨媒体策略。它们必须优化他们的影响力（特别是针对年轻的目标群体），以产生广告收入。因此，在线媒体会趋向增加新闻集中度（参见 KEK 2010，第 49-52 页；Trappel 2007，第 64-66 页）。表 4.25 包含 2017 年 8 月的使用统计信息，时间虽短，但展示了一个典型的模式[1]：影响力很大的是对日常生活有帮助的门户网站和实用信息（天气），以及来自知名媒体来源的即时政治信息。然后是门户网站、所谓的社交媒体提供商和谷歌搜索引擎。从新闻质量和多样性的角度可以看出，由于商业触达逻辑，很大一部分在线广告收入并没有使新闻在线媒体受益，而是给了谷歌（2016 年全球广告收入约为 640 亿美元，

---

[1] 参见 HBI (2017, S.74) 含多年纵览。

第四章　大众传媒

所有谷歌网站）[1]和脸书（仅2017年第二季度的全球广告销售额约为93亿美元），[2]尽管它们本身并不提供搜索、新闻报道及评论等意义上的真正的新闻服务。也就是说，广告收入不是简单地从新闻和广播媒体转移到网络媒体，而是新闻媒体完全迷失了。

搜索引擎市场拥有超过2500个搜索引擎，显示了庞大的体量，尽管只有大约240个通用搜索引擎是可用的。[3]尽管如此，谷歌作为市场领导者拥有超过90%的市场份额，并因此占据战略地位：[4]未在谷歌上列出的产品（事实上是搜索结果的第一页）几乎没有机会被公众注意到。谷歌的广告融资和搜索缺乏透明度，这点一再引发对其中立性的质疑，在许多其他方面也存在争议；针对强大的市场地位及谷歌对其的滥用，欧盟发起了一项反垄断调查，并在2017年以创纪录的24.2亿欧元罚款结束。[5]

近年来，在线广告市场增长非常强劲，在很大部分是取替传统媒体而获得的，并在2016年实现了15.1亿欧元的净营业额。[6]搜索引擎广告（搜索结果列表上的付费展示位置）和广告视频（作为前贴片广告PreRoll）是重要的广告形式。图像形式的广告（例如横幅和按钮）

---

[1] 来源：https://de.statista.com/statistik/daten/studie/75181/umfrage/werbeumsatz-der-google-web-sites-seit-2001/ [24.08.2017].

[2] 来源：de.statista.com/statistik/daten/studie/223277/umfrage/umsaetze-von-facebook-nach-seg-ment-quartalszahlen/ [24.08.2017].

[3] 来源：http://www.suchlexikon.de/ [24.08.2017].

[4] "必应"以超过8%的份额占据第二位，参见https://seo-summary.de/suchmaschinen/ [24.08.2017].

[5] 参见www.spiegel.de/netzwelt/netzpolitik/google-vs-eu-kartellwaechter-folgen-der-rekordstra-fe-a-1154698.html [24.08.2017].

[6] 参见http://zaw.de/zaw/branchendaten/nettoumsatzentwicklung-der-werbetraeger/ [24.08.2017].

正在消减，而最重要的是基于社交媒体的广告（例如通过 YouTube 进行的网红营销）以及移动应用程序和增长市场应用的广告（参见 BVDW 2017，第 6-13 页）。除了 Media Impact 等专门的在线营销商外，主要出版商（Bauer、Burda、古纳亚尔）、广播公司（或其广告营销商，如 SevenOne Media 或 IP Deutschland）在线广告营销中发挥着主导作用（参见 BVDW 2017，第 18 页）。除了展示广告之外，分类广告市场也发展到了网上，而日报却在很大程度上错过了这一趋势，让位给了前者。

对于内容提供市场来说，值得一提的市场进入壁垒是由于技术要求高、多代码和（可能的）最新的媒体产品导致的高额首次副本成本，但同时其收入模式至今非常有限。成功的市场营销的先决条件是获得大量用户，这对于（"线下"媒体世界）知名的媒体品牌来说，是最容易实现的。由于信用品（Credence good）和经验品（Experience Good）的特性及网络上缺乏质量标准和控制的事实（因为几乎任何人都可以在那里发布），所以成熟的媒体品牌成为一项核心资产。《明镜周刊》和《图片报》的例子表明，市场进入壁垒被引入到一个新的市场。

除了老"玩家"外，在线上形成了具有相当市场力量的新公司，尤其是谷歌。这个美国集团不仅在德国（及许多其他国家）运营着最成功的搜索引擎（市场份额超过 90%），而且还是广告市场的领导者。谷歌还在开发其他在线服务，其中一些在法律上存在争议，有的是由于版权、成果保护权和利用权（GoogleBooks、GoogleNews），有的是由于数据保护方面的原因（Google Streetview、Google+）。

4.5.3.3 市场发展

在过去的二十年中,互联网作为在线媒体的载体媒介的扩散,以及各种在线媒体的实际使用,在德国都经历了非常强劲的增长。这种外部增长已经明显放缓,也就是说,出现了天花板效应:现在不上线的,都有自己的理由。然而,市场增长可能来自其他来源,即集中的使用,特别是通过新的产品供应或便利功能(例如移动设备和针对其优化的产品供应和服务)。电子书的(至今仍较缓和的)推广、已经非常成功的(最初是非法,现在也有合法的)音乐和视频下载以及流媒体极大地促进了在线媒体市场的发展。网络媒体在整个广告和媒体使用市场中的市场份额趋向增加。然而,在某些情况下,这只是旧的模拟产品被新的数字销售渠道所取代,而新闻的产品供应,以及在趋势上包括供应商公司,也保持不变。因此,对于一个已经高度分化,且在全球比较中相对自由的(如德国)传媒体系来说,从多样性和参与度的角度来看,在线媒体的新闻附加值被控制在可管理的范围内。

4.5.4 总结:结构特征

在线媒体以多模态和数字网络的方式工作,因为它们使用不同组合的各种符号类型,基于全球连接的数字电信网络基础设施,以及在不出现媒体断裂的情况下进行交流角色变化的可能性。在新闻方面,即对于公共传播和意见形成而言,个人贡献(用户生成的内容)是次要的;占主导地位的是专业媒体组织的超文本产品供应,主要是作为经编辑加工的"多媒体"网页,用于给观众提供信息、娱乐和建议。搜索引擎、社交网络服务和平台在意见相关方面越来越多地占据关键地位，因为它们选择、捆绑并传播大量产品供给。在功能上，互联网接入、服务和内容提供者，包括门户和搜索引擎的提供者，可以与作为在线媒体核心参与者的用户区别开来；此外，还有技术基础设施（电信网络、交换机、服务器等）和设备（服务器、电缆等）的运营商和制造商，以及技术服务提供商（租用、托管、计费系统）。

持续生产用于在线传播的编辑内容需要成本，该成本难以仅由媒体传统的广告或混合融资模式进行融资。会费和支付系统正在慢慢流行（付费内容），尤其是通过移动应用程序和产品；此外还有出售用户数据（数据挖掘）的收益。由于收入方面的问题，许多在线媒体提供商尝试使用低成本制作，即，他们只为在线编辑提供有限的资源，并采用自己公司（多次使用）或其他媒体（联合）的现有内容。

从新闻的角度来看，尽管技术和经济上的市场准入低门槛催生了大量产品供应，但选择性使用和内容重复使用的策略并没有丰富在线媒体的多样性，至少本质上没有远超出既有的媒体多样性。当然，由于商业优质媒体和有费用支持的广播公司采取跨媒体策略，网络上因此肯定有高质量的新闻产品。

从组织的角度来看，（新闻）网络媒体的主要特征可以概括为中观和宏观层面，如表4.26所示。

表 4.26 在线传播的组织

中观层面	由于跨媒体策略的，靠广告收入和"补贴"的专业在线产品
	质量尚可接受的付费内容
	平台和新媒介
	个人行为和档案数据作为商业模式
	可公开访问的、非专业或半专业的服务范围有限的同辈提供的内容
	法律上受限的公共服务产品

续表

宏观层面	多种在线产品供应 通过去中介化和再中介化重组价值创造链 传统媒体品牌和新"互联网公司"的市场主导地位 有限的新闻附加值 尽管市场准入门槛非常低，但市场集中度高

表 4.27 从制度化角度总结了网络媒体的结构特征。

表 4.27　在线传播的制度化

中观层面	国家准入自由和国际准入性 （社交）网络和（语义）链接 高选择度 不同供应商群体的不同标准 不同的专业程度 对版权和数据保护的怀疑（监控）
宏观层面	国家能力和国家或国际结构 欧盟指令、国家条约和联邦法律 市场模式、网络治理和共同监管（联邦州媒体管理局和自律机构） 网络中立 国际监管问题和机构

　　互联网和在线媒体不是法律真空，因为网络治理从一开始就建立起来了，在德国发展为一种特定形式的共同监管。技术基础设施和地址空间管理的问题掌握在私人的、部分是国际机构的手中。很多沟通和行为规范都是用户自己协商出来的，体现在网络礼节上。在德国，除了专门针对电信媒体的所有一般法律外，联邦各州还适用两部州际国家条约，即《广播和电信媒体国家条约》（RStV）和《青少年媒体保护州际协议》，以及联邦《电信媒体法》。这些法律或国际条约执行欧盟的视听媒体指令（AVMD）。负责未成年人保护的是联邦州媒

体管理局及其青少年媒体保护委员会（KJM）。后者负责认证多媒体服务提供商自愿自律协会（FSM）和 fsk.online 作为私人自愿自律机构。对于联邦州媒体管理局，除了联邦当局的 jugendschutz.net 外，还有青少年有害媒体联邦审查处（BPjM）。电信媒体的监管无需许可或注册，在许多方面与新闻监管相似，在某些方面与广播监管相似。在国际联网上，特别是在青年保护和政治极端主义领域，执法存在缺陷。除了提供者的平等访问权和所有内容的平等待遇（网络中立性）之外，传播政策讨论的在线媒体相关问题还包括全国覆盖的宽带接入、克服在线媒体有效使用方面仍然存在的社会不平等（数字划分）。此外，还有数据安全以及数据和消费者保护问题。

网络媒体的监管在很大程度上遵循市场经济的逻辑，导致经济和新闻高度集中。这种集中在搜索引擎中最为明显，因为谷歌占据该领域主导地位，且在许多其他在线领域也很活跃。公法广播机构的电信媒体业务受到比较严格的监管，需要组织批准；它们没有广告，且受时间限制，以在竞争中保护新闻出版商和私人广播公司。

网络媒体主题相关的重要来源和网站

• Beiträge zu vielen weiteren Aspekten der Onlinemedien enthält: Schweiger, Wolf- gang und Beck, Klaus (Hrsg.) (2018): Handbuch Online- Kommunikation. Wiesbaden: Springer VS

• Aktuelle Nutzungsdaten liefert jährlich die ARD/ZDF-Onlinestudie; ausgewählte Ergebnisse finden sich jeweils im Fachdienst Media Perspektiven sowie online unter: www.media-perspektiven.de

• Daten zur wirtschaftlichen Entwicklung bietet der Branchenverband eco auf seiner Website: www.eco.de

• Über Fragen des Jugendschutzes in den Onlinemedien informiert die Website der Freiwilligen Selbstkontrolle Multimedia-Diensteanbieter: www.fsf.de

法律、州际国家条约及欧盟指令

• Telemediengesetz: Telemediengesetz vom 26. Februar 2007 (BGBl. I S. 179), das zuletzt durch das Gesetz vom 21.07.2016 (BGBl. I S. 1766) m. W. v. 27.07.2016 geändert worden ist; online unter: https://dejure.org/gesetze/TMG [24.08.2017].

• Rundfunkstaatsvertrag (RstV):Staatsvertrag für Rundfunk und Telemedien (Rund- funkstaatsvertrag – RStV –) vom 31.08.1991, in der Fassung des Neunzehnten Staatsvertrages zur Änderung rundfunkrechtlicher Staatsverträge (Neunzehnter Rund- funkänderungsstaatsvertrag) in Kraft getreten am 01.10. 2016; online unter: www. die-medienanstalten.de/fileadmin/Download/Rechtsgrundlagen/Gesetze_aktuell/19_ RfAendStV_medienanstalten_Layout_final.pdf [07.05.2017].

• Jugendmedienschutz-Staatsvertrag: Staatsvertrag über den Schutz der Men- schenwürde und den Jugendschutz in Rundfunk und Telemedien (Jugendmedien- schutz-Staatsvertrag – JMStV) in der Fassung des Neunzehnten Staatsvertrages zur Änderung rundfunkrechtlicher Staatsverträge (Neunzehnter Rundfunkänderungs- staatsvertrag); online unter: http://fsf.de/service/downloads/jmstv/ [07.05.2017].

• AVMD-Richtlinie: RICHTLINIE 2010/13/EU DES EUROPÄISCHEN PARLA- MENTS UND DES RATES vom 10. März

2010 zur Koordinierung bestimmter Rechts- und Verwaltungsvorschriften der Mitgliedstaaten über die Bereitstellung audio- visueller Mediendienste (Richtlinie über audiovisuelle Mediendienste); online unter: http://eur-lex.europa.eu/LexUriServ/LexUriServ.do?uri=OJ:L:2010:095:0001:0024:-DE:PDF [13.12.2011]

文献

图书

Anderson, Chris. 2007. The Long Tail. Der lange Schwanz. München: Hanser.

Bellmann, Holger. 2009. Vertrieb und Auslieferung. In Ökonomie der Buchindustrie Herausforde- rungen in der Buchbranche erfolgreich managen, Hrsg. Michel Clement, Eva Blömeke, und Frank Sambeth, 177–190. Wiesbaden: Gabler.

Bez, Thomas. 2010. ABC des Zwischenbuchhandels. Herausgegeben vom Ausschuss für den Zwischen- buchhandel des Börsenvereins des deutschen Buchhandels, 6. Aufl. Frankfurt a. M.: Börsenverein.

BKM Der Beauftragte der Bundesregierung für Kultur und Medien, Hrsg. 2008. Medien- und Kommunikationsbericht der Bundesregierung 2008. Berlin: BKM.

Börsenverein des Deutschen Buchhandels, Hrsg. 2010. Buch und Buchhandel in Zahlen 2010. Frankfurt a. M.: MVB.

Börsenverein des Deutschen Buchhandels, Hrsg. 2016. Buch und Buchhandel in Zahlen 2016. Frankfurt a. M.: MVB.

Börsenverein des Deutschen Buchhandels, Hrsg. 2017. Buch und

Buchhandel in Zahlen 2017. Frankfurt a. M.: MVB.

Braun, Alexander. 2009. Buchbranche im Umbruch: Implikationen der digitalen Ökonomie. In Ökonomie der Buchindustrie. Herausforderungen in der Buchbranche erfolgreich managen, Hrsg. Michel Clement, Eva Blömeke, und Frank Sambeth, 273–290. Wiesbaden: Gabler.

Brunn, Torsten, und Eva Blömeke. 2009. Buchhandel. In Ökonomie der Buchindustrie. Herausfor- derungen in der Buchbranche erfolgreich managen, Hrsg. Michel Clement, Eva Blömeke, und Frank Sambeth, 191–204. Wiesbaden: Gabler.

Engel, Bernhard, und Lothar Mai. 2015. Mediennutzung und Lebenswelten. Media Perspektiven 2015(10): 427–441.

Gaubitz, Jürgen. 2015. Der deutsche Buchmarkt. www.verdi-bub.de/ndex.php?id 2265. Zugegrif- fen: 23. Dez. 2016.

Güntner, Joachim. 2009. Der Buchmarkt im Strudel des Digitalen. Aus Politik und Zeitgeschichte (APuZ) 2009 (42–43): 9–17.

Hagenmüller, Moritz, und Friederike Künzel. 2009. Print-on-Demand – Neue Chancen für Ver- leger und Autoren. In Ökonomie der Buchindustrie. Herausforderungen in der Buchbranche erfolgreich managen, Hrsg. Michel Clement, Eva Blömeke, und Frank Sambeth, 259–271. Wiesbaden: Gabler.

Heinold, Wolfgang Ehrhardt. 2009. Bücher und Büchermacher, 6. Aufl. Frankfurt a. M.: Bramann.

Hömberg, Walter. 2010. Lektor im Buchverlag. Repräsentative Studie über einen unbekannten Kommunikationsberuf. Konstanz: UVK.

Janello, Christoph. 2010. Wertschöpfung im digitalisierten Buchmarkt. Wiesbaden: Gabler.

Kerlen, Dietrich. 2006. Der Verlag. Lehrbuch der Buchverlagswirtschaft, 14. Aufl. Stuttgart: Haus- wedell.

Leipziger Messe. 2016. Zahlen, Daten, Hintergründe zur Leipziger Buchmesse mit dem größten Lesefest Europas – Leipzig liest. Leipzig: Messe Leipzig.

Lucius, Wulf D. v. 2007. Verlagswirtschaft. Ökonomische, rechtliche und organisatorische Grund- lagen, 2., neubearb. u. erw. Aufl. Konstanz: UVK.

Lucius, Wulf D. v. 2014. Verlagswirtschaft. Ökonomische, rechtliche und organisatorische Grund- lagen, 3., neubearb. u. erw. Aufl. Konstanz: UVK.

Mundhenke, Reinhard, und Marita Teuber. 2002. Der Verlagskaufmann. Berufsfachkunde für Kauf- leute in Zeitungs-, Zeitschriften- und Buchverlagen. Frankfurt a. M.: Societäts-Verlag.

Picot, Arnold, und Christoph Janello. 2007. Wie das Internet den Buchmarkt verändert. Ergebnisse einer Delphistudie. Berlin: Friedrich-Ebert-Stiftung.

Ridder, Christa-Maria, und Bernhard Engel. 2010. Massenkommunikation 2010: Mediennutzung im Intermediavergleich. Media Perspektiven 2010 (11): 523–536.

Robertz, Gerd. 2009. Online-Vertrieb von Büchern. In Ökonomie der Buchindustrie. Herausfor- derungen in der Buchbranche erfolgreich managen, Hrsg. Michel Clement, Eva Blömeke, und Frank Sambeth, 229–239. Wiesbaden: Gabler.

Schönstedt, Eduard. 1991. Der Buchverlag. Geschichte, Aufbau, Wirtschaftsprinzipien, Kalkulation und Marketing. Stuttgart: Metzler.

Stiehl, Ulrich. 1980. Der Verlagsbuchhändler. Ein Lehr- und Nachschlagewerk. Hamburg: Haus- wedell.

Wilking, Thomas. 2009. Marktübersicht und Marktentwicklung. In Ökonomie der Buchindustrie. Herausforderungen in der Buchbranche erfolgreich managen, Hrsg. Michel Clement, Eva Blö- meke, und Frank Sambeth, 27–42.

Wiesbaden: Gabler. Wirtz, Bernd W 2006. Medien- und Internet-management, 5., überarb. Aufl. Wiesbaden: Gabler.

Wort, V.G. 2015. Bericht des Vorstands über das Geschäftsjahr 2015. München: VG Wort.

期刊

Arndt, Helmut. 1967. Die Konzentration in der Presse und die Problematik des Verleger-Fernse- hens. Frankfurt a. M.: Metzner.

Akstinat, Björn, Lena Abring, und Ilona Kuzak. 2012. Fremdsprachige Publikationen in Deutsch- land. Berlin: IMH.

Baerns, Barbara. 1990. Journalismus und Medien in der DDR. Ansätze, Perspektiven, Probleme und Konsequenzen des Wandels. Königswinter: Jakob-Kaiser-Stiftung.

BDZV. 2016. Zeitungen 2016/2017. Hrsg. Bundesverband Deutscher Zeitungsverleger (BDZV).

Berlin: BDZV.

BDZV. 2017. Bundesverband Deutscher Zeitungsverleger. Zahlen – Daten – Fakten. In Zeitungen 2017/2018, Hrsg. Bundesverband Deutscher Zeitungsverleger (BDZV), 282–308. Berlin: BDZV.

Beck, Klaus. 1994a. Medien und die soziale Konstruktion von Zeit. Über die Vermittlung von gesellschaftlicher Zeitordnung und sozialem Zeitbewusstsein. Wiesbaden: Westdeutscher Verlag.

Beck, Klaus, Dennis Reineck, und Christiane Schubert. 2010. Journalistische Qualität in der Wirt- schaftskrise. Konstanz: UVK.

Berghofer, Simon, und Ramona Vonbun-Feldbauer. 2017. Adieu Publizistisch Einheit? Zur abneh- menden Validität eines pressestatistischen Standardmaßes. Eine empirisch fundierte Kritik und Weiterentwicklung. Unveröffentlichtes Extended Abstract, eingereicht zur DGPuK-Tagung 2018.

Bermes, Jürgen. 1991. Der Streit um die Presse-Selbstkontrolle: Der Deutsche Presserat. Eine Untersuchung zur Arbeit und Reform des Selbstkontrollorgans der bundesdeutschen Presse. Baden-Baden: Nomos.

BKM Der Beauftragte der Bundesregierung für Kultur und Medien, Hrsg. 2008. Medien- und Kommunikationsbericht der Bundesregierung 2008. Berlin: BKM.

Bohrmann, Hans. 1999. Entwicklung der Zeitschriftenpresse. In Mediengeschichte der Bundesre- publik Deutschland, Hrsg. Jürgen Wilke, 135–145. Weimar: Böhlau.

Börsenverein des Deutschen Buchhandels, Hrsg. 2010. Buch und

Buchhandel in Zahlen. Frankfurt a. M.: MVB.

Börsenverein des Deutschen Buchhandels, Hrsg. 2016. Buch und Buchhandel in Zahlen 2016. Frankfurt a. M.: MVB.

Börsenverein des Deutschen Buchhandels, Hrsg. 2017. Buch und Buchhandel in Zahlen 2017. Frankfurt a. M.: MVB.

Breunig, Christian, und Birgit van Eimeren. 2015. 50 Jahre „Massenkommunikation": Trends in der Nutzung und Bewertung von Medien. Media Perspektiven 2015 (11): 505–525.

Breyer-Mayländer, Thomas et al. 2005. Wirtschaftsunternehmen Verlag. Buch-, Zeitschriften und Zeitungsverlage, 3., überarb. u. erg. Aufl. Frankfurt: Bramann.

Bundesverband Presse-Grosso. 2011. Geschäftsbericht 2010. Köln. http://www.pressegrosso.de/ presse/downloads/publikationen.html. Zugegriffen: 16. Jan. 2011.

Bundesverband Presse-Grosso. 2016. Geschäftsbericht 2015. Köln. http://www.pressegrosso.de/ presse/downloads/geschaeftsberichte.html. Zugegriffen: 29. Dez. 2016.

Bundesamt, Statistisches. 2015. Statistisches Jahrbuch 2015 für die Bundesrepublik Deutschland. Wiesbaden: Statistisches Bundesamt.

BVDA. 2016. Bundeverband deutscher Anzeigenblätter. Repräsentative Studie zur Medialeistung der Anzeigenblätter in Deutschland. Berlin: BDVA. www2.wi-paper.de/book/read/id/0001D-595C6B596E7. Zugegriffen: 29. Dez. 2016.

Calagan, Nesrin Z. 2010. Türkische Presse in Deutschland. Der deutsch-türkische Medienmarkt und seine Produzenten. Bielefeld: Transcript.

Deutscher Presserat, Hrsg. 2016. Jahresbericht 2015. Berlin. www.presserat.de/fileadmin/user_ upload/Downloads_Dateien/Jahresbericht_2015_neu.pdf. Zugegriffen: 5. Jan. 2016.

Dewenter, Ralf, und Jürgen Rosch. 2015. Einführung in die neue Ökonomie der Medienmärkte. Eine wettbewerbsökonomische Betrachtung aus Sicht der Theorie der zweiseitigen Märkte. Wiesbaden: Springer Gabler.

Eisermann, Jessica. 1993. Selbstkontrolle in den Medien. Der Deutsche Presserat und seine Mög- lichkeiten, Discussion Paper FS III, 93–102. Berlin: WZB.

Engel, Bernhard, und Lothar Mai. 2010. Mediennutzung und Lebenswelten. Media Perspektiven 2010(12): 558–571.

epd. 2011a. Burda verlässt die Krisenzone – mehr als acht Prozent Umsatzwachstum. Evangeli- scher pressedienstmedien aktuell 2011 (112a): 3 (10.6.2011).

epd. 2011b. „Frankfurter Rundschau " baut 58 Stellen ab. Evangelischer pressedienstmedien aktuell 2011 (127a): 4–5 (5.7.2011).

epd. 2016. Verleger: Kartellrechtsnovelle sichert Pressevielfalt. Evangelischer pressedienst medien aktuell 2016 (219a).

epd. 2017. Presserat erhielt im vergangenen Jahr 1.851 Beschwerden. Evangelischer pressedienst medien aktuell 2017 (191a).

Frankfurter Allgemeine Zeitung. 2016. Wachstum mit Klatsch und

Tratsch. Frankfurter Allgemeine Zeitung, 23. September.

Glotz, Peter, und Wolfgang R. Langenbucher. 1968. Monopol und Kommunikation. Publizistik 13 (2–4): 137–179.

Groth, Otto. 1928. Die Zeitung. Das System der Zeitungskunde (Journalistik), Bd. 1. Mannheim: J. Bensheimer.

Günther-Kommission. 1968. Schlussbericht der Kommission zur Untersuchung der Gefährdung der wirtschaftlichen Existenz von Presseunternehmen und der Folgen der Pressekonzentration für die Meinungsfreiheit in der Bundesrepublik Deutschland. Bundestags-Drucksache V/3122.

Haas, Marcus. 2005. Die geschenkte Zeitung. Bestandsaufnahme und Studien zu einem neuen Pressetyp in Europa. Berlin: Lit.

Halm, Dirk. 2006. Die Medien der türkischen Bevölkerung in Deutschland. Berichterstattung, Nut- zung und Funktion. In Integration durch Massenmedien. Medien und Migration im internatio- nalen Vergleich, Hrsg. Rainer Geißler und Horst Pöttker, 77–92. Bielefeld: Transcript.

Hartung, Heinz-Eberhard. 1962. Die Konzentration im deutschen Zeitungs- und Zeitschriftenwe- sen. Publizistik 7 (1): 34–38.

Heinrich, Jürgen. 1994. Mediensystem, Zeitung, Zeitschrift, Anzeigenblatt. Medienökonomie, Bd. 1. Opladen: Westdeutscher Verlag.

Heinrich, Jürgen. 2001. Mediensystem, Zeitung, Zeitschrift, Anzeigenblatt, 2., überarb. u. akt. Aufl. Medienökonomie, Bd. 1. Wiesbaden: Westdeutscher Verlag.

Heinrich, Jürgen. 2002. Ökonomische Analyse des Zeitschriftensektors. In Zeitschriften und Zeit- schriftenforschung, Hrsg. Andreas Vogel und Christina Holtz-Bacha, Publizistik, Sonderheft 3/2002, 60–82.

Heinrich, Jürgen. 2010. Mediensystem, Zeitung, Zeitschrift, Anzeigenblatt, 3. Aufl. Medienökono- mie, Bd. 1. Wiesbaden: VS Verlag.

Holzweißig, Gunter. 1989. Massenmedien in der DDR, 2., vollst. überarb. Aufl. Berlin: Holzapfel.

Holzweißig, Gunter. 1991. DDR-Presse unter Parteinkontrolle. Kommentierte Dokumentation. Bonn: Gesamtdeutsches Institut.

Holzweißig, Gunter. 1997. Zensur ohne Zensor. Die SED-Informationsdiktatur. Bonn: Bouvier. IVW Informationsgememeinschaft zur Festtellung der Verbreitung von Werbeträgern. 2016. IVW-Geschäftsbericht 2015/2016. Berlin: IVW.

Kansky, Holger. 2010. Auf allen Plattformen – Verlage und ihre digitalen Geschäftsfelder. In Zei- tungen 2010/2011, Hrsg. Bundesverband Deutscher Zeitungsverleger (BDZV), 175–190. Ber- lin: BDZV.

KEK. 2015. Von der Fernsehzentrierung zur Medienfokussierung – Anforderungen an eine zeit- gemäße Sicherung medialer Meinungsvielfalt. Bericht der Kommission zur Ermittlung der Konzentration im Medienbereich (KEK) über die Entwicklung der Konzentration und über Maßnahmen zur Sicherung der Meinungsvielfalt im privaten Rundfunk. Leipzig: Vistas.

Keller, Dieter, und Christian Eggert. 2016. Print, digital & mehr – Zur wirtschaftlichen Lage der Branche. In Zeitungen 2016/2017, Hrsg.

Bundesverband Deutscher Zeitungsverleger (BDZV), 59–132. Berlin: BDZV.

Keller, Dieter, und Christian Eggert. 2017. Stammgeschäft und neue Märkte – Die wirtschaftliche Lage der Branche. In Zeitungen 2017/2018, Hrsg. Bundesverband Deutscher Zeitungsverleger (BDZV), 40–111. Berlin: BDZV.

Kisker, Klaus Peter, Manfred Knoche, und Axel Zerdick. 1979. Wirtschaftskonjunktur und Presse- konzentration in der Bundesrepublik Deutschland. München: Saur.

Knoche, Manfred. 1978. Einführung in die Pressekonzentrations- forschung. Berlin: Spiess.

Koszyk, Kurt. 1966. Deutsche Presse im 19. Jahrhundert. Berlin: Colloquium.

Koszyk, Kurt. 1972. Deutsche Presse 1914–1945. Berlin: Colloquium.

Koszyk, Kurt. 1986. Pressepolitik für Deutsche 1945–1949. Berlin: Colloquium.

Kötterheinrich, Manfred. 1965. Die Konzentration in der deutschen Presse. In Deutsche Presse seit 1945, Hrsg. Harry Pross, 76–97. Bern: Scherz.

Küthe, Alexandra. 2017. Printmedien und digitaler Wandel. Berlin: Wissenschaftlicher Verlag.

La Roche, Walther von. 2013. Einführung in den praktischen Journalismus. Mit genauer Beschrei- bung aller, Schweiz, 19., neu bearbeietet Aufl. v. Gabriele Hooffacker und Klaus Meier. Wiesba- den:

Springer VS.

Löffelholz, Martin, Hrsg. 2004. Theorien des Journalismus. Ein diskursives Handbuch, 2., vollst. überarb. u. erw. Aufl. Wiesbaden: VS Verlag.

Mahle, Walter A., Hrsg. 1992. Pressemarkt Ost. Nationale und internationale Perspektiven. Mün- chen: Ölschläger.

Maier, Klaus. 2002. Ressort, Sparte, Team. Wahrnehmungsstrukturen und Redaktionsorganisation im Zeitungsjournalismus. Konstanz: UVK.

Maisch, Andreas. 2011. Deutsche Sender? Nein, danke. Der Tagesspiegel, 31, 4. August.

Media Perspektiven Basisdaten. 2016. Daten zur Mediensituation in Deutschland 2016. Frankfurt a. M.: Media Perspektiven.

Meyen, Michael, und Anke Fiedler. 2011. Die Grenze im Kopf. Journalisten in der DDR. Berlin: Panama-Verlag.

Meyen, Michael, und Claudia Riesmeyer. 2009. Diktatur des Publikums. Journalisten in Deutsch- land. UVK: Konstanz.

Michel-Kommission. 1967. Bericht der Kommission zur Untersuchung der Wettbewerbsgleichheit von Presse, Funk/Fernsehen und Film – Michel-Kommission. Bundestags-Drucksache V/220.

Nebel, Ellen. 2011. Modernisierung grossomodo. Der Bauer-Verlag krempelt das Grosso-System um. epd medien 2011 (5): 4–6 (4.2.2011)

Nussberger, Ulrich. 1961. Dynamik der Zeitung. Stuttgart: Daco.

Nussberger, Ulrich. 1984. Das Pressewesen zwischen Geist und Kommerz. Konstanz: Universitäts- verlag.

Pasquay, Anja. 2011. Die deutschen Zeitungen in Zahlen und Daten. In Zeitungen 2011/2012, Hrsg. Bundesverband Deutscher Zeitungsverleger (BDZV), 3–38. Berlin: BDZV.

Pasquay, Anja. 2016. 60 Millionen – Zeitungsmarken erreichen fast jeden. In. Zeitungen 2015/2016, Hrsg. Bundesverband Deutscher Zeitungsverleger (BDZV), 158–171. Berlin: BDZV.

Pohlmann, Sonja. 2011. In 33 Kopien um die Welt. Der Tagesspiegel, 34, 19. Juni.

Pointner, Nicola. 2010. In den Fängen der Ökonomie? Ein kritischer Blick auf die Berichterstat- tung über Medienunternehmen in der deutschen Tagespresse. Wiesbaden: Springer VS.

Presse- und Informationsamt der Bundesregierung, Hrsg. 1994. Bericht der Bundesregierung über die Lage der Medien in der Bundesrepublik Deutschland 1994. Bundestags-Drucksache 12/8587, Bonn 20.10.1994.

Presserat, Deutscher, Hrsg. 2010. Jahrbuch 2010. Mit der Spruchpraxis des Jahres 2009. Schwer- punkt: Leserforen – Freiheit um jeden Preis? Konstanz: UVK.

Pürer, Heinz, und Johannes Raabe. 2007. Presse in Deutschland, 3., vollst. überarb. u. erw. Aufl. Konstanz: UVK.

Resing, Christian. 2010. Die Zeitungen in Deutschland – Tages-, Wochen- und Sonntagspresse im Überblick. In Zeitungen 2010/2011, Hrsg. Bundesverband Deutscher Zeitungsverleger (BDZV), 345–363. Berlin: BDZV.

Ridder, Christa-Maria, und Bernhard Engel. 2010. Massenkommunikation 2010: Mediennutzung im Intermediavergleich. Media Perspektiven 2010 (11): 523–536.

Röper, Horst. 1991. Die Entwicklung des Tagszeitungsmarktes in Deutschland nach der Wende. Media Perspektiven 1991 (7): 421–430.

Röper, Horst. 2010. Zeitungen 2010: Rangverschiebungen unter den größten Verlagen. Media Per- spektiven 2010 (5): 218–234.

Röper, Horst. 2012. Multimediale Anbieter- und Angebotsstrukturen auf lokaler Ebene. Media Per- spektiven 2012 (12): 648–662.

Röper, Horst. 2014. Zeitungsmarkt 2014: Erneut Höchstwert bei Pressekonzentration. Media Pers- pektiven 2014 (5): 254–270.

Röper, Horst. 2016a. Zeitungsmarkt 2016: Pressekonzentration erneut leicht gestiegen. Media Per- spektiven 2016 (5): 254–269.

Röper, Horst. 2016b. Fernseh- und Filmproduktion 2013 und 2014. Media Perspektiven 2016 (10): 512–525.

Röper, Horst, und Ulrich Pätzold. 1993. Medienkonzentration in Deutschland. Medienverflechtun- gen und Branchenvernetzungen. Düsseldorf: Europäisches Medieninstitut/Mediafact Series.

Röttger, Ulrike. 2002. Kundenzeitschriften: Camouflage, Kuckucksei oder kompetente Informa- tion. In Zeitschriften und Zeitschriftenforschung. (In Publizistik, Sonderheft 3/2002), Hrsg. Andreas Vogel und Christina Holtz-Bacha, 109–125. Wiesbaden: Springer.

Rühl, Manfred. 1979. Die Zeitungsredaktion als organisiertes soziales System. Bielefeld: Bertels- mann Universitätsverlag.

Rühl, Manfred.1980.Journalismus undGesellschaft.Bestandsaufnahme und Theorieentwurf. Mainz: v. Hase & Koehler.

Schmolke, Michael. 2002. Kirchenpresse. In Zeitschriften und Zeitschriftenforschung.(In Publizis- tik,Sonderheft 3/2002), Hrsg. Andreas Vogel und Christina Holtz-Bacha, 126–146. Wiesbaden: Springer.

Schneider, Beate. 1992. Die ostdeutsche Tagespresse – eine (traurige) Bilanz. Media Perspektiven 1992 (7): 182–186.

Schneider, Beate. 1999. Massenmedien im Prozess der deutschen Vereinigung. In Medienge- schichte der Bundesrepublik Deutschland, Hrsg. Jürgen Wilke, 602–629. Köln: Böhlau.

Schulze, Volker. 1994. Im Interesse der Zeitung. Zur Kommunikationspolitik des Bundesverbandes Deutscher Zeitungsverleger vom Ausgang der sechziger bis zum Beginn der neunziger Jahre. Medienwissenschaftliche Reihe, Bd. 2. Frankfurt a. M.: IMK.

Schulze, Volker. 2004. 50 Jahre Bundesverband Deutscher Zeitungsverleger. http://www.bdzv. de/50_jahre_bdzv.html. Zugegriffen: 10. Juni 2010.

Schütz, Walter J. 1963. Wettbewerbsbedingungen und Konzentrationstendenzen der deutschen Tages- zeitungen. Ergebnisse pressestatistischer Strukturuntersuchungen. Publizistik 8 (4): 363–379.

Schütz, Walter J. 2009a. Pressewirtschaft. In Lexikon Publizistik Massenkommunikation, Hrsg. Eli- sabeth Noelle-Neumann, Winfried Schulz, und Jürgen Wilke, 537–564. Frankfurt a. M.: Fischer.

Schütz, Walter J. 2009b. Deutsche Tagespresse 2008. Media

Perspektiven 2009 (9): 454–483.

Schütz, Walter J. 2012. Deutsche Tagespresse 2012. Media Perspektiven 2012 (11): 570–593.

Sjurts, Insa. 2005. Strategien der Medienbranche. Grundlagen und Fallbeispiele, 3., überarb. u. erw. Aufl. Wiesbaden: Gabler.

Springer, Axel. 1967. Deutsche Presse zwischen Konzentration und Subvention. Kieler Vorträge, Bd. Neue Folge 48. Kiel: Institut für Weltwirtschaft der Universität Kiel.

Stamm, Karl-Heinz. 1988. Alternative Öffentlichkeit. Die Erfahrungsproduktion neuer sozialer Bewegungen. Frankfurt a. M.: Campus.

Statistisches Bundesamt. 1996. Reihe 5 Presse. Fachserie 11 Bildung und Kultur. Stuttgart: Metzler- Poeschel.

Statistisches Bundesamt. 2015. Statistisches Jahrbuch 2015 für die Bundesrepublik Deutschland. Wiesbaden: Statistisches Bundesamt.

Steindl, Nina, Corinna Laurer, und Thomas Hanitzsch. 2017. Journalismus in Deutschland. Aktu- elle Befunde zu Kontinuität und Wandel im deutsche Journalismus. Publizistik 62(4), 401–424.

Stöber, Rudolf. 2000. Deutsche Pressegeschichte. Einführung, Systematik, Glossar. Konstanz: UVK.

Stöber, Rudolf. 2003. Medienstrukturen: Presse. In Öffentliche Kommunikation. Handbuch Kom- munikations- und Medienwissenschaft, Hrsg. Günter Bentele, Hans-Bernd Brosius und Otfried Jarren, 313–329. Wiesbaden: Westdeutscher Verlag.

Tillmanns, Lutz. 2010. Neue Themen – neuer Standort – neue Köpfe. In Jahrbuch 2010. Mit der Spruchpraxis des Jahres 2009. Schwerpunkt: Leserforen – Freiheit um jeden Preis?, Hrsg. Deutscher Presserat, 21–28. Konstanz: UVK.

Tonnemacher, Jan. 1996. Kommunikationspolitik in Deutschland. Eine Einführung. Konstanz: UVK.

VDZ (Verband Deutscher Zeitschriftenverleger), Hrsg. 2010. VDZ-Jahrbuch ' 10. Berlin: VDZ.

VDZ (Verband Deutscher Zeitschriftenverleger), Hrsg. 2015. Der Zeitschriftenmarkt Deutschland in Zahlen 2014 und Trend-Umfrage 2015. 36. VDZ-White Paper. Berlin: VDZ.

Vogel, Andreas. 1998. Die populäre Presse in Deutschland. Ihre Grundlagen, Strukturen und Stra- tegien. München: R. Fischer.

Vogel, Andreas. 2010. Zeitschriftenmarkt: WAZ-Gruppe schließt zu dominierenden Konzernen auf. Media Perspektiven 2010 (6): 296–315.

Vogel, Andreas. 2016. Publikumspresse: Neue Konzepte zur Sicherung des Kerngeschäfts. Media Perspektiven 2016 (6): 321–343.

Wassink, Ella. 2010. Entschließungen des Deutschen Presserats zu Themen von grundsätzlicher Bedeutung. In Jahrbuch 2010. Mit der Spruchpraxis des Jahres 2009. Schwerpunkt: Leserforen – Freiheit um jeden Preis?, Hrsg. Deutscher Presserat, 132–136. Konstanz: UVK.

Wehrle, Friedrich, und Holger Busch. 2002. Entwicklungen und Perspektiven im Markt der Publi- kumszeitschriften. Zeitschriften und Zeitschriftenforschung. In Publizistik, Sonderheft 3/2002, Hrsg. Andreas

Vogel und Christina Holtz-Bacha, 85–108.

Weischenberg, Siegfried, Maja Malik, und Armin Scholl. 2006. Souffleure der Mediengesellschaft. Report über Journalisten in Deutschland. Konstanz: UVK.

Weyand, Arno H. 2010. Der Deutsche Presserat: Geschichte – Struktur – Aufgaben – Arbeitsweise. In Jahrbuch 2010. Mit der Spruchpraxis des Jahres 2009. Schwerpunkt: Leserforen – Freiheit um jeden Preis?, Hrsg. Deutscher Presserat, 129–131. Konstanz: UVK.

Wilke, Jürgen. 2009a. Presse. In Lexikon Publizistik Massenkommunikation, Hrsg. Elisabeth Noelle Neumann, Winfried Schulz, und Jürgen Wilke, 459–500. Frankfurt a. M.: Fischer.

Wilke, Jürgen. 2009b. Pressegeschichte. In Lexikon Publizistik Massenkommunikation, Hrsg. Elisabeth Noelle-Neumann, Winfried Schulz, und Jürgen Wilke, 501–535. Frankfurt a. M.: Fischer.

Wilke, Jürgen. 2009c. Film. In Lexikon Publizistik Massenkommunikation, Hrsg. Elisabeth Noel- le-Neumann, Winfried Schulz, und Jürgen Wilke, 13–41. Frankfurt a. M.: Fischer.

Wirtz, Bernd W. 2006. Medien- und Internetmanagement, 5., überarb. Aufl. Wiesbaden: Gabler.

Wolff, Dietmar. 2010. In der Verantwortung – Die politischen und publizistischen Forderungen des BDZV. In Zeitungen 2010/2011, Hrsg. Bundesverband Deutscher Zeitungsverleger (BDZV), 21–29. Berlin: BDZV.

ZAW (Zentralverband der deutschen Werbewirtschaft). Hrsg. 2011.

Werbung in Deutschland 2011. Berlin: editionzaw.

ZAW (Zentralverband der deutschen Werbewirtschaft). Hrsg. 2016. Werbung in Deutschland 2016. Berlin: editionzaw.

ZAW (Zentralverband der deutschen Werbewirtschaft). Hrsg. 2017. Werbung in Deutschland 2017. Berlin: editionzaw.

电影

ARD (Arbeitsgemeinschaft der öffentlich-rechtlichen Rundfunkanstalten Deutschlands) 2010. ARD-Jahrbuch 09.

Birkel, Mathias, Oliver Castendyk, und Klaus Goldhammer. 2017. Transformation der Filmwirt- schaft. Media Perspektiven 2017 (6): 342–351.

BKM Der Beauftragte der Bundesregierung für Kultur und Medien, Hrsg. 2008. Medien- und Kommunikationsbericht der Bundesregierung 2008. Berlin: BKM.

Buchloh, Stephan 2005. „Intimitäten " und „gefährdungsgeneigte Jugendliche. " Über die Frei- willige Selbstkontrolle der Filmwirtschaft. In Handbuch Medienselbstkontrolle, Hrsg. Achim Baum et al., 65–77. Wiesbaden: VS Verlag.

BVV Bundesverband Audiovisuelle Medien. 2015. Video Market 2010. BVV-Business-Report. https://www.bvv-medien.org/fileadmin/user_upload/businessreports/JWB2015.pdf. Zugegrif- fen: 8. Sept. 2017.

BVV Bundesverband Audiovisuelle Medien. 2016. BVV Businessreport 2016. https://www.bvv-me- dien.org/fileadmin/user_upload/businessreports/JWB2016.pdf. Zugegriffen: 1. Dez. 2017.

Castendyk, Oliver. 2008. Die deutsche Filmförderung. Eine Evaluation. UVK: Konstanz.

Castendyk, Oliver, Martin Petric, und Elisabet Richer. 2015. Chancen und Herausforderungen des digitalen Kinos. Media Perspektiven 2015 (7–8): 352–360.

Duvvuri, Stefan A. 2007. Öffentliche Filmförderung in Deutschland. Versuch einer ökonomischen Erfolgs- und Legitimationsableitung. München: R. Fischer.

Egger, Andreas, und Birgit van Eimeren. 2016. Bewegtbild im Internet: Markt und Nutzung digita- ler Plattformen. Media Perspektiven 2016 (2): 108–119.

FFA Filmförderungsanstalt, Hrsg. 2011. Struktur der Kinosäle in der Bundesrepublik Deutschland 2001 bis 2009. Analyse zu Größe, Programm, Lage, Ausstattung, Service und Investitionen. März 2011. www.ffa.de/downloads/publikationen/kinosäle_brd_2001_2009.pdf. Zugegriffen: 8. Sept. 2011.

FFA Filmförderungsanstalt. 2016a. Geschäftsbericht 2015. Berlin: FFA.

FFA Filmförderungsanstalt. 2016b. Kino-Sonderformen. Ergebnisse der Jahre 2011 bis 2015. Ber- lin: FFA.

FFA Filmförderungsanstalt. 2017. FFA info Compact 2016. Berlin: FFA.

GfK Gesellschaft für Konsumgüterforschung. 2017. Der Home Video Markt im Jahr 2016. http:// www.bvv-medien.org/fileadmin/user_upload/

businessreports/JWB2016.pdf. Zugegriffen: 4. Apr. 2017.

Gregor, Ulrich, und Enno Patalas. 1976. 1895–1939. Geschichte des Films, Bd. 1. Reinbek: Rowohlt.

Hans-Bredow-Institut. Hrsg. 2008. Zur Entwicklung der Medien in Deutschland zwischen 1998 und 2007. Wissenschaftliches Gutachten zum Kommunikations- und Medienbericht der Bundes- regierung. Hamburg: Hans-Bredow-Institut.

Hass, Berthold H. 2009. Geschäftsmodelle von Filmproduktionsunternehmen. In Strategisches Management für Film- und Fernsehproduktionen. Herausforderungen, Optionen, Kompetenzen. Hrsg. Michael v. Hülsmann, und Jörn Grapp, 355–376, München: De Gruyter.

Haucap, Justus, Christiane Kehder, und Ina Loebert. 2015. Eine liberale Rundfunkordnung für die Zukunft. Eine ökonomische Untersuchung. Ein Gutachten im Auftrag von PROMETHEUS – Das Freiheitsinstitut gGmbH. Düsseldorf: Dice Consult.

Hoffmann, Hilmar. 1988. „Und die Fahne führt uns in die Ewigkeit."Propaganda im NS-Film. Frankfurt a. M.: Fischer.

Hülsmann, Michael, und Jörn Grapp, Hrsg. 2009. Strategisches Management für Film- und Fern- sehproduktionen. Herausforderungen, Optionen, Kompetenzen. München: Oldenbourg.

KEK. 2016. 18. Jahresbericht der KEK. Berlin: ALM.

Knorr, Andreas, und Christina Schulz. 2009. Staatliche Förderung der Filmwirtschaft in Deutschland. In Strategisches Management für Film- und Fernsehproduktionen. Herausforderungen, Optionen, Kompetenzen, Hrsg.

Michael Hülsmann und Jörn Grapp, 159–179. München: Oldenbourg.

KPMG. 2010. Filmförderung in Deutschland und der EU 2010. Förderarten und -Institutionen auf einen Blick. Berlin: KPMG.

Kracauer, Siegfried. 1984. Von Caligari zu Hitler. Eine psychologische Geschichte des deutschen Films. Frankfurt: Suhrkamp.

Myrrhe, Anke. 2011. Die Masse macht's. Der Tagesspiegel 14 (9): 21.

Schmidt-Matthiesen, Cornelia, und Bastian Clevé. 2010. Produktionsmanagement für Film und Fernsehen. Konstanz: UVK.

Sommer, Christian. 2009. Veränderungen in der Kinowertschöpfungskette durch das digitale Kino. In Strategisches Management für Film-und Fernsehproduktionen. Herausforderungen, Optio- nen, Kompetenzen, Hrsg. Michael Hülsmann und Jörn Grapp, 39–51. München: Oldenbourg.

SPIO Spitzenorganisation der Filmwirtschaft. 2016. Filmstatistisches Jahrbuch 2016. Zusammen- gestellt und bearbeitet von Wilfried Berauer. Baden-Baden: Nomos.

Turecek, Oliver, und Gunnar Roters. 2011. Videomarkt und Videonutzung 2010. Media Perspekti- ven 2011 (6): 311–320.

Turecek, Oliver, und Gunnar Roters. 2016. Home-Entertainment-Branche bleibt stabil. Media Per- spektiven 2016 (7–8): 383–391.

Wilke, Jürgen. 2009c. Film. In Lexikon Publizistik Massenkommunikation, Hrsg. Elisabeth Noel- le-Neumann, Winfried Schulz, und Jürgen Wilke, 13–41. Frankfurt a. M.: Fischer.

Wirtz, Bernd W. 2006. Medien- und Internetmanagement, 5., überarb.

Aufl. Wiesbaden: Gabler.

Wirtz, Bernd W. 2013. Medien- und Internetmanagement, 8., überarb. Auflage. Wiesbaden: Sprin-ger Gabler.

Wolf, Malthe. 2006. Ökonomische Erfolgsfaktoren privater Fernsehveranstalter. Eine empirische Analyse externer und interner Erfolgsfaktoren. München: r. Fischer.

Wulff, Hans-Jürgen. 2006. Film. In Lexikon Kommunikations- und Medienwissenschaft, Hrsg.

Günter Bentele, Hans-Bernd Brosius, und Otfried Jarren, 68–70. Wiesbaden: VS Verlag.

广播

ALM. 2011. Die Landesmedienanstalten – Jahrbuch 2010/2011. Landesmedienanstalten und priva- ter Rundfunk in Deutschland. Berlin: Vistas.

ALM. 2016. Jahrbuch 15/16. Die Medienanstalten Jahrbuch 2015/2016. Leipzig: Vistas.

ALM. 2017. Die Medienanstalten – Jahrbuch 16/17. Leipzig: Vistas.

ARD. 2010. Arbeitsgemeinschaft der öffentlich-rechtlichen Rundfunkanstalten Deutschlands. ARD-Jahrbuch 09 41.

ARD. 2011. Arbeitsgemeinschaft der öffentlich-rechtlichen Rundfunkanstalten Deutschlands. ARD-Jahrbuch 10 42.

ARD. 2016. ARD-Produzentenbericht 2015. Leipzig: Mitteldeutscher Rundfunk.

ARD, Hrsg. 2016. Bericht über die wirtschaftliche und finanzielle

Lage der Landesrundfunkan- stalten gemäß § 5a Rundfunkfinanzierung sstaatsvertrag (Finanzbericht). Frankfurt a. M.: ARD. http://www.ard.de/download/1015988/Bericht.pdf. Zugegriffen: 8. März 2017.

ASTRA, Hrsg. 2016. ASTRA aktuell, Nr. 3/2016.

Bär, Dorothee. 2016. Sie werden es nicht verhindern. Frankfurter Allgemeine Zeitung, 1.9.2016.

Bausch, Hans. 1980a. Rundfunkpolitik nach 1945. Erster Teil. Rundfunk in Deutschland, Bd. 3, Hrsg. Hans Bausch. München: dtv.

Bausch, Hans. 1980b. Rundfunkpolitik nach 1945. Zweiter Teil. Rundfunk in Deutschland, Bd. 4, Hrsg. Hans Bausch. München: dtv.

Beck, Klaus. 1994. Medien und die soziale Konstruktion von Zeit. Über die Vermittlung von gesell- schaftlicher Zeitordnung und sozialem Zeitbewusstsein. Wiesbaden: Westdeutscher Verlag.

Beck, Klaus. 2003. Elektronische Medien. In Öffentliche Kommunikation. Handbuch Kommunika- tions- und Medienwissenschaft, Hrsg. Günter Bentele, Hans-Bernd Brosius, und Otfried Jarren, 330–348. Wiesbaden: Westdeutscher Verlag.

Beck, Klaus, Susanne Voigt, und Jana Wünsch. 2006. Medienethische Qualitätskriterien für den Rundfunk. Analysen und Empfehlungen für den Rundfunk. Vistas: Berlin.

BLM (Bayerische Landeszentrale für Neue Medien) et al., Hrsg. 2016. Wirtschaftliche Lage des Rundfunks in Deutschland 2014/2015. Studie im Auftrag der Landesmedienanstalten. Goldme- dia GmbH. Leipzig: Vistas.

Böckelmann, Frank. 2006. Hörfunk in Deutschland.

Rahmenbedingungen und Wettbewerbssitua- tion. Berlin: Vistas.

Brautmeier, Jürgen, und Marc Jan Eumann. 2016. Wir müssen über die Zukunft des digitalen Radios reden. Frankfurter Allgemeine Zeitung, 15. April.

Breunig, Christian, und Birgit van Eimeren. 2015b. 50 Jahre „Massenkommunikation ": Trends in der Nutzung und Bewertung von Medien. Media Perspektiven 2015 (11): 505–525.

Buchwald, Manfred. 1999a. Öffentlich-rechtlicher Rundfunk: Institutionen – Auftrag – Pro- gramme. In Rundfunkpolitik in Deutschland. Wettbewerb und Öffentlichkeit, Hrsg. Dietrich Schwarzkopf, 316–407. München: dtv.

Buchwald, Manfred. 1999b. Fernsehen im Wettbewerb. In Rundfunkpolitik in Deutschland. Wettbe- werb und Öffentlichkeit, Hrsg. Dietrich Schwarzkopf, 615–642. München: dtv.

Bund-Länder-Kommission. 2016. Bericht Bund-Länder-Kommission zur Medienkonvergenz. https://www.bundesregierung.de/Content/DE/_Anlagen/BKM/2016/2016-06-14-medienkonver- genz-bericht-blk.pdf?blob publicationFile&v 3. Zugegriffen: 14. Aug. 2017.

Die Medienanstalten, Hrsg. 2016. Medienkonvergenzmonitor der DLM. MedienVielfaltsMonitor. Ergebnisse 1. Halbjahr 2016. Berlin: ALM.

Die Medienanstalten, Hrsg. 2017a. Contentbericht 2016. Forschung, Fakten, Trends. Leipzig: Vistas.

Die Medienanstalten, Hrsg. 2017b. Kommission für Jugendmedien- schutz. 7. Tätigkeitsbericht März 2015-Februar 2017. Berlin: Die

Medienanstalten.

Diller, Ansgar. 1980. Rundfunkpolitik im Dritten Reich. In Rundfunk in Deutschland, 2. Aufl., Hrsg. Hans Bausch. München: dtv.

Diller, Ansgar. 1999. Öffentlich-rechtlicher Rundfunk. In Mediengeschichte der Bundesrepublik Deutschland, Hrsg. Jürgen Wilke, 146–166. Weimar: Böhlau.

DIW ECON. 2016. Öffentlich-rechtlicher Rundfunk in einer konvergenten Medienwelt. Eine öko- nomische Analyse im Auftrag der ARD. Zusammenfassung. Berlin: DIW.

Dörr, Dieter. 2016. Das ZDF-Urteil des Bundesverfassungsgerichts und seine Folgen. In Der Rundfunk als privates und öffentliches Gut. 25 Jahre Institut für Rundfunkökonomie, Hrsg. Manfred Kops, 317–328. Leipzig: Vistas.

Donsbach, Wolfgang. 2009. Rundfunk. In Fischer Lexikon Publizistik Massenkommunikation, Hrsg. Elisabeth Noelle-Neumann, Winfried Schulz, und Jürgen Wilke, 593–650. Frankfurt a. M.: Fischer.

Dussel, Konrad. 1999. Deutsche Rundfunkgeschichte. Eine Einführung. UVK: Konstanz.

Eifert, Martin, und Wolfgang Hoffmann-Riem. 1999. Die Entstehung und Ausgestaltung des dua- len Rundfunksystems. In Rundfunkpolitik in Deutschland. Wettbewerb und Öffentlichkeit, Hrsg. Dietrich Schwarzkopf, 50–116. München: dtv.

EKM (Expertenkommission Neue Medien Baden-Württemberg). 1981. Bericht und Empfehlun- gen. Abschlussbericht, Bd. 1. Stuttgart:

Kohlhammer.

Engel, Bernhard, und Christian Breunig. 2015. Massenkommunikation 2015. Mediennutzung im Intermediavergleich. Media Perspektiven 2015 (7–8): 310–322.

Engel, Bernhard, und Lothar Mai. 2015. Mediennutzung und Lebenswelten. Media Perspektiven 2015 (10): 427–441.

epd. 2010. „Respekt vor dem Hörer." Evangelischer pressedienstmedien 2010 (44): 27–28 (9.6.2010).

Gangloff, Tilmann P. 2011. Beziehungsstress. Zur Zusammenarbeit von Sendern und Produzenten. Evangelischer pressedienst medien 2011 (26): 5–10 (1.7.2011).

Gattringer, Karin, und Walter Klingler. 2017. Wie Deutschland Radio hört. Media Perspektiven 9: 460–474.

Geuer, Emano. 2012. Das ist verfasungswidrig. Kritik am Rundfunkbeitrag. Frankfurter Allge- meine Zeitung 18 (12): 29.

Glotz, Peter, und Reinhold Kopp. 1987. Das Ringen um den Medienstaatsvertrag der Länder. Ber- lin: Spiess.

Goldhammer, Klaus. 1995. Formatradio in Deutschland. Konzepte, Techniken und Hintergründe der Programmgestaltung von Hörfunkstationen. Berlin: Spiess.

Hans-Bredow-Institut, Hrsg. 2008. Zur Entwicklung der Medien in Deutschland zwischen 1998 und 2007. Wissenschaftliches Gutachten zum Kommunikations- und Medienbericht der Bundes- regierung. Hamburg: Hans-Bredow-Institut.

HBI. Hans-Bredow-Institut, Hrsg. 2017. Zur Entwicklung der Medien in Deutschland zwischen 2013 und 2016. Wissenschaftliches Gutachten zum Kommunikations- und Medienbericht der Bundesregierung. Hamburg: Hans-Bredow-Institut.

Hege, Hans. 2016. Neues Geschäftsmodell. Auf dem Weg zu einer zweiten Rundfunkabgabe. epd medien 39: 9–13 (23.9.2016).

Hickethier, Knut. 1998. Geschichte des Deutschen Fernsehens. Stuttgart: Metzler. Unter Mitarbeit von Peter Hoff.

Holgerson, Silke. 1995. Fernsehen ohne Kontrolle? Zur Aufsichtspraxis der Landesmedienanstal- ten in den Bereichen Jugendschutz und Werbung. Opladen: Westdeutscher Verlag.

Holtz-Bacha, Christina. 2006. Medienpolitik für Europa. Wiesbaden: VS Verlag.

Holtz-Bacha, Christina. 2011. Medienpolitik für Europa 2. Der Europarat. Wiesbaden: VS Verlag.

Jaenicke, Angelika. 2017. Soziales Netzwerk. Die Rolle der Bürgermedien in Deutschland. epd medien, Nr. 18, 5–10, 5. Mai.

Jarren, Otfried, Hrsg. 1994. Medienwandel – Gesellschaftswandel? 10 Jahre dualer Rundfunk in Deutschland: eine Bilanz. Berlin: Vistas.

Jarren, Otfried, und Wolfgang Schulz. 1999. Rundfunkaufsicht zwischen Gemeinwohlsicherung und Wirtschaftsförderung. In Rundfunkpolitik in Deutschland. Wettbewerb und Öffentlichkeit, Hrsg. Dietrich Schwarzkopf, 117–148. München: dtv.

Karstens, Eric, und Jörg Schütte. 1999. Firma Fernsehen. Wie TV-

Sender arbeiten. Reinbek: Rowohlt.

KEF (Kommission zur Ermittlung des Finanzbedarfs der Rundfunkanstalten). Hrsg. 2014. KEF- Bericht, Bd. 19. Mainz: KEF.

KEF (Kommission zur Ermittlung des Finanzbedarfs der Rundfunkanstalten). Hrsg. 2016. KEF- Bericht, Bd. 20. Mainz: KEF.

KEK. 2010. Auf dem Weg zu einer medienübergreifenden Vielfaltssicherung. Bericht der Kom- mission zur Ermittlung der Konzentration im Medienbereich (KEK) über die Entwicklung der Konzentration und über Maßnahmen zur Sicherung der Meinungsvielfalt im privaten Rund- funk. Potsdam 2010. http://www.kek-online.de/Inhalte/mkbericht_4_gesamt.html. Zugegriffen: 1. Feb. 2012.

KEK. 2015. Von der Fernsehzentrierung zur Medienfokussierung – Anforderungen an eine zeit- gemäße Sicherung medialer Meinungsvielfalt. Bericht der Kommission zur Ermittlung der Konzentration im Medienbereich (KEK) über die Entwicklung der Konzentration und über Maßnahmen zur Sicherung der Meinungsvielfalt im privaten Rundfunk. Leipzig: Vistas.

KEK. 2016. 18. Jahresbericht der KEK. Berlin: ALM.

KJM. 2017. Kommission für Jugendmedienschutz. 7. Tätigkeitsbericht. März 2015 Februar 2017. Hrsg. die landesmedienanstalten ALM, Leipzig: Vistas; online unter: https://www.kjm-online. de/publikationen/taetigkeitsberichte/. Zugegriffen: 8. März. 2018.

Kors, Johannes. 2016. Entwicklung der Digitalisierung des

Hörfunks in Deutschland. In Digitali- sierungsbericht 2016, Hrsg. Die Medienanstalten, 53–61. Leipzig: Vistas.

Krüger, Udo Michael. 2011. Profile und Funktionen deutscher Fernsehprogramme. Media Perspek- tiven 2001 (4): 204–224.

Kunow, Kristian. 2016a. Disruption im Plattformmarkt? Wie Digitalisierung, HD und OTT die Entwicklung prägen. In Digitalisierungsbericht 2016, Hrsg. Die Medienanstalten, 9–15. Leip- zig: Vistas.

Kunow, Kristian. 2016b. Aktueller Stand der digitalen Fernseh- und Videonutzung in Deutschland. In Digitalisierungsbericht 2016, Hrsg. Die Medienanstalten, 36–52. Leipzig: Vistas.

Kutsch, Arnulf. 1999. Rundfunk unter alliierter Besatzung. In Mediengeschichte der Bundesrepub- lik Deutschland, Hrsg. Jürgen Wilke, 59–90. Weimar: Böhlau.

Kühte, Alexandra. 2017. Printmedien und digitaler Wandel. Berlin: wvb.

Lantzsch, Katja. 2008. Der internationale Fernsehformathandel. Akteure, Strategien, Strukturen, Organisationsformen. Wiesbaden: VS Verlag.

LDA. 2005. Tätigkeitsbericht der Landesbeauftragten für den Datenschutz und für das Recht auf Akteneinsicht [Brandenburg] zum 31. Dezember 2005. http://www.lda.brandenburg.de/ media/1666/tb_2005.pdf. Zugegriffen: 1. Feb. 2012.

Lerg, Winfried B. 1965. Die Entstehung des Rundfunks in

Deutschland. Frankfurt a. M.: Knecht.

Lerg, Winfried B. 1980. Rundfunkpolitik in der Weimarer Republik, Bd. 1, Hrsg. Hans Bausch. München: dtv (Rundfunk in Deutschland).

Media Perspektiven Basisdaten. 2015. Daten zur Mediensituation in Deutschland 2016. Frankfurt a. M.: Media Perspektiven.

Media Perspektiven Basisdaten. 2016. Daten zur Mediensituation in Deutschland 2016. Frankfurt a. M.: Media Perspektiven.

Mettler, Barbara. 1975. Demokratisierung und Kalter Krieg. Zur amerikanischen Informations- und Rundfunkpolitik in Westdeutschland 1945–1949. Berlin: Spiess.

Ory, Stefan, und Werner Staps. 1987. Urknall im Medienlabor. Das Kabelpilotprojekt Ludwigsha- fen. Berlin: Vistas.

Owen, Bruce M., Jack H. Beebe, und Willard G. Manning. 1974. Television Economics. Lexing- ton: Heath.

Pointner, Nicola. 2010. In den Fängen der Ökonomie? Ein kritischer Blick auf die Berichterstat- tung über Medienunternehmen in der deutschen Tagespresse. Wiesbaden: Springer VS.

Rau, Harald, und Chris Hennecke. 2016. Geordnete Verhältnisse? Verflechtungsstrukturen deut- scher TV-Sender. Baden-Baden: Nomos.

Ridder, Christa-Maria, und Bernhard Engel. 2010. Massenkommunikation 2010: Mediennutzung im Intermediavergleich. Media Perspektiven 2010 (11): 523–536.

Riehl, Katharina. 2016. Seid funky und mehret euch. Süddeutsche Zeitung, 30. November. http:// sz.de/1.3184179. Zugegriffen: 8. August.

2017.

Rinsum, Helmut van. 2015. Privatradios: Unübersichtliche Beteiligungsverhältnisse bei UKW- Sendern. Media Perspektiven 2014 (5): 222–229.

Rinsum, Helmut van. 2016. Business, not as usual. Wie die Sendergruppen ihre Geschäftsmodelle erweitern und neue Märkte erkunden. In Digitalisierungsbericht 2016, Hrsg., 17–27. Leipzig: Vistas.

Schmieder, Jürgen. 2017. Die Welt ist nicht genug. Süddeutsche Zeitung, 27, 26./27. August.

Schoch, Friedrich. 2013. Keine Auskunft. Transparenzdefizite im System von ARD und ZDF. epd medien 5:3–8 (1.2.2013).

Speck, Dominik. Lehren aus dem Fall Brender. evangelischer pressedienst medien 2014 (13): 3–4 (28.3.2014).

Steininger, Rolf. 1977. Deutschlandfunk – die Vorgeschichte einer Rundfunkanstalt 1949–1961. Ein Beitrag zur Innenpolitik der Bundesrepublik Deutschland. Berlin: Spiess.

Steinmetz, Rüdiger. 1999. Initiativen und Durchsetzung privatkommerziellen Rundfunks. In Mediengeschichte der Bundesrepublik Deutschland, Hrsg. Jürgen Wilke, 167–191. Weimar: Böhlau.

Streul, Irene Charlotte. 1999. Rundfunkpolitik und Vereinigung der beiden deutschen Staaten. In Rundfunkpolitik in Deutschland. Wettbewerb und Öffentlichkeit, Hrsg. Dietrich Schwarzkopf, 874–926. München: dtv.

Stuiber, Heinz-Werner. 1998. Rundfunk. 2 Teile. Medien in Deutschland, Bd. 2. Konstanz: UVK.

Terschüren, Anna. 2013. Die Reform der Rundfunkfinanzierung in Deutschland. Analyse der Neuodnung und Entwicklung eines idealtypischen Modells. Ilmenau: Universitätverlag Ilmenau.

Tieschky, Claudia. 2009. Komm, wir bilden eine Kette. Süddeutsche Zeitung, 15, 16. Dezember.

Tonnemacher, Jan. 2003. Kommunikationspolitik in Deutschland. Eine Einführung, 2., überarb. Aufl. Konstanz: UVK.

Trebbe, Joachim, und Anne Beier. 2016. Fernsehen 2015 – aktuelle Programmentwicklungen. In Programmbericht. Fernsehen in Deutschland, Hrsg. Die medienanstalten ALM, 23–55. Leip- zig: Vistas.

Trebbe, Joachim, und Anne Beier. 2017. Fernsehen 2016 – aktuelle Programmentwicklungen. In Content-Bericht. Forschung, Fakten, Trends, Hrsg. Die Medienanstalten, 23–60. Leipzig: Vistas.

Verheugen, Günter. 1999. Wesen und Wirken der Rundfunkgremien in Deutschland. In Rundfunk- gremien in Deutschland. Namen, Organe, Institutionen, 2. Aufl., Hrsg. Hans Joachim Berg, 115–130. Berlin: Vistas.

VPRT (Verband Privater Rundfunk und Telekommunikation), Hrsg. 2006. Kommunikations- und medienpolitische Leitlinien. o. O.: VPRT.

Wersig, Gernot. 2000. Informations- und Kommunikationstechnologie. Eine Einführung in Geschichte, Grundlagen und Zusammenhänge. Konstanz: UVK Medien.

Winker, Klaus. 1994. Fernsehen unterm Hakenkreuz. Organisation, Programm, Personal. Köln: Böhlau.

Wirtz, Bernd W. 2006. Medien- und Internetmanagement, 5., überarb.

Aufl. Wiesbaden: Gabler.

Zabel, Christian. 2009. Wettbewerb im deutschen TV-Produktionssektor. Produktionsprozesse, Innovationsmanagement und Timing-Strategien. Wiesbaden: VS.

Zaschke, Christian. 2016. Britisches Fernsehen. Eine für alle. Süddeutsche Zeitung, 15. Oktober. http://sz.de/1.3205270. Zugegriffen: 15. Okt. 2016.

在线媒体

Anderson, Chris. 2007b. The Long Tail. Der lange Schwanz. München: Hanser.

Beck, Klaus. 2006. Computervermittelte Kommunikation im Internet. München: Oldenbourg.

Beck, Klaus, Simon Berghofer, Leyla Dogruel, und Janine Greyer. 2012. Die Wirtschaftsberichter- stattung der Boulevardpresse. Wiesbaden: VS. Unter Mitarbeit von Felix Frieler.

Berghofer, Simon. 2017. Globale Medien- und Kommunikationspolitik. Konzeption und Analyse eines Politikbereichs im Wandel. Baden-Baden: Nomos.

BKM Der Beauftragte der Bundesregierung für Kultur und Medien, Hrsg. 2008. Medien- und Kommunikationsbericht der Bundesregierung 2008. Berlin: BKM.

BMWi Bundesministerium für Wirtschaft und Energie. 2016. Monitoring-Report Wirtschaft Digital 2016. Berlin: BMWi. ftp.zew.de/pub/

zew-docs/gutachten/IKTMonitoring2016.pdf. Zugegriffen: 24. Aug. 2017.

Bruns, Axel. 2008. Blogs, Wikipedia, Second Life, and beyond. From Production to Produsage. Frankfurt a. M.: Lang.

Bund-Länder-Kommission. 2016. Bericht Bund-Länder-Kommission zur Medienkonvergenz. https:// www.bundesregierung.de/Content/DE/_Anlagen/BKM/2016/2016-06-14-medienkonvergenz-be- richt-blk.pdf?blob publicationFile&v 3. Zugegriffen: 14. Aug. 2017.

BVDW Bundesverband Digitale Wirtschaft. 2017. OVK Online-Report 2017/01. Zahlen und Trends im Überblick. Düsseldorf. http://www.bvdw.org/mybvdw/media/download/ovk-report- 201701-final.pdf?file 4235. Zugegriffen: 24. Aug. 2017.

Deutscher Bundestag, Hrsg. 2013. Wahlperiode, Dreizehnter Zwischenbericht der Enquete-Kom- mission „Internet und Digitale Gesellschaft ", Kultur, Medien und Öffentlichkeit. Berlin: Deut- scher Bundestag (Drucksache 17/12542 v. 19.3.2013).

Doelker, Christian. 1998. Multimedia ist Multikode. In Multi Media Mania. Reflexionen zu Aspek- ten Neuer Medien, Hrsg. R. Pfammatter, 37–44. Konstanz: UVK.

Dogruel, Leyla, und Christian Katzenbach. 2010. Internet-Ökonomie – Grundlagen und Strate- gien aus kommunikationswissenschaftlicher Perspektive. In Handbuch Online-Kommunikation, Hrsg. Wolfgang Schweiger und Klaus Beck, 105–129. Wiesbaden: VS Verlag.

Donges, Patrick, und Manuel Puppis. 2010. Kommunikations- und medienpolitische Perspektiven: Internet Governance. In Handbuch Online-

Kommunikation, Hrsg. Wolfgang Schweiger und Klaus Beck, 80–104. Wiesbaden: VS.

epd. 2011. Freiwillige Selbstkontrolle weitet Tätigkeit auf das Internet aus. Evangelischer presse- dienstmedien aktuell 2011 (206a): 3–4 (25.10.2011).

epd. 2013. „Vielfaltssicherung ". Handlungsempfehlungen der Projektgruppe Kultur, Medien und Öffentlichkeit. Evangelischer pressedienst 8:30–44 (22.2.2013).

Frank, Bendedikt. 2017. Heimvorteil. Süddeutsche Zeitung, 25, 17. August.

Frey-Vor, Gerlinde, und Inge Mohr. 2016. Nutzung von Onlinemedien in den alten und den neuen Bundesländern. Media Perspektiven 2016 (7–8): 401–411.

FSM (Freiwillige Selbstkontrolle Multimedia-Diensteanbieter). 2017. Jahresbericht 2016. Berlin: fsm.

HBI. Hans-Bredow-Institut, Hrsg. 2017. Zur Entwicklung der Medien in Deutschland zwischen 2013 und 2016. Wissenschaftliches Gutachten zum Kommunikations- und Medienbericht der Bundesregierung. Hamburg: Hans-Bredow-Institut.

KEK. 2010. Auf dem Weg zu einer medienübergreifenden Vielfaltssicherung. Bericht der Kom- mission zur Ermittlung der Konzentration im Medienbereich (KEK) über die Entwicklung der Konzentration und über Maßnahmen zur Sicherung der Meinungsvielfalt im privaten Rund- funk. Potsdam 2010. http://www.kek-online.de/Inhalte/

mkbericht_4_gesamt.html. Zugegriffen: 18. Aug. 2011.

Neuberger, Christoph, Susanne Langenoh, und Christian Nuernbergk. 2014. Social Media und Journalismus. Düsseldorf: LfK.

o. V. 2011. Mad men are watching you. Economist, 59–60, 7. Mai.

Rabe, Jens-Christian. 2016. Das neue Fernsehen. Klick-Trance vor dem Monitor. Süddeutsche Zei- tung. http://sz.de/1.3234759. Zugegriffen: 5. Nov. 2016.

Scheithauer, Ingrid. 2016. Wie neutral sind Netze? epd medien 25:3–6 (17.6.2016).

Schmieder, Jürgen. 2017. Die Welt ist nicht genug. Süddeutsche Zeitung, 27, 26./27. August.

Schulz, Wolfgang. 2017. Bemerkenswerte Eile. Das NetzDG gefährdet die Kommunikationsfrei- heiten. epd medien 19:3–6 (12.5.2017).

Seufert, Wolfgang, und Hardy Gundlach. 2017. Medienregulierung in Deutschland. Ziele, Kon- zepte, Maßnahmen. 2. akt. Aufl. Baden-Baden: Nomos.

Siegert, Gabriele. 2010. Online-Kommunikation und Werbung. In Handbuch OnlineKommunika- tion, Hrsg. Wolfgang Schweiger und Klaus Beck, 434–460. Wiesbaden: VS Verlag.

Trappel, Josef. 2007. Online-Medien. Leistungsprofil eines neuen Massenmediums. UVK: Konstanz.

Zerdick, Axel et al. 1999. Die Internet-Ökonomie. Strategien für die digitale Wirtschaft. European Communication Council Report. Berlin: Springer.

第五章 德国传媒体系的发展动态

本章讲述的是传媒体系的变迁，将借助四个紧张场域加以概述阐明，在此，我们要探讨这些领域里当前可观察到的情境及各种相互矛盾的后果：一是数字化与网络化，这一方面导致了媒体的融合（趋同），另一方面也导致了媒体产品的差异化。二是媒体的自由化也引发了看似自相矛盾的发展趋势：一方面，国家从媒体监管的众多职能和传播领域的垄断位置中退出；另一方面，这也导致了新的法规、机关和机构的大量涌现。三是由政治意图和企业战略驱动的媒体商业化反过来又造就了新的垄断集团，却只带来了有限的新闻多样性。四是可以观察到媒体秩序及市场的国际化，特别是欧洲化。这就提出了一个问题，即究竟应该如何实现媒体的国际化利用，以及媒体产品应该如何做到全球化适用。所有这四种发展趋势都促使传媒体系发生了结构性变化：以前与该行业毫无关系的新参与者、被改变的商业模式、传播过程和市场结构，还有新的监管问题都是这一变化的特征。

5.1 传媒体系发展动态概述

传媒体系并非恒定不变的系统。为了长期持续地满足重要社会功能的需求，它必然要具备一定的稳定性，然而，它也处于历史变迁之下，这种变迁有时是连续出现的，有时则间断性出现。迄今为止，对德国传媒体系的分析乃是以当前形势为导向，并参考重要的历史、政治发展而作出的，特别是1945年之后的年代和1989年以后的阶段，尤其是这段时间里所发生的对传媒体系具有决定性影响的重大政治、法律和整个社会的变革。这一事实表明，必须将传媒体系作为动态系统看待，它不仅处于不断变化的"环境"条件和需求之中，也展现出一种作为媒介自身的发展动态。

传媒体系的发展动态究竟在何种程度上与外部因素相关，或者说传媒体系的发展动态能够显示出多少自主性，乃是一个经验性问题，在此无法作出详细研究（参见第一章）。同样，这一点也更适用于预测和确定媒体动态的发展方向。很多迹象表明，由于传媒体系结构的复杂性，各种发展动力相互作用相互影响，单独某个发展动力无法导向明确的线性结果，而是会导向矛盾对立和紧张场域：

部分程度上由技术创新所引发的——这种技术创新被冠以"数字化"甚至"数字革命"的口号而谈论——传媒体系的分化可以在产品和参与者的层面观测到，与此同时，媒体市场和媒体产品形态则趋于一致。而通常人们对于网络化的关注却要少得多。实际上，网络化对于传播和媒体结构的改变具有显著影响。只有综合考虑技术潜能、经济市场进程（作为各个媒体单独使用的结果）和媒体组织的战略行动（商业化和国际化战略）的相互作用才能解释实际的发展动态。加之政治行为主体的行为方式产生了变化，因此，媒体法规的基础也随之发生变化：这些被描述为去监管、再监管和共同监管或媒体治理的发展动态，是由经济行为主体，在这种情况下即大型媒体集团和行业协会，所推动的。在这点上，全球化发展趋势再次在欧洲经济和媒体政策层面成为一个部分出于意识形态、部分出于实践经验的论据。然而，放松管制及商业化并不能自动通向新闻传播效率和新闻多样性水平更高且运转良好的市场。而恰恰在技术和市场媒体融合、高投资需求及（国际）市场开放的背景下，媒体集中度持续高企，甚至不断上升，直至新的垄断出现。

5.2 数字化与网络化：差异化与融合化

5.2.1 技术的作用

最近二十年来，一场据称是由传播和媒体技术推动的"媒体革命"正在数字化与融合化的口号之下被人们不断提及。它是否真的是革命性的，又或者说是破坏性的、迅猛的和根本性的剧变，是否会催生出一个新的（信息或知识）社会，抑或确切地说，它是否并非什么具有革新性的发展，且在部分程度上充满矛盾，在缺乏足够历史空间的情况下我们尚无法做出判断。然而，媒体这一概念的理论基础就与单一因果的观点——即技术创新是整个传媒体系发展动态的原因或唯一触发因素——相对立。我们过去的一些经验案例也反对我们过于高估技术创新：德国报刊市场的扩张和差异化基本上是建立在几个世纪以来早已为人熟知的印刷技术之上。广播和电视节目的倍增并不应归因于引入了有线技术，而只是被它所传送。在这方面，当前发展的速度当然不能仅仅以技术创新的序列来衡量。而如果必须要对媒体技术的基本创新、应用创新以及伪创新做出区分的话，那就更是如此了，这些伪创新基本上只不过是营销传播机构或者政客喂给大家的一些新鲜话术罢了。

但反过来说，也并不意味着这些批判性的限制性评论主张的是以下观点，即媒体技术对于媒体发展动态没有任何影响——恰恰相反：随着现代社会中第三媒介（参见第 1.2.1 节）对于个人和公众传播的重要性日益增加，技术因素在媒体发展中的重要性也越来越高。尤其是因为基于技术的符号系统层面的动态与组织和制度化层面的动态会相互耦合，就更是如此。这种耦合关系是双向的，也就是说，在技术创新（和发明）的背后，常常存在着经济驱动的组织利益，而技术创新也会开创新的组织方式和制度化方式。衡量媒体创新在经济上成功与否，尤为重要的是依据日常使用中适当的组织方式（如商业模式）和创新的制度化（如媒体规则的驯化和建立）。那些失败或至少被延迟的媒体创新的故事指出了这些联系：可视电话几十年前就已在技术上成为可能，但由于没有合适的商业模式和全球移动用户的需求，它并没有得到真正实施；而现在在特定用户环境中，它已经以"Skype"或"Facetime"的形式作为基于互联网的视频电话成功立足了。一些数字标准的广泛引入实际上可能会失败，如数字录音带系统（DAT）。或者像数字广播（DAB 或 DAB+）的情况那样，尽管有着强力政治扶持，却被证明是一个非常缓慢的过程，因为潜在的用户不了解这些标准能带给现有媒体技术（以及它们已经存在的设备）的价值提升。

因此，对于数字化和融合化这两个概念描述的发展动态所做的传媒体系分析，必须将技术变化放入其对媒体组织和制度化的意义中去关注。

数字化的并非传播本身，而是媒体产品的制作、分发以及（可能的话）呈现。数字化最初指的是数据的二进制编码，这些数据要么过去以模拟形式处理，要么从一开始就以数字方式生成、存储和传输。

也就是说，一方面，它是从前的模拟媒体和传输路径的数字化；另一方面，则是新的数字媒体产品和通信服务，前提是它们的数字形式在实际上产生了组织和制度差异。在许多情况下，用户甚至没有注意到这种差异，至少在最开始的阶段：模拟和数字电话，模拟和数字电视节目并没有什么区别，特别是由于，或者说只要数字化过程仅在界面"后面"实现的话。然而，尽管数字化并不能让通信伙伴立即察觉，它却会对组织产生影响，从中期来看，也会对媒体传播的制度化产生影响。

传播媒体的数字化和网络化导致了这样一个事实：关于通信和媒体使用过程以及许多其他日常行为和交易的大数据被几乎是自动地收集起来（但绝非始终不可避免的），其程度远远超过以往。事实证明，在算法、大数据程序的帮助下，这些数据的处理、控制、使用和经济开发，以及媒体公司和安全机关对其的解释，在社会传播和传媒体系的各个层面都是一个新型的、在经济和政治方面意义重大的问题。

5.2.2 对于媒体企业、产品、用户的影响

网络媒体的传播和使用，至少在部分程度上导致了传播结构和机构角色的变化。即使传统的新闻媒体并不是"单向度的大众媒体"，公共传播中的各个角色也有着明确的分配；大多数非公开的反馈只能通过媒体的突破才能得以实现。过去仅由电信领域被人熟知，而今也因新闻媒体被人熟知的网络化，并没有在根本上彻底改变专业传播者（记者）和受众之间的角色分配，但它已明显地软化了这种分配。由

于网络的存在,现在受众之间的横向或水平传播进程的建立方式也已经变得不同,而且范围也变得更大。

案例

汉斯－布雷多研究所为联邦政府所做的报告是这样描述制度性变革的:"在这些条件下,尽管新闻业并没有变得过时,但它已经失去了在其迄今为止的核心新闻工作,即与新闻的选择、制作和传播有关的工作上的重要性——不是因为这些工作本身变得不那么重要了,而是因为它们(可以)越来越多地在传统媒体机构之外,由其他参与者提供。从本质上讲,这也因而触及了新闻业的社会和规范保障功能在多大程度上……被改变了的传播关系所危及的问题"。(HBI 2017,第209页)

对于某个媒体公司个体而言,数字化开启了优化潜力,特别是通过消除企业内部处理步骤(针对不同媒体的展示需要以不同格式多次编汇文本和图像)或内部分包(去中介化)[①]以及由此产生的成本。

数字媒体格式可以在不造成任何技术或美学品质损失的情况下,以边际成本复制任何数量的副本(版本),因为它们是以非物质形态存在的。目的是——在很多情况下这个目的已经实现——对同一内容进行平台中立的多次使用、多次利用,这可能相当于以边际成本增加收益。

然而,这种成本低廉容易复制的特性对媒体机构来说也有两个危险的缺点:非法盗版与原版无法区别,这些盗版无助于成本回收,却会导致收入减少。

[①] 通过"跳过"或不加替换地取消价值链中的一个环节(中介、中间商)来重组价值链;参见 4.5.2.1 节。

在不损失质量的情况下任意复制的特点对顾客的支付意愿有着负面影响。这种情况因老牌媒体供应商的企业战略错误而加剧，几十年来，除了特价优惠和移动应用付费以外，他们未能将"付费内容"确立为广告和混合收入的替代。这些收入问题一方面导致了新的广告形式的引入，另一方面，通过"数据收入"，至少形成了收费和广告收入的部分替代。在大数据和算法的帮助下，个性化的在线广告，还有规范上存在问题的软广告，比如"原生广告""企业资讯"或者"影响者营销"等，虽然从本质来上说并不新鲜，但可以通过数字化和网络化得到更有效地利用。将个人资料和行为数据出售给第三方，无论是媒体提供商还是通信服务提供商，或是行业外的企业（银行、保险公司、零售商等），正作为一个当前无法可靠量化的收入来源显现出来。

如果将分配和使用也置于数字技术的基础上来实现，也同样会在经济上产生深远的后果：这样一来，传输所需的电磁频率可以被更有效地利用，从而更廉价地用于媒体传播或其他目的（数字红利）。针对稀缺的、在自然界中数量有限的资源的竞争将会减少，实际传输成本（分销成本）也会下降，增加供应，以及理论上提升产品多样性的机率也会上升。

媒体产品的数字化也极大地降低了"存储成本"：不需要物质载体和建筑物，只需要电子存储器。因此，在数字媒体经济中，会提到一种可能会促进多样化的"长尾效应"。在网络上寻找或调配供求需要时产生的存储、分配和交易成本很低，这使得利基产品能够有效地营销到前所未有的市场规模上，也大大减少了资本占用①。

然而，恰恰是这些成本上的优势，使得产品数量增多，受众难以全面掌握情况：因此，媒体终端和传媒企业的融合只是硬币的一面；另一面则是产品和产品形式的差异化，而这种差异化并不一定会导致新闻内容更加多样化。比起数量有限的模拟媒体产品（除图书馆以外），数字媒体尤其需要元媒体来进行导航和选择。搜索引擎的使用（对于电子商务而言，尤为重要的是比较和评价的门户网站）已变得比电视节目指南更加制度化。这就在组织层面上带来了新的入局者，他们作为中间商，在没有原创内容的情况下提供商业服务，但也因此可以承担新闻方面的关键角色（再中介）；这里能够让我们想起的是谷歌占据市场主导地位的例子。

从生产到用户手中"融合终端设备"贯彻始终的数字化和网络化，使得生产成本低廉的数字变体（版本创制）、扩展和个性化定制产品和服务以及通过联合组织与其他企业交流变得更加容易。

媒体接收设备的数字化使人们能够高度自由地选择使用单个媒体内容，这反过来又对媒体的传统商业模式产生了影响：数字硬盘录像机、软件支持的"广告拦截器"以及（合法和非法、付费和免费的）按需提供的可下载内容，提升了受众有目的地避开媒体广告的可能性——远远超出了过去为大家熟知的电视换台的程度。广告覆盖率和

---

① 不过，这种效应也并非是全新的，因为媒体企业传统的"模拟"商业模式也同样是以混合收入或在其自身品类范围内的交叉补贴为基础的。例如，图书出版社和电影制作或发行公司会在少数畅销书或爆款影片的帮助下，为滞销书目和B级电影提供资金。在这个现代金融资本主义的时代，这种模式，无论是出于需要还是出于有意识的文化扶持意义上的实践，都不再具有经济上的竞争力；而通过数字化彻底减少成本，则可以在这一点上为新闻业所向往的小众产品开创一个替代的可能。

第五章　德国传媒体系的发展动态

广告成功率的下降——得益于数字网络，它们比以前更容易测算——对媒体的广告需求和价格产生了负面影响。此外，个人和群体传播的原创数字媒体以及元媒体正在从总体来说不甚景气的广告投资经济中分一杯羹，这也同样引发了排他性竞争，损伤了新闻媒体的利益。因此，数字化和网络化正威胁着新闻媒体混合收入占主导地位的收益模式。

数字化和网络化会在数据安全和个人数据保护方面引发问题。在同一网络中，有时甚至在同一设备上的媒体使用的融合造成了媒体使用、通信和消费者画像的高度集合化，其密度与细致程度都是前所未闻的。

通过改变自身使用行为，数字网络媒体的用户积极地促成了传媒体系的变化，因为需求行为、支付意愿或使用形式发生了变化，使得（或迫使）传媒企业对改变了的市场做出反应。以 Facebook、Google+、LinkedIn 或 XING 等社交网络服务形式的网络化，不仅体现了一种额外的、互补的交流可能性，而且在许多情况下还改变了其他媒体的使用或处理方式。个人推荐，但也有可能是同侪压力，会影响选择行为。原有的媒体机构发觉到自己不得不使用社交媒体和网络作为传播平台，并调整自己的产品、商业模式和流程以适应那里的普遍情况。网络媒体作为获取与舆论息息相关的媒体内容的途径日益增长的重要性，对任意时空下可用的渴望，对在能够总览不计其数的（按算法整理好的）产品的渴望——所有这些现在都尤为突出地表现在年轻用户群体当中。即使这并不意味着"旧媒体的死亡"，因我们所说的并非是一种对于媒体使用全方位的彻底的替代，但它却是一种强烈的冲击，会推动传媒体系结构的变化。

5.2.3 对于传媒体系的影响

数字化和媒体融合不仅对传媒企业的中观层面产生影响,在宏观层面上也会产生结构性影响:

投资是媒体数字化的先决条件,且要在其优化效应产生之前完成。而对于数字技术的投资和随之而来的传媒企业的重组又再度需要资本,这往往会加大媒体市场的集中度。这方面的一个例子是20世纪80年代以来以电子编辑系统和数字印刷为形式的出版数字化;另一个例子是在电影发行和放映的数字化过程中,资本实力薄弱的单体影院被排挤出局。

现在,越来越多由各种各样与以前截然不同的媒体(发行和销售渠道)运营的、平台中立的开发和分销对传统的价值创造和市场结构提出了质疑:以前明确属于某一种媒体(电视、电影等)或某一个生产阶段(制作、活动主办、网络运营)的公司现在可以扩展其角色范围,即在邻近市场或价值链上下游开展业务。因此,知名的媒体部门倾向于通过整合一个传媒企业的方式来彼此融合,而媒体行业作为一个整体,其与邻近行业之间的边界正在变得模糊,特别是对于电信和软件行业而言。

案例

数字电影可以由同一家媒体公司通过数字网络比以前更容易地发行,首先是电影院,然后作为付费点播节目提供给流媒体或下载,最后在付费电视上销售。而作为互联网接入和服务提供商的电信网络运营商,本身也可以成为数字电影产品的提供者。

数字化带来的高转型成本和传媒企业的高资本需求,正在越来多地吸收着来自传媒行业以外的资本（证券市场、投资人）。结果可能会出现新的、透明度较低的依赖关系，从而对内部的媒体自由构成风险。

将私人电视和收音机数字化的经济成本是相当可观的，而额外的好处（例如数字广播）又相当有限。最重要的是，由于数字媒体以及使用这些媒体所需要的技能分布不均或者获取速度不均，存在着产生数码鸿沟（Digital Divide）的根本危险。

媒体的结构性变化（这里只是在数字化和网络化的背景下加以简略描述）也在改变着新闻业的制度：收入的下降、竞争压力的增加和受众对于所感知的质量的质疑，都在加剧着成本竞争。具备新闻品质的网络媒体缺乏可行的商业模式这一事实，阻碍了资本针对新闻质量进行投资，而这往往导致编辑部门只能进一步节约开支，反复使用来自"母媒体"的材料——只要它们还能为自己带来收入。因此，线上传播的新闻潜力只得到了初步利用，其附加价值被限制在了一个狭窄的范围内。

另一方面，专业媒体的新闻报道正面临着一种对于金钱、注意力和舆论力量的新型竞争。新的参与者和产品形态，特别是平台和中介机构，正在把投资从广告市场上吸走，这些投资将不会再用于支持新闻业。同时，他们依靠算法或捆绑用户所生成的内容来提供服务，这可能会被部分公众视为与新闻报道产出的资讯及评论功能等同，并且必定会产生传递信息，塑造舆论的效果[1]。

---

[1] 关于算法在公共传播和意见形成中的作用，请参见HBI（2017，204–207页）。

5.3 商业化和集中化

"经济化"和"商业化"[①]这两个概念描述了一种媒体发展动态，在这种发展动态中，相较于媒体的公共责任，企业的观点与战略获得了越来越多的重要性。当然，德国的大多数媒体从一开始就被建构在私营经济范畴中，这是一个无可争议的基本事实。然而，对于媒体发展动态的观察现在仍然显示出，越来越多以前远离市场运转的媒体正在屈从于资本主义的市场逻辑[②]，例如电台和网上传播。这就增加了一种危险，即社会期待的、有价值的服务和功能变成了不过是偶然提供的外部效应，从商业角度来看，这将导致尽可能地追求降低成本。

市场化意义上的、将所有货品转化为可有偿交易商品的商业化，以及目的理性的、只以效率为标准力争自身利益最大化意义上的经济化，这些进程不仅会发生在媒体领域，还会影响到教育、文化等其他社会领域。

商业化和经济化绝不是遵循着自然法则式的、准进化级的必然发展规律而出现的；它们是政治决定和路径依赖的结果（参见5.5节）。欧洲化和全球化在这里起到了决定性的政治（以及意识形态合法化）作用：20世纪80年代在美国和英国开始的，从凯恩斯主义转向新自由主义的经济和制度政策，已经作为主导范式被确立下来，尤其是在欧盟层面，并且因为纳粹主义在政治、经济和社会方面的巨大失败而获得了进一步的影响。自由化和放松管制，即以"市场"取代权力和

---

① 在专业期刊《媒体与传播学》（2001/2，第49期）的专题中，从不同的理论角度讨论了这些概念和现象。
② 因此，Knoche（2001，第178页）从政治经济的角度将这个过程也称为"资本化"。

等级制度，作为供应和控制的机制，自此被认为是可以改善情况的有希望的措施，即使几年前在国际金融危机和国有化的背景下，要求加强监管的呼声又重新高涨。至少在目前来看，经济领域的行动或系统逻辑向其他社会领域的延伸仍然是媒体发展动力的一个重要来源。

商业化作为一个过程，实质上意味着两种不同但又相互依存的变化：

在单个媒体组织的中观层面上，意味着（实际上或假定是由市场宏观层面所迫而）更加注重效率、盈利能力（投资回报）和利润，因此，"经济需要"比以前更加强势地决定了行为体的战略行动。

在宏观层面上，意味着媒体功能和市场份额向私营部门的转移。这可能会以德国电信（Telekom）等前国有公司私有化的形式发生，也可能会以允许私营竞争者入局的形式发生，正如民营电台在电台系统"双轨制"进程中所表现的一样。

5.3.1 中观层面

在单个传媒企业的中观层面，商业化会导向削减成本的战略：目的是尽可能地节约编辑和其他新闻服务的成本，只要不会对收入产生负面影响。由于媒体是经验/信任商品，消费者或受众很难对媒体质量做出比较评估。此外，如果不存在或很少有具吸引力的替代品（功能等价物），比如本地广播和报纸市场，或是像公共电台这样几乎没有任何市场反馈机制的情况，那么不断下降的新闻质量并不会直接影响到需求，即使它已经被意识到。削减成本这一目标也可能会导致新的、有时会令人惊讶的传媒企业之间的合作——它们至少在其他子市场上，还有新闻报道方面存在竞争——例如在销售和广告方面的合作，也包括编辑上的合作或是新闻内容的供应。

在许多媒体领域，广告市场是战略上更为重要的一级市场，因为对许多媒体来说，广告在收入中的占比很高，而通过价格的交叉补贴，也会对于公众市场的销售和经济上的整体成功做出贡献。媒体的商业化往往会导致更加强烈的广告导向：于是，编辑和内容方面的首要目标就是赢得广告业实际或假定的目标群体。特别是鉴于当下广告市场不断萎缩，如果在争夺稀缺的广告资金资源时，允许广告商对媒体内容施加更大的影响，该商业化战略就可能会产生问题。这可能会通过下列情况发生，如新闻软文、内容营销、广告环境设计和不加辨别地使用公关材料，甚至会违反将广告与内容编辑部分分开的规定（"分离规定"机制）。诸如"原生广告"之类的时髦概念只是掩盖了这种做法，并没有从根本上解决这个问题。优质新闻资源的流失也使伪新闻产品更容易争夺注意力。有的企业会为一整个编辑团队提供资金，这些团队通常会做出制作精良的专业网站或博客，却不以明显的可识别的方式标出自己的委托人，因而被许多人认为属于新闻范畴。在这里，"企业新闻"或"公司新闻"这个时髦的名字也在混淆视听，冒充着一些没有发生的事情：独立的批判性的高质量新闻。这种产品越是成功，"真正的新闻"所能得到的关注度和支付意愿可能就会下降得越多。

传媒企业的商业化也意味着面向资本市场的战略：当传媒企业被组织为依赖外部资本的股份公司时，它们就处于与其他资本应用形式和投资对象的竞争之中。对于传媒企业来说，这意味着他们至少要创造出相当的资本回报，即使他们自身的质量标准可能会因此受到影响。

通常来说，股份公司都是由不断更换的受薪经理人管理经营若干年，这些人自身也在一个关于高薪经管职位的国际市场中流动。与传统上由业主管理的家族企业相比，新闻态度、价值理性信念或可持续的企业管理对受薪经理人不一定会起决定性作用。作为一个目的理性的经济人，他们在这段时间内首先关注的是自身事业和个人奖金以及公司股份。与其他经济领域一样，股东价值成为公司的主要目标，而涉众，即对该企业有非经济需求的利益群体，则较少会被顾及。迄今为止，德国的传媒体系一直由媒体资本主导，即传统上从事新闻出版行业的公司。其范围从具有出版人个性和新闻自我意识的家族企业到国际化经营的贝塔斯曼公司，后者试图将两位数的预期回报率[①]与具有社会责任感的家族企业和模范雇主的形象统一起来。德国大型媒体集团正处于多样化进程之中，也就是说，它们将越来越多地在媒体出版市场之外活动。

5.3.2 宏观层面

传媒企业的行为是被市场所影响的，但反过来，传媒企业也通过它们的决策和行动塑造着这个市场。

成本竞争的加剧是以在新闻和经济福祉的竞争中做出牺牲为代价的：从经济角度来看，生产昂贵的高质量产品并不值得，以致于在传媒行业里经常会出现市场失灵的现象。为此，非商业性的公共媒体

[①] 这些预期基本上都得到了满足；最近的回报率（税前，即所谓 EIBITDA）为 15.1%；参考贝塔斯曼截至 2017 年 7 月的公司报告，第 21 页；www.bertelsmann.de/media/news-und-media/downloads/170714-unternehmenspraesentation-2017-de.pdf [28.08.2017]。

应该获得一定补偿，但在传媒体系商业化的条件下，这一点正变得越来越不可能：

事实上，这种"市场化"不仅会导致公共媒体机构相对重要性的丧失，而且还在市场参与者之间造成了一种竞争的共同取向，这最终会导致结构上的同质性，即企业之间互相效仿彼此的企业结构和流程。如果公共电台机构允许新形式的广告和彼此类似的节目出现的话，它们就会改变自己的工作方式。那些常常出问题的管理决策、那个让人联想到某个商业竞争者的管理习惯、那些被私营媒体丑化的腐败和贪污案件及其明显的政治影响，加剧了公共电台的政治合法性危机。结果使得它们的财政状况受损，从而导致被边缘化。电信媒体服务可能是公共机构作为非商业替代方案的存在和意义的决定性因素之一，其扩张问题目前正在政治谈判之中。

由于广告市场占据着传媒企业的高度关注，这种由广告驱动的媒体市场会优先为某些特定群体和环境中的消费者提供传媒服务和内容，而其他人群却可能得不到服务。如果少数人的话题和看法，以及为小众受众提供的派别和展示形式无法通过广告市场得到资助的话，那么就只有两种选择：或者整个社会放弃获得这种媒体产品的可能性，从民主理论来的角度来看，这会引发很严重的问题。或者可以通过收取费用、国家性的强制资助（例如广播费）或民间社会参与者来提供此种难以适应广告市场的媒体产品。

一种两者之外的可能方式是强化产品付费的资金筹措力度，就像目前在网络传播中尝试的那样。付费墙（Pay Walls）会给不同经济能力下的家庭预算带来负担，甚至会让某些优质产品的价格变得令人望而却步。付费媒体产品正在变得越来越重要，如果这将导致没有支付

第五章 德国传媒体系的发展动态

能力的公民被排除在重要新闻传播之外，那么从民主理论的角度来看这种模式就有很大问题。

最近，由记者独立组织的平台或平台协作组织进行了实验，它们试图通过订阅、众筹、个人付费（作为小额支付）或混合形式为自己筹资。如同"Krautreporter"（德国的一家众筹媒体——译注）的例子所示，这在德国被证明是困难的，而 De Correspondent（荷兰的一家众筹媒体——译注）则明白地显示出其在经济上也是同样可以获得收益的。

而"新兴媒体网络"也受到了宏观层面商业化的影响，在此，国家（军事、学术）基础设施、民间社会以及个人通信形式都在部分程度上越来越多地受到商业逻辑的制约。这里有不同的因素在共同起着作用：

一种以万维网图形用户界面的开发作为发展起点的技术—符号学创新；

一种创新性的"follow-the-free"商业模式，或者说是一种以免费分发易于使用的浏览器软件为形式的营销策略；

对以前由国家资助的美国 ARPA 网络，或互联网的传播政策放松管制；

由新兴中介机构，如搜索引擎和供应商，在付费的基础上创建新的服务（聚合、选择和导航）；

以及通过社交网络服务（Facebook、Xing 等）和用户生成内容的平台（Flickr、YouTube 等）将以前免费的私人和半公共通信服务商业化，在这里，某些情况下人们是以个人数据替代金钱或时间来为广告"付费"。

| 德国传媒体系：结构、市场及管理

    总体而言，传媒体系的商业化加剧了媒体的公共责任与资本主义组织方式之间的基本矛盾：在德意志联邦共和国，联邦宪法法院（在1962年的"《明镜》判决"中）[1]特别赋予了媒体民主的构成性作用。新闻媒体的报道及其作为舆论形成因素的积极作用是社会正常运作不可或缺的先决条件，在这个领域中，公民可以接触到各种话题、表现形式、派别、访问形式和观点意见（参见 HBI，2008，第290–291页）。这种公共责任应该通过市场这个提供机制，并以公共电台作为补充，尽可能在远离国家操控的情况下来完成。目前，人们正在讨论将重新建构为"公共价值"的公共电台的公共责任或职能从电台（线性频道的意义上）扩展到电信媒体，即网络媒体当中来。一方面，从中长期来看，如果仍然想要把优质的公共服务传达到公众面前（以个人用户的形式），这似乎很有必要。另一方面，这也提出了接受资助的机构与私营公司之间竞争的合法性问题，由于新老竞争者的存在，其市场已经给他们带来了经济方面的挑战。

    然而，从经济的角度来看，公共责任和公共价值只是外部效应，即（通常绝对受欢迎的）副作用，而不是传媒企业的目标。从经济上看，企业整合集中以获得竞争优势并增加利润的战略在许多情况下是合理的。但是，这种经济上合理的企业或市场战略也会导致外部效应，亦即在新闻和民主理论方面会被评估为有风险或负面影响的结构：媒体集中化。

    由少数传媒企业占据主导地位并不会使媒体多样性成为不可能，难以想象的是：额外的、从市场力量的角度来看并非绝对必要的媒体

---

[1] 德国联邦宪法法院，1966.08.05 的判决，Az. 1 BvR 586/62, 610/63 及 512/64；在线查阅：http://www.telemedicus.info/urteile/180-1-BvR-58662.html [11.11.2011]。

第五章 德国传媒体系的发展动态

内容生产,尤其是高质量的新闻产品,从传媒经济学的角度来看,只会增加成本,却不能增加收益。因此,导致集中甚至垄断的市场机制正在从结构上威胁着新闻的多样性,正如日报的例子所清楚展示的那样。

在德国,媒体的集中化体现在三个方面:

横向集中化可以用报刊市场的情况来说明,特别是地区性垄断的日报,而且地理上相邻的市场往往被少数出版商掌握在手中。较大的市场有利于节约成本,导致固定成本回归,从而带来竞争优势和更高的回报。

纵向集中化是一种战略的结果,该战略旨在不再购买价值链中的某些服务,而是自己提供这些服务。这样就只需计入真实成本,而不用再计算第三方公司的利润份额;此外,也提升了对整个价值链的控制度,这样,在面对那些没有相应的集团下属部门,因而必须克服更高的市场准入壁垒的竞争对手时,就形成了竞争优势。作为价值链上下游企业整合的结果,在电影市场和广播电视行业的大部分领域里都可以看到高度的纵向集中。

此外,另一个典型的集中化是单个媒体类型的报纸、杂志、广播、电视、网络媒体以及书籍、电影和音乐及其增值工序的斜向(或混合)集中化[1]。这种整合策略旨在实现跨媒体效应,特别是藉由所有开发阶段(窗口)和"平台"上对于相同内容的多次使用,以及通过跨媒体类型的"多重客户忠诚度"实现该效应(参见 Wirtz 2006,第 673-680 页)。

---

[1] 关于各个媒体集团的行业相关分析,另请参阅 Horst Röper(多特蒙德 FORMATT 研究所)定期发布的关于公共媒体研究的介绍,例如《2016 媒体展望基本数据》,第 28-45 页。

首当其冲的是以前的大型"出版社"——贝塔斯曼、布尔达、鲍尔和阿克塞尔·施普林格是多媒体集中化的主角，正如媒体集中度调查委员会（KEK）在下面有欠完整（也未包含大量国际关联企业）的介绍中所显示的那样。传统出版社贝塔斯曼集团及其主要控股的电台（RTL）在 2016 年从数字媒体及服务中实现了约 44% 的销售额[1]；在 2017 年上半年，同样作为出版社被大家熟知的阿克塞尔·施普林格集团的数字收入份额达到了 71%[2]。

数字化和网络化的确为媒体市场带来了新的参与者，特别是来自电信和 IT 部门的参与者。然而，只要数字销售网络处于竞争状态（而不是"中立"的国家垄断），它就会对市场准入具有重要的战略意义。另外，网络运营商现在可以比以前容易得多地作为平台运营商甚至媒体提供商（频道广播公司）运营（如德国电信、沃达丰/德国有线电视等）。这也适用于原则上"非媒体"的门户供应商，如苹果或微软等软硬件供应商，GMX、谷歌或 Facebook 等互联网服务提供商，他们原本并没有任何出版功能或能力。因此，媒体融合有可能会导致新形式的媒体集中化。

5.3.3 微观层面

在微观层面，即在个体参与者身上，也可以观察到商业化和经济化的过程，这在部分程度上是由媒体的中观和宏观层面预先构建的：作为自由职业者，记者活跃在超越传统层面的各种"商业领域"里。

---

[1] 参见 epd medien aktuell No. 62a, 28.03.2017.
[2] 参见 epd medien aktuell No. 147a, 02.08.2017.

在此过程中，他们不仅要为不同的媒体进行调查并写作，而且往往还同时为来自公关部门的委托人提供服务，并以无酬劳状态运营自己的网络媒体。而记者和公关写手这两种个人身份的结合在规范上似乎存在着问题，并且会从结构上鼓励媒体报道的商业化，与此同时，网络媒体上的新闻性非营利活动也很可能从新闻领域的自我实现延展到自我营销的地步（用作品样本进行"展示"）。微观层面上的媒体经济化不仅会影响到传播者和记者（参见 Fengler 和 Ruß-Mohl，2005）。媒体用户也可以且必须考虑成本问题，从成本—收益角度更理性地、有选择地接受媒体信息。如果每一次媒体使用都被货币化，即单独收费，那么接触到没有专门搜索的话题和意见的机会就会减少。

5.4 国际化：全球化与欧洲化

媒体将我们的私人和公共交流空间扩展到国界之外。长期以来，媒体一直都是国际化和全球化的代理人，但与此同时，媒体也受制于这些进程，因为按照国家划分媒体市场与系统如今几乎已经不再可能，而且从传播政策（信息自由）的角度来看，这也是不可取的。

媒体的国际化是由不同的参与者共同分担实施的：

国家媒体机构传统上是为了国家政治利益而在国际上活动。为了与"全世界公众"或政治上敌对国的公民接触，主要使用国际电台或相应网络产品。还有所谓的社交媒体也已发展为新的传播虚假信息和宣传鼓动的工具: 博客、社交媒体网络，尤其是基于算法的社交机器人，（也同样）传播假消息和阴谋论，或是通过在人群散布舆论来进行煽动。

除了国家层面的参与者之外，还有各种意识形态团体，从面向全世界公众进行呼吁宣传的国际民间社会援助组织，到主要利用网络媒体进行鼓动和招募的恐怖主义团体。

另一方面，传媒企业在国际市场上运作是出于商业利益，即使不像其他某些行业的企业那样强烈。与许多其他商品不同，媒体所销售的商品也是一种文化商品，其销售机会取决于与受众的文化亲近程度。然而，通过数字化和网络化，一些大型国际电信和信息技术公司在德国传媒体系中承担了重要的角色。对于微软、苹果、Facebook、亚马逊，尤其是 Alphabet（谷歌）来说，德国是一个重要的市场；这给德国传媒企业和监管机构带来了新的、部分程度上来说是全新形态的任务。

国家和跨国行为主体，特别是国际组织，推行国际媒体政策，为媒体组织的跨国行动制定监管框架。

欧洲化、国际化和全球化[①]的发展动态并非是以同样的程度影响着整个传媒体系，而是按照媒体层次与部门的不同各自不等：必须区分媒体使用（微观层面）和媒体产品及传媒企业的贸易（中观层面）是否正在经历国际化，以及是否由此而产生了世界范围内的媒体结构和市场（宏观层面）的形成或变化，或者这种发展变化是否补充、覆盖甚至取代了当地及该国的媒体结构。

---

① 至少半个世纪以来，相关进程一直在"美国化"和"（美国）文化帝国主义"这两个概念之下被批判讨论。作为一个世界大国，其经济、政治，以及可能的军事方面的主导地位在媒体领域同样十分重要，这应该是无可争议的事实，但并不能单独以此解释为何其媒体文化会在欧洲和全世界范围内被个人用户，以及被全社会广泛接受。

5.4.1 微观层面

在媒体使用者个人的微观层面上，涉及外国媒体甚至少数国际媒体[1]的跨国接收的很可能只是相对较为小众，通常本身就参与国际性活动的精英阶层。然而，更重要的似乎是越来越多的移民对于其家乡或母语的侨民媒体的使用（参见 Hardy，2008，第 223 页），如在德国的土耳其和俄罗斯族裔，或该语言的使用者，以及来自许多其他地区的难民，这可以被视为一种"内在全球化"的形态。

至少到目前为止，国外媒体内容在德语人口中的成功与否，取决于本国版的改编，特别是在语言文本上。不论是对于电视形式，还是电影和书籍，都是如此，但在年轻和受教育程度较高的群体中，这个现象正在逐步改变。文化亲近这一因素塑造着大多数受众的偏好，因此，大部分德国媒体都是面向国家、地区或地方出版并发行的。在这一点上，对于报刊、广播、电视新闻以及大部分网络媒体来说，全球化起到的是一个次级作用：在具体某个特定的地方，全球化正在以"全球本地化"这样一种特殊的形式发生着，最终甚至会在每个个体家庭中都呈现出不同的状态。

外国的媒体产品会遭遇一种依个体和特定媒体不同的"文化折扣"，也就是说，与相应的国内产品相比，它们往往更难销售。

例如，尽管得到了欧盟的资助，但仍然没有出现一个对公众有吸引力的泛欧洲电视频道，而是只有一些低覆盖率的产品，比如

---

[1] 其中值得一提的有美国的商业报纸《金融时报》和《华尔街日报》，以及《国际先驱论坛报》、CNN、MTV 和 BBC 世界频道。然而，在这里，也有一种按国家建立分社的趋势，以便更好地考虑文化和语言的因素。

Euronews 和 Eurosport、ARTE 的双语频道和一些以语言区划分的频道（如 3sat）。新闻和网络媒体的情况也好不到哪里去，因此，我们无法谈论一个共同的欧洲公共领域——从民主理论的角度来看它是值得期待的——而充其量只能是欧洲化的国家媒体组成的公共领域（参见 Holtz-Bacha，2006，第 316-328 页）。

5.4.2 中观层面

从一开始，国际媒体就是国家政治的工具，尤其是通讯社（在德国是沃尔夫通讯社）和国际广播（德国之声）这两种形式。在"二战"结束前一个主要由民族国家构成的世界里，以及随后冷战时期僵化的集团结构中，这关乎于国家对世界公众舆论或者其他国家公民的影响。来自世界各地的新闻，特别是来自发送国和目的地国的新闻，尤其是政治宣传，要尽可能不受技术障碍的干扰，最好是用本国语言接收。相反，为了避免本国社会受到外国影响，本国国民往往被屏蔽在国际媒体收讯之外。这些逻辑在欧洲，或是对于欧洲来说，已经几乎不再起作用了。然而，看看邻近地区（俄罗斯、土耳其）和世界其他国家，它们自身仍在进行宣传，尤其仍在对本国公民实行严格的媒体控制，这就表明国际广播、国际卫星电视和网络服务绝对没有过时。反之，通过全球联网终结有效审查和通信管控的期望也并没有实现。甚至这些网络本身也可以被控制和操纵；此外，它们还使得国家"安全部门"对政治反对派进行密切监视成为可能（参见 Morozov，2011，第 85-112 页）。

然而，对于德国传媒体系而言，具有由商业推动的国际化战略的

第五章 德国传媒体系的发展动态

国内外传媒企业占据着远为重要的地位：德国的传媒企业——如果将其理解为在德国选址注册的媒体公司——也同样在对其结构与产品进行国际化，这一方面是对不断变化的市场和框架条件作出反应调整，另一方面，它们本身就是国际化的动力。鉴于国内市场已经饱和（或者在德国：从人口统计学上看甚至在萎缩），国际化的战略目标主要是市场扩张，即开辟新的销售市场。销售总额的增加使得生产更多的印刷品，或者说将成本分摊给数量更多的受众成为可能。对于固定成本递减（规模经济）的利用意味着通过更低的价格或更高的收益来获取战略竞争优势。此外，还可以通过更好地利用资源和核心资产，如国际知名的品牌、刊物或明星，以及采购和生产网络，实现集团优势（范围经济）。

对于传媒企业来说，存在多种多样、可以相互结合的国际化战略手段可供使用：

媒体产品的出口是一个非常容易想到的可能性，但由于语言障碍的存在，其适用范围比较有限，在这一点上，音乐（流媒体、音频文件、过去的录音媒体）方面的产品要比书籍和期刊容易得多。

替代的做法是向外国合作伙伴授予其他语言版本的书籍、电影和电视作品等在一定地域和时间内的出版发行授权许可。除了具体的媒体内容之外，这些授权还可以基于适合特定国家/地区的电视或杂志格式。授权的报酬可以是固定支付一笔总额（"一次性支付"），也可以在整个授权使用期限内支付（"特许权使用费"），必要的话也可以按绩效支付。

可以与熟悉市场、拥有市场渠道的外国传媒企业共同设立合资企业，即为某种目的而建的联合子公司，这大大降低了进入市场的门槛，从而大幅降低投资风险。这类"子公司"的合作范围从销售合作伙伴关系到技术层面或者出版业的联合制作（印刷厂、编辑部）。国际联合制作在电影和电视领域非常普遍，通常也会为此设立合资企业。

风险较高的国际化举措包括直接投资，即购买一家外国媒体公司（"收购"，主要是通过股份购买）、与一家外国媒体公司合并（"合并"，主要是通过股份交换），甚至在国外成立一个新的子公司（参见 Wirtz, 2006, 第 627-642 页; Lang 和 Winter, 2005, 第 122-126 页）。

5.4.3 宏观层面

传统上，电影市场和电视节目市场在很大程度上被国际化运营的美国公司所主导，这些公司由于拥有庞大的国内市场而享有成本优势，并长期操纵着国际观众的喜好。德国的电影院线和电影市场都被美国大公司控制（参见 4.3.3.2 节）；几大主要的传媒集团在德国都是跨媒体运营：

维亚康姆集团拥有电视频道 VIVA、尼克迪罗恩（Nickleodeon）儿童频道和付费电视 MTV 电视网，以及派拉蒙电影公司；

康卡斯特（Comcast Corporation）/NBC 环球（NBC Universal）旗下有一些付费电视频道以及环球电影和电视制作工作室、版权交易和网络节目；

二十一世纪福克斯（鲁珀特·默多克）旗下有 Sky 和 Fox 频道的付费电视频道、各种网络节目和华尔街日报欧洲版（参见 KEK, 2016, 第 139-140、105-107、124-126 页）。

随着 Discovery 和迪士尼公司的进入，其他大型美国公司也出现在德国电视市场上。

而德国媒体公司长期以来也一直在欧洲和全球范围内开展业务：

从1990年代政治巨变时起，许多图书尤其是新闻出版商就已经开始大规模地推行欧洲化战略[①]。鲍尔出版社投身于捷克共和国、斯洛伐克、波兰和俄罗斯的杂志市场，阿克塞尔·施普林格出版社是波兰市场的领导者之一。自1996年以来（直到最近），《西德意志汇报》（WAZ）一直在强力参与保加利亚的日报市场。即使是中等规模的出版商，如《帕绍新报》（主要在捷克共和国和波兰）和《莱茵邮报》等，也在向东扩张。在一些中东欧转型国家，德国和其他西欧新闻出版商控制了大部分的出版发行份额；在中东欧，德国出版商明显在其他国际投资者中占据了主导地位（参见Stegherr和Liesem，2010，第18-20页）。

在广播领域，贝塔斯曼集团旗下（以超过75%的股份控股）拥有的RTL集团在欧洲覆盖超过2亿人，它活跃于12个国家（重点是德国、法国、荷比卢和英国），拥有57家电视公司和31家广播公司的股份，此外还参股弗里曼陀（Fremantle）制作公司，并在YouTube上拥有多渠道网络。总部位于居特斯洛的贝塔斯曼集团在全球拥有117000名员工，由贝塔斯曼基金会和企业家莫恩家族拥有。在其170亿欧元的销售额中，只有约三分之一来自德国，其中28%甚至来自欧洲以外地区（参见KEK 2016，第97页；epd medien aktuell No. 62a，28.03.2017）。

[①] 对德国和国际媒体公司战略更详细的分析，可参见Sjurts（2005）；Wirtz（2006，第643-657页）。

案例

鲍尔传媒集团是从汉堡的一家家族企业，海因里希·鲍尔出版社发展而成的（另，该公司现在仍然是家族企业），该集团营业额的65%来自国外，"自称是欧洲最大的杂志出版商和广播运营商"。它在欧洲（主要是德国、英国、波兰和斯堪的纳维亚）以及美国、澳大利亚和新西兰拥有600多本杂志、400多个数字产品和100多个电台及电视台。"（KEK 2016，第94页）

主要活跃于德国出版和广播市场的 Hubert Burda 传媒控股合作公司，也有四分之一的营业额来自国外（参见 KEK 2016，第102页）。

不过，总体而言，德国的传媒集团可以说在全球范围内已经失去了重要性，这主要是因为来自其他行业的新兴参与者现在活跃在媒体业务中，他们在全球范围内运营，并利用网络媒体的全球网络效应。如今，媒体行业无法与其他市场（电信、软件和硬件等信息技术）明确区分开来，因此，全球"传媒集团"的排名似乎已经过时[1]。

案例

"20家十年前仍跻身于前50强的公司不再出现在当前的排名之中，包括五家德国公司的代表——阿克塞尔·施普林格、ProSiebenSat.1、霍尔茨布林克、Burda 和 Funke 媒体集团。"（Hachmeister 和 Wäscher 2017，第38页）只有贝塔斯曼（第11位）仍然在列。

---

[1] Hachmeister 和 Wäscher（2017）已经在其经典著作的最新版本中改变了逻辑；他们不再列出全球最大的50家"传媒集团"，而是列出了"媒体和知识集团"，但没有明确指出其营业额中有多少份额来自"媒体"。这种做法一方面似乎是无奈之举，但另一方面，它通过媒体和传播的结构性变化反映了市场界限的解体。

5.4.4 国际媒体和传播政策

国际媒体政策有着悠久的传统，因为随着跨国媒体在19世纪的出现和广泛使用，国际合作程序成为必要[①]。它最初是参与者们为邮政和电信部门的组织构建的：国际电报和电信联盟ITU（1865）[②]、万国邮政联盟（1874），以及为规范知识产权的跨界利用而在1886年设立的世界知识产权组织（WIPO）。然而，自第二次世界大战结束以来，跨国媒体政策参与者的重要性不断增加，在某些区域，自20世纪80年代开始，市场和国家传媒体系边界出现了扩张和（选择性）开放，而不是按照国家各自独立运行（参见Kleinsteuber，2005，第95-97页）。

在1948年通过的《世界人权宣言》中，联合国确认了言论自由、言论传播和信息自由应该得到超越国界的保障（第19条），当然对此并无有效的制裁机制。尽管如此，关于传播政策的根本性冲突可以在联合国，或者更准确地说，在联合国教科文组织（UNESCO）的框架内得到解决。

案例

20世纪70年代关于"世界信息和传播新秩序"的国际新闻潮流，在很大程度上是以西方世界为中心，并受到其政治、文化和经济主导地位的影响。出于政治原因，这种颇具争议性的"信息自由流通"并不受许多后殖民主义专制国家的欢迎，而西方的相关机构关注的也不

[①] Berghofer（2017）对全球媒体和传播政策的政治领域、机构及组织的发展作了出色的系统性分析。
[②] 参见Berghofer（2017，第288-367页）关于国际电信联盟的历史和政策的案例研究。

仅仅是自由信息，而是同样对于自由媒体市场，即开辟新的销售领域感兴趣。"自由且平衡的流通"或者"信息自由流通和传播发展"（1995年）这样的折中化表达最终也并没有平息这个冲突。

为了西方国家的政治利益，特别是经济利益，世界贸易组织（WTO）通过GATT、GATS和TRIPS等国际协定启动了媒体市场的自由化（参见Kleinsteuber 2005，第106-107页）：

《关税与贸易总协定》（GATT）主要涉及对于新闻产品和书籍以及电影（尽可能）免税和无限制的国际贸易；

另一方面，《服务贸易总协定》（GATS）则服务于电台和电信服务；

《与贸易有关的知识产权协定》（TRIPS）涉及的是全世界范围内的版权（参见Puppis，2007，第134-137页）。

联合国教科文组织资助了一系列媒体发展项目，并且多年来着意关注全球数字鸿沟问题的解决。2003年在日内瓦和2005年在突尼斯举行的两次信息社会世界首脑会议产生了四份最终文件，然而这些文件仍然缺乏法律约束力，教科文组织《保护和促进文化表现形式多样性公约》（2005/2007）也是如此。鉴于最终具有决定性影响的仍然是一百九十多个民族国家，全球参与者网络总体上来说运作缓慢且效率低下；此外，世贸组织和教科文组织也正各自朝着不同的方向发展（参见Puppis，2007，第137-143页）。

从整体上看，国家之间（有时存在着严重利益分歧）的谈判过程，还有执行无法到位，是国际传播政策的特色，也就是说，即使是现有的协议也并不能在任何地点任何时间都得到有效执行。由于价值观分歧不断扩大，这种情况正变得更加尖锐，与以往的新闻和电台相比，这一点在如今的网络传播中体现得尤为明显。

5.4.5 欧洲媒体政策

与德国传媒体系更加直接相关的是欧洲的环境（参见2.1节）。欧洲化的媒体发展的主要参与者是欧洲委员会和欧盟。

与联合国相同，欧洲委员会于1950年在《欧洲人权公约》[1]第10条中宣布了跨境通信和媒体自由。与联合国不同的是，它赋予了46个签署国的全部公民在斯特拉斯堡的人权法院提起诉讼的个人权利。在1993年的《跨境电视公约》[2]中，除了通信自由之外，再次明确规定了接收自由与转播自由，但同时对于内容方面也制定了最低限度规则，特别是在广告和未成年人保护方面。这些法规就内容而言与欧盟的法规一致，但涵盖了更多的国家。欧洲委员会还根据《欧洲电影联合制作协议》（1992年），通过资助基金"欧洲影像（Eurimages）"支持欧洲电影制作。47个欧洲委员会国家中有37个参与其中；每年共提供2500万欧元的资金[3]。

欧盟（EU）脱胎于欧洲经济共同体，在英国退出之前由27个国家组成，它与欧洲委员会一道发展成为重要的媒体政策行为体，对于德国的传媒体系具有决定性意义[4]。自《里斯本条约》(2009)签署时起，

---

[1] 经第11号议定书修订的《保护人权与基本自由公约》，1950年11月4日签署于罗马；议定书的最新版本在线网址：http://conventions.coe.int/Treaty/ger/Treaties/Html/005.htm [2011.11.11]。

[2] 最新版本在线地址：http://conventions.coe.int/treaty/ger/Treaties/Html/132.htm [2011.11.11]。

[3] 关于《协议》参见：www.coe.int/en/web/conventions/full-list/-/conventions/treaty/147；关于Eurimages资助计划：www.coe.int/t/dg4/eurimages/About/default_en.asp [2017.08.31]。

[4] 参见对于欧盟传播政策的详细分析：Holtz-Bacha（2006）；欧洲委员会方面，Holtz-Bacha（2011）。

《欧盟基本权利宪章》即已生效，其中第 11 条确认了个人的言论和信息自由（根据《欧洲人权公约》）并保证了媒体的自由和多元性。

欧洲对通信和媒体自由的保障，是以一种简化的形式重复了通过德国基本法已然生效的规范。事实证明，欧盟对于电台、电信和网络传播的监管要求对德国传媒体系的结构具有决定性意义。媒体政策的动议权归属于欧盟委员会，即既不归属于民主选举产生的议会，也不归属于民族国家的内阁，尽管内阁可以最终就媒体政策问题发布对各个欧盟国家立法具有约束力的指令。在三个与此相关的过程中，欧盟都发挥了重要作用：

电信自由化

电台系统的双轨化

电台的商业化

自从 20 世纪 80 年代末以来，欧盟一直奉行放松管制的电信政策，其目的是废除普遍存在于欧洲的国有电信垄断。国有电信公司的特点是缺乏创新，价格高，客户服务差。这些缺陷应该能够通过私有化和全欧洲范围内的竞争（内部市场）来消除，欧洲公司也应该有能力应对全球竞争。2002 年的《欧盟普遍服务和接入准则》旨在以可承受的价格获取全面覆盖的基础设施，并在国际上为电信供应商开放市场。其目标是网络中立：例如，为了防止网络运营商出于商业或竞争战略的原因不播放某些电视节目，国家监管部门可以发布"必须播放的规定"，即有义务播放某些节目，或是对电信媒体委派"必须提供"的职责。在德国，欧盟的所有要求主要都是通过《联邦电信法》（TKG）转化为国家法律的（参见第 2.5 节）。

在广播电视政策方面，该动议最初来自欧洲议会。其目的是建立一个泛欧洲的电视频道,以促进欧洲公共领域的建立(参见 Holtz-Bacha,2006,第 67–83 页)。这一想法失败后,欧盟的政策集中在放松对电台的管制,目的是发展一个欧洲的内部市场。这样,由于其在 1992 年之前仅具备经济−政治权能,欧盟已经把电台——与欧洲的传统相反——理解为了一种经济物品。为此,通过向欧洲竞争者开放所有国家的广播电视市场,并按照统一的标准进行管理,一个欧洲内部市场(欧共体条约第 28 条,第 49 条及以下[1])建立了起来。

继欧盟绿皮书"电视无国界"(1984)之后,欧盟于 1989 年发布了欧盟电视指令[2],该指令后来被多次修订,大大促进了电台的双轨化和随后的商业化。电视被认为是一种服务,其在内部市场的传播不得受到目标国家的国家法律的阻碍。相反,转而生效的是"发送国家原则",即符合某一个欧盟国家法律要求并在那里获得许可的节目,可以藉此视为符合整个内部市场的所有要求。

为了防止市场集中,欧盟委员会有欧洲反垄断法和并购控制。

2007 年的《视听媒体指令》(AVMR)[3]将监管范围从"线性"电台扩展到了非线性视听媒体服务(点播服务),即网络媒体。这些只需要满足少量内容方面的要求("分级监管密度")。

德国广播电视法以各州的媒体法、广播电视法和电台及电信服务国家合约的形式,落实了欧盟关于广告和未成年人保护的要求。

---

[1] 欧洲联盟成立条约合并版(欧洲共同体官方公报 C 325/35 2002.12.24;在线网址:http://eur-lex.europa.eu/de/treaties/dat/12002E/pdf/12002E_DE.pdf [11.11.2011])。

[2] 理事会 1989 年发布的有关协调各成员国关于开展电视活动的某些法律和行政法规的指令以及其修订指令 RL97/36/EC。

[3] 欧洲议会和理事会修正理事会关于协调成员国有关电视活动的某些法律和行政法规的指令(89/552/EEC)的指令(指令 2007/65/EC),2007.12.11;在线查阅:http://eur-lex.europa.eu/LexUriServ/LexUriServ.do?uri OJ: L: 2007: 332: 0027: 0045: DE: PDF [11.11.2011]。

欧共体条约第 151 条没有考虑文化的融洽性。阿姆斯特丹《成员国公共服务广播议定书》（1997/1999）为欧盟的《马斯特里赫特条约》做出了补充，它一方面赋予欧盟对于作为文化资产的电台所具有的权限，但另一方面也将广播电视行业中各国值得保护的独特之处及其权能置于条约管辖之外（参见 Dörr，2007，第 113-115 页）。

除了关税、特别税和其他歧视性措施外，欧共体条约（第 87 条）还禁止在内部市场上提供国家补贴，即所谓对国有企业的援助。在德国私营广播公司的推动下，欧盟澄清说，过去交付给 ARD 和 ZDF 的广播费（现在是捐款性质）就是这种补贴的体现，只有在特殊条件下才被允许。必须对广播电视公司进行"委托授权"，并将职能任务精准化，监控其服务的提供，且与其他活动（如商业活动）建立明确的会计分离（欧盟透明度指令）。因此，对于德国而言，这意味着有效限制隶属于公共服务的在线和数字产品，以及精心设计审查程序，即所谓的"三步测试"[1]（参见 Holtz-Bacha，2006，第 237-252 页）。

欧盟不仅充当了（去）监管者的角色，还充当了媒体资助人的角色：从 1990 年到 2013 年施行的 MEDIA 计划（参见 Holtz-Bacha，2006，第 257-302 页），仅在 2007 年到 2013 年期间，就为欧洲音像联合制作和培训提供了约 7.55 亿欧元的资金。这一计划在 2014 年被"创意欧洲"资助计划所取代，直至 2020 年，该计划提供的资助总额为 14.6 亿欧元，尽管其中只有部分资金被用于狭义上资助电影和电影院的 MEDIA 子计划[2]。

---

[1] 流程参见：http://www.ard.de/intern/gremienvorsitzendenkonferenz-der-ard/dreistufentest/verfahrenserlaeuterung/-/id=1026832/1i5uutc/ [2012.01.25]。

[2] 参见：ec.europa.eu/programmes/creative-europe/media_de [2017.08.31]。

第五章 德国传媒体系的发展动态

关于媒体的欧洲化和全球化发展动态正在被批判性地讨论着。人们担心欧洲的监管官僚机构会适得其反,并且会偏离媒体的公共服务性质。关于全球化的辩论有时会与文化批判传统联系在一起,因为它被怀疑其背后隐藏着一个属于美国或西方世界和其媒体公司的片面的"文化帝国主义",而看上去更为正义的在跨文化交流中由平等伙伴组成的世界性网络却消失不见了。然而,从经验上看,这种判断只说对了一部分:来自美国的单边扩张和出口流量正日益被一个多样化的流动网络所取代。例如,在亚洲和阿拉伯世界拥有相当大市场份额的印度电影,以及巴西和墨西哥的电视剧。虽然由于双轨电台系统的商业化,美国电视节目在欧洲的出口大幅增加,但是自 1990 年代末以来,它们对这些市场的重要性已大为降低。而在 1980 年代,面对快速增长的需求,虽然美国商品的价格优势[①]具有决定性影响,但欧洲私营电视广播公司在自制和委托制作的份额上也得到了大幅增长。英国成为国际电视格式和节目交易的市场领导者,美国公司更多地转向了与欧盟国家的国际联合制作(参见 Hardy,2008,第 208-221 页;HBI,2009,第 160 页)。

媒体资本在企业层面上的国际化和全球化并不一定意味着文化帝国主义理论意义上的美国文化霸权。显然,观众一方面仍然偏爱国产制作,另一方面也喜爱面向国际的媒体产品,这些产品通常是在美国制作的,但并不完全都仅仅是"美国味儿"的,而是或多或少地打上了"多元文化"的烙印。

[①] 因此,热门剧集《达拉斯》60 分钟的制作成本与 1 分钟自制剧的成本相当;参见 Hardy(2008,第 215 页)。

5.5 再监管和媒体管理

由于其权能已经被委托给了国际组织,民族国家已经不仅仅是在欧洲范围内失去了作为传播政策行为者的重要性。在这些国家范围内,国家,无论是联邦还是州,也同样不再是唯一的控制者。此外,几乎所有媒体领域都建立了自律机构,承担自律责任,如德国新闻委员会和电影、电视、多媒体、娱乐软件等自愿自律组织。

5.5.1 媒体政策模式

监管主体的变化或增加以及监管的废除或放松可以理解为放松管制(去监管)或者自由化。这两个概念有着不同的内涵,并且都被用作了政治口号:

去监管意味着规范的丧失,甚至是秩序的缺失,内容和质量标准的降低,然而,从经验上讲,这一点被众多新的法规和众多新参与者构成的复杂网络所抵消。

自由化在"解放"的意义上有着积极的含义。然而,是否以及谁将会为了什么目的而获得自由,却仍然没有定论:是为了从市场准入的制度性或者法律性障碍中解放出来,是为了想象中所谓的积极福利效应而增加竞争(参见 Künzler, 2009,第 50 页),还是为了废除关于内容的规范或者降低行为标准?

根据迄今为止所观察到的有关过程的结果,即下文所概述的,可以说是在变化的、扩大的参与者网络中重新监管,这可以用媒体管理来形容[①]。

去监管的发展动态与政治模式的变化有关，每个政治模式都处于由安全、平等和自由这三种价值构成的三角坐标系统中的某个相应位置上（参见 Vowe，1999）：传统上，在德国盛行的是一个以安全价值为导向的，相当保守的国家主义模式，国家会确保某些服务，甚至会自己提供这些服务，以消除或缓解不理想的情况，或者积极地确保最低限度的平等和自由。

媒体的自由化意味着行为者群体的变化，即国家行为主体的后退趋势，以及控制方式的变化：等级制度（法律上的禁止和要求）在部分程度上被谈判（讨论），更主要则是被贸易（市场）所取代。作为一种控制媒介，比起权利、金钱（例如以奖金激励制度的形式）和知识（也包括由研究、监督和报告义务而获得的）正在变得更加重要（参见 Donges，2002，第140-150页）。

5.5.2 市场为核心的调控模式

在过去的几十年里，主要是自由保守派的联邦政府和欧盟（参见4.4.3节）在推动媒体政策模式和范式的转变。他们得到了大型传媒集团和行业协会的支持，甚至可以说是被传媒集团所利用，这些集团和协会首先是让欧盟委员会成为他们的代言人。软弱无力的欧盟议会试图抵制这种情况，但几乎没有任何效果；因此，迄今为止欧洲仍然没有任何专门针对媒体领域的并购和集中度的控制（参见 Holtz-Bacha，

[①] 关于该概念的定义和区分问题，参见 Künzler（2009，第49-53页）。

2006，第 308-316 页）。这与一种新自由主义的意识形态相吻合，它最大限度地信任市场力量，且与德国的社会和文化传统相矛盾，即认为基于宪法对通信自由的保障，国家应该积极发挥作用，在市场失灵的情况下，以监管的方式进行干预。不过，当涉及滥用市场支配地位等竞争法问题时，欧盟确实会进行干预；欧盟委员会对谷歌处以 24.2 亿欧元的罚款就是例证[①]。

在监管"去国家化"的同时，许多情况下，还出现了媒体结构和媒体职责的私有化：

在德国，私营广播电视公司已经成为与公共广播电视公司互相补充的存在。

在电信领域，国家垄断企业德国联邦邮政和德国电信已经被（在很大程度上）私有化，而更多的私营竞争者也在使整个系统"商业化"为一个市场。

这种系统的私有化反过来又对其余的公共媒体机构的内部控制产生了影响，为了不失去政治上的合法性，这些组织的行动逻辑也正在变得与市场逻辑相适应（参见 Donges，2002，第 180 页）。

数字化和全球化被用来作为放松管制的附加论据：技术和经济方面的市场准入障碍（频率稀缺、成本）已经降低，有效的控制由于全球化而变得不再可能，德国和欧洲的传媒集团在国际竞争中不应处于不利地位。

以控制集中度为目的的市场监管被忽视了；它并不适用于新形式

---

① 参见 www.spiegel.de/netzwelt/netzpolitik/google-vs-eu-kommission-eu-verhaengt-rekordstrafe-von- 2-42-milliarden-a-1154.605.html [2017.08.31]。

下的国际化和跨媒体的集中①。

这种发展动态正在向传统媒体市场蔓延。现行的新闻公司并购法（§35 GWB）已经被放宽，批准并购时的所谓"关切门槛"从2500万欧元提高到了6250万欧元。

5.5.3 媒体管理

媒体自由化的理念是，媒体的社会治理应该由国家、公众或者说民间社会以及私人监管者组成的网络来代替国家政府，一同建立共同监管或处于（国家）监管下的自我管理。自由化的实践表明：放松管制不是一个线性和均质的过程。市场的开放，例如在电信领域，恰恰使得重新监管（再监管）成为必要，以便在事实上打破原先垄断的市场支配地位。

与天真的自由化幻想相反的是，至少新的机构和官僚程序已经开始建立了，例如联邦网络局和14个州级媒体主管部门。

对去监管和再监管的差异化分析显示了异质性监管问题之间的区别：例如，儿童和青少年保护的法规应依据社会的长期变化做出动态调整，但在自由化或取消监管的情况下几乎无法发觉这一点。数据保护也是同样，从某种程度上来讲版权保护也是一样，因为这些新出现

---

① 从传播学的角度来看，目前对集中度的监管并不能令人信服：限制市场份额的意义是为了在结构上保证意见的多样性，以便使接受者个体以及整个公众能够自由地形成意见和意愿。哪些媒体类型（甚至是媒体产品）参与了这种意见和意愿的形成，以及其比例如何，目前仍不清楚，而且可能很难量化。如何将电视和广播的覆盖面与网页曝光数量和发行印数互相换算，以确定相关市场？如何在跨媒体环境中定义关键的市场份额？以及：市场模型究竟是否适合描述个人意见和社会舆论形成的复杂过程？如果回归到资本份额模型或是将其扩展到整个媒体领域，能不能（更好地）解决这个问题？

的或是正在形成的问题必须得到解决。

在儿童和青少年保护方面，去监管实际上是指行为者和程序方面去国家化意义上的自由化：当局的主权控制正日益让位于一个监管网络，私人行为者，即自愿自律的机构，在这个监管网络中承担着重要的功能。至少，从标准和规程自由化的意义上来看，这不一定会导致规范的放松。

在媒体数字化的过程中，技术和算法组织流程日益重要，因此，除了民主合法的监管行为者及市场行为者或市场力量之外，"技术"本身是否也拥有强大的塑造作用这一问题的意义也变得越来越重要[①]。毕竟，是硬件和软件在参与决定什么是可能的，以及媒体访问和使用的界限，或者通信信息流的边界在哪里。除了媒体作为人类交流的基于技术的符号系统一直在描绘的基本可能性和界限之外，现在还出现了可编程的结构。归根结底，程序仍然是由具有法律和道德观念，或者说追求企业经济利益的行为人编写的。然而，技术看上去经常会自行其是，或者至少具备自身的内在动力，按照计划进行自我调节，而因为它运行在后台，所以这个过程似乎并没有其他选择，甚至显得很"自然"。

5.6 总结

媒体的数字化和网络化通过改变价值链（去中介化和再中介化）还有通过使用不同的销售渠道对媒体产品进行多重利用，为传媒组织

---

① 参见关于（媒体）技术作为监管行为主体的问题，Katzenbach（2016）。

第五章 德国传媒体系的发展动态

提供了优化潜力。这往往会导致媒体公司的整合和媒体使用等服务的融合。同时，数字仓储和分销对于成本的节约导致了"长尾"效应的出现，即媒体产品的差异化。技术融合和日益丰富的产品数量让来自电信和软件行业的公司有机会参与到媒体价值创造的过程中来，甚至占据关键位置（门户网站、搜索引擎、平台、中介），从而将新的非新闻业者引入到传媒体系中。尽管市场准入门槛较低，但是网络新闻产品缺乏有效的商业模式（广告收入低，对"付费内容"的支付意愿低），这限制了网络媒体的新闻附加价值，也往往会增加媒体的集中度。在这里，替代方案开始逐渐出现。一方面是（基于数据的）替代收入模式，另一方面是新的组织形式（记者合作组织），其前景尚不明朗。

自20世纪80年代以来，德国传媒体系的商业化程度不断提高，这种商业化已经超出了传统的以市场为组织基础的印刷媒体和电影，扩展到电信和电台以及多媒体公司的战略当中。传媒企业越来越注重经济效益标准、资本回报和利润，而新闻质量则主要被看作是一个成本因素。因为广告是大多数媒体最重要的收入来源，媒体产品被认为要适应广告客户的覆盖逻辑。如果社会群体（如少数族群）的话题、意见和媒体偏好既无法在公众市场（收费）也不能在广告市场（对于广告有重要意义且有购买力的目标群体）上得到重新筹资，那么媒体公共责任的完成就会受到潜在的威胁。

而另一种赞助、组织形式和融资模式——例如通过基金会或公共团体——是否以及在多大程度上有助于实现新闻媒体和网络媒体的公共责任或者"公共价值"，仍然未有定论。

横向、纵向和斜向集中化，作为德国传媒体系的结构性特征，经由商业化、媒体融合和很大程度上由欧盟推动的放松管制政策得到了进一步加强。从新闻学的角度来看，可以观察到市场失灵的现象，也就是说，单单依靠媒体市场本身并不能得到社会传播环境和多样化的优质服务，而这对于一个正常运转的民主制度至关重要。对于媒体监管来说，这意味着需要从以广播，或者说后来以电视为中心的集中监管模式中脱离出来，以便能够同时考虑到用户使用的各种媒体的集合，还有网络媒体在公众舆论形成[①]中不断上升的总体权重[②]。

从许多方面来看，德国的传媒体系都在国际上超越了国界的限制：按照文化的接近程度不同，外国媒体产品在德国得到了不同程度的接纳，其中大多是以翻译和改编版本的形式，但德国媒体总体上来说占据了市场主导地位。外国和国际性运营的媒体公司在这个市场上十分活跃，反之，德国的传媒企业也同样成功参与了国际市场的运营。德国传媒体系的规范秩序在很大程度上是受到国际法，尤其是欧盟的影响而形成的。总体而言，在国家传媒体系的层面上，国家媒体政策行为主体正在失去其重要性：这既与监管权限被委托给跨国行为主体有关，也涉及媒体组织本身，因为与私营商业媒体公司相较，国家（电信）和公共（电台）组织形式的重要性正在丧失。

国际化或者说欧洲化和放松管制，以及由此而导致的商业化，与发生在国家传媒体系中的后果有着密切的因果关系。在新自由主义放松管制政策的进行过程中，由经济动机推动的参与者在西方国家，

---

① 各州媒体主管部门的《媒体多样性监测》（2016年，第5页）将"互联网"的"意见形成权重"标定为22.3%，已经高于日报（20.7%），但没有写明所使用的舆论相关的网络新闻是否以及哪些部分不能最终回溯到某个传统媒体来源。目前尚不清楚这里有没有搞错媒体和分销渠道，或者至少将两者混为一谈。

② 在此，2015年KEK出版物的标题可以被认为是纲领性的："从电视中心制到媒体焦点制，符合时代趋势的媒体意见多样性保障要求。"

第五章　德国传媒体系的发展动态

部分程度上也在国际组织中获得了巨大的影响力，以至于媒体政策行为主体如今也在推动媒体的"国际化"和"全球化"（参见 Lang 和 Winter 2005，第 126 页）。

德国传媒体系的自由化和放松管制导致了一个新的监管者网络的诞生，这个网络中，在国家机构之外，出现了自我监管的私营机构。为了使媒体尽可能地远离国家操控，已经建立了一个受监管的自律系统（共同监管），其中的法律标准由特定部门的自愿自律机构执行。这种新的媒体管理网络和媒体的市场开放造成了对于协调的需求的提高。因此，这就导致了主管部门和机构的成倍增加（联邦网络局、14个州级媒体主管部门及其下属数目众多的联合委员会、特定部门的自律机构），同时也增加了标准的复杂性，这些标准的法律"半衰期"也在缩短。

本章重要数据来源

Hardy (2008);Holtz-Bacha (2006, 2011); KEK (2010); Kleinsteuber (2005)

《媒体与传播研究》；特刊《媒体行业的经济化：原因、形式和后果》，第 49 卷（2001），第 2 期

法律及欧盟指令

《电信法》："《电信法》，2004.06.22 版本（BGBl. I S. 1190），经 2011.12.22 法案第 2 条最后修正（BGBl. I S. 2958）"；在线查阅：http://www.gesetze-im-internet.de/bundesrecht/tkg_2004/gesamt.pdf [2012.01.17]。

《视听媒体服务指令》，2007: 欧洲议会和理事会修改理事会关于协调各成员国有关电视活动的某些法律和行政规定的指令（指令

2007/65/EC），2007 年 12 月 11 日；在线查阅：http://eur-lex.europa.eu/LexUriServ/LexUriServ.do?uri OJ:L:2007:332:0027:0045:DE:PDF [2011.11.11]。

《视听媒体服务指令》，2010：欧洲议会和理事会第 2010/13/EU 号指令，2010.03.10，关于协调各成员国在提供视听媒体服务方面的某些法律和行政规定的指令；在线查阅：http://eurlex.europa.eu/LexUriServ/LexUriServ.do?uri=O-J:L:2010:095:0001:0024:DE:PDF

参考文献

Berghofer, Simon. 2017. Globale Medien- und Kommunikationspolitik. Konzeption und Analyse eines Politikbereichs im Wandel. Nomos: Baden-Baden.

BDZV, Hrsg. 2017. Zeitungen 2017/2018. Bundesverband Deutscher Zeitungsverleger (BDZV). Berlin: BDZV.

Die Medienanstalten, Hrsg. 2016. Medienkonvergenzmonitor der DLM. MedienVielfaltsMonitor. Ergebnisse 1. Halbjahr 2016. Berlin: ALM.

Dörr, Dieter. 2007. Die Medienordnung der europäischen Gemeinschaft. In Ordnung durch Medien- politik?, Hrsg. Otfried Jarren, und Patrick Donges, 111–130. Konstanz: UVK.

Donges, Patrick. 2002. Rundfunkpolitik zwischen Sollen, Wollen und Können. Eine theoretische und komparative Analyse der politischen Steuerung des Rundfunks. Wiesbaden: Westdeutscher Verlag.

Fengler, Susanne, und Stephan Ruß-Mohl. 2005. Der Journalist als "Homo oeconomicus". Konstanz: UVK.

Hachmeister, Lutz, und Till Wäscher. 2017. Wer beherrscht die

Medien? Die 50 größten Medien- und Wissenskonzerne der Welt. Köln: Halem.

Hardy, Jonathan. 2008. Western media systems. London: Routledge.

HBI Hans-Bredow-Institut, Hrsg. 2008. Zur Entwicklung der Medien in Deutschland zwischen 1998 und 2007. Wissenschaftliches Gutachten zum Kommunikations- und Medienbericht der Bundesregierung. Hamburg: Hans-Bredow-Institut.

HBI Hans-Bredow-Institut, Hrsg. 2009. Internationales Handbuch Medien, 28. Aufl. Baden-Baden: Nomos.

HBI Hans-Bredow-Institut, Hrsg. 2017. Zur Entwicklung der Medien in Deutschland zwischen 2013 und 2016. Wissenschaftliches Gutachten zum Kommunikations- und Medienbericht der Bundesregierung. Hamburg: Hans-Bredow-Institut.

Holtz-Bacha, Christina. 2006. Medienpolitik für Europa. Wiesbaden: VS Verlag.

Holtz-Bacha, Christina. 2011. Medienpolitik für Europa. Der Europarat, 2. Aufl. Wiesbaden: VS Verlag.

Katzenbach, Christian. 2016. Governance – Technik – Kommunikation: Perspektiven einer kom- munikationswissenschaftlichen Governance-Forschung. Dissertationsschrift Freie Universität Berlin. Berlin: FU Berlin.

KEK. 2010. Auf dem Weg zu einer medienübergreifenden Vielfaltssicherung. Bericht der Kom- mission zur Ermittlung der Konzentration im Medienbereich (KEK) über die Entwicklung der

Konzentration und über Maßnahmen zur Sicherung der Meinungsvielfalt im privaten Rundfunk. Potsdam 2010. Zugegriffen: 18. Aug. 2011.

KEK. 2015. Von der Fernsehzentrierung zur Medienfokussierung – Anforderungen an eine zeit- gemäße Sicherung medialer Meinungsvielfalt. Bericht der Kommission zur Ermittlung der Konzentration im Medienbereich (KEK) über die Entwicklung der Konzentration und über Maßnahmen zur Sicherung der Meinungsvielfalt im privaten Rundfunk. Leipzig: Vistas.

KEK. 2016. 18. Jahresbericht der KEK. Berlin: ALM.

Kleinsteuber, Hans J. 2005. Medienpolitik. In Globalisierung der Medienkommunikation. Eine Einführung, Hrsg. Andreas Hepp, Friedrich Krotz, und Carsten Winter, 93–116. Wiesbaden: VS Verlag.

Knoche, Manfred. 2001. Kapitalisierung der Medienindustrie aus politökonomischer Perspektive. Medien & Kommunikationswissenschaft 2 (49): 177–194.

Künzler, Matthias. 2009. Die Liberalisierung von Radio und Fernsehen. Leitbilder der Rundfunk- regulierung im Ländervergleich. UVK: Konstanz.

Lang, Günter, und Carsten Winter. 2005. Medienökonomie. In Globalisierung der Medienkommu- nikation. Eine Einführung, Hrsg. Andreas Hepp, Friedrich Krotz, und Carsten Winter, 117–136. Wiesbaden: VS Verlag.

Media Perspektiven Basisdaten. 2016. Daten zur Mediensituation in Deutschland 2016. Frankfurt a. M.: Media Perspektiven.

Morozov, Evgeny. 2011. The net delusion. The dark side of internet freedom.. New York: Public affairs.

Puppis, Manuel. 2007. Von guten und bösen Ordnungshütern – der Einfluss von UNESCO und WTO auf die nationale Medienregulierung. In Ordnung durch Medienpolitik?, Hrsg. Otfried Jarren, und Patrick Donges, 131–145. Konstanz: UVK.

Röper, Horst. 2010. Zeitungen 2010: Rangverschiebungen unter den größten Verlagen. Media Per- spektiven 2010 (5): 218–234.

Sjurts, Insa. 2005. Strategien der Medienbranche. Grundlagen und Fallbeispiele, 3., überarb. u. erw Aufl. Wiesbaden: Gabler.

Stegherr, Marc, und Kerstin Liesem. 2010. Die Medien in Osteuropa. Mediensysteme im Transfor- mationsprozess. VS Verlag: Wiesbaden.

Vowe, Gerhard. 1999. Medienpolitik zwischen Freiheit. Gleichheit und Sicherheit. Publizistik 44 (4): 395–415.

Wirtz, Bernd W. 2006. Medien- und Internetmanagement, 5., überarb Aufl. Wiesbaden: Gabler.

第六章 德国传媒体系概况

本书对德国的传媒体系进行了详细的研究，本章将对此做一个总结性概述。为了便于阅读，这里将不对个别信息重新作出证明（参见第3章和第4章）。

首先，本章将德国媒体的基本规范作为一种制度性的媒体规则加以说明。随后对新闻、广告和公关公司以及电信网络等基础设施做出总结阐述，这些设施为书籍、报刊、电台、电影和网络新闻等各个传媒领域创造了必要的先决条件。

最后，再次介绍了各个传媒领域最重要的组织结构及其具体特点和表现形式，以及各自的机构网络。

6.1 媒体的制度性规则

6.1.1 历史和政治发展

德国的媒体体系是一个历史分化过程的结果；其发展和结构与政治历史紧密相连。在德国，书籍和报刊等新闻媒体的起源可以追溯到15至16世纪。自19世纪以来，随着大众刊物的创立，媒体的社会和政治重要性大大增加，并随着电影、广播、电视和与新闻紧密相关的网络媒体的引入而得到进一步提高。第二次世界大战之后以及德国东部和中部的五个州加入联邦后的这两个阶段对当下的新闻媒体结构有着深刻的影响：经历了纳粹对传媒体系的强行一致化之后，在此背景下，同盟国在1945年至1949年间承担了对报刊、电影和电台的重组工作，其影响一直延续至今。在这件事情上，美国、英国和法国遵循的监管理念与苏联不同。西方盟国致力于在资本主义基础上建立一个自由的，也就是说尽可能不受国家操控的媒体组织，而苏维埃占领区（SBZ）和后来的德意志民主共和国的媒体则首先要服务于执政党（亦即原东德德国统一社会党，SED）领导下的社会主义建设。

随着1989年之后德国的统一，西德媒体的基本秩序被移植到五个新的联邦州。1990年2月，民主德国人民议院的"媒体决议"首次保障了全面的传播自由（意见、信息和媒体自由），并且有可能以此为基础构建民主德国新的媒体规则。在重新成立的各州加入联邦共和国后，这种重组则并未发生。对联邦德国媒体规则进行全德范围内修订或改革的机会被浪费了。在东德，各州的新闻法、广播电视法和媒体法以及相应的国家条约都采用了西德模式[1]。因此，联邦德国的媒体监管传统和以市场经济为主导，再加上公共电台为补充的媒体规则很快就在统一的德国得到了全面贯彻。而东德媒体的系统建构至今也仍在产生着影响。这首先涉及的是前地区性报刊，虽然所有权和影响力已经发生改变，但它还在继续影响着东德日报的结构：书籍和报刊出版社被私有化，大部分被卖给了西德的出版商；东德的国家电台组织则根据《统一条约》（第36条）被合并为一个机构进行结业清算。

---

[1] 在内部新闻自由和信息自由等问题上有一些小的创新；参见Machill等人（2010，第14—16页）。

这就为建立新的公共广播公司（或加入现有的西德公共广播公司）创造了先决条件，这些公司的管理人员，与整个政治和行政部门一样，大多来自旧的联邦共和国。本着"双轨制"的精神，西德的媒体企业家们还创办了私营广播电视台。如此一来，从一方面来说，媒体不受国家操控的原则被采纳，并被置于可持续的经济基础之上。另一方面，西德传媒体系的结构和功能缺陷如今已经成为整个德国的问题：媒体集中化、商业化（出于对广告收入的依赖）、（政党）政治对公共电台的影响、广播费的合法性和管理问题，以及由此产生的新闻媒体质量问题。

6.1.2 传播自由和媒体规则

《德意志联邦共和国基本法》将传播自由作为广泛的人权中的一项予以保障，即每个人都可以自由表达自己的意见，也可以通过媒体自由传播自己的意见，并从普遍可得的渠道获取信息。他或她的国籍、种族、社会及文化背景或宗教信仰对于这一点并不重要。因此，在德国，从事新闻工作在程序上是不受限制的，也就是说，它既不与某些个人特征和资格挂钩，也不与认证、执照或会员资格相联系。与传媒体系特别紧密相关的是媒体机构的基本传播权利以及由此产生的免于国家审查或控制的保护。

新闻自由在广义上被理解为传媒自由，除了电台（广播及电视）和电影之外，还包括网络新闻媒体。媒体是公共舆论形成的中介（媒介）和新闻要素，意思是，媒体为不同的参与者之间的联系沟通提供了一个交流空间（论坛），其本身也通过新闻选题（选择和议程设置）

和评论，积极地为个人意见和公众舆论的形成做出贡献。就这点而言，媒体具有服务功能，也因此而享有特殊的宪法地位。传媒自由首先意味着媒体拥有相对于国家的自由，这对德国的媒体规则以及媒体政策有着深远的影响：

媒体并非体现了什么国家的"第四权力"，而是应该被用来批评和监控国家权力。其能力（或弱点）既不是源于通过选举获得的民主合法性和代表身份，也不是源于作为宪法机关与立法、行政和司法等其他国家权力机构并列的地位。媒体对民主公众和社会的根本性功能证明了其拥有由宪法强力保障的自由是合理的。

国家被排除在媒体机构的所有者之外，与国家关系密切的组织（国家政党、群众组织等）也被排除在外；国家也不可以作为媒体产品的提供者或组织者，只要这超出了被明确标识的政治介绍（公民传播）、国家公关工作或国际形象代表（例如通过德国之声的电台节目和网络媒体）的狭窄范畴。在德国，大多数媒体都是根据私法以营利性公司的形式组建起来的；除此之外，在电台和电信媒体领域也有公共组织，在其他传媒领域还有私人非营利性供应方参与。这包括属于已经设立的社会行为主体的媒体，特别是教派和政党的报刊以及协会期刊。此外，由于在全媒体领域（印刷品、视频电影、电台和网络）工艺的创新以及技术和经济壁垒的降低，财力薄弱的民间社会参与者创办的媒体，以及由非专业人士发表其个人作品的平台正在大量出现。

德国媒体的核心制度是市场，核心调控模式是供应和需求，主要发生在相互耦合的受众市场和广告市场上。然而，由于媒体在民主立宪的联邦共和国中承担着核心公共职能，而将这些公共的、有价值的功能按照纯粹的商业方式制度化会导致市场失灵，因此在电台领域，由西方同盟国建立的"公共服务"制度一直被保持了下来：国家以强制所有家庭缴纳会费的方式代替通过市场来筹资，用于资助一个公共，但并非国有，且提供相应非官方节目的电台组织。这种非官方性质将通过公众的自我管理来实现，其基础是由社会相关群体代表按照多元化构成组织的、限期选举的机构。为了使会费的融资方式在欧洲法律的背景下也保持合法性，对于内部节目多样性（内部多元化）和节目质量的要求非常之高。

宪法中所规定的媒体不受国家操控的自由限制了国家在媒体政策中进行干预的可能性，这使得国家最终要面对一个看似矛盾的任务，即国家需要运用政治手段确保监管尽可能地不受国家影响。事实上，在德国，除了《基本法》意义上的最低内容要求（未成年人保护、人的尊严和个人名誉权）和一般法律框架外，媒体内容的监管主要委托非国家监管机构负责。或者更确切地说，是自愿的自律行为，但作为监管行为主体，在这里必须满足媒体监管的某些法律要求（受管控的自我监管或共同监管）。由此可见，媒体的内容控制是在一个由不同行为主体及其相互之间的协同合作构成的媒体管理网络中进行的：法律和国际条约的规定明确了内容和形式方面的最低要求，以及自我监管程序的质量标准。这些工作由电影、电视和网络媒体等领域的自愿自律组织（FSK、FSF、FSM）在不受国家干预的情况下进行，并由危害青少年媒体联邦审查所或 jugendschutz.net 等国家机构，以及在有疑问的情况下由刑法措施进行补充。与对于私营电台的全部内容和市场相关监督一样，对保护未成年人的自律机构的认证由公共性的各州媒体主管部门或其联合委员会进行。

因此，在德国，很大程度上是通过将市场经济秩序转移到媒体部门来调控媒体结构的。这一监管决定确保了规范上所期望的与不受国家操控，但如果不想接受市场失灵或其规范上的负面后果，就必须辅以市场监管。最重要的调整措施包括设立公共电台，并保障它的存在和发展，以弥补私营电台在媒体公共职责方面的市场失灵。因此，电台的监管密度明显高于所有其他媒体部门的市场监管。这里有两个最核心的目标：全面覆盖的媒体服务和结构上的多样性保护；两者都有助于保障作为民主参与权利的积极的言论自由和传播自由。为了实现这些目标，德国的媒体和媒体发行一方面享受着税收上的优惠（书籍和报刊），部分还得到了明确的资助（电影和电视）。另一方面，这些媒体市场也受制于特殊的竞争规定：为了推广有价值的媒体产品，图书方面有固定价格，而在报纸杂志方面，报刊发行被置于反限制竞争法（卡特尔禁令）的特殊条例之下。结构上的多样性保护是遵循这样的考虑：虽然大量不同的供应商（市场参与者）并不能保证内容的多样性，但却是多元化媒体的一个有益甚至必要的前提条件。然而，由于资本主义生产和经济模式经常导致市场集中，供应商和产品的数量减少，因此，适用于报刊和电台的反垄断和媒体法规中关于集中化的规定要比其他行业更加严格。尽管如此，在这里，仍然会有监管失灵或国家失灵在市场失灵之后接踵而来，因为在报刊发行方面，法律上对于集中化的限制是在出版和发行的集中过程基本完成之后才实行的。在电台方面，对于市场份额的限制也是根据实际的、已经高度集中的市场情况去进行调整。

监管权限受制于一个多层次的系统：16个联邦州拥有全部电台的主要监管权限，事实上也有报刊的监管权限，而在电影和网络媒体方面则有部分监管权限，联邦政府拥有电信监管权限。德国的所有政治行为主体也都受到欧盟指令的约束，欧盟主要制定的是电台和网络政策规定。

各州的媒体政策权限主要是基于联邦国家中各州的文化主权，联邦的管辖权是基于整个国家的框架立法权限，而欧盟的权限主要是基于欧洲内部市场意义上的经济政治目标设置。为了保持统一的法律关系，各州用国家条约协调其媒体政策；而在欧盟面前，则由联邦政府作为各州的代理人。

6.2 德国传媒体系的结构

6.2.1 概况

德国传媒体系由各种相互作用相互影响的子系统组成，可以根据不同的符号系统和技术基础以及不同的组织形式和制度规则加以区分。印刷媒体，即作为媒体的书籍、报纸期刊和杂志，电影（包括其表现和组织形式即院线电影，以及视频），电台（理解为广播和电视），以及新闻网络媒体。

然而，这种系统化需要动态地看待，因为技术和组织上的媒体发展导致了打破界限或者相互融合的现象。书籍、报刊、电影和电台也使用网络媒体作为销售与应用渠道，许多内容几乎完全一样的产品通过传媒体系中不同子系统下的不同渠道进行传播。最后，传统上与传媒体系无关或在其中作用有限的新参与者登场了：新的中介和平台通过对产品的选择、捆绑和营销介入了媒体供应商和用户之间。在越来越多地包含了电台和报刊部分内容的网络传播中，这些参与者发挥着重要的关键作用。

6.2.2 德国传媒体系的基本结构

如同电信网络一样，通讯社、公关公司、媒体和广告机构可以被看作整个传媒体系的基础设施。它们为新闻媒体组织提供可利用或必须利用的服务——尽管有时是以特定的形式或在特定范围内——以使其能够履行作为公共媒体的职能。

6.2.2.1 通讯社

在德国，除了拥有区域基础设施和地区性服务的市场领导者德新社（德意志新闻社/dpa）之外，世界性机构如美联社（AP）、汤森路透集团（rtr）和法新社（法国新闻社/afp）也提供德语服务。此外，还有体育（体育资讯新闻社/SID）和商业（德新社财经新闻/dpa-AFX，道琼斯－联合财经新闻社/Dow Jones-vwd）的专门机构，宗教教派机构（福音新闻社/epd，天主教通讯社/KNA）以及新闻图片、广播新闻和电视报道等服务。这些通讯社都是独立于国家而组织建立的，德新社是报刊出版社和广播公司的合作机构。所有进行时事新闻报道的新闻媒体都会使用一个（通常是德新社）或多个通讯社提供的素材；特别是资源不多的地方媒体几乎完全从这些机构获取国际和国内新闻。因其处于新闻流程的起点，这些通讯社在新闻的核实（验证）、选择（挑选）和编排（整理）方面拥有关键地位。

6.2.2.2 广告和媒体机构及公关公司

大多数德国公共媒体的资金在很大程度上来自于广告收入，因此，广告市场是我们的传媒体系一个主要的经济基础。在每年约 250 亿欧元的广告总投入中，流入媒体的份额多年来一直在下降（最近的统计是 152 亿欧元）。广告和传媒公司在广告传播的设计以及媒体广告的规划和投放方面发挥着关键作用。在德国，少数营业额很高的公司占据着主导地位，其中大多数是国际网络的一部分；三个最大的公司的营业额超过了总营业额的四分之三。

如果记者想获得某些新闻，或者在调查过程中需要核查事实，就可以依靠与通讯社以及公关机构的合作来完成。在德国，新闻工作（媒体关系）是作为公共关系的一部分由组织内部人员和专业部门或者由外包代办公司和咨询人员实施的。总的来说，德国的公共行业比新闻业拥有更多的人力和财力资源，而新闻业往往承受着较高的成本压力。不经核实地引用新闻报道，还有难以明确划分自由撰稿人的新闻工作和公关活动之间界限的风险正在增加。

6.2.2.3 电信网络

除超短波广播以外，德国的电台（广播和电视）是通过宽带电缆网络（铜质同轴电缆、光纤）、卫星和地面发射器（DVB-T2、DAB+）以数字方式传播的。另外，电视和广播也是在互联网协议（IP）的基础上进行广播。作为区域性垄断产品，有线网络掌握在四家供应商手中，其中一部分是国际电信企业的子公司，卫星广播由卢森堡 SES-Astra 公司和欧洲通信卫星组织独家经营，而地面广播和电视则由德国电信主导市场。德国电信股份公司是前国家垄断企业，其大约三分之一的股份仍由联邦政府拥有，它主导着电信和互联网的交换网络，市场占有率在 40% 至 50% 以上。作为大部分固定网络的所有者，德国电信必须将线路"转租"给其竞争对手，而联邦网络局则依照《电信法》（TKG）作为监管机构对其进行监控。

6.2.3 新闻媒体

6.2.3.1 书籍

书籍被认为是最古老的以技术为基础的公共传播媒介,它有着悠久的传统,特别是在德国,这使得它至今都作为一种文化财产享有极高的声誉和特殊的规范地位。在作为知识创造者的作者与读者之间做出区隔的,是一个以出版商或出版公司为中心的中介组织。作者通常以自由作家或职业科学家的身份撰写稿件,从而获得不可剥夺的知识产权。他们的收入主要来自于向图书出版社出售使用权,以及加入文字或图像作品版权管理协会,这些协会负责代理作者在图书馆和副本对其作品使用中的著作人权益。出版社支付报酬购买作者的稿件,获得印刷权(许可)或获许编辑制作文本。编辑对稿件进行评估和选择,以优化稿件的出版。图书出版能否成功具有很高的风险,这个风险可以通过出版计划,即出版一系列不同品种的书目来缓解。出版商在图书的生产和销售中扮演着核心的媒体经济角色,但传统上也将自己视为负有公共职责的文化中介者。和其他媒体一样,书籍传播享有《宪法》第五条的保护和各州新闻法规定的特权;此外,图书传播能通过减免营业税得到间接的补贴,并受到固定图书价格的约束。这些传播政策措施的目的是为了维护内容的多样性和对所有公民提供全面覆盖的媒体服务:在德意志联邦共和国,谁都可以出版书籍,无需任何许可证,而且,相较于其他新闻媒体,经济上的市场准入门槛也很低。因此,在德国 15000 家出版社中,有许多小型和微型出版社;总体而言,这是一个以中小型企业为特征的媒体行业。每年约有 90000 种新书被制作出来，市场上总共有约120万种图书售卖。因此，德国不仅有着在国际上首屈一指的图书品类，而且还拥有以约3500家书店和世界上最高效的销售系统之一构成的丰富图书供应，并以越来越多地得到网络支持的图书邮购贸易为补充。另外，还有一个差异化的公共图书馆网络，提供纯文学、非小说类和专业书籍，大部分是免费的。德国国家图书馆（莱比锡、法兰克福）存有1913年以来出版的所有书籍。

尽管拥有这种无与伦比的基础结构，还有国家支持以及制度和经济方面较低的市场准入门槛，但在价值创造的各个阶段，其市场集中度都很高：

* 十家最大的出版社占到了大约一半的营业额。

* 大约十几家出版发行公司和四家图书批发公司主导了80%以上的图书批发和中间贸易。

* 两家最大的连锁书店Hugendubel/Weltbild和Thalia占据了总市场的四分之一；九家最大的书商占据了市场的三分之一。

总的来说，图书市场（包括专业期刊）每年的收入约为92亿欧元。迄今为止，电子书在除科学专业文献之外的领域只发挥了可有可无的作用；然而，直到印刷或按需印刷为止的生产过程已经在很大程度上实现了数字化，基于网络的图书邮购贸易的份额也在增长。

不同人群的阅读行为差异很大：3000万德国人每周至少看一次书，大约900万甚至每天都看。女性和受正规教育程度较高的人阅读量明显高于其他人群。

德国出版商和书商协会是该行业最重要的机构，拥有近190年的历史（该协会1825年成立于莱比锡，原名"德国书商协会"——译注），联合了1700多家出版社和3000家书商。它在"流通规则"中制定行业标准，出版最重要的专业媒体——《书业周刊》，举办法兰克福和莱比锡的书展，颁发备受公众瞩目的文学奖项，等等。

6.2.3.2 期刊：报纸和杂志

在德意志联邦共和国，期刊出版不需要任何来自国家或其他机关的批准（许可）。期刊明确享有《宪法》的保护，因为它被认为具有民主意见与意志形成的公共职责属性。报刊出版的监管由16个联邦州执行，为此，这些州颁布了各州的新闻法，而联邦政府只有框架性的立法权，并未在事实上行使这些权力。由于其承担了重要的公共职责，报刊出版享有法律和税收上的特权；而出于同样的原因，它也受到了比其他行业更严格的竞争规则的约束（对于集中化的控制）。

拥有做新闻工作的编辑部是期刊媒体的典型特征，这些编辑部结构层级分明，遵循专业规范和标准。这些规范记载于《德国新闻基本原则》（《新闻法典》）等等之中；作为记者和出版社的自律机构，德国新闻委员会也会确保这些规范得到遵守。

大多数发行量较高的报刊的传统商业模式（除协会和专业报刊之外）是将读者或者说买方市场与广告市场相结合。新闻内容制作的首要目标是获得高受众覆盖率，或者是为了传达到特定的读者（目标群体）。这是招揽广告投放的经济前提，而广告通常能带来大约一半的收入——尽管多年来呈明显下降趋势。这两个市场之间的广告—发行量螺旋形耦合造成了新闻界对广告经济的依赖，这可能会对新闻报道的独立性和内部新闻自由构成负面影响。报刊出版社的制度性作用是在保持编辑自主权的同时为报纸和杂志提供资金，打开销路。然而，广告市场和媒体使用习惯的结构性变化使得这种典型的报刊商业模式正在经受越来越多的质疑：一方面，与广告相比，读者市场的相对重

第六章 德国传媒体系概况

要性提高了,另一方面,人们对于网络期刊产品的支付意愿非常有限,与此同时,印刷发行量也在持续下降。这使得成本压力增大,并带来了新闻方面的后果:编辑部的缩减或合并往往会威胁到报刊的质量和多样性。由于成本原因,人们会越来越多地采用公关素材和例如原生广告这样可疑的做法,这使得分离原则和报刊的独立性受到了威胁。

报刊的销售发行是一项重要的任务,在德国,这项工作运转得尤为高效。这包括清晨将订阅的报纸送到订户家中,也包括报刊邮件,以及由地区性垄断的报刊批发商在全国范围内负责供货的120000多个销售网点。通过这种方式,即使是发行量很低的刊物也能触达它们的读者。

订阅是德国期刊的一个典型做法,这是一种传统的商业模式,也是迄今为止最重要的发行渠道:90%的地方和区域性报纸以及70%的全国性高品质报纸都是订阅的。几乎一半的大众杂志和大约90%的专业和学术杂志也是订阅的。大多数德国日报都是地方和区域性的订阅报纸(超过300种,约有1500个地方版本);这对应于传统的报纸文化以及分散的政治结构。此外,它还为日报提供了可划界的小块市场,市场内只有少数其他媒体存在,读者与报纸之间关联度也很高。大约1300种广告报纸也在一定程度上提供本地新闻报道,这些报纸都是免费发放的,大多属于当地的日报出版商;到目前为止,德国的日报市场上还没有免费的报刊。

此外,还有8家地方或区域性小报(其市场领导者是《图片报》BILD,全德共有28个版本发行)和7家全国发行的高品质报纸。这些高品质报纸,即诸如《法兰克福汇报》(Frankfurter Allgemeinen)、《南德意志报》(Süddeutschen Zeitung)、《法兰克福评论报》（Frankfurter Rundschau）以及——体量较小的——《日报》（tageszeitung/taz）和《世界报》（Welt/Welt kompakt）等刊物，都是立足于本地又拥有全国读者群的地方报纸，而不是像许多其他国家那样，是经典的"国字号"报刊或首都报纸。此外，还有一些与政党有关的日报，如《新德意志报》（Neues Deutschland）和《青年世界报》（Junge Welt），以及《商报》（Handelsblatt）和《德国证券报》（Börsenzeitung）这两份面向专业读者的全国性商业和金融报纸。

尽管全国性的高品质报纸只覆盖了大约4%的人口，但它们在社会和政治精英群体的观点塑造方面与政治性的周报，特别是新闻杂志《明镜周刊》（Der Spiegel）和《焦点周刊》（Focus）以及《时代周报》（Die Zeit）一样重要。《法兰克福汇报》（周日版）和《世界报》（周日版）这两份全国性的高品质周日报纸对于公共讨论也很重要。

在东德，托管机构这一从新闻业角度讲比较可疑的政策将东德地区的区域新闻结构保留了下来，因此这里仍然保有着超大的发行区域和极高的集中度。超过三分之二的德国市县是单一报区，其人口占全德人口的40%以上。在西德，三分之一的市县是所谓的单一报区，在东德甚至有三分之二，意即这里只有一个编辑团队提供有关地方和区域政治的信息。

如果忽略在德国重要性很低的政党报刊以及宗教教派和协会报刊，那么报纸和杂志市场就是以私营出版公司之间的竞争为特征的。这样，在德国，作为不受国家控制的机构，报社在原则上就可以履行其公共职责，包括对国家权力的批评和监控。期刊的这种结构特点是几乎完全遵循市场经济的组织模式和占统治地位的耦合型产品的商业模式——即读者市场与广告市场的收入相结合的商业模式——共同作用的结果。由于媒体对于经济的依赖性，以及不断变化的媒体使用模式和网络媒体产品带来的结构性挑战，报刊行业被证明很容易受到危机影响。从企业战略的角度来看，为了降低成本，编辑部和出版社被合并，导致新闻界的集中度相当之高。此外，尤其是在大众杂志市场，布尔达（Burda）、鲍尔（Bauer）、冯克（Funke）、斯普林格（Springer）和贝塔斯曼（Bertelsmann，即古纳雅尔 Gruner+Jahr）等传媒集团拥有着规模经济。

德国的报纸，特别是杂志的种类繁多，令人印象深刻，但不应该认为这等同于新闻多样性。从新闻的角度来看，更重要的是资本主义的组织方式是否保证了内容和主题的多样性以及意见的多元化，或者是否存在着市场失灵。实现这一目标的结构性前提是相互独立的编辑团队，这些编辑团队独立制作一份报纸包含的所有基本部分。由于最近出现了推行新闻平台（newsdesk）的趋势，在全德范围内，虽然日报的数量多达数百，却只有估计不到100个新闻编辑单位与其对应；这一数字可能还会继续下降。然而，印刷媒体，尤其是日报的持续性经济危机，以及进入市场极高的经济壁垒，都表明在一个整体萎缩的市场中还将发生进一步的集中化。尽管这并不是说保障内容多样性会成为不可能，但在结构上来说其可能性会变得更低。

在德国，大众期刊、特殊兴趣期刊和专业杂志的种类特别丰富，即使在国际上也被认为是这样。总共有数千种期刊，其中仅大众杂志就有大约1500种，如此庞大的数字代表的是一个极具差异化和异质化的市场，该市场由许许多多不同的来源供应：除了来自大型出版社的大众流行杂志之外，还有大量的特殊兴趣杂志，其中一部分存在时间短，目标群体狭窄，资金来源中广告的占比很高。不过最重要的是，大量的协会、社团、政党、教会、工会和学术机构作为特刊和会员杂志的出版方，为期刊产品的高度多样性做出了贡献。

大型杂志出版商鲍尔、布尔达、斯普林格、古纳雅尔（贝塔斯曼）和冯克集团在大众杂志市场上占据了主导地位，几乎占大幅下降的总发行量的三分之二；这几家出版商在一定程度上也同样大大影响了报纸市场：除施普林格和冯克外，这里还应该提到马德萨克（汉诺威）、西南德意志媒体控股集团（包括南德意志报）、梅尔杜蒙和德国印刷与出版公司（DDVG），它们的市场份额合计超过40%。斯普林格出版社在周日报纸和小报中占统治地位，拥有近80%的发行量。

6.2.3.3 电影：院线与视频

电影的历史开始于1895年的德国和法国。这种新型媒体迅速发展成为一种流行的娱乐、记录和新闻媒介。德国值得回顾的不仅有艺术电影和故事片的悠久传统；从一开始，电影就受到政治的强烈影响，在很长一段时间内，它都是审查和国家控制的对象，也是一种宣传手段。自1949年以来，电影享有《宪法》第五条规定的明确保护，从1990年开始，这一点在全德国普遍生效了。在民主德国，从1946年起在波茨坦－巴贝尔斯堡的乌法基地建立了国营的德国电影股份公司（DEFA）。"二战"后，美国各大电影公司首先在西德，德国统一后也在东德建立了强大的市场支配地位。高昂的资本支出，重大的制作和市场风险，以及一个在国际尺度上受限的国内市场，导致了德国电影生产几十年来一直接受联邦政府、各州、欧盟和欧洲委员会的补贴。在德国，每年约有3亿欧元（其中一半是联邦资金）投入到电影资助之中，其资金来自电影院、视频和电视广播公司的电影税以及税收收入。除了联邦各州的电影资助机构外，最重要的资助机构是德国联邦电影基金会（位于柏林），以及联邦政府文化和媒体专员（BKM）与德国电影资助基金（DFFF）；其法律依据记载于联邦或州立法机构的电影资助法中。

电影政策的权限属于各州，而联邦政府的职责只限于从经济上资助电影，以及保护未成年人。电影监管最重要的机构是电影业自愿自律协会（FSK），该组织主要负责保护未成年人和电影的年龄分级，还有由国家管理的危害青少年媒体联邦审查所，该所会将危害青少年的电影和录像列入禁止目录，从而防止其向未成年人传播。其法律依据是《青少年保护法》（JuSchG）。FSK是电影行业联合总会（SPIO）的一个下属机构，它也参与了版权侵权维权协会（GVU）的工作。行业代表在电影和视频监管方面的强大作用，旨在通过规范的自我监管防止国家审查的问题。

德国约有900家电影制作公司，更确切地说，有200家狭义上的故事片制作公司，但其中只有4家公司每年制作4部以上的电影长片，而五分之四的制作公司只发行一部电影。柏林/波茨坦、慕尼黑和汉堡是电影制作的重点地区。2015年，有76部德国故事片和91部记录片在影院上映。

在大约120家电影发行公司中，90%的公司每年也只发行一到两部电影；四分之三的销售额是由国际化运营的美国大公司UPI、博伟影视（Buena Vista，属于迪士尼）、华纳哥伦比亚和福克斯的子公司创造的。

德国约有4700个影厅，超过8万个座位。所有电影银幕中的四分之一以上位于多厅影院，占所有电影院访问量的一半左右，营业额占比更高。1300多个多厅影院仅由四家公司拥有。

从经济角度考虑,将电影作为视频(包括DVD、蓝光光碟、流媒体)和在电视上营销比院线放映更重要。德国大约三分之二的电影销售额不是通过影院,而是通过"家庭娱乐"实现的。

电影市场上的全面集中化现象十分明显,也就是说,特别是那些国际性运营的美国大公司极其成功地推行了垂直整合的战略。其目的是控制电影传播从制作到发行到放映的整个价值链,并通过合作和集团网络,将在线平台、DVD和蓝光光碟的开发集合到一个屋檐下。电影院和视频发行的数字化很可能会进一步加速这两个市场的集中化。

6.2.3.4 电台:广播和电视

因为联邦各州拥有基于其文化主权的单独监管权限,因此德国的电台是按联邦制的方式组织的。与所有媒体一样,广播和电视应该在不受国家干预,或者说远离国家的情况下组织建立,以公正地履行其作为媒体和舆论形成因素的公共职能,不受特定政治团体或政党的影响,或是只为私人商业利益服务。为此,根据西方同盟国的意愿,最初只有仿照英国广播公司(BBC)构建,且按照联邦制架构的公共广播才会被投入使用。公共组织的理念是以社会(但不是国家)调控为基础,通过社会相关团体参与机构的自我管理和调控来实现。多元化组成的电台委员会(在此可能是电视委员会、广播委员会)和管理委员会应该能够代表全社会的利益,并确保内部节目的多样化。节目责任最终由台长承担。然而,与同盟国方面创始人的标准理想相反,德国各州和联邦的政客们已经将这些委员会政治化,并试图将电台变成其权力利益的工具。政党的影响有时会深入到编辑部内部,在那里,其人员是按照各个政治团体的势力分派的。与此同时,由于电台机构

第六章　德国传媒体系概况

中存在一些有问题的商业行为，内部监管失灵的迹象也越来越多。

在公共体系中，对于新闻报道主题的广度和深度以及均衡性和多样性的要求特别高。根据宪法，电台的职能任务是为所有公民提供内容多样化的（内部多元化），可以将全社会整合在一起的信息、教育和娱乐节目，并就重要问题向公民提供建议。因此，它既不是一个精英主义的教育电视，也不是仅仅去填补私营广播市场现有空白的纯粹的文化广播频道，也不是一个旨在与私营公司竞争最大影响力的频道。在媒体政策方面，公共广播机构应该和可以被准许在多大程度上提供能实质上扩展其频道的电信媒体服务，正在讨论之中。

德国公共广播联盟（ARD）总共提供约60个州内广播频道，其中部分是跨州的频道。在德国，可以收到21个公共电视频道，其中一些是在欧洲联合制作的，还有一些则是作为针对目标群体的专业频道播出。作为联邦所属电台，德国之声（DW）为外国听众提供德语和某些外语的广播和电视节目以及在线服务。

广播费是ARD下属的9家公共电台以及德国电视二台（ZDF）和德国广播电台（DLR）的资金来源，总额约为80亿欧元，由专家委员会提出建议并由各州议会决定，此外还有金额较小的广告（约占收入的6%）。

今天，在德国，电台高要求的突出职能在所谓"双轨制"的结构中被纳入考量，自1980年代中期以来，它取代了公共电台的垄断地位：在德国，广播和电视由公共电台、商业公司和非商业的公民电台或开放频道共同运营。因此，如果仔细观察的话，就会发现它并不是一个真正的"双轨制度"，至少不是一个具有两个等效支柱的系统，也不是一个经过周密计划建立的制度。一方面，存在着非商业性的公民广播和开放频道作为不尽完善的"第三支柱"。另外,最重要的还是,将以私有制为基础运营电台的可能性在宪法基础上与公共电台的运作联系在一起,这是其享有生存和发展权利的保障(第五次关于电台的判决,1987年)。这两大"支柱"的职能和组织方式不同,受到的监管也不相同。私营广播公司对节目质量和多样性的要求较低,对广告的监管也宽松得多。私营广播公司(付费电视除外)实际上完全在广告市场上运营;其多样性是依照市场的形态,作为外部的多元化产生的。

电台节目的播放需要各州媒体主管部门根据国家传媒法颁发的许可证,而公共电台机构则是依据各州广播电视法设立的。跨州的公共电台,如北德意志广播电台(NDR)、中德意志广播电台(MDR)、柏林—勃兰登堡广播电台(RBB)和西南广播电台(SWR),以及覆盖所有16个州的德国电视二台(ZDF)和德国广播电台(DLR),均基于国家广播电视协议。所有联邦州共同缔结了《国家广播电视媒体条约》,这也使得对于跨州的私营电台的许可和监管成为可能。该条约已经经过了19次修订,遵循了欧盟的规定(《电视及视听媒体服务指令》),并由各州将其落实到国家法律之中。广播费中近2%的资金被用来支持14家州立公共媒体机构及其负责许可证发放、媒体青少年保护和集中化问题的联合委员会(ZAK、KJM、KEK),以保障私营广播的节目和市场监督,以及促进公民媒体、媒体职能和基础设施建设。

在德国,共有288个全国性、州级或地方性的广播频道和近400个电视频道由私营公司提供,其中包括19个全国性的综合频道和60个"免费"的专业频道。从经济和新闻的角度来看,国家电视台的一系列频道是最重要的，因为它们总共拥有约一半的观众份额，并占据了广告市场90%以上的份额。私营电台制作的主要是以音乐为导向的格式广播，其在新闻方面的成就和对于本地区多样性的贡献一直都很低，这是由于受到所有权结构的影响，也由于新闻公司已经占据了重要位置。在私营的、依靠广告收入的电视频道中，以娱乐为导向的节目形式也占统治地位，这些节目基本上都是由大型多媒体和跨国媒体集团制作。RTL（贝塔斯曼）和ProSiebenSat.1集团的两个"系列频道"在市场上占据主导地位。

6.2.3.5 新闻类网络媒体

在德国，网络媒体也是公共传播的基础，尤其是万维网上众多的新闻相关产品。尽管进入市场的技术和经济壁垒非常之低，以至于德国几乎人人都可以在网上发表文章，而且可以获得的产品实际上多到看不过来，但来自新闻和广播电视部门等媒体机构的专业产品仍然占据了主导地位。它们拥有对公众有吸引力的产品、在媒体用户中的知名度和信任度，以及在媒体内容的筹集、适应媒体的处理和营销方面的经验。此外，还有来自电信行业的其他市场参与者，他们实现了技术通道的接入，还有许许多多提供从技术操作到博客、播客或视频发布的平台，以及社交网络服务、搜索引擎（导航）和支付系统等等网络服务的新参与者。

在德国，价值创造的各个阶段的市场集中度都相当之高：大型电信网络运营商主导着固定网络和移动网络接入市场。老牌媒体的网络新闻产品，以及服务提供商（或其背后的电信公司）的大型门户网站，还有新的中介机构（如搜索引擎运营商）和平台运营商（社交网络服务），都集中了很大一部分受众范围和广告收入。

对于新闻内容筹集（内容来源），特别是对于（高品质的）新闻内容供应来说，可行的商业模式在德国仅仅得到了初步发展，尤其是通过移动应用程序端；虽然广告市场增长强劲，但总体上还是不足以支撑整个网络新闻的原始融资。在此，合作社式的组织方式和联合融资形式（众筹）也许能够提供替代方案。

网络媒体和互联网的基础设施对于传媒体系具有普遍的重要意义：一方面是作为物质媒体产品（电子购物）和媒体内容的多次利用的新分销渠道，另一方面是作为广告市场上的竞争者。越来越多的广告投入流向覆盖率高的非新闻类网络产品，以至于为新闻类网络产品，还有报刊、电台、影院提供资金支持的广告市场份额逐渐萎缩。因此，社交网络服务和社交媒体平台的成功可能会间接导致整个依赖广告收入的新闻业的危机，而网络媒体新产生的新闻附加值仍然很有限。

德国对网络媒体的监管主要基于《广播和电信媒体国家条约》《青少年媒体保护国家条约》和《联邦电信媒体法》，这些条约都符合《欧盟视听媒体服务指令》的要求。相对来说，自律机构有着很高的重要性，特别是由于技术标准和规范以及日常使用规则（网络礼仪）最初都是由用户自己协商制定的。在德国，网络治理是在受监管的自律（共同监管）意义上进行的：国家媒体当局的青少年媒体保护委员会（KJM）已经为多媒体服务供应商自愿自律协会（FSM）颁发了作为行业自律机构的许可证。FSM将作为投诉审查机构对青少年保护条例的遵守情况格外加以监督。

6.3 媒体设备和媒体使用

媒体是实现传播目的的手段；其价值只有通过使用和接收传播内容才能实现。对媒体的规律性使用导致了媒体传播的制度化，对媒体市场的需求决定了媒体的组织方式。因此，德国传媒体系的差异化及其提供的多种多样的产品和访问形式在个体行为者的微观层面上与媒体设备和媒体使用方式形成了互动：作为媒体的接受者和消费者，他们使产品的差异化成为可能，因为他们能产生有购买力的需求，或者将他们的部分时间用来接收媒体信息，从而使媒体能够在广告市场上得到收入。反过来说，微观层面上的媒体使用总是意味着从差异化的媒体产品中进行个人选择。

6.3.1 媒体设备和媒体使用时间

德国居民使用的媒体接收设备非常先进，其市场被认为已经饱和，因此，只有通过技术革新以及替换需求还能产生增长。很长时间以来，电视和广播的覆盖率已经接近百分之百。然而，由于接收渠道的分化，拥有收音机的家庭数量略有减少。而人们也越来越多地通过电脑、智能手机和其他方式使用广播和电视。就广播而言，还存在来自流媒体和下载平台的竞争。83.3% 的家庭或用户通过固定网络连接（调制解调器、ISDN、DSL）访问在线媒体；三分之二的网络用户也通过智能手机上网（参见 Koch 和 Frees，2016，第 419、422 页）。

6.3.2 媒体使用

传媒体系的分化对应的是分化的社会：不同的生活状况和生活阶段、不同的收入水平、教育水平和种族归属，以及社会环境和文化生活方式的多元化一方面塑造了媒体使用的方式，从而决定了媒体需求。另一方面，多元化的产品为人们提供了多种多样的可能性，使人们可以自由选择和自主编制个人使用的媒体组合，并将之与个人身份形成及社区创建相关联。总的来说，媒体使用的时间在扩张，因为显然人们越来越频繁地在进行其他活动时同时使用媒体或者将多个媒体并行使用。许多人的整个日常生活正变得越来越"媒体化"，也就是说，媒体正在进入越来越多的生活领域，同时并未自动取代直接的交流形式。平均而言，人们每天并行使用不同媒体的时间为41分钟；随着受正规教育程度的提高和年龄的下降，这种并行使用占用的时间变得更多。在线媒体也越来越多地与电视并行使用（平均约16分钟的屏幕时间）。（参见 Best 和 Handel 2015，第544、553页）。

关于媒体使用的代表性数据，只能在此扼要地摘录介绍，它们提供了关于媒体在整个社会中的分布和价值的线索。不过，它们所传达的只是关于个人日常所使用的媒体组合和其本人的评价及重要程度的不完整的图景。媒体使用的方式正变得越来越个性化，与此同时，媒体使用也在经历跨媒体的融合，因为相同的或者密切相关的媒体内容会在不同的媒体上使用。

伴随着媒体使用个人化而来的是否会是公共领域的碎片化，从而对我们的社会融合产生负面影响，正在被广泛地讨论着。决定性的问题是，在差异化和个性化媒体传播的条件下，是否还能有共同话题以一种有连接力的方式传播交流，以及联合接收的复兴（例如在公共观看中）还有网络传播的新形态中会产生什么样的整合效果。以个性化方式通过算法选择主题和观点选单的新型中介组织，以及实行编辑选择的平台的重要性与日俱增，这就引发了一个问题：即我们是否越来越像是生活在所谓的过滤泡沫或回声室之中。这指的是，我们只能看到和读到（据说是）与我们被自动计算出来的用户画像、我们的兴趣和偏好相对应的内容，而甚至不再有机会面对其他的或者是新类型的内容。不过，从经验上来看，到目前为止还没有强有力的证据证明这一点。

总体而言，近几年来，以至近几十年来，媒体的使用一直在稳步增长，因此，至少对于某些媒体（电视）来说，如今已经不会再有进一步的增长了，对于某些媒体来说，甚至还会出现下降（广播、报刊）。只有网络媒体出现了增长，可惜的是，现有的统计数据（表6.1）只显示了所有通信方式的总计数字，因此新闻网络媒体的份额尚不清楚。而移动使用选项已经确定成为在线媒体的一大增长因素。

表6.1 2005年和2015年的媒体使用时长和媒体的每日覆盖率

（来源：ARD/ZDF关于大众传播的长期研究；Breunig和van Eimeren 2015，第510–511页）。

媒体	使用时长 分钟/天		每日覆盖率 %	
	2015	2005	2015	2005
电视	208	220	80	89
广播	173	221	74	84
互联网（总计）	107	44	46	28

续表

媒体	使用时长 分钟/天		每日覆盖率 %	
日报	23	28	33	51
期刊	6	12	7	17
图书	19	25	28	23
录像/DVD	6	5	4	4

2015年，14岁以上德语人口每天的媒体使用时长总额平均略高于9小时，即超过了一个正常工作日的时长。这比2005年减少了半个小时，但比1995年多了约三个小时（参见Breunig和van Eimeren，2015，第506页）。表6.1显示了普通用户的媒体使用时间是如何在各媒体之间分配的，以及各媒体在总人口中覆盖率的分布情况。

在对于许多媒体的广告融资起着决定性作用的覆盖率方面，报刊和广播的下降是显著的；只有网络媒体显示出整体的增长。然而，在人们与媒体的联系度的调查中，传统媒体这种重要性的丧失只有很有限的反映：人们会非常强烈地怀念广播（50%）、电视（45%）和日报（36%）；而另一方面，只有40%的受访者会怀念"互联网"（尽管它在日常生活中具有很多功能）（参见Breunig和van Eimeren 2015，第520页）。在可信度方面，"传统媒体"也占据领先地位：69%的人"非常"或是"宁愿"相信公共电台和日报，只有24%的人相信"互联网"，21%的人相信私人电台，只有10%的人相信小报（参见Schultz等人，2017，第249页）。

6.4 传媒体系的发展趋势

德国的传媒体系是一段多变的历史作用下的产物，它目前也还在经历着改变（参见第四章），其主要趋势总结如下：

基于日益普及的电信网络和媒体内容的数字化，一种充满矛盾的媒体发展现象正在显现出来。一方面，各种中立于平台，可以以不同方式使用的产品彼此融合，传媒企业的跨媒体战略不断涌现，媒体机构也在跨越价值创造的不同阶段和不同行业进行着整合。另一方面，由于对新兴媒体供应商来说技术（入口）和部分程度上的经济障碍（成本）降低了，也出现了产品的差异化。这是否能真正增加新闻的价值，目前还不能确定。一方面，对于几乎所有人来说，发布内容都变得更为容易，但另一方面，想要引起相关公众的关注，甚至实现后续交流，也因此而变得更加困难。另外还有一个问题是，在德国，仍然没有一个运行良好的商业模式来提供高质量的新闻报道，这也使得这个"新闻传播悖论"变得更加复杂。

随着平台和新的中介机构的出现，来自IT和电信行业的新参与者们正在进入传媒体系，并凭借他们的选择、捆绑和访问服务获得重要地位——无论是对媒体供应商还是对媒体使用者而言。这些新型媒体组织的部分商业模式是自动收集、汇总和评估可供广告和媒体行业使用的个人资料和行为数据。

因此，媒体融合可能会促使德国长期以来就已经非常高的经济和新闻媒体集中度得到进一步升高。公共市场和广告市场的发展停滞不前，部分甚至是结构性下降，加剧了德国媒体的成本竞争和商业化进程。公共媒体和其他非商业媒体的相对重要性正在下降；所有的竞争者都专注于容易营销以及尽可能便宜的主流产品，而新闻质量则主要被视为成本的影响因素。从新闻学的角度来看，需要一个传播政策的修正因素来纠正这种市场失灵。如果公共电台想要为此作出贡献，必须将其价值功能放在首位，而不是以模仿式的战略、趋同的节目和低效的管理来剥夺自己的合法性基础。

新自由主义的秩序观念和指导原则，以及欧盟等以市场经济为导向的国际行为主体，持续地促进着媒体的自由化和放松管制。从媒体按照规范尽可能远离国家控制的意义上来看，越来越复杂的媒体管理网络正在建立起来，国家行为主体与自律机构将在这个网络中共同组织针对内容的媒体监督。然而，借此而达成的对于多样性的结构性保护（控制媒体集中化）仍然不够充分，特别是在对市场的信任和将媒体理解为经济商品的理念占主导地位的情况下。

德国的媒体处于国际网络之中。这不仅适用于新闻流或各种媒体内容的进口，也适用于它们的组织和制度化：德国和外国媒体公司常常跨国界经营，有时甚至是全球性经营。国际组织，特别是欧盟，已经获得了对媒体部门的主要监管能力。

参考文献

Best, Stefanie, und Marlene Handel. 2015. Parallele Mediennutzung stagniert. Media Perspektiven 2015 (12): 542–563.

Breunig, Christian, und Birgit van Eimeren. 2015. 50 Jahre „Massenkommunikation." Trends in der Nutzung und Bewertung von Medien. Media Perspektiven 2015 (11): 505–525.

Koch, Wolfgang, und Beate Frees. 2016. Dynamische Entwicklung bei mobiler Internetnutzung sowie Audios und Videos. Media Perspektiven

2016 (9): 418–437.

Machill, Marcel, Markus Beiler, und Johannes R. Gerstner. 2010. Einleitung: 20 Jahre freie Medien in Ostdeutschland. In Medienfreiheit nach der Wende. Entwicklung von Medienlandschaft, Medienpolitik und Journalismus in Ostdeutschland, Hrsg. Marcel Machill, Markus Beiler, und Johannes R. Gerstner, 9–54. Konstanz: UVK.

Schultz, Tanjev, et al. 2017. Erosion des Vertrauens zwischen Medien und Publikum. Media Perspektiven 2017 (5): 246–259.